国家"双高"建设新形态教材

U0645244

船舶分段装配

主　编　刘　旭
副主编　程相茹
主　审　杨文林

哈尔滨工程大学出版社
Harbin Engineering University Press

内 容 简 介

本教材通过六个项目的内容,即船舶装配基础知识、船舶部件装配、船舶分段装配相关知识、船舶分段结构、船舶分段装配工艺及船舶分段装配应用实例,清晰地讲述了船舶分段装配的知识。每个项目中都设有项目目标、学习任务、德育学堂、项目导入、相关知识、项目拓展、项目测试等板块,能够使学生更加轻松地掌握船舶分段装配的知识内容。

本教材可供高等院校船舶相关专业的学生使用,还可供从事船舶相关工作的人员参考。

图书在版编目(CIP)数据

船舶分段装配/刘旭主编. —哈尔滨 : 哈尔滨工
程大学出版社, 2024.1
　ISBN 978-7-5661-4197-2

　Ⅰ. ①船… Ⅱ. ①刘… Ⅲ. ①船舶-装配(机械)
Ⅳ. ①U671

中国国家版本馆 CIP 数据核字(2024)第 034670 号

船舶分段装配
CHUANBO FENDUAN ZHUANGPEI

选题策划　雷　霞
责任编辑　章　蕾
封面设计　李海波

出版发行	哈尔滨工程大学出版社
社　　址	哈尔滨市南岗区南通大街 145 号
邮政编码	150001
发行电话	0451-82519328
传　　真	0451-82519699
经　　销	新华书店
印　　刷	哈尔滨市海德利商务印刷有限公司
开　　本	787 mm×1 092 mm　1/16
印　　张	24.25
字　　数	626 千字
版　　次	2024 年 1 月第 1 版
印　　次	2024 年 1 月第 1 次印刷
书　　号	ISBN 978-7-5661-4197-2
定　　价	80.00 元

http://www.hrbeupress.com
E-mail:heupress@hrbeu.edu.cn

前　言

本教材包括船舶装配基础知识、船舶部件装配、船舶分段装配相关知识、船舶分段结构、船舶分段装配工艺和船舶分段装配应用实例六个项目。本着"理实一体、工学结合"的方针,每个项目配有德育学堂、项目拓展、项目测试;主要知识被分解为单个任务,针对每个任务配有相应的实训任务单、任务评价单,使学生在教师引导下完成任务的同时即完成了知识的学习。书中部分内容配有二维码,便于学生扫码进行沉浸式学习体验。

本教材是根据项目化课程标准,征求企业意见,围绕典型工作任务,由行业专家及企业工程技术人员共同编写而成的。本教材突出以下几个特点。

(1)根据船舶工程技术专业培养学生的目标,瞄准该专业职业岗位工作任务,基于工作过程,与行业专家共同分析该专业已就业学生的职业岗位能力,来选择教材的内容。

(2)围绕典型工作任务的工作过程,对教学内容进行改革和重新组合,突出内容的针对性和适用性。突出"工学结合"特点,与行业专家共同建设教材,在教材内容上体现出行业企业的发展与岗位工作任务需要的知识、能力和素质要求。

(3)充分考虑高职教育的特点,注重学生的认知规律和接受能力,尽量回避艰深的理论推导,着重介绍基本、实用的理论与方法。教材内容组织条理清晰、由浅入深、由简到繁,并列举了一些案例,力求让学生对专业产生兴趣。

本教材的项目一由渤海船舶职业学院的程相茹编写,项目二由上海华润大东船务工程有限公司的丁微微编写,项目三由渤海船舶职业学院的孙程程编写,项目四由渤海船舶职业学院的岳宗杰编写,项目五由渤海船舶职业学院的刘旭编写,项目六由中国人民解放军海军航空大学的郑春浩编写。本教材由刘旭担任主编,程相茹担任副主编,渤海船舶职业学院的杨文林担任主审。

本教材在编写过程中得到了锦西化工研究院有限公司的高大勇等众多同行、专家的帮助和支持,在这里致以深切的谢意。由于编者学识水平和教学经验有限,书中难免有错误之处,竭诚欢迎专家和读者批评指正。

编　者

2023 年 10 月

目　　录

项目一　船舶装配基础知识

❖ 项目目标

项目一介绍船舶装配的基础知识,包括对船舶节点图的识读与绘制、装配工具的介绍与使用、装配仪器的介绍与使用、胎架基面与结构,以及装配工艺标准等内容,是全书的重点基础内容之一,是船舶分段装配必须掌握的知识。通过对本项目的学习,学生会对船舶分段装配有明确的认知,有助于其学习船舶分段装配其他知识内容。

一、知识目标

1. 理解节点图识读的规则。

2. 掌握节点图绘制。

3. 重点掌握装配工具的使用。

4. 理解装配仪器使用步骤。

5. 理解平台的类型和胎架基面。

6. 理解胎架的结构及基面的选取。

7. 掌握船舶分段装配工艺标准。

二、能力目标

1. 能够识读并绘制船舶节点图。

2. 能够认知装配工具。

3. 能够使用装配工具。

4. 能够认知装配仪器。

5. 能够认知平台。

6. 能够选取胎架基面。

7. 能够认知胎架结构。

8. 能够具备装配工艺标准应用的能力。

三、素养目标

1. 培养学生合作交流的意识和能力。

2. 培养学生在学习过程中严谨的态度。

3. 培养学生独立自主学习新知识、新技术和新思维的能力。

4. 培养学生在设备和仪器使用过程中的规范操作意识。

❖ **学习任务**

❖ **德育学堂**

陈凯:"创"出名堂的发明家

陈凯(图 1.1),渤海造船厂集团有限公司首席技师,船舶管路焊接工作的领军人物,享受"国务院政府特殊津贴"。其曾获得"全国青年岗位能手""全国技术能手"和"中国船舶重工集团有限公司技术能手"称号;曾获得"中华技能大奖";被授予"中央企业优秀共产党员"称号和"中国船舶集团优秀共产党员标兵"称号。

图 1.1   渤海造船厂集团有限公司首席技师陈凯

2000 年以来,陈凯同志参与并主持完成了 10 多项重大船舶装备焊接工艺技术科研课题,攻克了多项关键结构焊接技术难题,取得了多项焊接技术突破,其中有多项焊接新技术被授予和受理发明专利;承担并主持完成了所有已交付和在建重大水下装备动力系统厚壁大口径不锈钢、铜合金、钛合金、镍基合金,以及铜-铜、铜-钢异种材料管道和结构的焊接任务,为装备的成功研制做出了卓越的贡献。

陈凯同志作为主要焊接技术发明人、焊接技术具体实施和组织者,发明的各项焊接技术在国内均属首创,完全实现了我国新型装备厚壁大口径不锈钢及铜合金管道焊接技术的自主创新,主要技术性能指标达到国际先进水平,对新型装备研制做出了重大贡献,对国防建设和科学技术发展进步具有重大意义。

陈凯同志对"工匠精神"有着深刻的认识,他认为"工匠精神"是工匠对自己产品的精雕细琢、精益求精的精神理念;同时也是情结、情操、操守,是人生态度,是精神状态。从一名普通的焊接工人成长为焊接技能大师,陈凯同志的先进事迹告诉我们要在工作中寻求成就感和乐趣,要耐得住寂寞,明确方向,脚踏实地去做,只要够努力,就能在平凡的工作岗位上发光、发热。

❖ 项目导入

AVEVA Marine

造船及海工设计系统(AVEVA Marine)是一套完整的设计和生产应用系统,涵盖造船专业技术,结合企业工程、设计、通信以及可视化技术,通过使用单一项目模型,船体、船舾、工程以及设计实现跨专业的功能集成,为船舶企业提供一体化解决方案。它支持超大型、复杂型船舶以及海洋平台的设计与生产,并为用户提供快速、高效、无风险的设计、建造运作方式。

AVEVA Marine 是英国 AVEVA 公司的软件系列产品。针对海工项目的特点,AVEVA公司于 2007 年将 Tribon 系统的船体和海工行业广泛采用的 PDMS 系统进行整合,推出了新一代的造船及海工设计系统 AVEVA Marine。AVEVA Marine 中的 AVEVA Outfitting、AVEVA PDMS 和 AVEVA E3D 可互通使用,确保与企业专家协同工作;可通过 AVEVAGlobal 支持异地项目,实现"虚拟船厂"环境目标。

图 1.2 为 AVEVA Marine 船体设计。

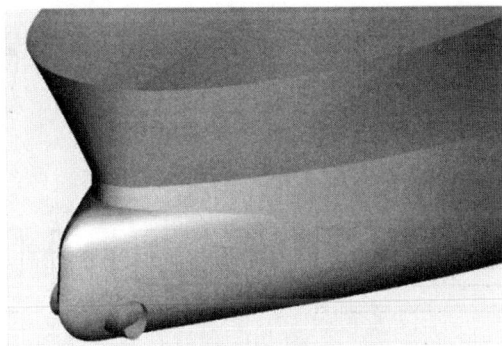

图 1.2　AVEVA Marine 船体设计

❖ 相关知识

船体板材、型材的表达方法

一、板材、常用型材和肘板的表达方法

在节点视图中,板材、常用型材和肘板的画法遵循正投影的基本原理,但由于绘制图样时要采用较小的比例,因此,板材、常用型材和肘板的画法与尺寸标注具有特殊性,必须按国家和有关行业标准的规定绘制。

1. 板材的画法及尺寸标注

(1) 板材的画法

在船体结构图中,板材的轮廓线用细实线表示。小比例时,板材的厚度在图样上往往不能按比例绘出,因此规定:当板厚按比例缩小后,在图样上的尺寸小于或等于 2 mm 时,将表示板厚投影的两条细实线的距离画成粗实线的宽度(此规定同样用于型材和肘板)。板材在图样中采用折断画法时,折断处用波浪线或折断线表示,剖面加画与水平成 45°的剖面线。采用小比例时,当剖面厚度小于或等于 2 mm 时,剖面用粗实线表示,即用涂黑代替剖面符号(此规定也适用于型材和肘板)。从板材断裂方向所得视图的画法与剖面画法相同。

(2) 板材的尺寸标注

板材的尺寸标注有三种:整块板材尺寸按"厚度×宽度×长度"集中标注;断裂板材不标注折断方向尺寸;仅需知道厚度而无须知道宽度和长度的图样中,仅标注板材的厚度。尺寸可注在图形中,也可引出标注在图形外。

(3) 板材的类型

① 平直板材

平直板材主要用于舱壁板、内底板和平台等部位,其画法及尺寸标注如图 1.3 所示。

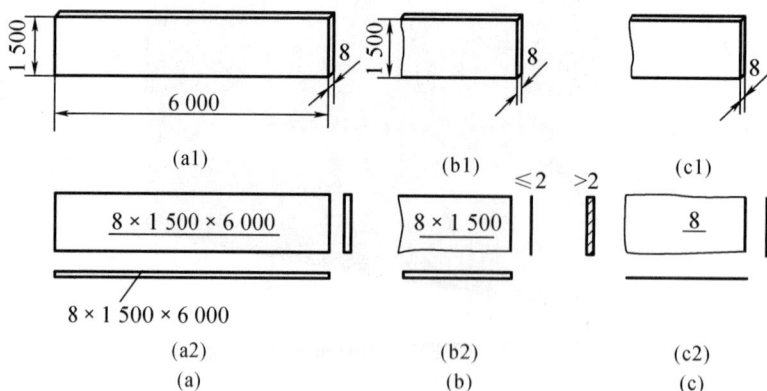

图 1.3 平直板材的画法及尺寸标注(单位:mm)

② 弯曲板材

弯曲板材主要用于船体外板,其画法及尺寸标注如图 1.4 所示。

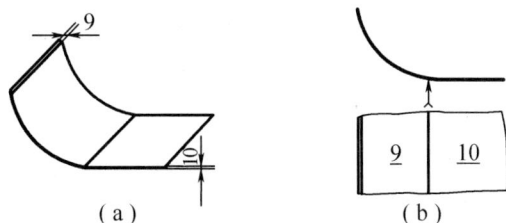

图 1.4　弯曲板材的画法及尺寸标注(单位:mm)

③折边板材

折边板材通常是将平直板材沿板边某一距离的直线折角而成(常为90°),如图1.5(a)所示。它的视图画法如图1.5(b)所示、折断画法如图1.5(c)所示。在小比例时,折边板材厚度及剖面的画法与平直板材相同。折边板材的尺寸前要标注折边符号"∟",尺寸按"∟$\frac{厚度×高度}{宽度}$"形式标注。

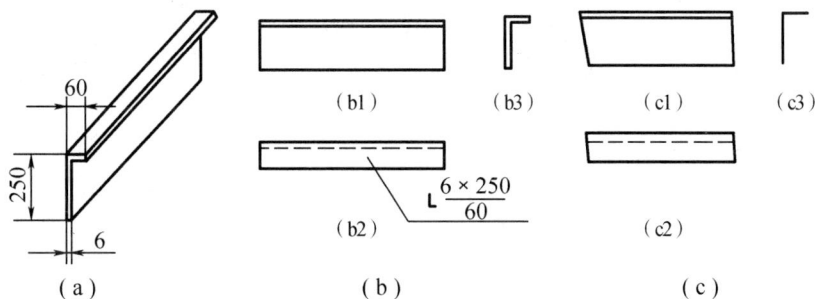

图 1.5　折边板材的画法及尺寸标注(单位:mm)

2.常用型材的画法及尺寸标注

型材是断面具有一定几何形状的钢材,可由钢厂轧制或由板材组合焊接而成。船体上常用的型材主要有扁钢、角钢、球扁钢、槽钢、工字钢、T型钢、圆钢和钢管等。

(1)型材的画法

在小比例图样中,型材采用简化画法,球扁钢、槽钢和工字钢的内边缘倾斜及转折处的小圆角省略不画,而用间距与粗实线宽度相等的两条细实线表示其厚度,用粗实线表示其剖面,如图1.6所示。对于T型钢和工字钢的腹板厚度的不可见投影,允许用一条粗虚线表示。

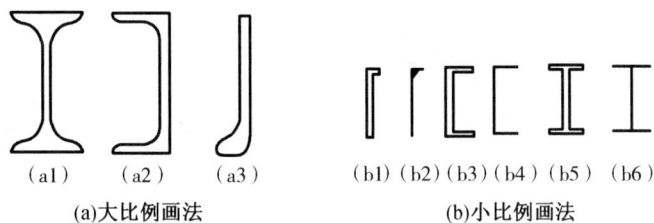

图 1.6　轧制球扁钢、槽钢、工字钢的画法

（2）型材的尺寸标注

型材的尺寸采用集中标注，并在尺寸前标注型材符号，所标尺寸为型材断面尺寸。球扁钢、槽钢和工字钢的尺寸也可用其型号表示。型材的型号数表示型材高度的厘米值，其他尺寸可在《型材规格表》中查出。

（3）型材的画法和尺寸标注

型材的画法和尺寸标注见表 1.1。

表 1.1   型材的画法和尺寸标注   单位：mm

型材名称	画法	符号	尺寸标注
扁 钢	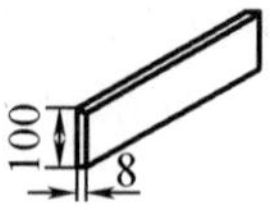 100 8	— 或 FB	宽度×厚度 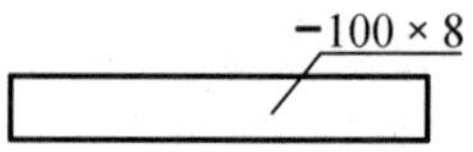 —100×8
钢 管	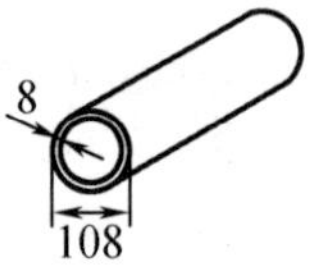 8 108	φ	外径×厚度 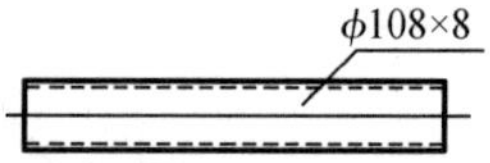 φ108×8
圆 钢	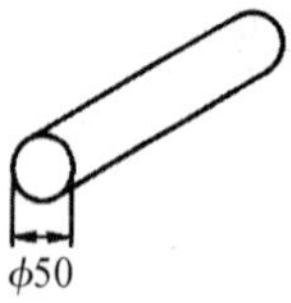 φ50	φ	直 径 φ50 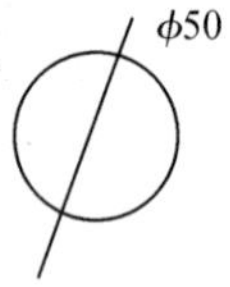
半圆钢	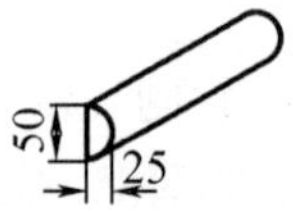 50 25	⌒	直径×厚度 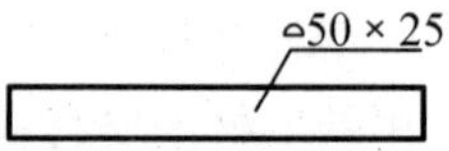 ⌒50×25
角 钢	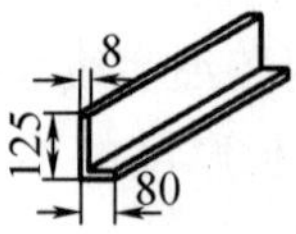 8 125 80	L	长边宽×短边宽×厚度 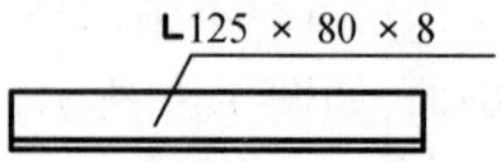 L125×80×8
球扁钢	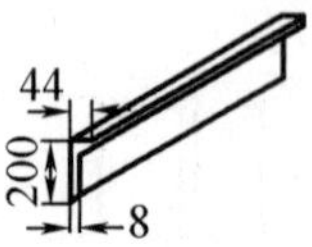 44 200 8	⌈ 或 HP	高度×球宽度×壁厚 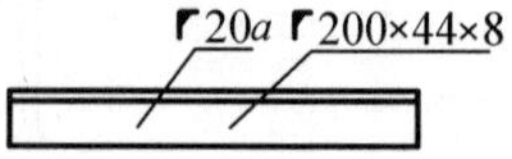 ⌈20a ⌈200×44×8

表 1.1(续)

型材名称	画法	符号	尺寸标注
T 型钢		$\top$	$\dfrac{厚度 \times 宽度(面板)}{厚度 \times 总高度(腹板)}$ $\top\dfrac{24 \times 180}{14 \times 500}$
槽 钢		C	高度 × 宽度 × 壁厚 $[20a\ [200 \times 73 \times 7$
工字钢		I	高度 × 宽度 × 壁厚 $\mathrm{I}\ 270 \times 122 \times 8.5$
组合球扁钢			$\dfrac{厚度 \times 高度(腹板)}{圆钢直径}$ $\dfrac{10 \times 300}{\phi 50}$
组合工字钢		I	$\dfrac{厚度 \times 高度(腹板)}{2(厚度 \times 宽度)(面板)}$ $\mathrm{I}\dfrac{7 \times 300}{2(10 \times 100)}$
组合 T 型钢		$\perp$	$\dfrac{厚度 \times 高度(腹板)}{厚度 \times 宽度(面板)}$ $\perp\dfrac{6 \times 300}{8 \times 120}$
组合角钢		$\llcorner$	$\dfrac{长边厚 \times 长边宽}{短边厚 \times 短边宽圆钢直径}$ $\llcorner\dfrac{12 \times 400}{16 \times 240 \phi 60}$

（4）常用型材画法及尺寸标注举例

①扁钢：扁钢主要用于加强筋或纵骨等小构件，其画法及尺寸标注如图 1.7 所示。

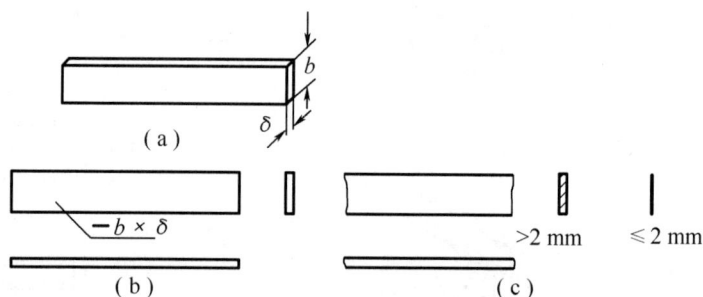

图 1.7　扁钢的画法及尺寸标注

②角钢：角钢主要用于普通横梁、肋骨及扶强材等小构件，其画法及尺寸标注如图 1.8 所示。

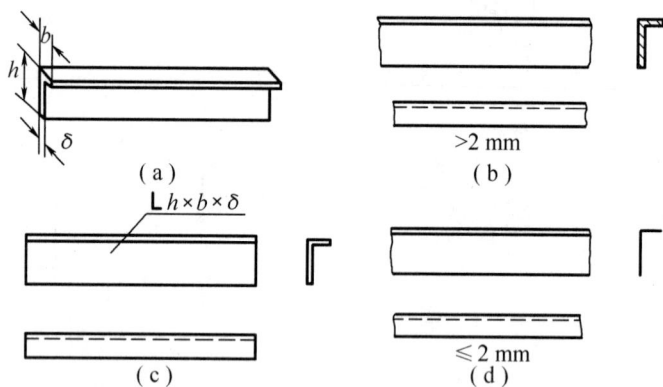

图 1.8　角钢的画法及尺寸标注

③球扁钢：球扁钢主要用于各种纵骨等小构件，其画法及尺寸标注如图 1.9 所示。

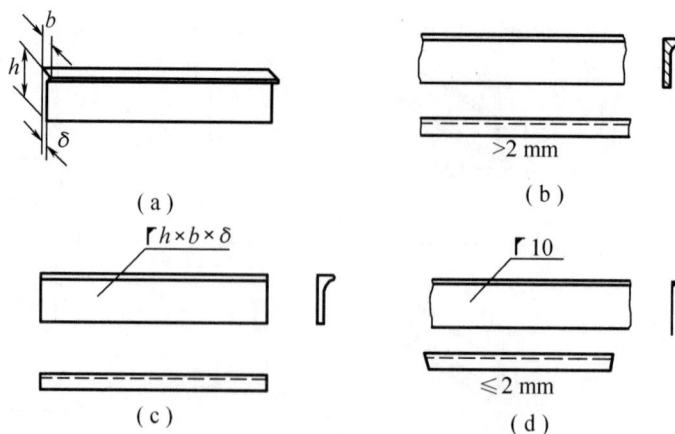

图 1.9　球扁钢的画法及尺寸标注

④组合T型钢:组合T型钢主要用于各种强构件,其画法及尺寸标注如图1.10所示。

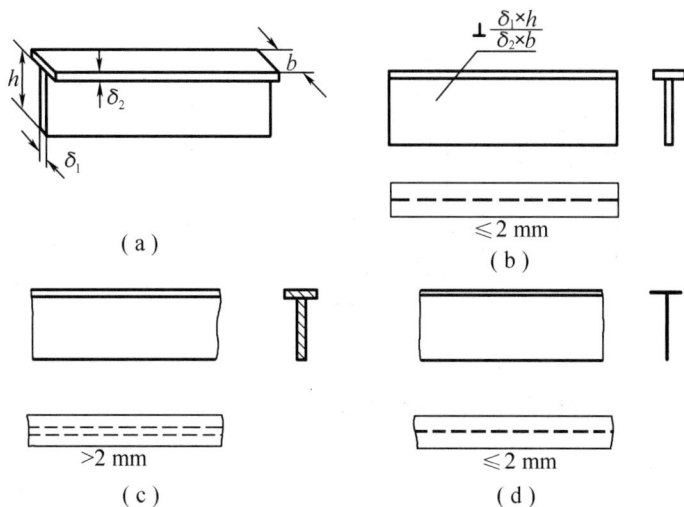

图 1.10 组合 T 型钢的画法及尺寸标注

3.肘板的画法及尺寸标注

肘板是由板材加工而成的板件,通常用作连接构件以减少端点连接处的应力集中。肘板的形式一般有无折边肘板、折边肘板、T 型肘板三种。

(1)肘板的画法

在用小比例绘图时,视图可以简化绘制。无折边肘板的画法与一般钢板相同,折边肘板的画法与折边钢板相同,T 型肘板的画法类似于 T 型钢的画法。

(2)肘板的尺寸标注

肘板的尺寸也以集中标注的形式标出。折边肘板和 T 型肘板的尺寸前还需分别标注符号"L"和"⊥"。

(3)肘板的形式

①无折边肘板:其画法及尺寸标注如图1.11所示。

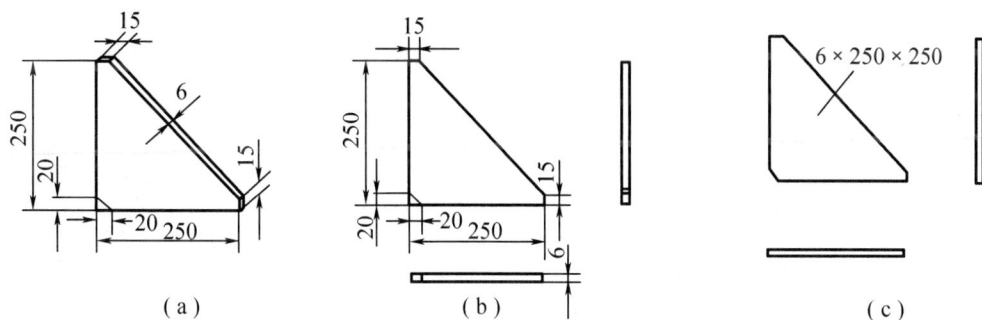

图 1.11 无折边肘板的画法及尺寸标注(单位:mm)

②折边肘板:其画法及尺寸标注如图 1.12 所示。

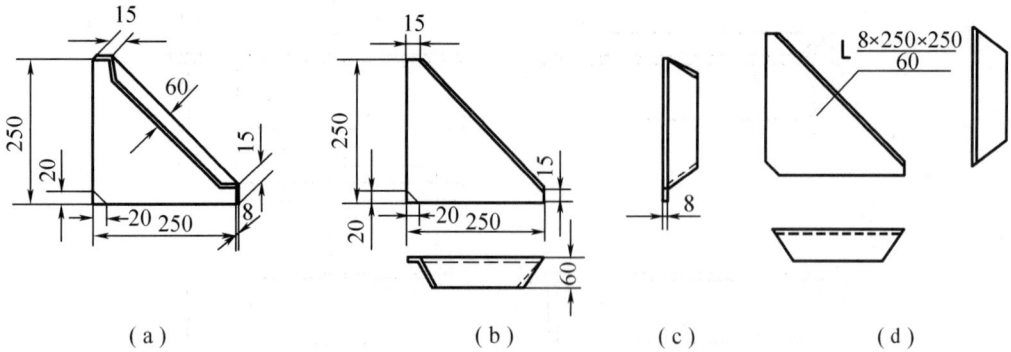

图 1.12　折边肘板的画法及尺寸标注(单位:mm)

③T 型肘板:其画法及尺寸标注如图 1.13 所示。

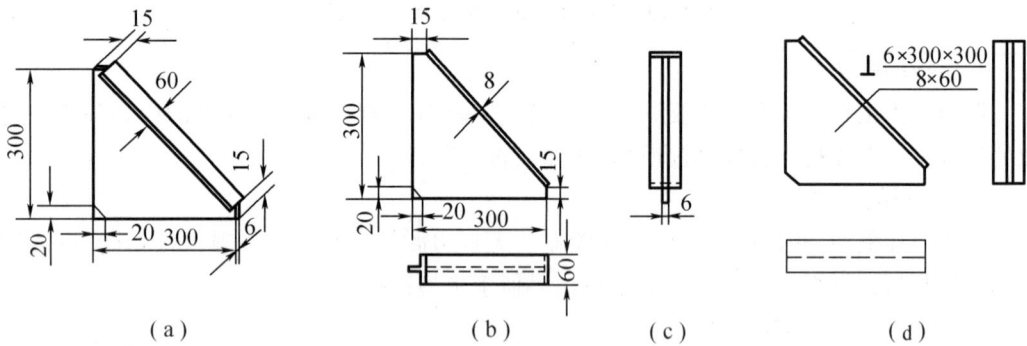

图 1.13　T 型肘板的画法及尺寸标注(单位:mm)

必须注意的是:不等边肘板在采用集中标注形式时,还应在视图中标注其中一边的边长,以免读图时误解。

二、板材、型材的连接画法

船体是由许多基本构件——板材、型材、肘板相互连接而成的。虽然船体构件比较复杂,但构件的连接方式不外乎是板材与板材的连接、型材与型材的连接、板材与型材的连接及型材贯穿连接等几种形式。

1. 板材与板材的连接

板材与板材的连接形式如下。

(1)对接

图 1.14 为板材与板材的对接,钢板接缝用细实线表示。在小比例的剖面图中,钢板一般接缝用符号" Y "表示,分段接缝用符号" $ "表示。

板材与板材的连接

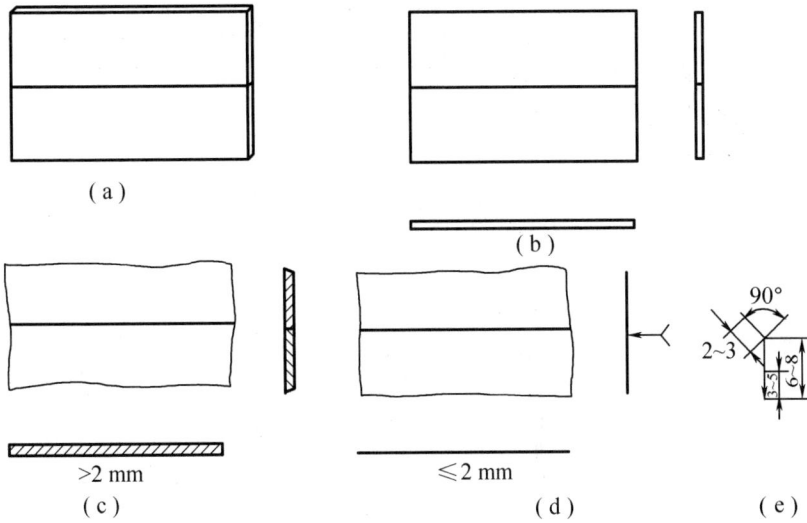

图 1.14　板材与板材的对接(单位:mm)

(2)搭接

图 1.15 为板材与板材的搭接。在小比例的剖面图中,钢板的重叠处留有间隙,间隙不大于粗实线宽度。

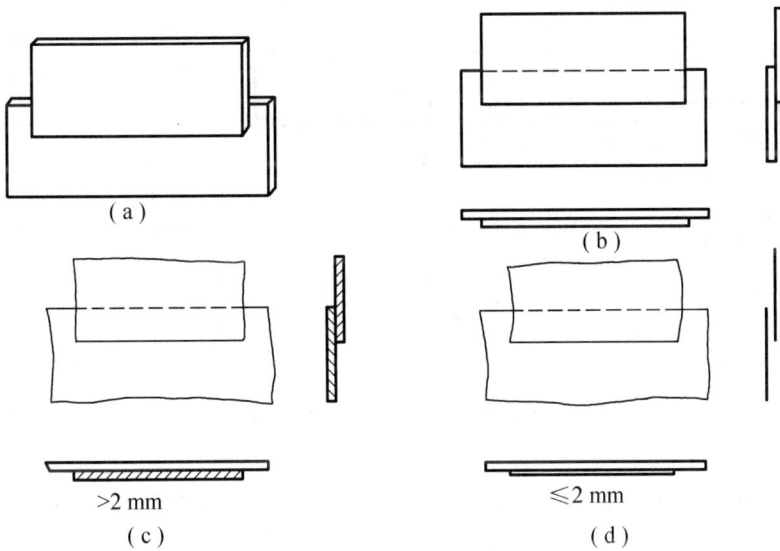

图 1.15　板材与板材的搭接

(3)角接

图 1.16 为板材与板材的角接,允许用粗虚线表示板材厚度的不可见投影。

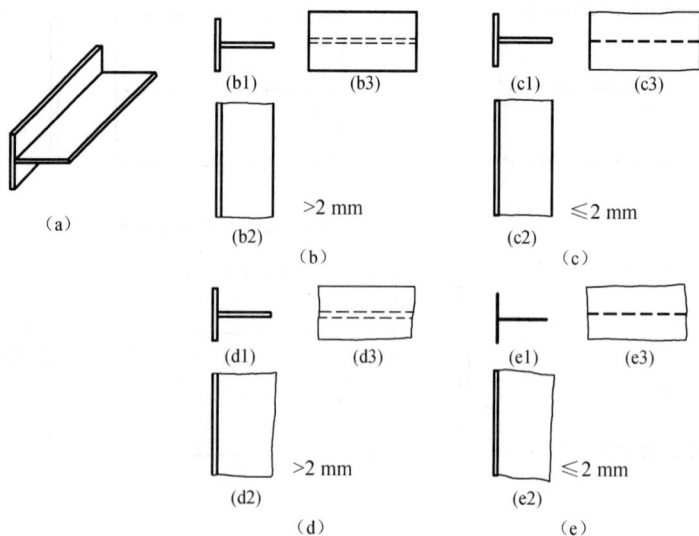

图 1.16　板材与板材的角接

（4）交叉接

图 1.17 为板材与板材的交叉接。间断板的工艺性切角只在外形明显的视图中显示,在其他视图中可省略不画。

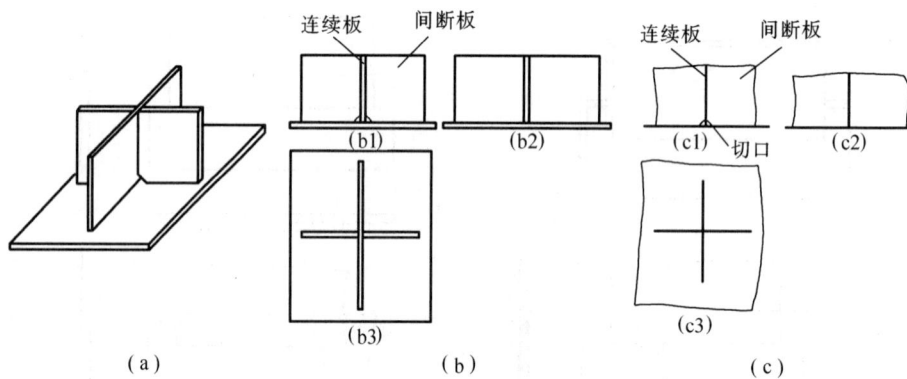

图 1.17　板材与板材的交叉接

（5）覆板

图 1.18 为板材与板材的覆板。在平面图中,沿覆板轮廓线的内缘以细斜线表示。

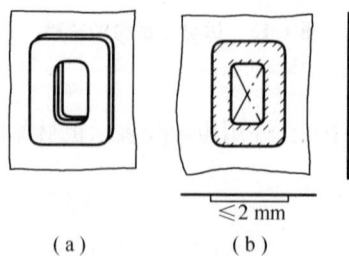

图 1.18　板材与板材的覆板

2. 型材与型材的连接

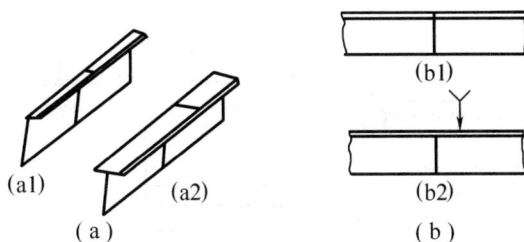

型材与型材的连接形式如下。

（1）对接

图 1.19 为型材与型材的对接。T 型材面板的接缝可用符号"Ｙ"表示。

图 1.19　型材与型材的对接

（2）搭接

图 1.20 为型材与型材的搭接。在小比例剖面图中,两型材之间留有间隙,间隙不大于粗实线宽度。

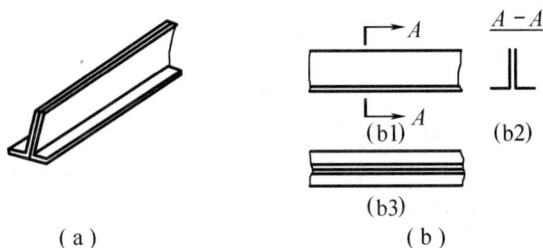

图 1.20　型材与型材的搭接

（3）交叉接

图 1.21 为型材与型材的交叉接。间断构件的工艺性切角只在外形显著的视图中显示,在其他视图中可省略不画。

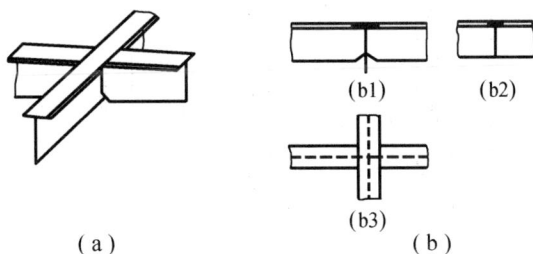

图 1.21　型材与型材的交叉接

3. 板材与型材的连接

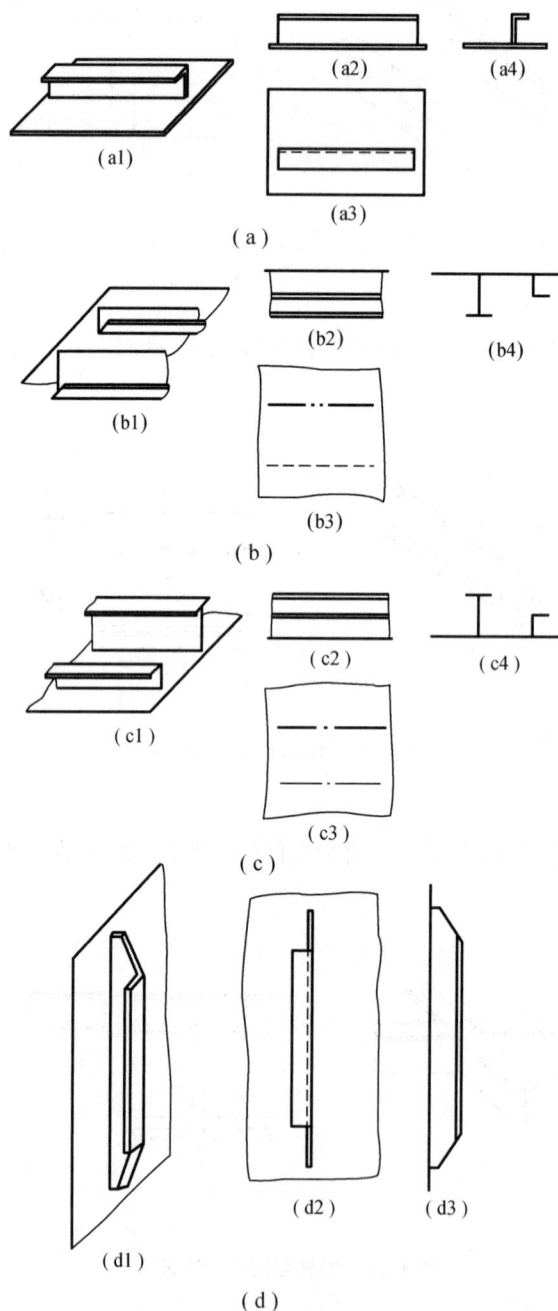

板材与型材的连接形式如下。

（1）角接

图 1.22 为板材与型材的角接。在简化画法中，型材遵循 GB/T 4476.1—2008《金属船体制图 第 1 部分：一般规定》中的规定画线。

板材与型材的连接

（a1）　（a2）　（a3）　（a4）

（a）

（b1）　（b2）　（b3）　（b4）

（b）

（c1）　（c2）　（c3）　（c4）

（c）

（d1）　（d2）　（d3）

（d）

图 1.22　板材与型材的角接

（2）搭接

图 1.23 为板材与型材的搭接。在小比例的剖面图中,板材剖面与型材剖面之间应留有间隙,间隙不大于粗实线宽度。

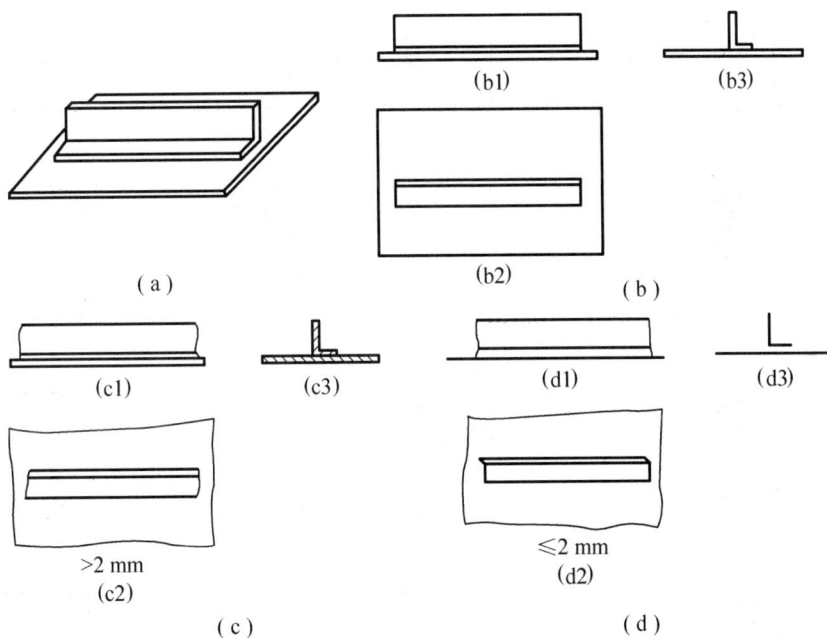

图 1.23　板材与型材的搭接

（3）肘板连接

图 1.24 为板材与型材的肘板连接。肘板不可见投影允许用粗虚线表示。

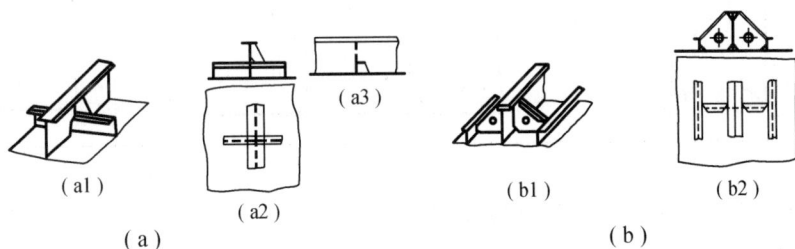

图 1.24　板材与型材的肘板连接

（4）型材端部形式

由于构件连接和施工工艺的要求,型材端部有多种不同形状,有时需要切斜。标准形式的切斜尺寸由 CB/T 3183—2013《船体结构 型材端部形状》规定。

型材端部通常有 S 形、F 形、SS 形和 W 形四种。S 形表示型材端部腹板切斜;F 形表示型材腹板固定面板切斜留根;SS 形表示型材端部腹板和面板都切斜;W 形表示腹板和面板都固定。当型材端部连接肘板时则标注符号"B"。

型材端部采用标准切斜形式时,视图中只需标注切斜形式代号,便可从相关标注中查得端部的具体尺寸。如果采用非标准的切斜形式,则需注明端部的详细尺寸。当型材在图中为简化画法时,只标注形式代号。表 1.2 为角钢端部的形式。

表1.2　角钢端部的形式

端部形状	画法和标注	简化画法中的标注
腹板切斜		
腹板和面板都切斜		
面板切斜		
腹板、面板都不切斜		
肘板连接		

图1.25是扁钢、球扁钢、T型钢端部切斜举例。在这里,扁钢、球扁钢和板材相焊接的一面均视为腹板。

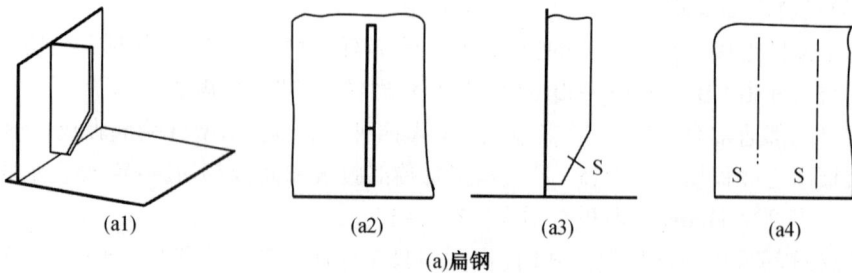

(a1)　　　(a2)　　　(a3)　　　(a4)

(a)扁钢

图1.25　扁钢、球扁钢、T型钢端部切斜举例

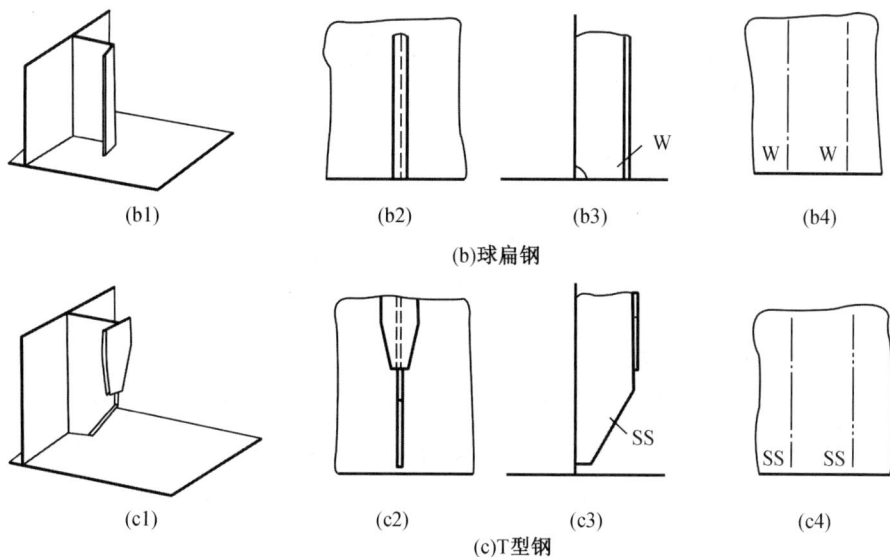

(b1)　　　(b2)　　　(b3)　　　(b4)

(b)球扁钢

(c1)　　　(c2)　　　(c3)　　　(c4)

(c)T型钢

图 1.25(续)

4. 型材贯穿连接

型材的贯穿有直通型、腹板焊接型、补板型(水密、非水密)和镶嵌型等四种类型。切口与补板的标准形式和尺寸由全国船舶标准化技术委员会专业标准规定。型材贯穿的画法如图 1.26 所示。

采用标准形式的切口和补板,视图中只需注明切口、补板代号及补板厚度;采用非标准形式的切口和补板,则需在放大图上注明切口和补板的全部尺寸。

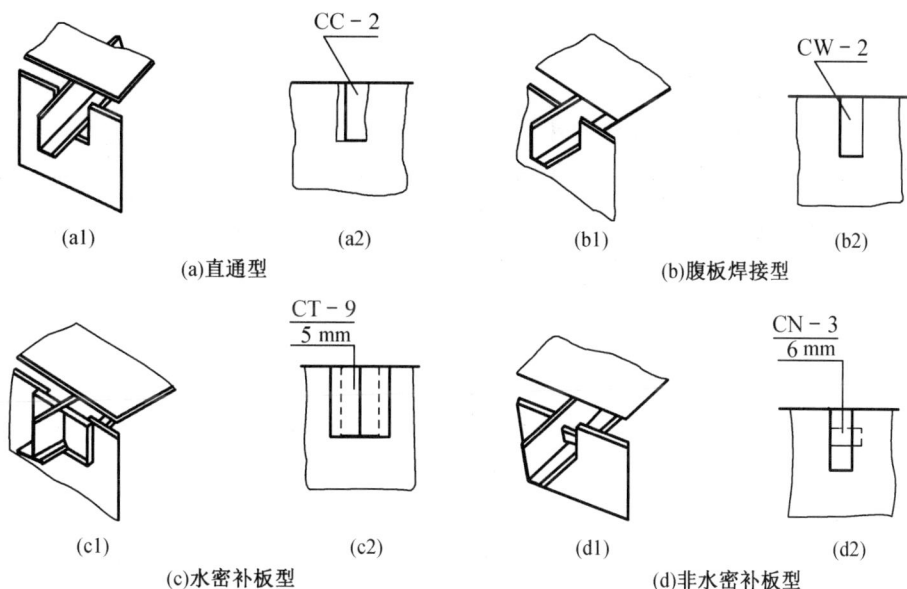

(a1)　　　(a2)　　　(b1)　　　(b2)

(a)直通型　　　　　　　(b)腹板焊接型

(c1)　　　(c2)　　　(d1)　　　(d2)

(c)水密补板型　　　　　(d)非水密补板型

图 1.26　型材贯穿的画法

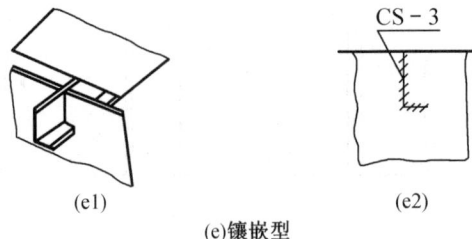

(e1)　　　　　　(e2)

(e)镶嵌型

图 1.26(续)

三、船体结构图样的表达方法

船体结构图样是船体图样中的重要组成部分,它完整、清晰地表达了船体结构形式和构件连接方式。为便于识读,易于绘制,GB/T 4476.3—2008《金属船体制图 第 3 部分:图样画法及编号》规定了图样画法。以下介绍船图中常用的几种表达方法。

1. 视图

(1)基本视图

物体除了可以从上、前、左三个方向进行投影外,还可以从下、后、右三个方向进行投影,如图 1.27(a)所示,这样就有了六个基本投影面。船体结构通过六个基本投影面投影所得的图形为基本视图。六个基本视图的名称分别为主视图、俯视图、左视图、右视图、仰视图和后视图。六个基本视图如图 1.27 所示。在一张图纸中若按图 1.27(b)配置各视图,则一律不标注视图的名称。

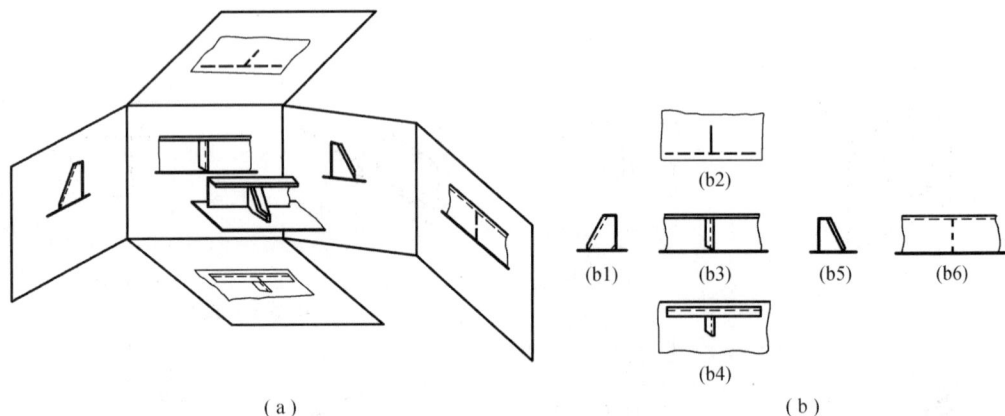

(b2)

(b1)　　(b3)　　　(b5)　　(b6)

(b4)

(a)　　　　　　　　　　　(b)

图 1.27　六个基本视图

(2)向视图

船体结构向某一方向投影所得的图形为向视图。向视图用视向符号与大写的英文字母表示其投影方向和视图名称,如图 1.28 及图 1.29 中的"A 向"。在同一张图纸上画几个向视图时,应按字母顺序注写,如 A,B,C…视向符号一般为长 15~25 mm 的粗实线箭头,习惯上箭头长为总长的 1/3~1/2,如图 1.28(b)所示。图 1.29 中的 B 向视图表示了不在同一平面的圆柱面围壁结构,把不在同一平面内的结构展开在同一平面上,且用向视图表示的方法所得的视图称为展开视图。展开视图在视图名称中注明,如图 1.29 中的"B 向展开",图中注有 RL 的细点划线为转圆线。

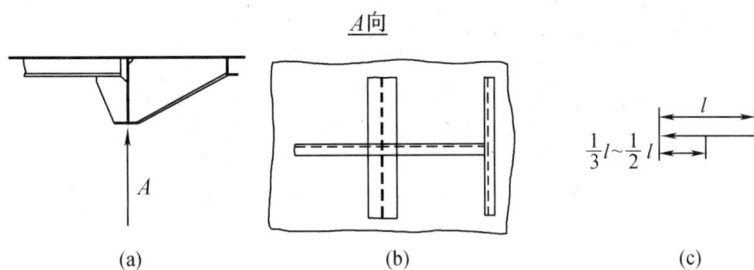

图 1.28　向视图的标注方法(一)

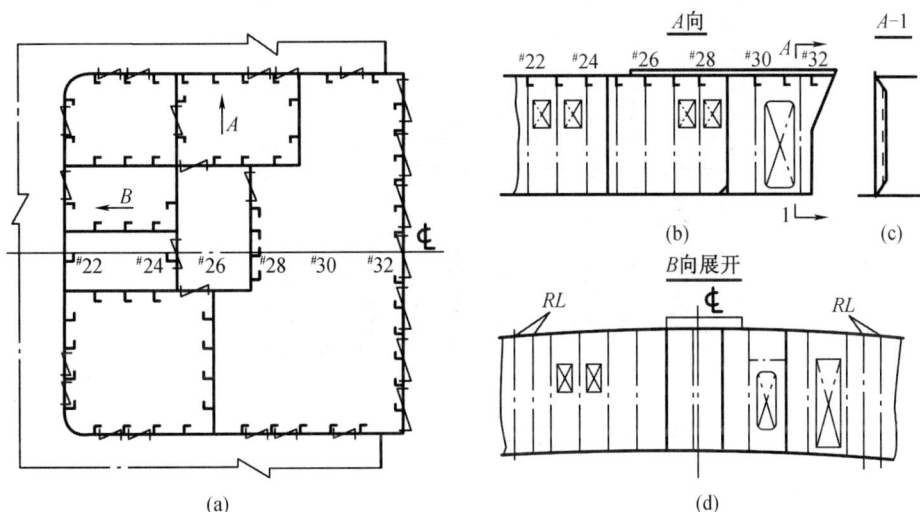

图 1.29　向视图的标注方法(二)

2. 剖视图

假想用剖切平面剖切结构,将位于视者与剖切平面之间的部分移去,而将其余部分向投影面投影所得的图形,称为剖视图,如舱底平面图。

当表示具有对称平面的结构时,可以对称中心线为界,一部分用剖视图表示,另一部分用其他视图表示,如图 1.30、图 1.31 所示。需要表示局部结构时,可用局部剖视方法表示。

3. 剖面图

在机械制图与船图中,剖面图所表达的内容是不尽相同的。在机械制图中,剖面图主要用来表示机器零件断面的形状。在船图中,剖面图除用来表示所剖构件的形状之外,更主要的是用来表示构件与其相连构件间的连接情况。因此,在船图中,剖面图是假想在要表示的构件附近做一剖切面,将位于视者与剖切面之间的部分移去,而把欲表达的构件及与其直接相连的其他构件向投影面投影,所得到的图形。剖面图通常有以下几种类型。

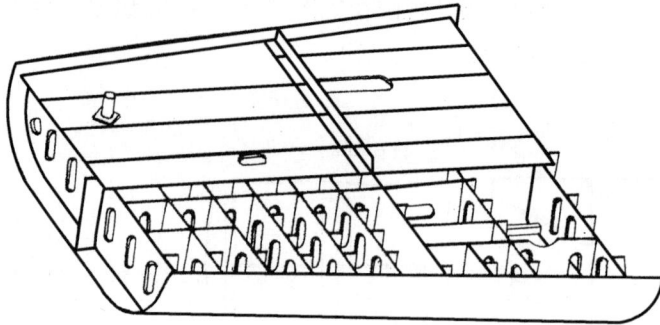

(a)

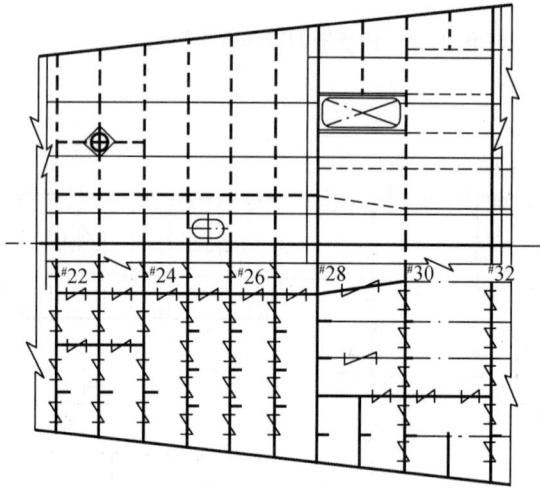

(b)

图1.30　双层底结构的舱底平面剖视图(一)

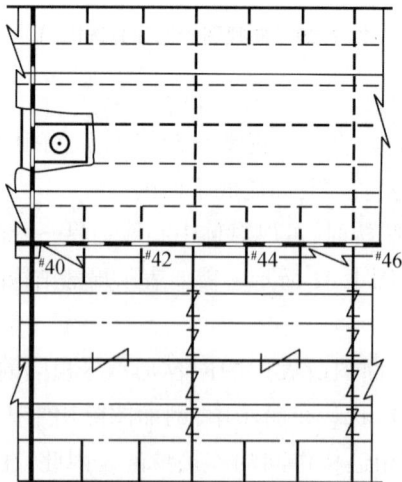

图1.31　双层底结构的舱底平面剖视图(二)

(1)肋位剖面图

在剖面图中,以肋骨平面作为剖切平面得到的剖面图称为肋位剖面图。例如,为了表示图 1.32(a)中舷侧结构的 16 号肋位的普通肋骨结构,可以假想取剖切面Ⅰ,移去剖切面和视者之间的部分,而把 16 号肋骨及与其连接的外板、舷侧纵桁和肘板向投影面投影,得到的图形就是表示 16 号肋骨结构的剖面图,如图 1.32(b)中的 16 号肋位剖面图"$\underline{{}^{\#}16}$"所示。由于肋位是编号的,对于某一号肋位,其位置是确定的,所以在表示肋位剖面图时,在相应视图中不用剖切符号和箭头表示剖切位置与视向,而只在剖面图上方画长为 15 ~ 25 mm 的粗实线大箭头表示投影方向,箭头指向右表示向船首看,箭头指向左表示向船尾看。箭头线上方标注肋位符号"FR(或#)"和肋位编号,表示剖切位置,如图 1.32(b)中的 $^{\#}16$(或 FR16)和 $^{\#}17$(或 FR17)肋位剖面图。

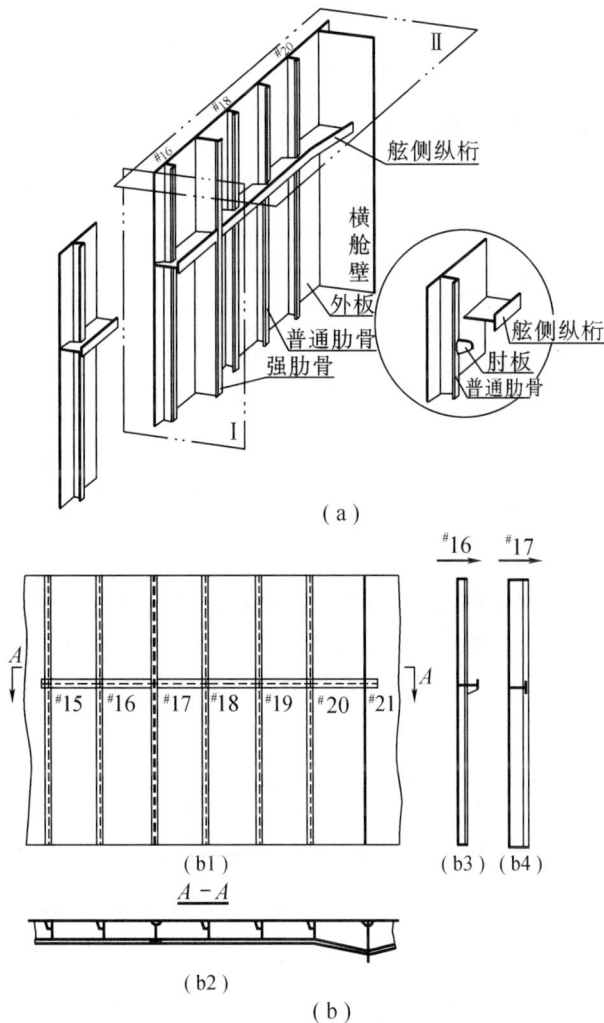

(a)

(b1)

A - A

(b2)

(b3) (b4)

(b)

图 1.32 肋位剖面图

（2）一般位置剖面图

除肋位之外,所有其他位置的剖面图称为一般位置剖面图。例如,为了表示图 1.32(a)中舷侧结构的舷侧纵桁结构,可以假想取剖切面Ⅱ,然后把舷侧纵桁及其连接的外板、横舱壁、普通肋骨、强肋骨和肘板向投影面投影,得到的图形就是表示舷侧纵桁结构的剖面图,如图 1.32(b)中的 *A-A* 。通常情况下,一般位置剖面图在相应的视图中,用剖切符号与大写英文字母表示剖切位置、投影方向和剖面图名称(*A* ┌→ ←┐ *A*),在剖面图上方标注相应的视图名称 *A-A* 。剖切符号为断开的粗实线,箭头为长 15 mm 的粗实线大箭头,视图名称下的横线也为粗实线,如图 1.32(b)所示。

剖面图也可以直接绘制在剖切平面迹线的延长线(细点划线)上,不另加标注,如图 1.33 所示。

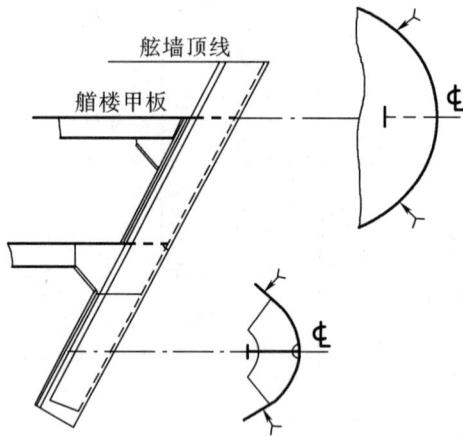

图 1.33　配置在剖切平面迹线延长线上的剖面图

（3）分剖面图

如果在剖面图(或向视图)中再作剖面以表示原剖面图(或向视图)中尚未表示清楚的结构,则称此剖面图为分剖面图。其标注方法如图 1.34 所示,其中 1、2 是分剖面图的序号。

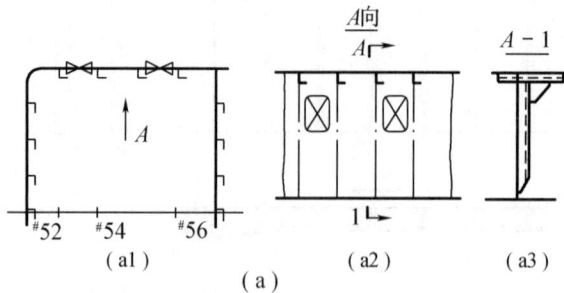

图 1.34　分剖面图的标注方法

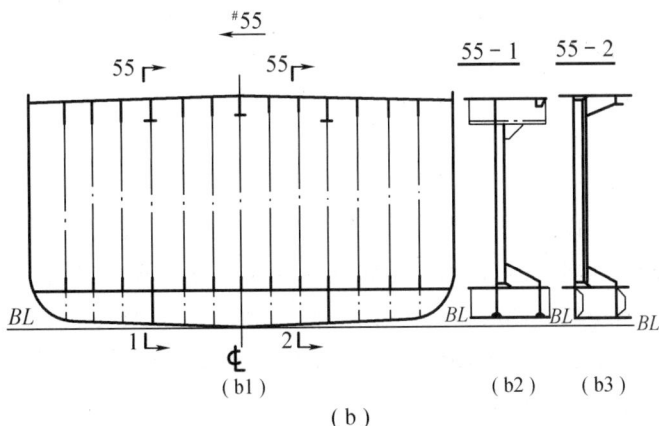

图 1.34(续)

在主视图中,根据不同结构,辅以几个剖面图把船体结构完整地表示清楚,是船体结构图样中经常采用的表达方法。就图 1.32 的舷侧结构而言,除主视图之外,再选择#16 肋位剖面图表示普通肋骨结构、#17 肋位剖面图表示强肋骨结构以及 A-A 剖面图表示舷侧纵桁结构,就可以把该段的结构表示清楚。至于#15、#18、#19 和#20 肋位的结构,因与#16 肋位相似,可以不再表示,而#21 横舱壁结构通常另画图样表示。

4.重叠画法

重叠画法也称重叠投影法,即把不在某一剖面表达范围内的构件表示在该剖面图的相应位置上,这些构件的可见轮廓用细双点划线表示,不可见轮廓用细虚线表示,如图 1.35 所示。#36 肋位上的强横梁、强肋骨和支柱等构件画在表示普通横梁与普通肋骨结构的#35 肋位剖面图中。

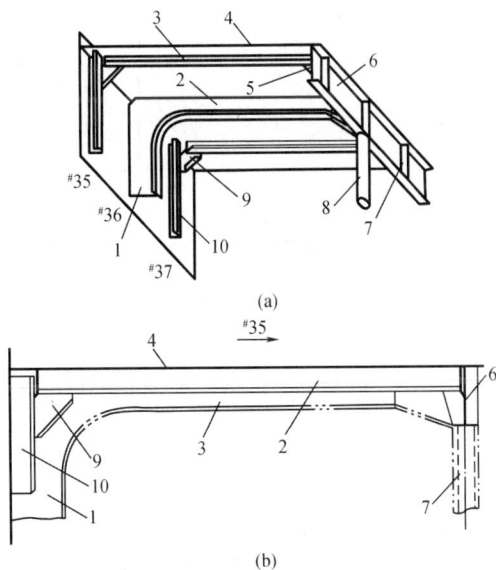

1—强肋骨;2—强横梁;3—普通横梁;4—甲板;5—肘板;6—甲板纵桁;
7—加强筋;8—支柱;9—梁肘板;10—普通肋骨。

图 1.35　重叠画法(示例)

重叠画法通常用在中横剖面图和基本结构图中,目的是在基本的剖面图中把船体某些局部变化的结构表达清楚,以减少识图和绘图工作量。

采用重叠画法时,要注意保证基本剖面图的图形清晰,否则应选择其他视图来表示。

5. 简化画法

为了绘图方便,船图采用了一些简化画法。常用的简化画法如下。

(1)构件的简化表示法

组成船体的构件众多,如按钢板、型材的正投影画法表示船体结构,则图面往往线条繁多,给绘图、识图带来不便。因此,《金属船体制图》规定,在船体结构图中可采用不同的图线表示构件的投影。这样,既简化图面,又能清晰地表示结构,既便于识图,又便于绘制。图 1.36(c)是图 1.36(b)的简化表示图形。

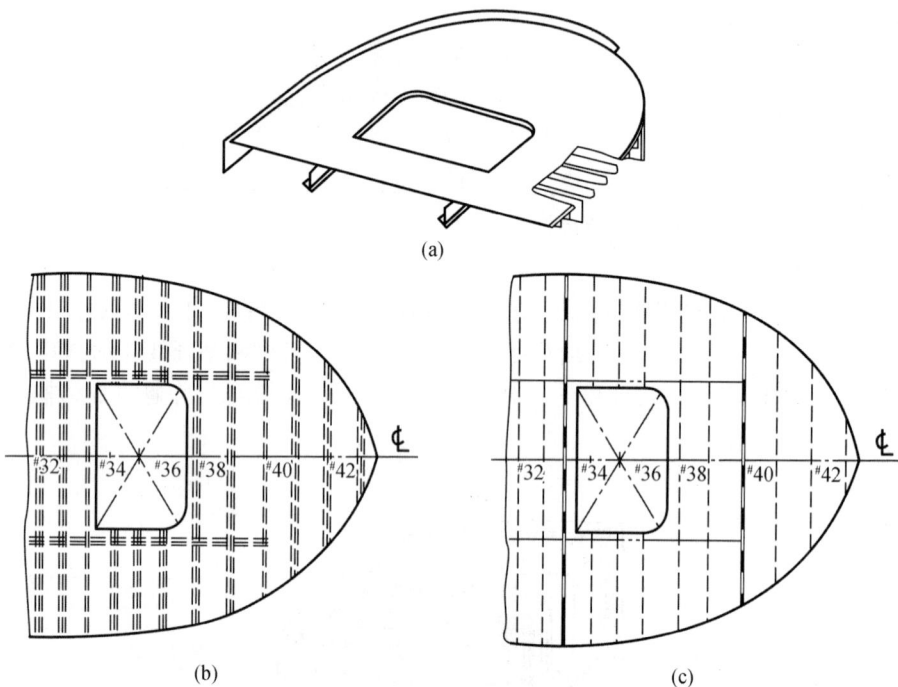

(a)

(b)　　　　　　　　　　　　　　　(c)

图 1.36　结构图样的简化表示法示例(一)

根据《金属船体制图》规定的图线应用范围,构件投影简化表示时所采用的图线基本可归纳如下。

①可见的主要构件(如强肋骨、舷侧纵桁、中内龙骨、旁内龙骨、舱壁桁材等)的投影用粗点划线表示。

②可见的普通构件(如普通肋骨、纵骨、舱壁扶强材等)的投影用细点划线表示。

③不可见的主要构件(如甲板纵桁、强横梁等)的投影用粗双点划线表示。

④不可见的普通构件(如普通横梁、纵骨、舱壁扶强材等)的投影用细虚线表示。

⑤不可见的水密板材的投影用轨道线表示。

⑥不可见的非水密板材的投影用粗虚线表示。

⑦可见的板材的投影用粗实线表示。

图 1.37 是双层底舱底结构图、舷侧结构图及舱壁结构图的简化表示法示例。

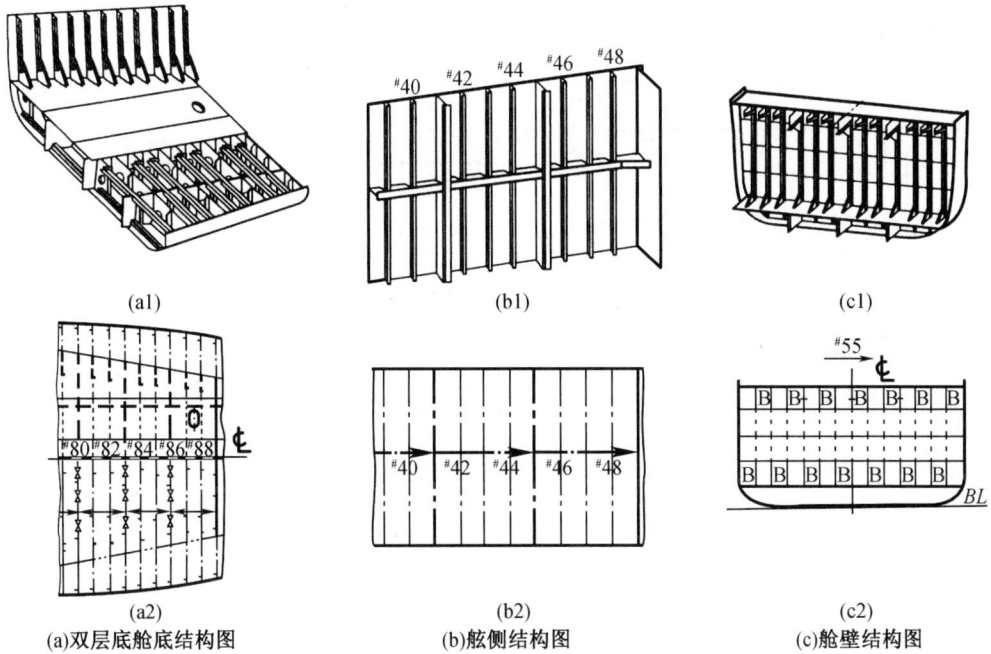

(a1)　(b1)　(c1)

(a)双层底舱底结构图　(b)舷侧结构图　(c)舱壁结构图

图 1.37　结构图样的简化表示法示例(二)

(2)压筋围壁及槽形舱壁的简化表示法

《金属船体制图》规定了压筋围壁及槽形舱壁的简化表示法,如图 1.38 所示。图中细点划线为压筋中线,且表示压筋数量。符号"∨""⌄"等表示压筋在平板正面,如图 1.38(a)、图 1.38(c)所示。反之,符号"⌐⌐""⌒"等则表示压筋在平板背面,如图 1.38(b)、图 1.38(d)所示。

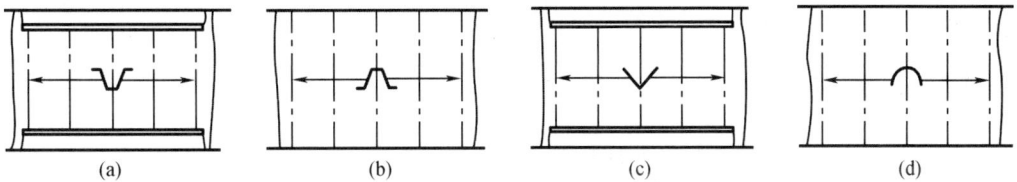

(a)　(b)　(c)　(d)

图 1.38　压筋围壁及槽形舱壁的简化表示法

(3)构件上开孔的简化表示法

构件上开有若干形状和大小相同的均布孔(如人孔、减轻孔、流水孔及透气孔等)时,可仅在两端各画一孔,中间孔只需用定位中心线表示,如图 1.39 所示。

对于人孔和减轻孔,只需在两端的孔上注出其大小尺寸,如图 1.39(a)所示。而流水孔及透气孔只需注明其代号,如图 1.39(b)所示。图中 DY50×100 是腰圆形流水孔的代号。

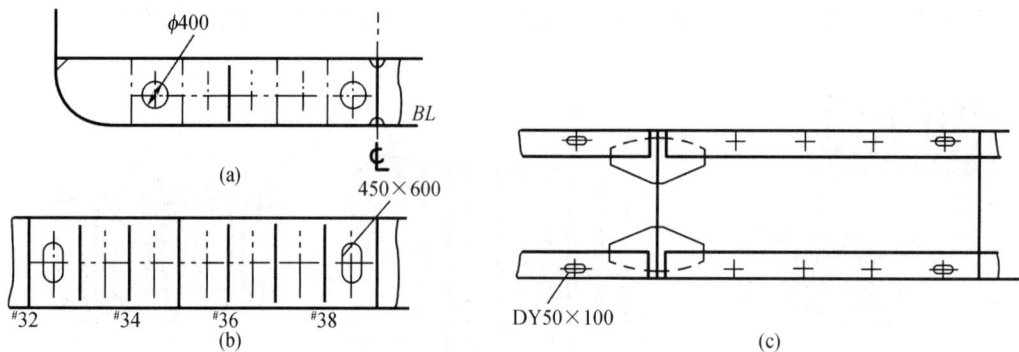

图 1.39　形状和大小相同的均布孔的简化画法(单位:mm)

6.覆板表示法

覆板在平面图上用覆板轮廓线加细斜线表示,如图 1.40 所示。

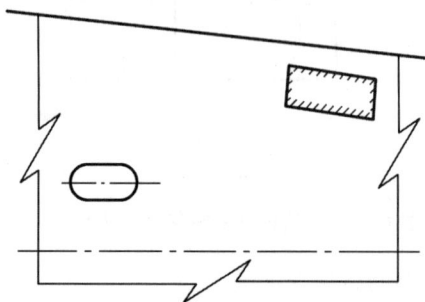

图 1.40　覆板表示法

任务 1.1　节点图识读

【任务实施】

节点图识读实训任务单和任务评价单见表 1.3、表 1.4。

表 1.3　节点图识读实训任务单

任务名称	节点图识读	所需时间	1 学时
实训场地	船舶工程系理实一体化教室	分组情况	1 人/组
任务描述	任务导入: 图 1.41 为船底纵骨节点图,通过对该节点图的识读,了解船体节点图的识读方法以及必要的专业知识和应该注意的事项,为以后船体结构图纸的识读以及从事船舶建造工作奠定基础		

表 1.3(续)

任务要求	识读步骤: 　识读船体节点图可参考三视图的视图要领:抓主视、联左俯;先局部、后整体;对投影、找对应。看图时,首先进行构件分析,即将节点图中的各个构件,按板材、型材、肘板等进行分解。然后在几个视图中找出每个构件的对应投影,结合船图的表达特点和所标注的尺寸,识别构件的形状、尺寸、相对位置和连接方式,从而看懂节点图所表达的结构。 (1)构件分析。 (2)了解构件之间的相对位置和连接方式。 (3)整合节点整体概念 技能要求: (1)能够将节点图中的各个构件,按板材、型材、肘板等进行分解。 (2)能够在几个视图中找出每个构件的对应投影。 (3)能够结合视图看懂构件尺寸的标注。 (4)能够结合视图看懂焊接符号的标注。 (5)掌握正确识读船体节点图的方法和步骤。 职业素质要求: (1)具有严谨认真的工作态度。 (2)具有主动参与、积极进取、探究科学的学习态度和思想意识。 (3)具有分析问题、解决问题的能力

表 1.4　节点图识读任务评价单

课前准备	课前讨论	标准:参与回答问题。
		评分(满分5分)
	微课学习	标准:观看微课时长和发帖次数。
		评分(满分5分)
课中实践	知识要点学习	标准:(1)课堂表现。 　　　(2)知识点掌握程度。
		评分(满分5分)
	教师作品评价	校内教师	标准:(1)准备工作充分,识读节点结构的正确率。 　　　(2)根据学生答辩情况真实、客观地进行打分,并给出充分理由。
			评分(满分15分)
		企业专家	标准:(1)准备工作充分,分析节点结构的正确率。 　　　(2)根据学生答辩情况真实、客观地进行打分,并给出充分理由。
			评分(满分15分)

表 1.4(续)

自我评价	标准:真实、客观、理由充分。 评分(满分 10 分)						
组内互评	学号	姓名	评分(满分 20 分)	学号	姓名	评分(满分 20 分)	
	注意:最高分与最低分相差最少 3 分,同分人最多 3 人,某一学生分数不得超平均 分±3 分						
组间互评	标准:真实、客观、理由充分。 评分(满分 10 分)						
课后复习　在线作业 和测试	标准:学堂在线与网络教学平台的在线作业和测试。 评分(满分 10 分)						
在线拓展	标准:根据完成情况适当加分。 评分(满分 5 分)						
总分(除组 内互评分)		任务完成人签字:　　　　　　　　　　日期:　年　月　日 指导教师签字:　　　　　　　　　　日期:　年　月　日						

【知识要点】

船体结构节点图识读方法和注意点如下。

识读节点图时,先进行构件分析,弄清组成节点构件的形状、尺寸及相对位置,然后合起来想象节点的整体情况,也就是用"先分割、再组合"的方法看图。

图 1.41 是船底纵骨节点图,它由主视图、俯视图、左视图组成。下面就以它为例,介绍识图的方法和步骤。

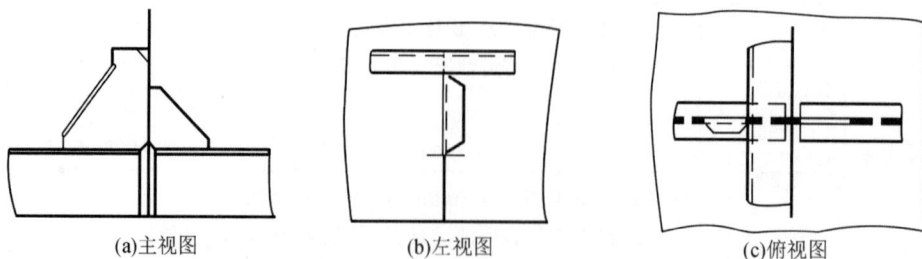

(a)主视图　　　　　　　(b)左视图　　　　　　　(c)俯视图

图 1.41　船底纵骨节点图

一、构件分析

分析节点的构件组成,了解构件的形状和尺寸。从图1.42中可以看出,该节点由水平钢板、垂直钢板、左T型材、右T型材、角钢、大肘板和小肘板组成。

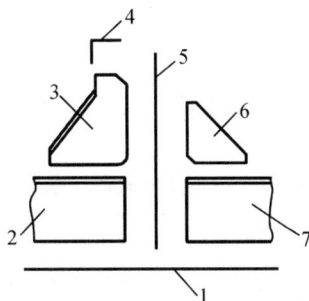

1—水平钢板;2—左T型材;3—大肘板;4—角钢;5—垂直钢板;6—小肘板;7—右T型材。

图1.42 节点的构件分析

二、了解构件之间的相对位置和连接方式

根据各构件在视图上、下、左、右、前、后的相对位置以及连接情况,想象出整个节点的结构。

由图1.41和图1.42可以看出:位于节点最下方水平放置的钢板1,其中间与垂直钢板5角接;T型材2、7位于垂直钢板5的左、右两面,放在水平钢板1的中间,并与垂直钢板5留有一定间隙;大肘板3和小肘板6同样位于垂直钢板5的左、右两面且位于T型材面板的中央,肘板一边与T型材面板连接,另一边与垂直钢板5连接;角钢4与垂直钢板5角接,且位于大肘板3的上部并与它连接。

三、整合节点整体概念

经过上面的分析和综合,即可看懂节点图,得到节点结构的完整概念,如图1.43所示。

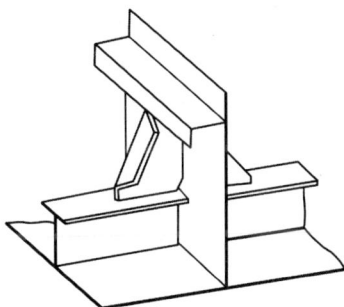

图1.43 纵骨节点的空间结构

任务 1.2　节点图绘制

【任务实施】

节点图绘制实训任务单和任务评价单见表 1.5、表 1.6。

表 1.5　节点图绘制实训任务单

任务名称	节点图绘制	所需时间	1 学时
实训场地	船舶工程系理实一体化教室	分组情况	1 人/组
任务描述	任务导入： 　图 1.44 是支柱节点结构,绘制支柱节点图。通过节点图的绘制,进一步熟悉和掌握板材、型材、肘板及其相互间连接的画法及尺寸标注,同时根据焊接要求能够进行焊接符号的标注。 　绘制步骤： 　绘制节点图是运用正投影的基本方法,将节点按板材、型材和肘板等分解成单个构件,然后根据"长对正、高平齐、宽相等"的投影关系,弄清每个构件的形状、尺寸以及各构件的相对位置和连接方式。 (1)构件分析。 (2)选择视向、确定视图。 (3)绘制节点图。 (4)节点图的尺寸标注。 (5)节点图的焊缝符号标注		
任务要求	技能要求： (1)能够将节点处的构件进行结构分析与构件分解。 (2)能够根据节点的位置特点选择最合理的主视向。 (3)能够掌握板材、型材和肘板等在节点图中的绘制方法。 (4)能够掌握正确的尺寸标注和焊接符号标注方法。 (5)掌握正确绘制船体节点图的方法和步骤。 职业素质要求： (1)具有团队意识和相互协作精神。 (2)具有良好的学习态度和责任心。 (3)具有自我学习、不断更新知识结构的意识。 (4)具有分析问题、解决问题的能力		

表 1.6　节点图绘制任务评价单

课前准备	课前讨论	标准:参与回答问题。 评分(满分 5 分)					
	微课学习	标准:观看微课时长和发帖次数。 评分(满分 5 分)					
课中实践	知识要点学习	标准:(1)课堂表现。 　　(2)知识点掌握程度。 评分(满分 5 分)					
	教师作品评价	校内教师	标准:(1)准备工作充分,绘制正确的支柱节点图。 　　(2)根据学生答辩情况真实、客观地进行打分,并给出充分理由。 评分(满分 15 分)				
		企业专家	标准:(1)准备工作充分,绘制正确的支柱节点图。 　　(2)根据学生答辩情况真实、客观地进行打分,并给出充分理由。 评分(满分 15 分)				
	自我评价	标准:真实、客观、理由充分。 评分(满分 10 分)					
	组内互评	学号	姓名	评分(满分 20 分)	学号	姓名	评分(满分 20 分)
		注意:最高分与最低分相差最少 3 分,同分人最多 3 人,某一学生分数不得超平均分±3 分					
	组间互评	标准:真实、客观、理由充分。 评分(满分 10 分)					
课后复习	在线作业和测试	标准:学堂在线与网络教学平台的在线作业和测试。 评分(满分 10 分)					
	在线拓展	标准:根据完成情况适当加分。 评分(满分 5 分)					
总分(除组内互评分)		任务完成人签字: 指导教师签字:		日期:　年　月　日 日期:　年　月　日			

【知识要点】

以图 1.44 支柱节点结构为例介绍船体结构节点图的绘制方法和注意点。

在图 1.44 支柱节点结构中,各构件尺寸为:支柱 $\phi200$ mm×12 mm,T 型材 $\perp\dfrac{8\ \text{mm}\times350\ \text{mm}}{10\ \text{mm}\times150\ \text{mm}}$,肘板 12 mm×150 mm×300 mm,垫板厚脚 8 mm,底板厚 12 mm。

焊接要求如下。

(1)T 型材与底板连接采用双面连续焊,焊脚尺寸 $k=5$ mm。

(2)T 型材面板与腹板以及 T 型材连接采用双面连续角焊,焊脚尺寸 $k=5$ mm。

(3)支柱与垫板连接采用周围焊,焊脚尺寸 $k=5$ mm。

(4)垫板与 T 型材面板连接采用周围焊,焊脚尺寸 $k=5$ mm。

(5)肘板与支柱的连接采用双面连续角焊,焊脚尺寸 $k=5$ mm。

一、结构分析与构件分解

由图 1.44 可知,这是船底外板上的支柱节点结构。其构件分析如图 1.45 所示,整个节点共由 10 个构件组成。

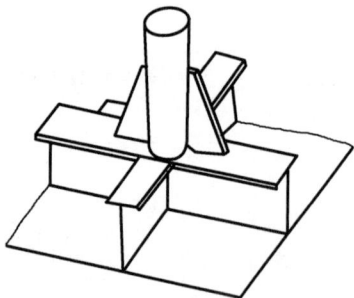

图 1.44　支柱节点结构

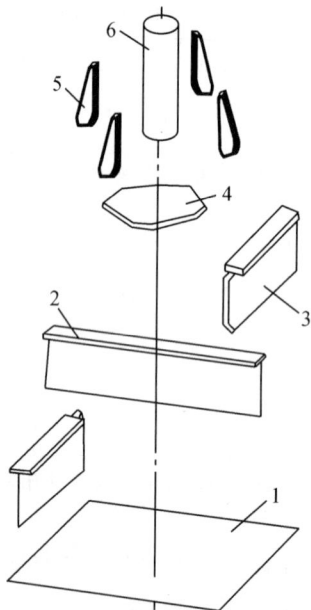

1—水平底板;2—左右设置的 T 型材(连续);
3—前后设置的 T 型材(间断);
4—八边形垫板;5—肘板;6—支柱。

图 1.45　构件分析

二、选择视向、确定视图

船体的结构节点,可以采用三视图来表示。如果用两个视图就能够完整而清晰地表示节点结构,则可只画主、俯或主、左两个视图。根据图 1.44 支柱节点结构的特点,确定用两个视图来表示其结构节点:

A 向——主视图投影方向。

C 向——俯视图投影方向。

三、绘制节点图

绘制节点图步骤如下。

(1)合理布置视图,画出主、俯视图的基线,如图1.46(a)所示。

(2)画出底板的投影,如图1.46(b)所示。

(3)画出T型材的投影,如图1.46(c)所示。

(4)画出垫板的投影,如图1.46(d)所示。

(5)画出钢管的投影,如图1.46(e)所示。

(6)画出肘板的投影,如图1.46(f)所示。

(7)检验底稿,并清理图面,按规定线条加深,如图1.46(g)所示。

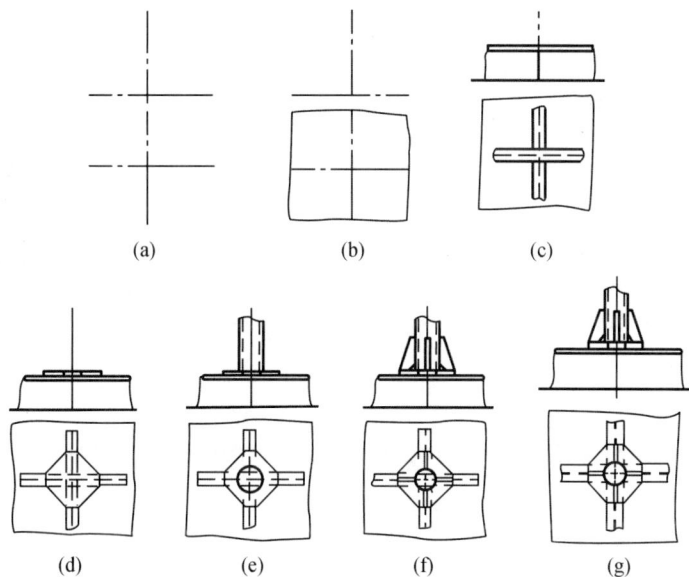

图1.46　支柱节点图画法

四、支柱节点图的尺寸标注

尺寸应尽量标注在表示构件外形特征明显的视图中,并要求相对集中,便于阅读。

在本节中,钢管、肘板和T型材的尺寸标注在外形特征明显的主视图中,底板和垫板的尺寸标注在外形特征明显的俯视图中,如图1.47所示。

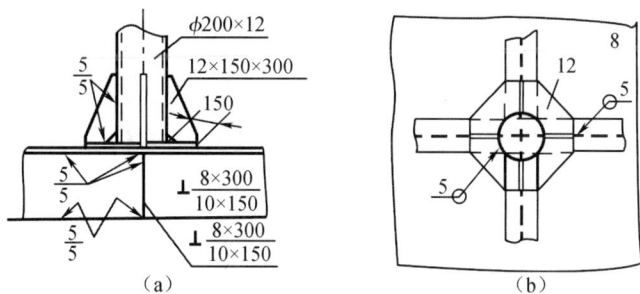

图1.47　支柱节点图的尺寸标注(单位:mm)

五、支柱节点图的焊缝符号标注

焊缝符号标注在接缝特征明显的视图中,并要求相对集中,如图 1.47 所示。

总之,在绘制节点图时,根据节点结构复杂程度的不同,几个视图可以相互对照同时画出底稿;也可以先画出主视图,再按投影关系画出其他视图。简单的节点图可以不打底稿一次完成。

任务 1.3　装配工具介绍

【知识要点】

一、度量、划线工具

1. 度量工具

度量工具是测量物体大小和形状的工具,用于测量工件加工后的几何尺寸和形状是否符合精度标准。量具主要有平尺、木折尺、钢皮卷尺、角尺(分活络和固定两种),以及卡钳。卡钳分为内卡钳、外卡钳、八字形卡钳三种,用以测量钢材的厚度和钢管的直径。

装配工具动画

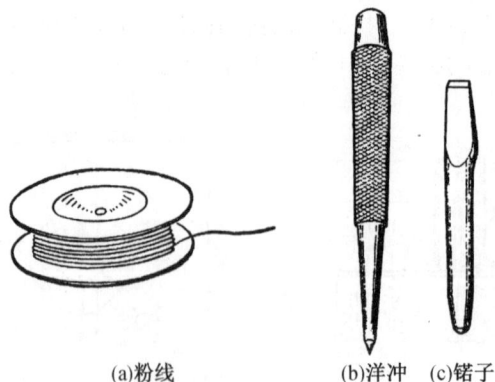

2. 划线工具

划线工具是用来在钢材、样板等上划线及做出标记的工具,包括圆规、粉线、各种画笔(石笔、画针、鸭嘴笔)及洋冲(铳)、锴子等。

粉线一般用 0.5 mm 直径的腊线,将其绕于圆盘内,如图 1.48(a)所示。其可用于测量较长距离的工作物的不平度和扭曲度,也可以弹直线用。

洋冲与锴子都由高碳钢制成,如图 1.48(b)、图 1.48(c)所示。洋冲的工作尖端和锴子的刀刃经过淬火处理,用于在钢材上做记号。

(a)粉线　(b)洋冲　(c)锴子

图 1.48　划线工具

二、测量工具

测量工具是船体装配工具中最重要的组成部分,其使用见任务实施中的内容。

三、装配工夹具

1.榔头

榔头用于钢结构定位、矫平、敲字码符号。

2.撬棒、铁楔

撬棒的工作端做成铲形,用于撬动工作物,如图1.49(a)所示。铁楔与各种马板配合使用,通过锤击或其他机械方法获得外力,再利用铁楔的斜面将外力转变为夹紧力,从而对工件夹紧,如图1.49(b)所示。

3.杠杆夹具

杠杆夹具是利用杠杆原理将工件夹紧的工具。图1.50为装配中常用的几种简易杠杆夹具。杠杆夹具既能用于夹紧,又能用于矫正和翻转钢材。

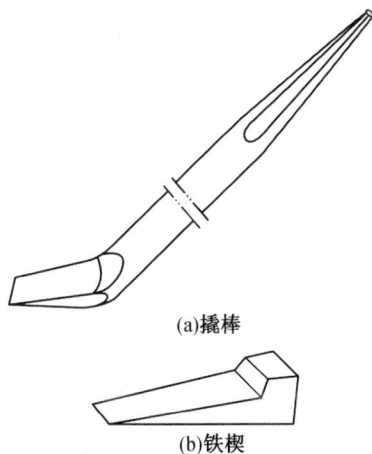

(a)撬棒

(b)铁楔

图1.49 撬棒和铁楔

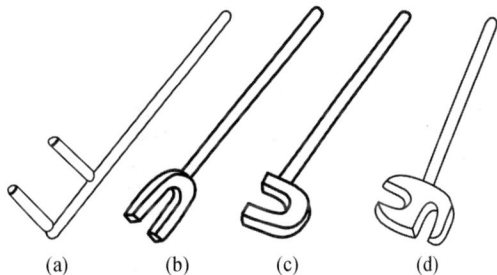

(a)　　(b)　　(c)　　(d)

图1.50 装配中常用的几种简易杠杆夹具

4.螺旋式夹具

螺旋式夹具具有夹、压、拉、顶与撑等多种功能。弓形螺旋夹是利用丝杆起夹紧作用的,常用的有如图1.51(a)、图1.51(b)所示的几种。固定用螺旋压紧器借助L形铁、门形铁,达到调整钢板的高低及压紧的目的,如图1.51(c)、图1.51(d)所示。

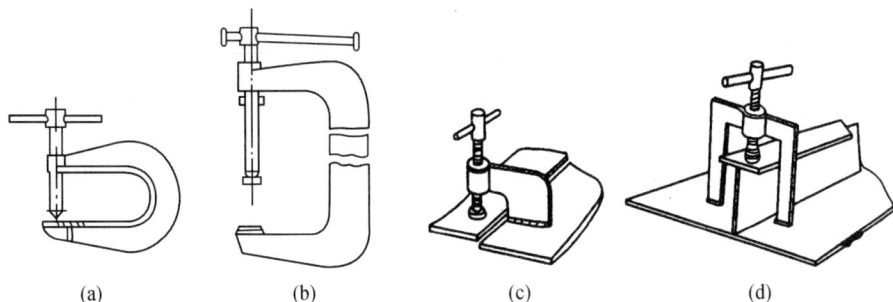

(a)　　　　(b)　　　　(c)　　　　(d)

图1.51 常用的螺旋式夹具

5. 拉撑螺丝和花兰螺丝

拉撑螺丝具有拉紧或撑开作用,不仅用于装配,也可用于矫正,如图 1.52(a)所示。花兰螺丝用于构件拉紧与固定,如图 1.52(b)所示。

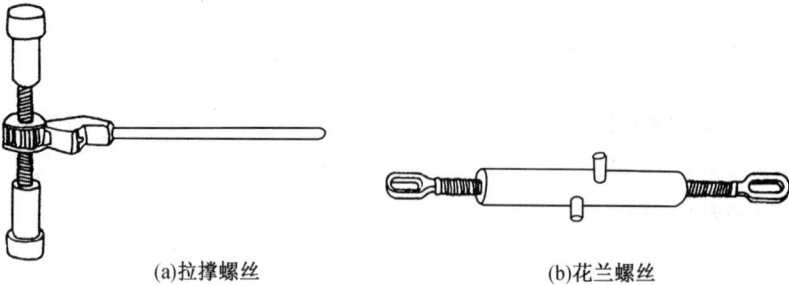

(a)拉撑螺丝　　　　　　　　(b)花兰螺丝

图 1.52　拉撑螺丝和花兰螺丝

6. 千斤顶

千斤顶是一种支撑、顶举或提升重物的起重工具。其起升高度不大,但提升重力可以很大,经常在冷作件装配中作为顶、压工具,如图 1.53 所示。

7. 风动角向砂轮

风动角向砂轮是以压缩空气为动力的新型机械化工具,用于清理钢板边缘的毛刺、铁锈,修磨焊缝及钢板表面的氧化皮等工作,如图 1.54 所示。

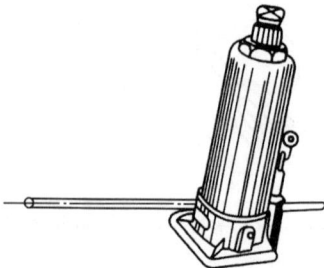

图 1.53　液压式千斤顶　　　　　　　图 1.54　风动角向砂轮

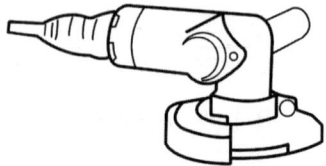

任务 1.4　装配工具的使用

【任务实施】

装配工具的使用实训任务单和任务评价单见表 1.7、表 1.8。

表 1.7 装配工具的使用实训任务单

任务名称	装配工具的使用	所需时间	1 学时
实训场地	船舶工程系实训室	分组情况	2 人/组
任务描述	任务导入： 二维码中展示的是船舶工程系实训室的装配工具。说出二维码中每种工具的名称，根据不同工具的使用要求，分组进行装配工具使用的练习，并完成部件装配	装配工具的使用	
任务要求	技能要求： (1)能够说出每种工具的名称。 (2)能够正确使用每种工具。 (3)能够应用装配工具进行简单部件的装配。 (4)能够对工具进行保养。 职业素质要求： (1)具有严谨认真的工作态度。 (2)具有主动参与、积极进取、探究科学的学习态度和思想意识。 (3)具有分析问题、解决问题的能力。 (4)具有回收工具的良好习惯		

表 1.8 装配工具的使用任务评价单

课前准备	课前讨论	标准:参与回答问题。	评分(满分 5 分)
	微课学习	标准:观看微课时长和发帖次数。	评分(满分 5 分)
课中实践	知识要点学习	标准:(1)课堂表现。 (2)知识点掌握程度。	评分(满分 5 分)
	教师作品评价	校内教师	标准:(1)准备工作充分,工具使用规范程度。 (2)对装配部件进行质量检验。 (3)工具使用熟练程度。 评分(满分 15 分)
		企业专家	标准:(1)准备工作充分,工具使用规范程度。 (2)对装配部件进行质量检验。 (3)工具使用熟练程度。 评分(满分 15 分)

表 1.8(续)

	自我评价	标准:真实、客观、理由充分。 　　　　　　　　　　　　　　　　　　　　评分(满分10分)					
	组内互评	学号	姓名	评分(满分20分)	学号	姓名	评分(满分20分)
		注意:最高分与最低分相差最少 3 分,同分人最多 3 人,某一学生分数不得超平均分 ±3 分					
	组间互评	标准:真实、客观、理由充分。 　　　　　　　　　　　　　　　　　　　　评分(满分10分)					
课后复习	在线作业和测试	标准:学堂在线与网络教学平台的在线作业和测试。 　　　　　　　　　　　　　　　　　　　　评分(满分10分)					
	在线拓展	标准:根据完成情况适当加分。 　　　　　　　　　　　　　　　　　　　　评分(满分5分)					
总分(除组内互评分)		任务完成人签字: 指导教师签字:			日期:　年　月　日 日期:　年　月　日		

【知识要点】

一、工具

度量工具、划线工具、测量工具、装配夹具等。

二、测量工具及其使用方法

1.线锤

线锤用来检查零件的垂直度,如图 1.55(a)所示。测量距离大时采用重线锤,距离小时采用较小线锤。

2.水平尺

水平尺的金属架子的纵横断面中间装有玻璃管,管内有水、气泡,管外有等距离刻度。水平时,气泡居中;稍有不平,气泡则向高的一端移动。其主要用于测量工件的水平和垂直度,如图 1.55(b)所示。

3.水平软管

水平软管由一根较长的橡皮管和两根短玻璃管组成,如图 1.55(c)所示,用于测量大面积范围内的水平度。管内注水时,只能从一端注入,不能双管齐注,以免橡皮管内留有空气而造成测量误差。

用水平软管测量时,取两根高度相同的标杆,标杆上应有相同的刻度,如图 1.55(d)所示。将玻璃管分别固定在标杆上,把其中的一根标杆置于检验平台的一角,另一根标杆连同橡皮管放在平台上的不同点,然后观察玻璃管两端的水平面高度是否相同,如相同则说明被测平台水平。

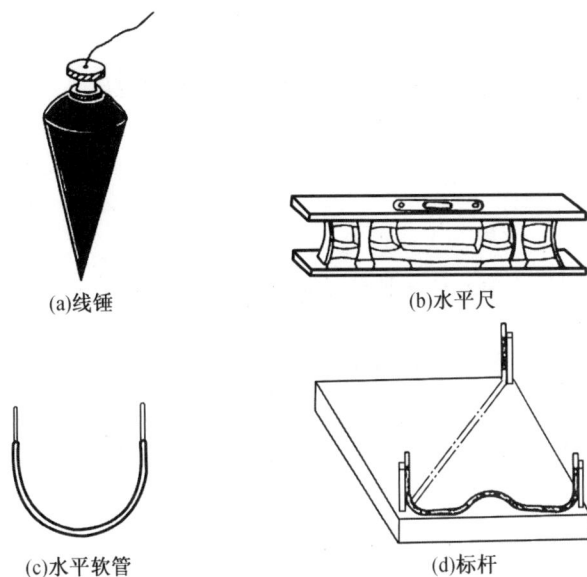

(a)线锤　　(b)水平尺

(c)水平软管　　(d)标杆

图 1.55　测量工具

4.水准仪

水准仪主要用来测量构件的水平线和高度,由望远镜、水准器和基座等组成,如图1.56(a)所示。它的主要功能是给出水平视线和测定各点间的高度差。

5.激光经纬仪

激光经纬仪可测角、测距、测高与测定直线等,如图1.56(b)所示。

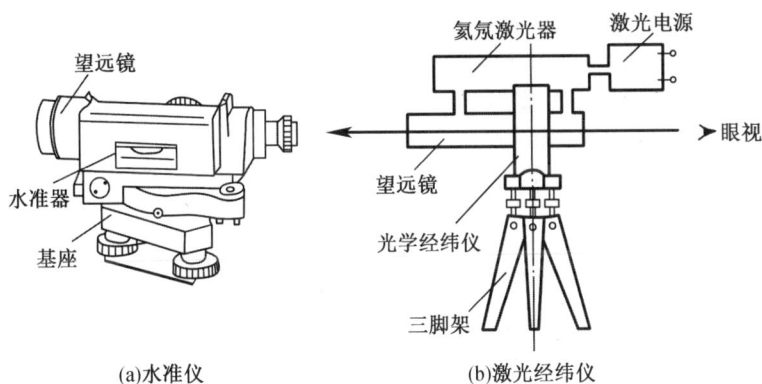

(a)水准仪　　(b)激光经纬仪

图 1.56　水准仪及激光经纬仪

激光经纬仪是在光学经纬仪望远镜上装置氦氖激光器,由激光电源通过激光管发射出的激光束,在望远镜所观察到的目标处形成肉眼可见的清晰的红色光斑。其提高了观察目标的直观感和测量的精度。它由光学经纬仪、三脚架、氦氖激光器及激光电源等组成。氦

❖ 氖激光器发射的激光束为肉眼可见的红色瞄准线,并与望远镜视准轴保持同轴、同焦,在望远镜所观察到的目标处形成肉眼可见的清晰的红色光斑。

目前,船厂普遍使用激光经纬仪进行测绘。

激光经纬仪

任务 1.5　装配仪器介绍

【任务实施】

装配仪器介绍实训任务单和任务评价单见表 1.9、表 1.10。

表 1.9　装配仪器介绍实训任务单

任务名称	装配仪器介绍	所需时间	1 学时
实训场地	船舶工程系实训室	分组情况	2 人/组
任务描述	任务导入: 二维码中展示的是船舶工程系实训室的全站仪。 (1)对全站仪进行调平以及参数设置。 (2)对底部双层低分段主尺度的测量		全站仪
任务要求	技能要求: (1)能够对全站仪进行调平设置。 (2)能够正确设置全站仪的参数。 (3)能够应用全站仪进行分段主尺度测量。 职业素质要求: (1)具有严谨认真的工作态度。 (2)具有主动参与、积极进取、探究科学的学习态度和思想意识。 (3)具有分析问题、解决问题的能力。 (4)具有团队协作能力。 (5)具有保护精密仪器设备的安全防护意识		

表 1.10　装配仪器介绍任务评价单

课前准备	课前讨论	标准:参与回答问题。 评分(满分 5 分)
	微课学习	标准:观看微课时长和发帖次数。 评分(满分 5 分)

表 1.10(续)

课中实践	知识要点学习	标准:(1)课堂表现。 (2)知识点掌握程度。 评分(满分5分)	
	教师作品评价	校内教师	标准:(1)准备工作充分,工具使用规范程度。 (2)全站仪参数设置和调平速度。 (3)主尺度测量正确率。 评分(满分15分)
		企业专家	标准:(1)准备工作充分,工具使用规范程度。 (2)全站仪参数设置和调平速度。 (3)主尺度测量正确率。 评分(满分15分)
	自我评价	标准:真实、客观、理由充分。 评分(满分10分)	

组内互评	学号	姓名	评分(满分20分)	学号	姓名	评分(满分20分)

注意:最高分与最低分相差最少 3 分,同分人最多 3 人,某一学生分数不得超平均分±3 分

	组间互评	标准:真实、客观、理由充分。 评分(满分10分)
课后复习	在线作业和测试	标准:学堂在线与网络教学平台的在线作业和测试。 评分(满分10分)
	在线拓展	标准:根据完成情况适当加分。 评分(满分5分)

总分(除组内互评分)	任务完成人签字:	日期: 年 月 日
	指导教师签字:	日期: 年 月 日

【知识要点】

全站仪(图 1.57),即全站型电子速测仪(electronic total station),是一种集光、机、电为一体的高技术测量仪器,是集水平角、垂直角、距离(斜距、平距)、高差测量功能于一体的测

绘仪器。因其安置一次就可完成该测站上全部测量工作,所以称为全站仪。其广泛用于地上大型建筑和地下隧道施工等精密工程测量或变形监测领域。

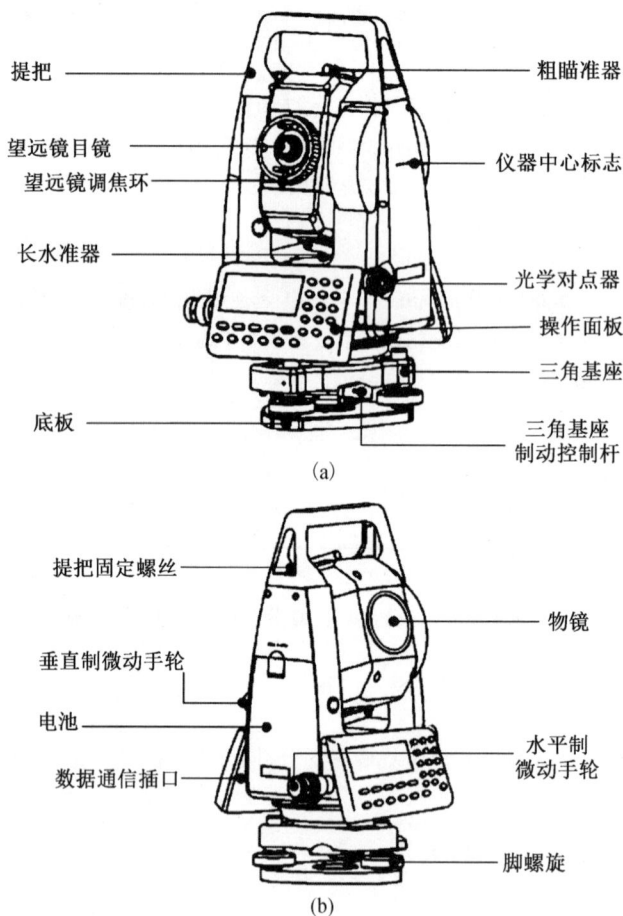

图 1.57　全站仪

全站仪与光学经纬仪的区别在于度盘读数及显示系统。光学经纬仪的水平度盘和竖直度盘及其读数装置是分别采用两个相同的光栅度盘(或编码盘)与读数传感器进行角度测量的,根据测角精度可分为 0.5″、1″、2″、3″、5″、10″等几个等级。

全站仪采用了光电扫描测角系统,其类型主要有编码盘测角系统、光栅盘测角系统及动态(光栅盘)测角系统等三种。

一、分类

1. 按外观结构分类

全站仪按外观结构可分为以下两类。

(1)积木型(modular,又称组合型)

早期的全站仪,大都是积木型结构,即电子速测仪、电子经纬仪、电子记录器各是一个整体,可以分离使用,也可以通过电缆或接口把它们组合起来,形成完整的全站仪。

(2)整体型(integral)

随着电子测距仪进一步的轻巧化,现代的全站仪大都把测距、测角和记录单元在光学、机械等方面设计成一个不可分割的整体,其中测距仪的发射轴、接收轴和望远镜的视准轴为同轴结构。这对保证较大垂直角条件下的距离测量精度非常有利。

2. 按测量功能分类

全站仪按测量功能可分为以下四类。

(1)经典型全站仪(classical total station)。

(2)机动型全站仪(motorized total station)。

(3)无合作目标型全站仪(reflectorless total station)。

(4)智能型全站仪(robotic total station)。

3. 按测距仪测距分类

全站仪按测距仪测距可分为以下三类。

(1)短距离测距全站仪

短距离测距全站仪,测程小于 3 km,主要用于普通测量和城市测量。

(2)中测程全站仪

中测程全站仪,测程为 3~15 km,通常用于一般等级的控制测量。

(3)长测程全站仪

长测程全站仪,测程大于 15 km,通常用于国家三角网及特级导线的测量。

4. 自动陀螺全站仪

由陀螺仪 GTA1000 与无合作目标型全站仪 RTS812R5 组成的自动陀螺全站仪,能够在 20 min 内,最高以±5″的精度测出正北方向。

二、操作

不同型号的全站仪,其具体操作方法会有较大的差异。下面简要介绍全站仪的基本操作与使用方法。

1. 水平角测量

(1)按角度测量键,使全站仪处于角度测量模式,照准第一个目标 A。

(2)设置 A 方向的水平度盘读数为 0°00′00″。

(3)照准第二个目标 B,此时显示的水平度盘读数即为两方向间的水平夹角。

2. 距离测量

(1)设置棱镜常数

测距前须将棱镜常数输入全站仪中,全站仪器会自动对所测距离进行改正。

(2)设置大气改正值或气温、气压值

光在大气中的传播速度会随大气的温度和气压而变化,15 ℃ 和 760 mmHg(1 mmHg＝0.133 kPa)是仪器设置的一个标准值。实测时,可输入温度和气压值,全站仪会自动计算大气改正值(也可直接输入大气改正值),并对测距结果进行改正。

(3)测量仪器

测量仪器的高、棱镜的高,并将数据输入全站仪。

(4)测量距离

照准目标棱镜中心,按测距键,距离测量开始。测距完成时显示斜距、平距、高差。

全站仪的测距模式有精测模式、跟踪模式、粗测模式三种。精测模式是最常用的测距模式,测量时间约 2.5 s,最小显示单位为 1 mm;跟踪模式常用于跟踪移动目标或放样时连续测距,测量时间约0.3 s,最小显示单位为1 cm;粗测模式的测量时间约0.7 s,最小显示单位为1 cm或1 mm。在距离测量或坐标测量时,可按测距模式(MODE)键选择不同的测距模式。

应注意,有些型号的全站仪在距离测量时不能设定仪器高和棱镜高,显示的高差值是全站仪横轴中心与棱镜中心的高差。

3. 坐标测量

(1)设定测站点的三维坐标。

(2)设定后视点的坐标或设定后视方向的水平度盘读数为其方位角。当设定后视点的坐标时,全站仪会自动计算后视方向的方位角,并设定后视方向的水平度盘读数为其方位角。

(3)设置棱镜常数。

(4)设置大气改正值或气温、气压值。

(5)测量仪器高、棱镜高并输入全站仪。

(6)照准目标棱镜,按坐标测量键,全站仪开始测距并计算显示测点的三维坐标。

任务 1.6 平 台 类 型

【知识要点】

船体结构预装焊所使用的主要设备包括起重、电焊、气割和压缩空气设备,以及管道、平台和胎架等。其中,平台与胎架是船体构件装焊作业所特有的主要两大类工艺设备。

平台一般是由水泥基础和型钢、钢板等组成的具有一定水平度的工作台,分为固定式和传送带式两大类。固定式平台主要用于装焊船体部件、组件、平面分段和带有平面的立体分段,也可以作为设置胎架的基础。为保证部件、组件和分段制造的质量要求,它应具有牢固的基础、足够的结构刚性和表面平整度。其四角水平的偏差≤±5 mm,表面平面度≤±3 mm/m。传送带式平台设有相

平台类型

应的传送装置,既可用于部件、组件和平面分段的装焊,又可用来运送工件,是组织生产流水线的重要工艺设备。

一、固定式平台

1. 钢板平台

钢板平台又称实心平台,其结构如图1.58(a)所示,主要用于绘制船体全宽肋骨型线图,供装焊肋骨框架等部件用。其中,表面由钢板铺设而成,便于划线,装焊操作条件也较好。用于制作钢板平台的钢板厚度应大于10 mm,钢板下面设置的槽钢工字钢宜选用22~24号,平台高度约300 mm。对于用来建造小型船舶的钢板平台,其结构允许质量适当减小一些。

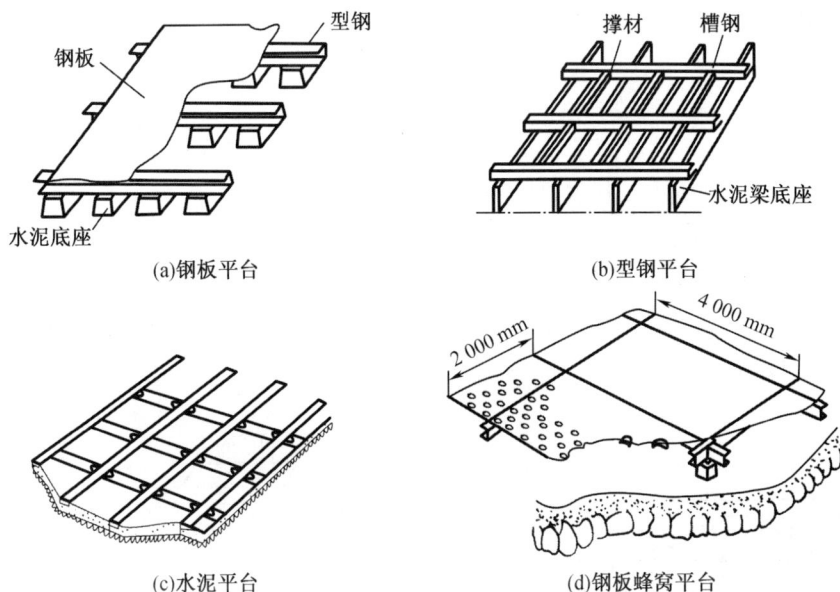

图 1.58 固定式平台

2. 型钢平台

型钢平台又称空心平台,它与钢板平台的区别仅在于其表面不设钢板,如图 1.58(b)所示。型钢平台既可以用于拼板和装焊平面分段,也可作为胎架的基础。其高度一般与钢板平台相同。但在平面分段流水线的某些部位和舷、艉立体分段倒装时,需在平台下面作业,平台高度应大于 800 mm。

3. 水泥平台

水泥平台是用钢筋混凝土浇筑而成的,其表面被埋入许多按 500~1 000 mm 间距平行的扁钢和 T 型钢,使型钢面板表面与水泥台面平齐,而构成整个平台表面的型钢是作为电焊通路和安装拉椿、固定胎架用的,如图 1.58(c)所示。水泥平台的最大优点是基础牢固不易变形,所以一般用作胎架的基础,但这种平台也有缺点,如水泥台面受高温后容易爆裂、预埋的型钢容易锈蚀等。

4. 钢板蜂窝平台

钢板蜂窝平台是一种表面有许多蜂窝状圆孔的平台,是在其钢板上开有蜂窝状圆孔,并在圆孔处加焊同样大小圆孔的复板,如图 1.58(d)所示。它具有便于固定船体构件的优点,主要用来装配焊接部件和组合件,并可用于矫正变形。

二、传送带式平台

1. 链式传送带平台

在槽形钢筋混凝土基础上,按 1 500~2 000 mm 的间距敷设角钢或槽钢构件,并在其上安装链条导向轨道,再在轨道上配置链条,即构成链式传送带平台,如图 1.59(a)所示。它主要用作流水线上改变运送方向的横向传送带。

2. 辊柱式传送带平台

辊柱式传送带平台,是用直径为 100~150 mm 的钢管制作成辊筒,并将其按 1 000~1 500 mm 的间距平行地组装在开有缺口的钢板平台中构成的,如图 1.59(b)所示。有的平台在辊筒支承梁下面设置升降用油缸,使辊筒能上下调节。它主要用作平面分段机械化生产线的拼板工位。

3.台车式平台

在分段支承台之间敷设两条轨道,并在其上配置有油缸升降机构的台车,即构成台车式平台,如图 1.59(c)所示。其主要用于分段的运输。

4.圆盘式传送带平台

将直径为 200~250 mm 的圆盘按间距 1 500~2 000 mm 纵横交错地配置在钢板平台或水泥平台上,即构成圆盘式传送带平台,如图 1.59(d)所示。其主要用于平面分段机械化生产线中分段的传送。

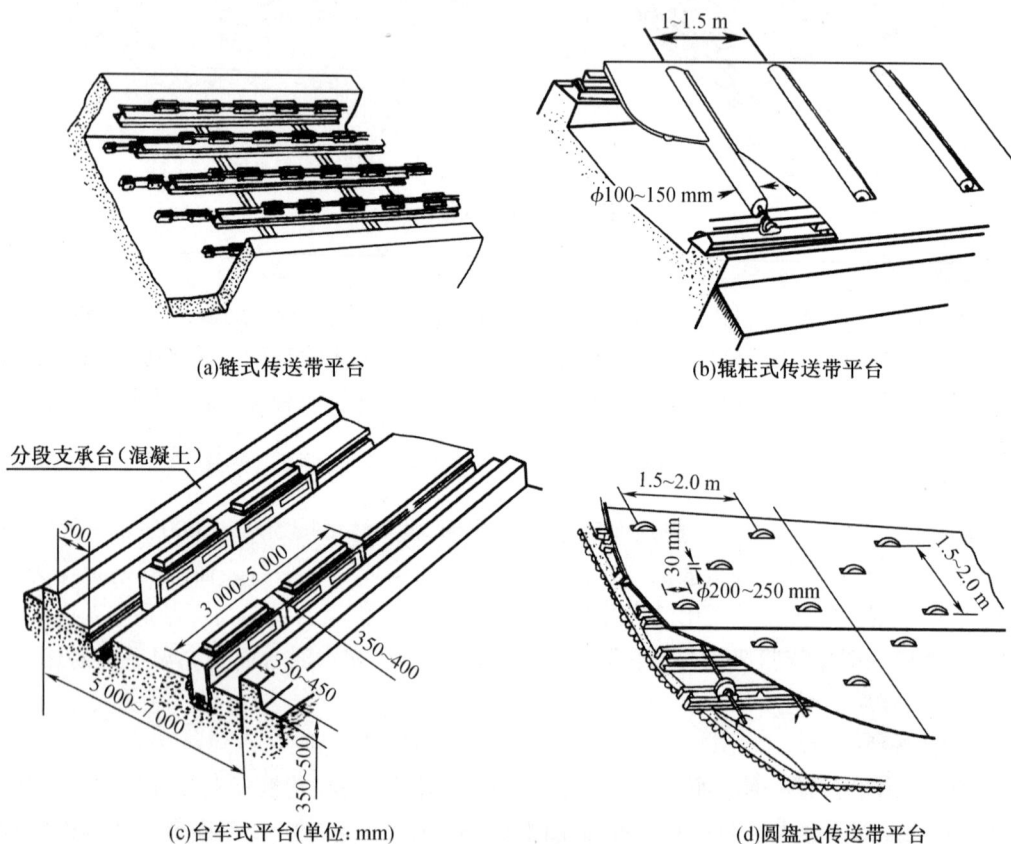

(a)链式传送带平台

(b)辊柱式传送带平台

(c)台车式平台(单位:mm)

(d)圆盘式传送带平台

图 1.59　传送带式平台

任务 1.7　胎架基面

【任务实施】

胎架基面实训任务单和任务评价单见表 1.11、表 1.12。

表 1.11　胎架基面实训任务单

任务名称	船体典型胎架纸质模型制作	所需时间	1 学时
实训场地	船舶工程系理实一体化教室	分组情况	2 人/组
任务描述	任务导入： 下图为船体典型胎架。 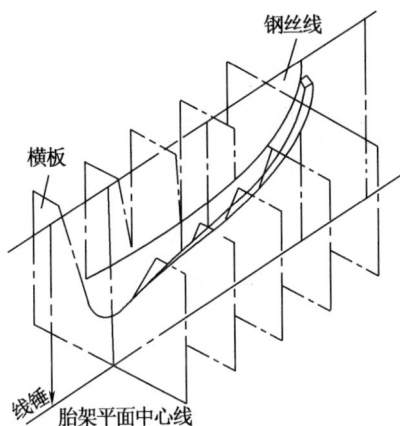 材料： (1)纸板(A0,厚 1 mm),15 张。 (2)乳白胶,4 瓶。 (3)双面胶,10 卷。 (4)罐装手喷漆,12 罐。 工具： (1)钢尺 1 m,2 把。 (2)三角板 150 cm,1 套。 (3)角尺 300 cm×150 cm,2 把。 (4)直尺 100 cm,1 把。 (5)裁纸刀,5 把(大)。 (6)裁纸刀,2 把(小)。 (7)钩刀,2 把。 (8)剪刀,4 把		
任务要求	技能要求： (1)学生通过动手进行模型制作,进一步了解、熟悉并掌握在造船生产中船舶分段胎架制作的工艺路线和工艺流程,以及相关专业知识和应该注意的事项。 (2)培养学生动手操作和动脑思考的能力,在实际制作过程中学生不仅运用所学的知识,而且还加强了同学间的相互协作精神。 (3)掌握正造底部分段胎架、舷侧分段胎架的制作方法。 (4)熟读生产图纸和相关资料是保证船舶建造编制工艺的先决条件,在胎架模型制作中也同等重要。 (5)阅读图纸和技术文件,进行深入广泛的研究讨论、制定方案、编制工艺,确保生产图纸的技术要求并采取相应的措施,从而保证模型的制作质量		

表 1.11(续)

职业素质要求: (1)具有严谨认真的工作态度。 (2)具有主动参与、积极进取、探究科学的学习态度和思想意识。 (3)具有分析问题、解决问题的能力。 (4)具有团队协作能力	

表 1.12　胎架基面任务评价单

课前准备	课前讨论	标准:参与回答问题。 评分(满分5分)					
	微课学习	标准:观看微课时长和发帖次数。 评分(满分5分)					
课中实践	知识要点学习	标准:(1)课堂表现。 (2)知识点掌握程度。 评分(满分5分)					
	教师作品评价	校内教师	标准:(1)准备工作充分,胎架基面的选择。 (2)胎架划线的准确度。 (3)胎架结构的垂直度。 (4)胎板曲率的正确率。 评分(满分15分)				
		企业专家	标准:(1)准备工作充分,胎架基面的选择。 (2)胎架划线的准确度。 (3)胎架结构的垂直度。 (4)胎板曲率的正确率。 评分(满分15分)				
	自我评价	标准:真实、客观、理由充分。 评分(满分10分)					
	组内互评	学号	姓名	评分(满分20分)	学号	姓名	评分(满分20分)
		注意:最高分与最低分相差最少3分,同分人最多3人,某一学生分数不得超平均分±3分					

表 1.12（续）

组间互评	标准:真实、客观、理由充分。	
		评分(满分 10 分)
课后复习	在线作业和测试	标准:学堂在线与网络教学平台的在线作业和测试。
		评分(满分 10 分)
	在线拓展	标准:根据完成情况适当加分。
		评分(满分 5 分)
总分(除组内互评分)	任务完成人签字:　　　　　　　　　　　　日期:　年　月　日 指导教师签字:　　　　　　　　　　　　　日期:　年　月　日	

【知识要点】

胎架是船体分段装配与焊接的一种专用工艺装备。它的工作面应与分段的外形相贴合。胎架的作用在于使分段的装配焊接工作具有良好的条件,并保证分段有正确的外形和尺度。

一、胎架设计的原则

胎架的设计原则包括以下几个方面。

(1)胎架结构的强度和刚性,应根据其使用特点而定。在需要以胎架控制分段形状的情况下,胎架应具有足够的强度和刚性,以支撑分段重力,防止分段在建造过程中变形。当分段本身刚性很强,而胎架已不足以控制分段的变形时,胎架仅起支撑分段的作用,其强度和刚性就不是主要因素。

(2)胎架长、宽方向尺寸必须大于分段尺寸。模板的有效边缘应计及外板的厚度差和反变形数值。

(3)模板间距:当结构为横骨架式时,板厚≥6 mm,取 2~3 倍肋距,板厚<6 mm,取 1~2 倍肋距;当结构为纵骨架式时,取 2~3 倍肋距,但一般为 1.5~2 m,最大不大于 2 m。分段两端的构架位置必须设有模板。

(4)模板的最小高度为 600~800 mm。

(5)根据生产批量、场地面积、劳动力分配、分段制造周期等因素,选择适当的胎架形式和数量,并根据船体型线决定合理的胎架基面切取方法,以满足生产计划的要求。改善施工条件,扩大自动焊和半自动焊的应用范围。

(6)模板上应划出肋骨号、分段中心线(或假定中心线)、外板接缝线、水平线、检验线、基线等必要标记。

(7)胎架制作应考虑节约钢材,节省工时,降低成本,尽量利用废旧料和边余料。同时,还要考虑胎架搬移、改装的可能性及在一定范围内的通用性。

二、胎架基面的选取

船体分段的外形大部分带有曲形。不同部位的分段有不同的曲形,而且相差很大,如艏、艉部位的舷侧分段外形和船体中部的舷侧分段外形。如何使这些曲形分段的装配胎架的表面型线,既满足分段装配的要求,又能最大限度地改善分段的施工条件,扩大自动焊、半自动焊的使用范围,降低胎架制造成本,这些与胎架基面的切取有很大的关系。

胎架基面

所谓胎架基面就是用来确定胎架工作曲面的基面,也就是各个胎架模板底线所组成的平面。根据胎架基面与肋骨剖面和基线面的相对关系,可将其分为正切基面、正斜切基面、斜切基面和斜斜切基面,如图 1.60 所示。

(a)正切基面

(b)正斜切基面

(c)斜切基面　　　　　　　　(d)斜斜切基面

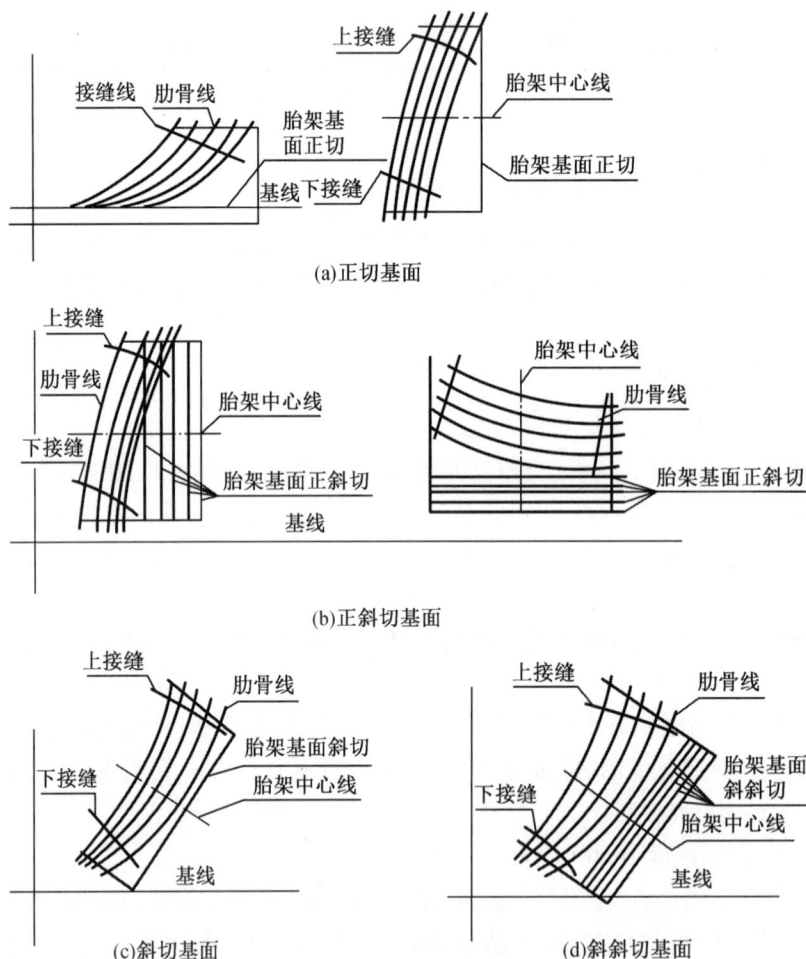

图 1.60　胎架基面的类型

1. 正切基面(图 1.60(a))

在肋骨型线图上,胎架基面平行或垂直于基线面(H 面),并同时垂直于肋骨剖面(W 面)。正切基面胎架多用于船中底部分段、甲板分段、平行舯体部位的舷侧分段、舯部总段以及整体建造船舶时。

2. 正斜切基面(图 1.60(b))

在肋骨型线图上,胎架基面不平行于基线面,且不垂直于肋骨剖面,但垂直于基线面或中线面,与各肋骨剖面的交线为一组间距相等的平行直线。这种正斜切基面的胎架,主要用于纵向型线变化较大的艏、艉舷侧及底部分段的制造。

3. 斜切基面(图 1.60(c))

在肋骨型线图上,胎架基面与基线面倾斜一定的角度,但同时垂直于肋骨剖面。这种胎架基面的切取,适用于船体横向肋骨型线变化较大,而纵向型线弯势变化不大的舷侧分段。

4. 斜斜切基面(图 1.60(d))

在肋骨型线图上,胎架基面既与基线面有一横倾角,又与肋骨剖面构成一个纵倾角。这种胎架基面的切取,适用于船体肋骨型线在横向比较倾斜且纵向型线弯势变化较大的艏、艉舷侧分段。

以上四种胎架基面的切取方法中,正切与斜切基面胎架的制造和其分段、总段或船体的装配、划线、检验都较简便,因为胎架基面与肋骨剖面相垂直,所以被广泛采用。正斜切基面、斜斜切基面胎架因其基面与各肋骨剖面并不垂直,所以制造和使用均不及正切与斜切基面方便,特别是斜斜切胎架制造,其分段装配、划线及检验测量等工作比较麻烦,但所制造的整个分段处于水平状态,节省了胎架模板材料。

三、典型胎架的制造过程

1. 正造底部分段胎架制造

正造底部分段一般采用框架式专用胎架,制造顺序如下。

(1)划胎架格线

根据胎架制造图(图 1.61),在胎架平台上划出胎架中心线、角尺线(即肋骨检验线)。以肋骨检验线为基准划出所有模板位置线,并标出每挡胎架模板的肋位号。一般外板厚度>6 mm 且采用横骨架结构时,每两肋距设置一道模板;外板厚度≤6 mm 时应每挡设一模板。分段两端肋位须设模板以保证端部型线精度。划出分段的上、下边接缝和艏、艉端接缝在平台上的投影线,并用色漆做好标记。

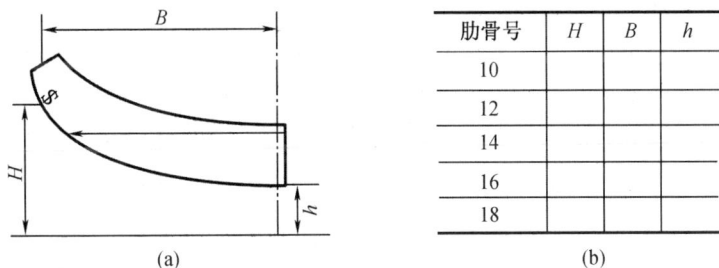

肋骨号	H	B	h
10			
12			
14			
16			
18			

(a)　　　　　　　　　　　　　　(b)

图 1.61　胎架制造图

(2)在平台上竖立模板

一种常用的方法是,在胎架平台上的相应肋位处竖支撑角钢,将做模板的小块钢板分别装到支撑角钢上,并装上拉马角钢及加强角钢。

另一种常用的方法是,先按胎架划线样板在平台上拼装模板,然后整块吊运,并竖立到相应的肋位处,并将模板中心线对准平台上的胎架中心线。

(3)模板划线

用水平尺或线锤将平台上的胎架中心线和半宽尺寸投影到模板上。根据胎架制造图,用水平软管或激光经纬仪在每挡模板上划出水平线及高度值。将胎架划线样板贴在相应的胎架模板上,使样板上的胎架中心线、水平线与模板上的中心线、水平线对准。按样板下口型线划出模板上口型线,并划出底板纵向接缝位置线,如图1.62所示。

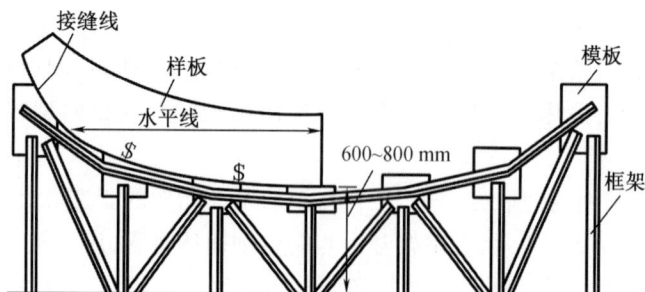

图 1.62   模板划线

划线时,由于样板型线是理论型线,所以应根据分段外板的厚度,在模板上划去相应的厚度。

(4)切割模板

在模板划线后,便可进行切割。对精度要求高的模板气割时,需留出 1~2 mm 余量,以便进行钳磨。

(5)安装纵向角钢及边缘角钢

分段边缘应设边缘角钢,以保证分段边缘型线,纵向角钢每隔 1 500 mm 设置。在每块模板上划出安装角钢的位置线,然后割一切口,将角钢嵌入,用电焊固定,并检验,以保证胎架制造误差在精度允许范围之内。

2. 舷侧分段胎架制造

(1)斜切胎架制造方法

①斜切胎架基面及模板型值的确定

胎架基面切取的依据是肋骨型线图。操作人员根据分段肋骨型线的曲形和肋骨型线级数的大小(级数小表示胎架纵向不很陡,级数大说明胎架纵向有显著的斜升),进行胎架基面的切取。切取后的基面,应使胎架表面的横向倾斜度为 10°~20°,纵向不超过 10°,胎架四周的高度接近。在图 1.63 所示的肋骨型线的下方作一斜直线与船体基线面的夹角为 α,距分段肋骨型线最低处的垂直距离为 H_2(大于 800 mm),距分段上、下外板边接缝的距离为 H_1、H_3,H_1 和 H_3 基本接近,此线即为胎架的基线(面)。在近似于舷侧分段外板的上、下边接缝的中间部位作胎架基线的垂直线,即得胎架中心线。从胎架基线向肋骨型线量取相应部位的垂直距离和水平距离,得到每挡模板的 H_1、H_2、H_3 和 B_1、B_2 的值。将上述各值填入表 1.13 中,即得斜切胎架模板的型值表。

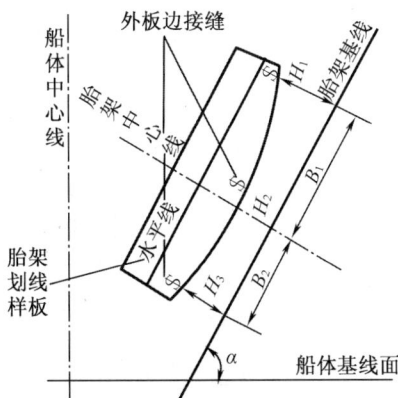

图 1.63　斜切胎架基面

表 1.13　斜切胎架模板的型值表　　　　　　　单位:mm

肋骨号	H_1	H_2	H_3	B_1	B_2
4					
6					
8					
10					
12					
14					

②制作胎架划线样板

胎架样板是根据舷侧分段的肋骨型线制作的。由于胎架中心线两边的型线不一样,所以舷侧分段的胎架划线样板应做成整块的。胎架划线样板上须标明分段号、肋位、上下方向、外板纵向接缝线位置、胎架中心线、水平线等,如图 1.63 所示。

其后的制造顺序与正造底部分段胎架相同。

(2)斜斜切胎架制造方法

斜斜切胎架适用于艏、艉部曲形变化很大的舷侧分段。

①胎架基面和型值的确定

斜斜切胎架基面既与船体基线面成一倾角,又不垂直于肋骨面,如图 1.64 所示,其制造步骤如下。

a.根据分段型线的纵、横向曲形及所设胎架模板的肋位,在近#5 肋骨型线的下方作直线 AE,使其与整个分段的各肋骨型线的距离相差不至过大。在近#1 肋骨型线的下方作直线 CD,与直线 AE 平行。过 E、D 两点(每点与相应上、下边接缝线的最外部位约距 50 mm),各作直线 EC 和 AD 垂直于直线 AE。考虑整个胎架的模板挡数和各相邻模板间的理论肋距的比例,分直线 EC 为若干段(若理论肋距相等,即按模板挡数等分),得 $a,b,c,\cdots$ 各点,过这些分点作直线平行于 AE,这样便切取出胎架的基面 $AECD$。其中各条直线即是胎架基面 $AECD$ 与各相应模板#1、#2,$\cdots$,#5 的交线(即模板基线)。这种方法所切取的胎架基面,可使

❖ 整个分段的表面在纵、横向都相应地处于平坦状态。

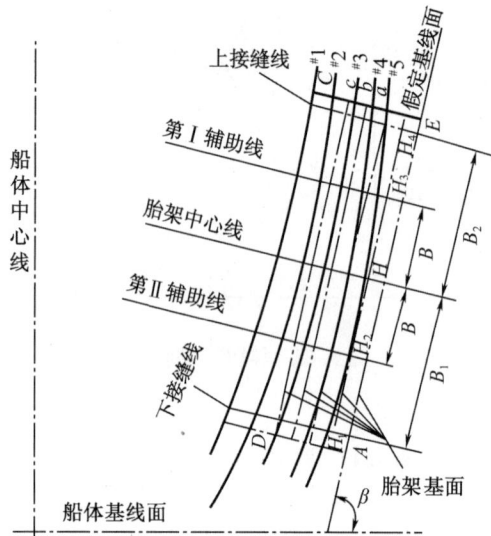

图 1.64　斜斜切胎架基面

b. 在整个分段型线宽度约 1/2 处,作胎架中心线与 AB 相垂直。如果舷侧分段较宽,必须作第Ⅰ、第Ⅱ甚至第Ⅲ、第Ⅳ辅助线。在胎架中心线的两侧适当位置处(视分段型线曲形程度而定)过分段的全部肋骨线,以距离为 B、平行于胎架中心线分别作第Ⅰ、第Ⅱ辅助线。

c. 量出各肋骨线与分段上下端接缝线、胎架中心线、第Ⅰ辅助线、第Ⅱ辅助线的交点至胎架基线的垂直距离 H_1、H_2、H_3、H_4、H 的数值,并填入表 1.14 中,据此制作胎架划线样板,如图 1.65(a)所示。在胎架划线样板中应划出胎架中心线和水平线及上、下纵缝线的位置。

表 1.14　斜斜切胎架模板的型值表　　　　　　　　　　　　　　　　　单位:mm

肋骨号	B	B_1	B_2	H_1	H_2	H	H_3	H_4
1								
2								
3								
4								
5								

d. 作第二胎架基面和胎架中心线的纵向展开型线,并在距第二胎架基面 H' 距离处作一平行线,该平行线为划线样板水平线的位置,如图 1.65(b)所示,并求安装模板时的纵倾角 α。根据每挡肋骨的级数 t 及理论肋距 S,得纵倾角 α,即

$$\alpha = \arctan \frac{S}{t}$$

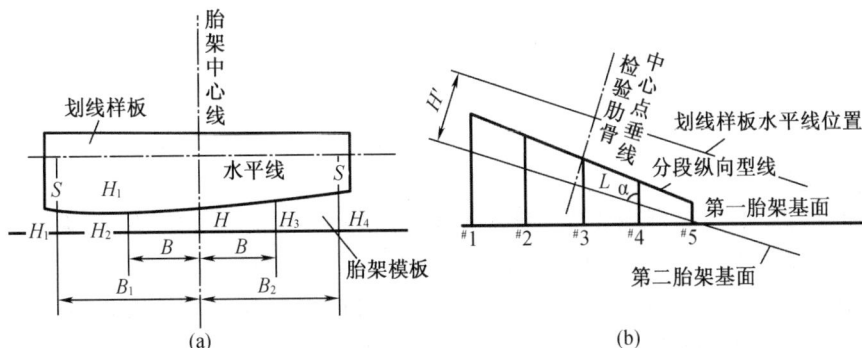

图 1.65 斜斜切胎架模板划线样板及基面

由此可制造纵倾角样板,供制造胎架时安装模板用。

图 1.65(b)中胎架基线面上各相邻模板间的间距(伸长肋距)为

$$L = \frac{S}{\sin \alpha}$$

②胎架基面划线

在平整的胎架平台上划出胎架中心线,第 I、第 II 辅助线,以及肋骨检验线,然后以肋骨检验线为准,划其斜的肋骨位置线。这里的肋距应为斜切后伸长的肋距 L。

③模板的制造与划线

先在平台上按肋骨型线样板划出型线,根据型值及胎架结构图拼焊模板,并在模板上划出胎架中心线,水平基线,第 I、第 II 辅助线和上、下接缝线。

将模板吊上胎架平台相应的肋位上,对准胎架平台上的胎架中心线,由于斜斜切胎架模板与平台有一倾斜角度,因此需用角度样板来校正模板的倾斜角度,将模板与平台固定焊牢,并在模板与平台的夹角较小的一侧用短角钢(支撑)加固,以免模板在分段装焊过程中倾倒。

根据平台上的各线和标杆尺寸校正模板上相应的胎架中心线、辅助线、水平线和接缝线。将划线样板固定在对应肋骨号的模板上,使样板上的各线对齐模板上相应的各线。根据样板型线划出模板上口型线,并去掉板厚进行切割,加固整个胎架,如图 1.66 所示。

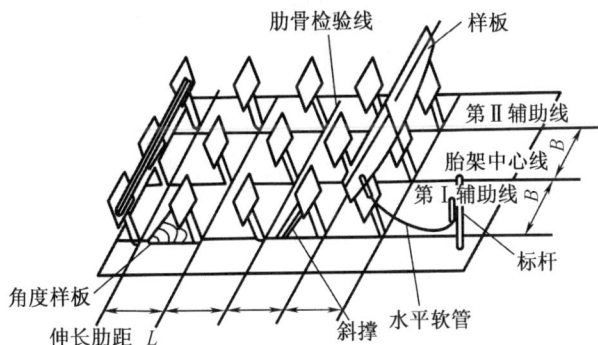

图 1.66 斜斜切胎架制造图

斜斜切胎架制作要求如下。

a.胎架平台上的划线必须正确,特别是肋距必须是伸长肋距 L。

b.模板必须平直。在平台上安装模板要用角度样板,以保证模板在平台上的倾角。

c.整个胎架必须有一定的刚性,特别是倾斜的模板必须用斜支撑加固,以防整个胎架在分段装配过程中倾斜。

d.划线时必须注意,划线样板应放于模板型线的上方。切割时注意,模板上口沿板厚的斜度与胎板倾斜度一致,并留有余量,以便钳磨,确保胎架型线在纵横方向的光顺。

e.在图 1.64 中,基线 AE、CD 离相应肋骨线的最近距离不得小于 800 mm,以确保胎架最低点的高度,否则不利于操作人员在胎架下面工作。

f.舷侧分段一般为左右对称,所以胎架可对称制造,便于舷侧分段的安装。除了要求胎架制造的公差与底部胎架相同外,还要注意模板倾斜度误差为 $\pm\frac{H}{500}$ mm,其中 H 为胎架模板的高度。

任务 1.8 胎 架 结 构

【知识要点】

胎架是制造船体构件,特别是制造船体曲面分段和曲面立体分段的形状胎模与工作台,如图 1.67 所示。它应具有足够的结构刚性和强度。它的作用是支撑分段、保证分段曲面形状和控制其装焊变形。

胎架结构

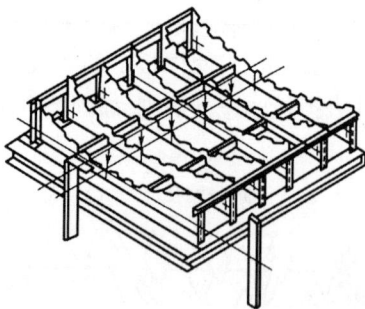

图 1.67 胎架结构

胎架的受力情况很复杂,既要承受船体分段或总段的质量,在施工中还受到各种变动因素(如压载重物和分段焊接变形而产生的力等)的影响,所以目前大都采用经验方法进行设计。

当然,为确保船体分段或总段建造中的质量,胎架必须保证足够的结构刚性和强度,这就导致了在胎架制造中必然要花费大量的材料和工时,同时造船基本是单船建造和小批量生产,这又无形中提高了造船的生产成本和延长了造船周期。因此扩大胎架的通用性仍然是我国目前在船舶建造中的重要技术研究课题。

一、胎架的分类

1. 按结构形式分类

(1)固定胎架

固定胎架指的是胎架固定在平台上。

(2)活动胎架

活动胎架可以按照需要改变胎架工作面的空间位置,使分段的焊缝处于平焊位置,如摇摆胎架可使分段做180°以内的转动,回转胎架可使分段做360°的回转。当然,在这里设置相应的转动机构,以确保胎架的作用和人身安全。

2. 按使用范围分类

(1)专用胎架

专用胎架专供某船舶的某一分段使用。值得注意的是,为了降低成本、缩短造船周期,应该考虑专用胎架采用组合式的设计,或者采用胎架的模块式新设计,以提高专用胎架的通用率。专用胎架的形式按胎板形式分为单板式胎架、桁架式胎架、框架式胎架和支点角钢式胎架,如图1.68所示。

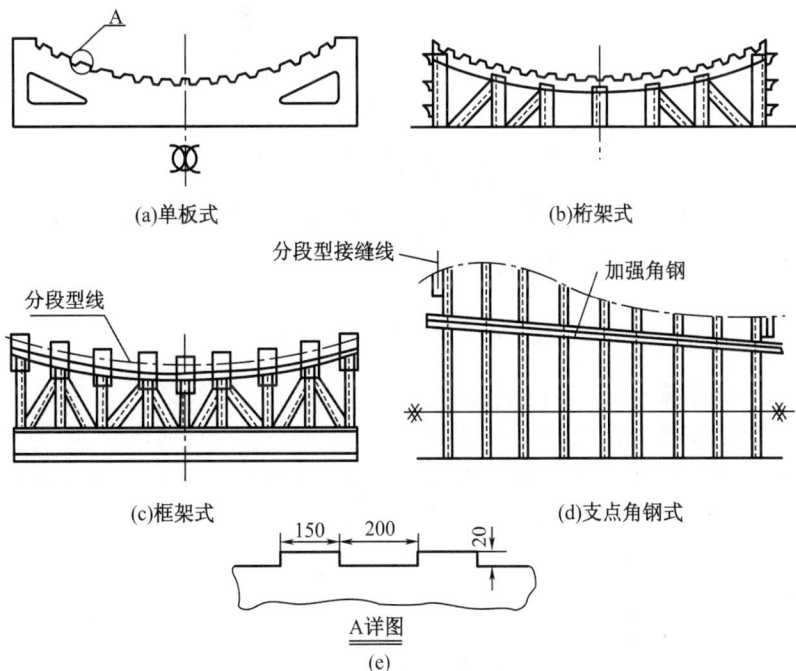

图1.68　专用胎架的形式(单位:mm)

①单板式胎架(图1.68(a))

单板式胎架由整块胎板组成,为使胎板与分段外板的接触面积小而又紧贴,并使分段在焊接时有自由收缩的可能,胎板的型线通常制成锯齿状。单板式胎架刚性好,有利于控制变形,但耗材多。其通常用于军品或技术要求高的批量生产中。

②桁架式胎架(图1.68(b))

桁架式胎架由桁架(包括支撑材、底桁材与拉马角钢)和型线胎板组成。它节省材料,但刚性较弱。其常用于一般船舶,尤其适用于单船或小批量建造。

③框架式胎架(图1.68(c))

框架式胎架由框架和固定小模板组成。

④支点角钢式胎架(图1.68(d))

支点角钢式胎架也叫固定型支柱式胎架。这种胎架是在需设置胎架模板的肋位上,竖起若干根角钢,用角钢作为横向连接,角钢上端按型值划线。其一般用于甲板、上层建筑及刚性强的舷侧分段。这种胎架用料少,制造方便,但在保证分段型线方面较差。通过割短和接长各支点的角钢来增大其通用性。

(2)通用胎架

通用胎架可供各种船舶的不同分段使用,有以下两种形式。

①框架式活络胎板胎架

框架式活络胎板胎架由角度框架和活络小胎板组成,如图1.69所示。一般有30°、40°、50°、60°四种不同的固定角度框架,框架的斜向角钢上开有螺孔,用于固定小活络胎板。通过调节小胎板高度位置,可获得不同的工作曲面。

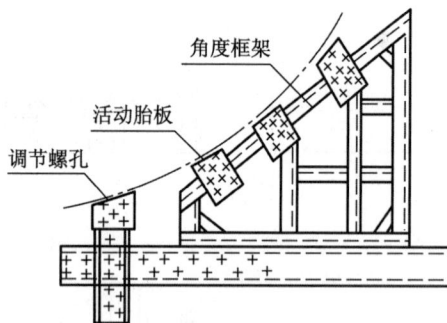

图1.69　框架式活络胎板胎架

②套管支柱式胎架

套管支柱式胎架的支柱是由内、外两根不同直径的钢管套接而成的,在内、外钢管上各按不同间距钻有数排销孔,使用时按胎架型值调节支柱高度,并用销轴插入销孔加以固定,如图1.70所示。由于支柱的调节范围有限,故适于建造各类平直和小曲形分段。随着电子技术在造船工业上的广泛应用,可通过数控液压装置,根据型值表来自动调节胎架高度。这样的升降型胎架使用起来方便,具有较高的经济效益。

3.按胎架工作面分类

(1)内胎架

内胎架是指工作表面为船体外板的内表面,如立体分段或总段倒装时的纵、横隔舱壁,肋骨框架等,以及制造导流管的内圈胎架。

(2)外胎架

外胎架是指工作表面为船体分段或总段外板的外表面,绝大多数胎架属于外胎架。

4.按用途分类

胎架按用途分类,有底部胎架、舷侧胎架、甲板胎架、艏艉柱胎架、舵胎架、导流管胎架等。

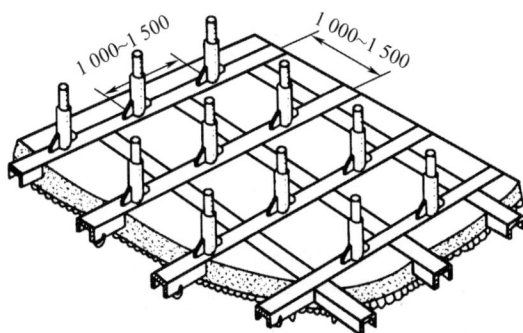

图 1.70 套管支柱式胎架(单位:mm)

二、胎架的结构

胎架的结构通常由胎架基础、胎架模板(简称"模板")、拉马角钢、纵向牵条组成,为便于进行分段装配,还设有胎架中心线划线架。

1. 胎架基础

在分段装配过程中,胎架一方面承受分段的重力,另一方面要保证分段的型线和控制分段的焊接变形,所以模板必须坐落在有足够承载能力而又不下沉变形的基础上。基础上表面力求保持在一个水平面上。胎架基础通常有混凝土墩基础、混凝土条基础、混凝土平台和型钢平台,如图 1.71 和图 1.58(b)所示。

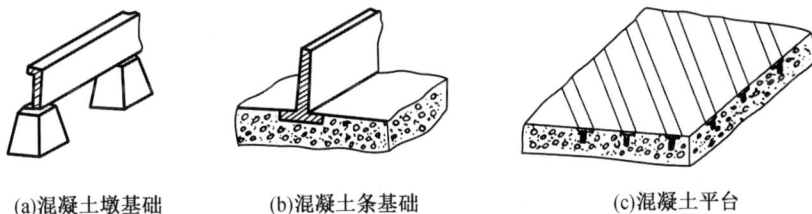

(a)混凝土墩基础　　　　(b)混凝土条基础　　　　(c)混凝土平台

图 1.71 胎架基础

2. 模板

模板经常采用的形式有单板式、桁架式、框架式、支点角钢式,如图 1.68 所示。

3. 拉马角钢

拉马角钢设置在模板上部,与模板上表面基本平行。拉马角钢除增加模板的刚性之外,还可借助于弓形马板等使分段外板贴紧胎架模板。

4. 纵向牵条

纵向牵条通常采用角钢制成,在模板之间纵向连接。纵向牵条除了固定模板纵向间距、加强胎架刚度、作拉马装置外,也是胎架纵向型线的模板。因此牵条上缘应与分段纵向型线吻合。纵向牵条的位置常设在分段纵向的相应构架处。为保证边接缝处的型线,在离边接缝 150 mm 左右处可增设纵向牵条。如果分段纵向强度很大,或对纵向型线要求不高,在胎架上也可以不设纵向牵条,此时在模板的一面加设斜支撑,以增加模板的强度。纵向牵条间距一般为 1.5 m 左右。

任务 1.9 装配工艺标准

【知识要点】

GB/T 34000—2016《中国造船质量标准》是由中华人民共和国国家质量监督检验检疫总局(今为国家市场监督管理总局)和中国国家标准化管理委员会共同发布的。

该标准规定了船舶建造过程中的生产过程质量控制、交验项目以及建造精度要求,适用于 500 总吨及以上钢质机动海洋船舶的建造、交验和交船,其他船舶的建造、交验和交船可参照使用。

船舶建造生产过程质量控制如下。

一、钢材管理与加工

1. 钢材管理

钢材进厂应核对证书与钢印的一致性,并进行外观质量检查;需转船级的钢材应按要求做好转级手续。钢材的管理应具有可追溯性。钢材应根据生产加工计划按钢材单发料,进入生产线前应进行表面质量检查。

钢材管理的质量控制要点如下。

(1)规格、牌号、炉号、批号。

(2)钢板、型钢的厚度偏差。

(3)表面质量。

(4)大型铸、锻件缺陷。

2. 钢材加工

钢板和型钢宜在投料前进行矫平、矫直及必要的除锈(包括清除表面麻点)等预处理。对主要构件应记录材质、炉号、批号和厚度。

(1)划线的质量控制要点

①尺寸偏差。

②角度偏差。

③加工符号、代号及工艺符号的标注。

④材质、炉号、批号在余料上的移植标注。

(2)切割的质量控制要点

①切割精度。

②切割形状、尺寸精度。

③坡口切割角度与坡口方向。

④数控切割设备精度。

(3)钢板与型材成型加工的质量控制要点

钢板与型材弯曲宜采用冷弯或热弯成型,并按规定进行弯曲。钢板与型材成型加工的质量控制要点如下。

①加热温度。

②冷弯弯曲半径。

③成型精度。

④外观质量。

(4)构件打磨的质量控制要点

船体构件自由边的打磨分为一般部位和特涂部位,特涂部位的打磨要求应高于一般部位的打磨要求。构件打磨的质量控制要点如下。

①舷顶列板、舱口角隅、油水舱等部位。

②一般区域的自由边。

二、装配

1. 部件装配

部件装配精度应满足组件或分段装配的精度要求。预舾装零部件应按图样施工。部件装配的质量控制要点如下。

(1)部件几何尺寸。

(2)零件安装位置。

(3)零部件变形。

(4)零件装配间隙。

(5)焊接构件的结构对位精度。

2. 组件装配

组件装配的精度应满足分段装配的精度要求。分段组件的质量控制要点如下。

(1)结构划线精度。

(2)结构定位精度。

(3)组件结构接头装配精度,焊接构件的结构对位精度。

(4)组件形状、尺寸精度。

(5)肋板、纵桁、水平桁等强框架结构的垂直度或倾斜。

(6)端口的同面度。

(7)组件边缘精度。

3. 分段装配

分段装配宜在平台、胎架或平面分段流水线上进行。分段装配的精度应满足总装的精度要求。分段装配的质量控制要点如下。

(1)胎架制作精度。

(2)划线精度。

(3)分段内结构接头装配精度,焊接构件的结构对位精度。

(4)分段形状、尺寸精度。

(5)分段边缘精度。

(6)总组或合拢基线的准确性。

(7)主机基座面板平面度及主机基座位置偏差。

(8)轴毂、艉轴管、挂舵臂等关键件的安装位置。

(9)分段外观质量。

(10)分段舾装完整性。

4. 分段总组

分段总组的精度应满足后续合拢的精度要求。分段总组的质量控制要点如下。

(1)分段总组定位基线精度。

(2)分段间结构接头装配精度,焊接构件的结构对位精度。

(3)总组段形状、尺寸精度及水平度。

(4)合拢基线的准确性。

(5)总段外观质量。

(6)总段舾装完整性。

5. 船台(船坞)装配

船台(船坞)划线并做出相应标记。基准段定位后,后续分段、总段应按船台(船坞)装配程序进行装配。建造过程中,主要构件的临时开孔及封堵应按认可的工艺文件规定进行。清理焊接工艺板,并按工艺要求清理吊装眼板、脚手架眼板。

船台(船坞)装配的质量控制要点如下。

(1)船台(船坞)划线精度。

(2)基准段定位准确性。

(3)合拢缝肋骨、纵骨间距。

(4)结构对接、角接精度,焊接构件的结构对位精度。

(5)船体龙骨中心线挠度。

(6)轴线基点定位。

(7)船体载重线标志和吃水标志的划线精度。

(8)船体主尺度。

(9)工艺板、吊装眼板和脚手架眼板处理。

三、焊接

1. 焊接前准备

焊接材料应符合相关标准、规范的要求,并具备相关证书。焊接坡口尺寸及装配精度应符合设计图样或焊接工艺规程或相关标准、规范的要求。待焊接区域的铁锈、氧化皮、油污、水分和其他污物应清除干净,并满足焊接工艺要求。焊接环境条件应满足焊接要求。定位焊应按焊接工艺规程或相关标准、规范的要求进行。拟采用的焊接工艺规程应经过相关船舶检验机构的认可。焊接设备应满足拟定的焊接施工需要,在有效使用期限内且状态正常。预热(若需要)应采用适当的方法进行,符合焊接工艺规程要求,且加热应均匀。焊工资质应经相关船舶检验机构认可,且其资质认可范围应能覆盖拟从事的焊接施工。

2. 焊接过程

焊接应按认可的焊接工艺规程进行;多道焊时,在进行下一道焊接前,应清除氧化皮、焊渣等影响焊缝质量的缺陷;需要预热时,应保证层间温度不低于预热温度;应尽可能避免在坡口以外引弧,焊缝末端收弧处应填满弧坑。

3.焊接检验

焊接检验应贯穿焊接生产全过程,包括焊前检验、焊接过程检验和焊后检验。对焊缝外观质量的检查,可采用目视、着色检测、磁粉检测的方法进行。对焊缝内部质量的检查,可采用射线检测、超声检测或船舶检验机构认可的其他检测方法进行。焊缝内部质量检查的位置、数量应按照与船舶检验机构或相关机构商定(认可)的规定执行。对不符合要求的焊缝,均应修补,并重新进行检验。

4.焊接的质量控制要点

焊接的质量控制要点如下。

(1)焊工资质。

(2)焊接材料。

(3)坡口尺寸及接头间隙。

(4)待焊接区域的清理。

(5)焊接规范,包括重要接头焊接顺序的正确性。

(6)焊接操作程序。

(7)预热和保温。

(8)焊接变形。

(9)焊缝尺寸。

(10)包角焊完整性。

(11)焊缝表面质量和内部缺陷。

(12)焊接设备和焊接环境。

5.焊接返修

对不符合要求的焊缝,在查清缺陷的位置、性质、几何尺寸及产生原因后,应采用相应方法进行返修。两次返修后仍不合格的焊缝,由制造方、用户和第三方共同协商、研究,确定处理办法。

四、试验

1.密性试验

密性试验前,与试验相关的船体结构应焊接完毕,与密性试验有关的附件应安装完整,并完成必要的无损检测。与密性试验有关的焊缝部位应清除氧化皮、焊渣、油漆(不含车间底漆)、油污等。船体结构的密性试验,可采用冲水、水压、充气、真空、渗透或其他等效方法进行。密性试验可在分段或组立部件上进行,且应在焊缝涂装前完成。密性试验的部位和要求应按照船舶检验机构规范或船旗国主管机关的要求执行。

密性试验的质量控制要点如下。

(1)焊缝清理。

(2)试验压力。

(3)试验程序。

(4)试验时间。

(5)漏泄检查。

2.强度试验

强度试验应在液舱完整性交验结束后进行,并按照船舶检验机构规范或船旗国主管机关的要求执行。强度试验可采用水压或水汽联合等方法进行。

强度试验的质量控制要点如下。

(1)试验压力。

(2)试验程序。

(3)试验时间。

(4)变形与漏泄检查。

❖ 项目拓展

船体分段肋板拉入法施工工艺

一、船体建造新工艺——拉入法概述

拉入法是以日本和韩国的船企为代表的世界先进造船企业所采用的一种装配工艺。所谓肋板拉入法,就是将船体分段上带有纵骨梁孔的肋板在外力作用下沿着骨材长度方向拉入已经安装完纵骨的分段板架中的一种装配方法。其最主要的特点是肋板上的梁孔开口只比纵骨的横截面的长、宽大 2~4 mm。

1.传统插装法建造方式

船体建造过程中,货舱区中底分段传统的装配方法是将肋板沿板列垂直方向直接插入 T 型材与(船舶中底分段)内、外壳片体结合,肋板与 T 型材面板、腹板用补板(堵板)做加强处理。

2.拉入法建造要求

采用侧面肋板(半立体分段)拉入工法进行肋板装配,取消传统的补板(堵板)加强结构,减轻船体质量及装配焊接工作量,降低结构焊接应力,同时对船体建造各道工序的工艺管理及质量控制都提出更高要求。

二、传统插入法与新工艺拉入法的结构形式对比

目前,在国内外的大型造船企业中,分段肋板安装主要采用插入法和拉入法两种工艺方法。插入法的结构形式如图 1.72 所示。

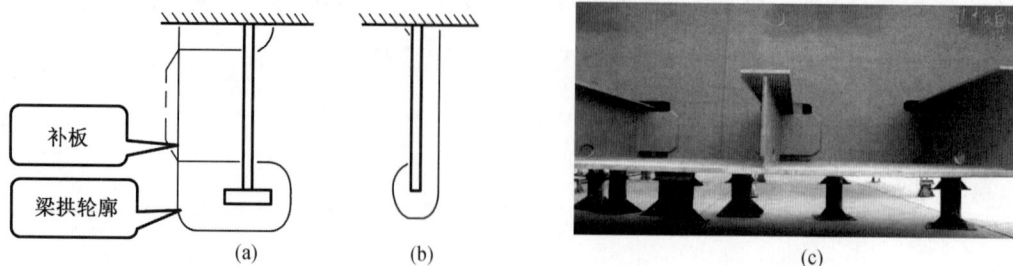

图 1.72　插入法的结构形式

拉入法的结构形式如图 1.73 所示。

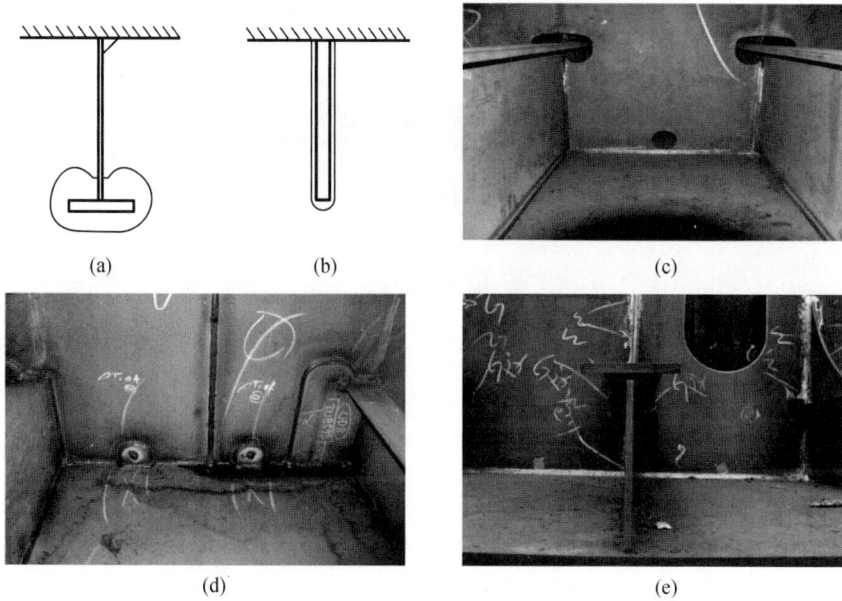

图 1.73 拉入法的结构形式

三、拉入前的工装工具准备

1. 卷扬机

卷扬机通过钢丝绳连接到肋板梁孔的另一侧,通电发动后卷筒旋转收回钢丝绳,进而带动肋板缓慢地顺着纵骨拉入。在不具备此设备的情况下,只能采用手拉葫芦这种较原始的工具,其拉入效率较低。

2. 大锤、撬棍、气割把

由于各道工序的装配及零部件本身的精度问题,不可避免地需要大锤、撬棍、气割把等工具进行敲击研配,以保证拉入过程顺利。

3. 定位码

定位码是一个简单的工装,如图 1.74 所示。

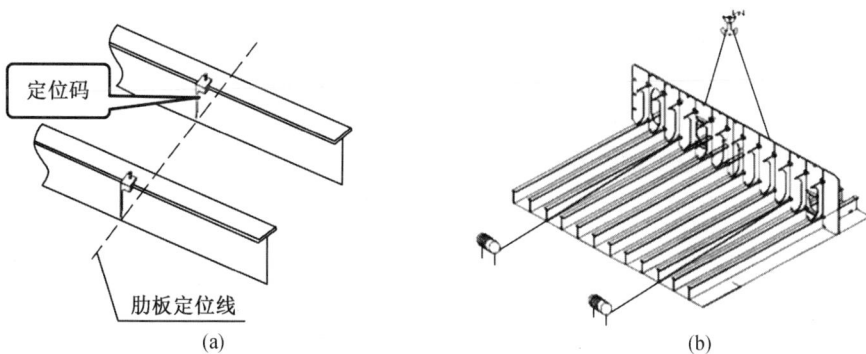

图 1.74 定位码

(c)

图 1.74（续）

　　将定位码用螺栓固定在纵骨面板上,下端点对正肋板定位线。当肋板拉入时到此被迫截止,以防拉入过头引起难以拉回的现象。每道肋板在拉入时设置 2~3 个定位码即可。

四、拉入法工艺过程简述

　　以超大型油轮(VLCC)的舷侧分段为例。该分段的大体建造方式是先以内壳板为胎面装配肋板形成大型子分段,然后子分段翻身扣在外壳板上,包含两次拉入过程,如图 1.75 所示。

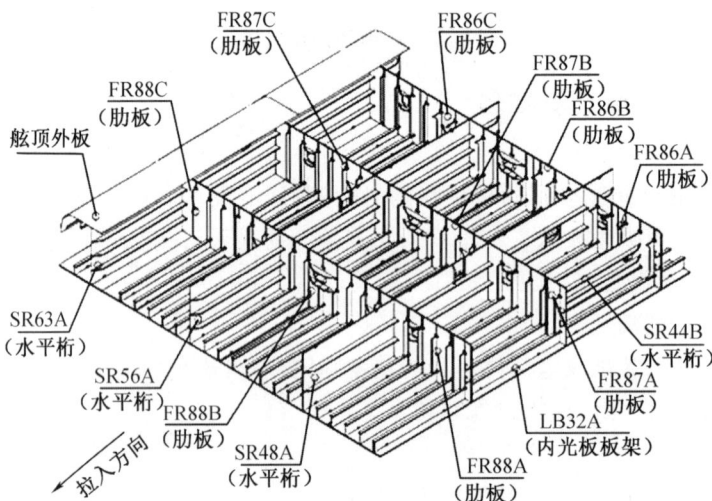

图 1.75　拉入法工艺过程

　　(1)先将内壳板在地面上定位,使纵骨长度方向垂直于吊车轨道。

　　(2)卷扬机与钢丝绳准备到位,将钢丝绳的另一端穿过肋板梁孔,在另一面进行相对固定后预紧。

　　(3)吊车吊起肋板框架靠近内壳板拉入端口,利用撬棍、大锤等工具使梁孔完全对正纵骨后开始拉入,当第一片肋板(如 FR88A)被拉到定位线时停止,即该肋板装配到位。然后依次拉入 FR87A、FR86A,待 3 块肋板均定位钉焊后,再装配水平桁 SR48A。

　　(4)如上所述分别拉入其他肋板框架定位。

　　(5)所有肋板拉入后,装配和焊接子分段上的所有零部件,如 SR44B 水平桁、舷顶外板等。

（6）子分段焊接成型后吊起翻身，转移到外壳板片体工位开始子分段的拉入，如图1.76 ✦所示。

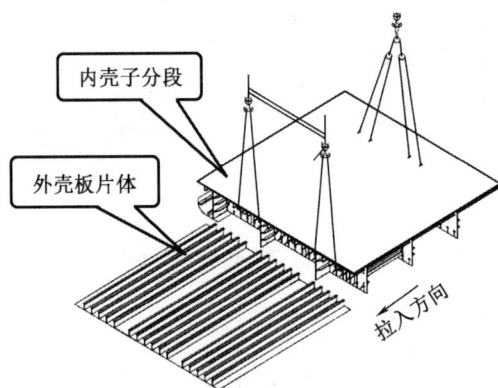

图1.76　子分段拉入

（7）根据相应的数据定位准确后落吊，开展余下的工作。

五、使用卷扬机施行肋板拉入时的注意事项

1. 内、外壳板片体的定位防滑

如果拉入过程中整个壳板片体向左右方向窜动，将导致纵骨长度方向不再与吊车轨道垂直，这势必造成肋板框架与纵骨的摩擦力大增而寸步难移。框架板可能在瞬间就损伤了纵骨和壳板的金属本体，因此需浪费大量的时间和人力来重新调正壳板片体的布置方向。

2. 吊车与卷扬机同步

由于卷扬机的动力逐渐将肋板拉入，此时的吊车应保持与其行走同步，保证整个肋板的上下口始终处于一个铅垂面上。如果肋板倾斜度较大，很可能引起框架及其结构划伤壳板及纵骨面板。尤其在拉入子分段时必须将整个子分段调平，否则子分段巨大的惯性将给整个拉入过程带来不堪想象的恶劣后果。所以说，高精度的吊装是拉入成功的必要条件。

3. 正确布置带有变截面纵骨的分段板架的方向

因为卷扬机的布置位置是相对固定的，比如有的分段制造部平直跨的卷扬机布置在跨南侧，只能由北向南拉。如果板架上的纵骨是变截面的（图1.77），即腹板高度不同，必须仔细考察确定板架的摆放方向，避免发生低级错误。

4. 调校误差

肋板拉入前，调校壳板板架上纵骨、纵桁的垂直度、直线度、平面度等各道工序产生的误差，最终将累积到最后一道工序，如果构件变形误差超出了允许公差，那么不是导致肋板变形就是损伤壳板和纵骨，拉入过程势必举步维艰，质量难以保证。

5. 防止肋板塑性变形

在转运和吊装过程中应避免肋板发生塑性变形，为肋板拉入创造良好条件。

6. 制定合理的装配顺序

比如642分段，如果只将肋板全部拉入而遗漏了3道2 850 mm高的水平桁，结果将难以处理。所以在施工前必须仔细审核图纸，确定合理的装配顺序，减少不必要的麻烦，严禁麻痹大意。

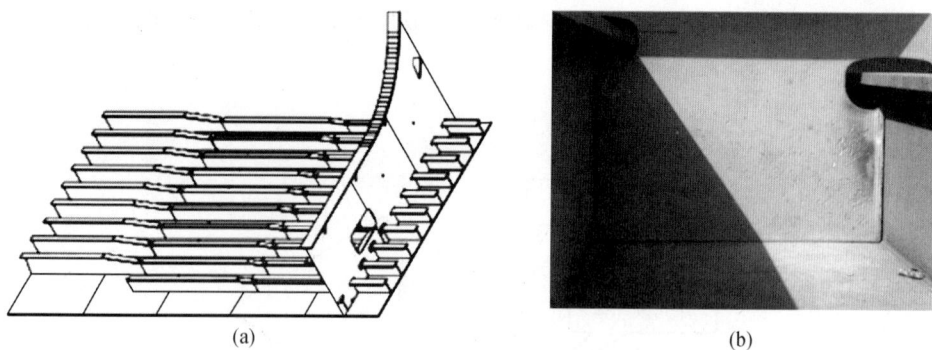

图 1.77　带有变截面纵骨的分段板架的方向

六、肋板拉入分段的精度控制要点

(1)每天应该在开机后调校切割机的切割精度,保证零件的尺寸在允许公差范围内。

(2)纵骨、桁材在制作时应保证其垂直度、直线度、平面度公差在表 1.15 范围内。

(3)框架自身对接缝焊接后,相邻梁孔间距(图 1.78)误差应控制在表 1.15 范围内。

表 1.15　拉入法结构公差要求

序号	公差项目名称	公差数据/mm
1	T 型材直线度、垂直度、平面度偏差	±1.0
2	结构线偏差	±0.5
3	肋板对接缝处相邻梁孔间距偏差	±1.0
4	板架上各构件(T 型材、桁材)的结构间距偏差	±1.0
5	肋板框架直线度、垂直度偏差	±2.0
6	子分段长度偏差	±3.0
7	子分段宽度偏差	±3.0
8	子分段高度偏差	±3.0
9	子分段方正度偏差	±2.0

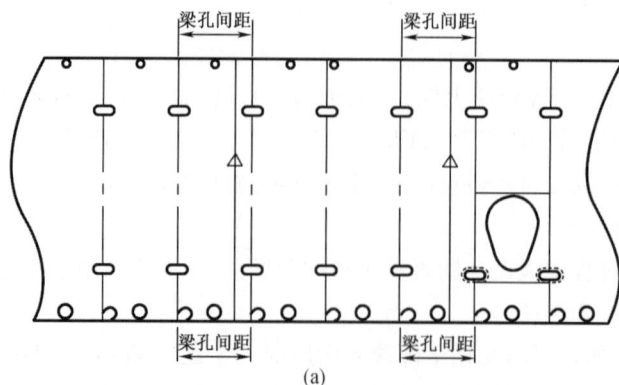

(a)

图 1.78　相邻梁孔间距

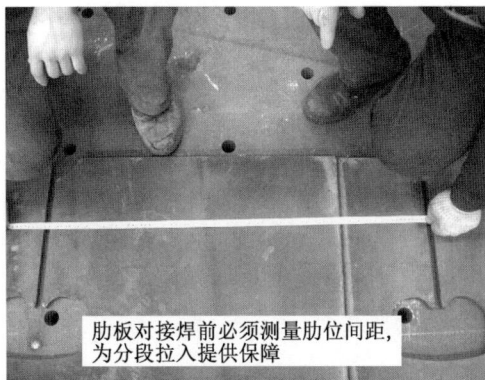

肋板对接焊前必须测量肋位间距，为分段拉入提供保障

(b)

图 1.78(续)

(4)纵骨装配工位要控制纵骨装配间距误差在表 1.15 范围内。

上述四点对于立体分段的拉入工位来说均属于上道工序。原则上，上道工序应提供合格的中间产品给下道工序——拉入工位。肋板拉入法就像是拼插玩具的玩法，要求每一个玩具插件的标准化程度都很高才能拼装成功。

七、拉入法分段对设计方面的要求

(1)考虑到纵骨安装时的垂直度等误差问题，以及考察拉入试验时的实际情况，梁孔宽度设计尺寸应比纵骨腹板厚度大 4~6 mm。

(2)有埋弧焊接缝的肋板，在接缝处应考虑加设焊接补偿量。

(3)优化设计。

①肋板拉入的各种结构应在图纸中明确标注其安装阶段，以减少返工、误工现象，且保持分段结构配盘的完整性。

②控制拉入肋板上梁孔的数量。因为数量越多，肋板与纵骨干涉摩擦的部位就越多，所以应合理划分肋板框架的横向长度，以便于拉入。

❖ 项目测试

一、填空

1. 节点图识读步骤_____、_____、_____。

2. 节点图各个构件按_____、_____、_____等进行分解。

3. 测量工具包括_____、_____、_____、_____、_____。

4. 列举四个装配工具夹：_____、_____、_____、_____。

5. 划线工具包括_____、_____、_____。

6. 装配仪器包括_____、_____、_____。

7. 水准仪的组成：_____、_____、_____。

8. 船体装配分为_____和_____两大部分。

9. 船体结构预装焊可以分为_____、_____和_____三道大工序。

10. 船体结构预装焊所使用的主要设备有起重、电焊、气割和压缩空气设备，以及_____、_____和_____等。

11. 固定式平台主要用于装焊船体部件、组件、平面分段和_____，也可以作为_____。

12. 型钢平台既可以用于_____和_____，也可作为肋架的基础。

13. 固定式平台分为_____、_____、_____和_____。

14. 传送带式平台分为_____、_____、_____和_____。

15. 胎架根据其与肋骨剖面和基线面的相对关系可以分为_____、_____、_____、_____。

16. 图 1.79 为_____的胎架基面(类型)。

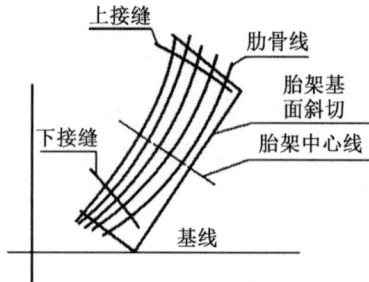

图 1.79 胎架基面(一)

17. 图 1.80 为_____的胎架基面(类型)。

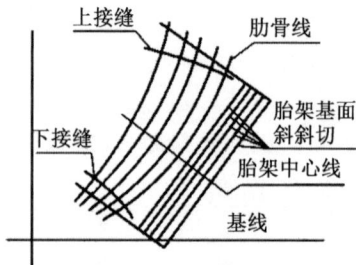

图 1.80 胎架基面(二)

18. 胎架按结构形式分为_____和_____。

19. 图 1.81 为_____胎架(类型)。

图 1.81 胎架类型(一)

20. 图 1.82 为_____胎架(类型)。

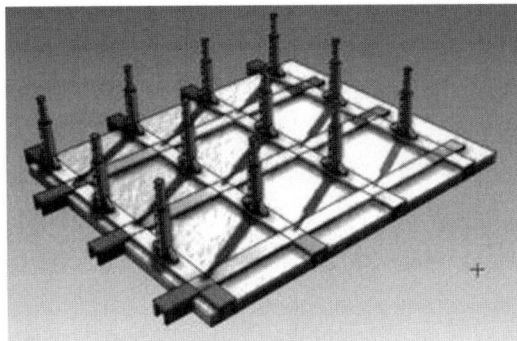

图 1.82　胎架类型(二)

21. 部件装配的质量控制要点包括部件几何尺寸、_____、_____、_____、焊接构件的结构对位精度。

22. 船台(船坞)装配的质量控制要点为_____、_____、_____(列举三个即可)。

二、判断题

1. 传送带式平台设有相应的传送装置,只可用于运送工件,是组织生产流水线的重要工艺设备。　　　　　　　　　　　　　　　　　　　　　　　　　　　　( )

2. 平台分为固定式和传送带式两大类。　　　　　　　　　　　　　　( )

3. 预装焊能使大部分的船体装配焊接工作移至室内进行,改善了劳动条件的同时,又提高了装焊质量。　　　　　　　　　　　　　　　　　　　　　　　　　( )

4. 钢板平台又称空心平台,主要用于绘制船体全宽肋骨型线图,供装焊肋骨框架等部件用。　　　　　　　　　　　　　　　　　　　　　　　　　　　　　　　( )

5. 型钢平台的表面铺设钢板。　　　　　　　　　　　　　　　　　　( )

6. 钢板蜂窝平台用于矫正部件和组合件变形。　　　　　　　　　　　( )

7. 胎架长、宽方向尺寸必须小于分段尺寸。　　　　　　　　　　　　( )

8. 模板的最小高度约 500 mm。　　　　　　　　　　　　　　　　　( )

9. 选择适当的胎架形式和数量,并根据船体型线决定合理的胎架基面切取方法。
　　　　　　　　　　　　　　　　　　　　　　　　　　　　　　( )

10. 模板上应划出肋骨号、分段中心线(或假定中心线)、外板接缝线、水平线、检验线、基线等必要标记。　　　　　　　　　　　　　　　　　　　　　　　　　( )

11. 胎架制作应考虑节约钢材,节省工时,降低成本,尽量利用废旧料和边余料。
　　　　　　　　　　　　　　　　　　　　　　　　　　　　　　( )

12. 胎架模板经常采用的形式有单板式、桁架式、框架式、支柱式。　　( )

13. 拉马角钢设置在模板下部,与模板上表面基本平行。　　　　　　　( )

14. 纵向牵条通常采用木板制成,在模板之间纵向连接。　　　　　　　( )

15. 胎架基础通常有混凝土墩基础、混凝土条基础、混凝土平台和型钢平台。( )

16. 桁架式胎架由桁架和型线胎板组成,节省材料,但刚性较弱。　　　( )

17. 分段总组的精度应满足后续合拢的精度要求。　　　　　　　　　　( )

18.船台(船坞)无须划线和标记。　　　　　　　　　　　　　　（　　）

19.建造过程中,主要构件的临时开孔及封堵应按认可的工艺文件规定进行。　（　　）

20.清理焊接工艺板,并按工艺要求清理吊装眼板、脚手架眼板。　　　（　　）

三、名词解释

1.度量工具　　　　　　　　　　2.划线工具

3.水准仪　　　　　　　　　　　4.激光经纬仪

5.全站仪　　　　　　　　　　　6.船体装配

7.船体构件　　　　　　　　　　8.平台

9.胎架　　　　　　　　　　　　10.胎架基面

11.单板式胎架　　　　　　　　　12.胎架结构

四、简答题

1.船体节点图的概念。

2.水泥平台是由什么构成的? 它的用处和优缺点是什么?

3.型钢平台是由什么构成的? 它有什么用处?

4.什么是正切基面? 举例说明适用的分段。

5.胎架的基本要求有哪些?

6.分段装配的质量控制要点是什么?

五、作图题

1.根据图1.83,画出主视图、俯视图和左视图,并标注尺寸。

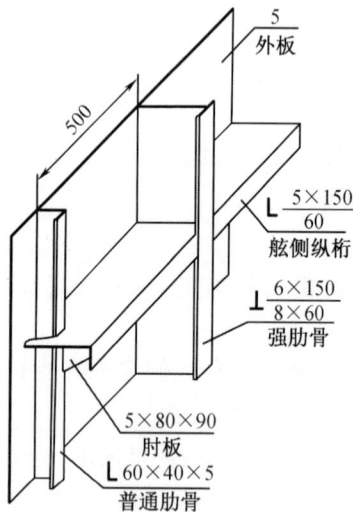

图1.83　船体结构图样(单位:mm)

2.图1.84为扶强材末端连接结构,根据图中所提供的尺寸数据,采用1:10的比例绘制此连接结构节点图。

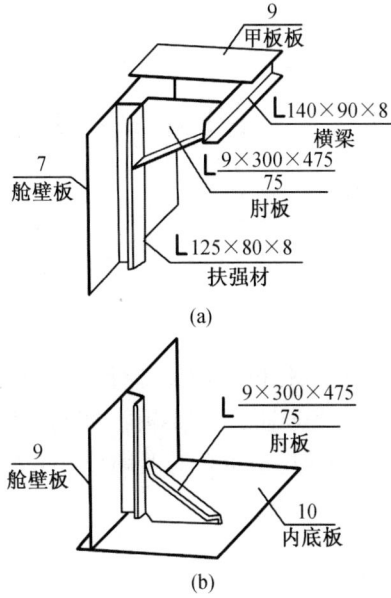

图 1.84 扶强材末端连接结构(单位:mm)

项目二　船舶部件装配

❖ 项目目标

项目二介绍船舶部件装配的知识,包括识读部件生产设计图、拼板装配、直 T 型梁装配、弯 T 型梁装配、肋骨框架结构、普通肋骨框架装配、宽肋骨框架装配等内容,是学习船舶分段装配的基础。通过本项目的学习,学生会对船舶分段装配有更加明确的认知,有助于其学习船舶分段装配其他方面的知识内容。

一、知识目标

1. 理解部件生产设计图识读的规则。
2. 掌握拼板装配的方法。
3. 掌握直 T 型梁装配的方法。
4. 掌握弯 T 型梁装配的方法。
5. 理解肋骨框架的结构。
6. 掌握普通肋骨框架装配的方法。
7. 掌握强肋骨框架装配的方法。
8. 掌握基座装配的方法。

二、能力目标

1. 能够识读部件生产设计图。
2. 能够拼板。
3. 能够装配直 T 型梁。
4. 能够装配弯 T 型梁。
5. 能够认知肋骨框架结构。
6. 能够装配普通肋骨框架和强肋骨框架。
7. 能够装配基座。

三、素养目标

1. 培养学生部件装配过程中的合作交流意识。
2. 培养学生在部件装配过程中严谨的态度。
3. 培养学生独立自主学习新知识、新技术和新思维的能力。
4. 培养学生在使用装配设备和仪器过程中的规范操作意识。

❖ 学习任务

❖ 德育学堂

胡震:"六室一厅"里的副总设计师

胡震(图2.1),1966年出生,江阴市顾山镇人,毕业于南华大学,"蛟龙"号副总设计师,"深海勇士"号4 500 m载人潜水器总设计师。

图2.1　"蛟龙"号副总设计师胡震

"蛟龙"号胜过亲儿子

黑黑的脸庞,敏锐的眼神,稍胖的身躯,海试期间,每天都有这样一个人穿梭忙碌于"向阳红09"船后甲板,他就是胡震。"六室一厅",是海试队员对后大舱的戏谑说法,位于"向阳红09"船的中后部。这里人多,空气流通性差。但"蛟龙"号副总设计师胡震似乎很享受这里的一切,"这里离干活的地方近啊"。每次下潜之前,他总是第一个来到后甲板,沿着潜水器的护栏爬上爬下,像看护自己的孩子一样,细心地检查每一个部位,然后指挥试航员对整个潜水器进行下潜前最后的通电检查,确保做到万无一失。下潜过程中,他没有固定岗位,完全可以休息,但总是守在"炮楼"里,协助完成对"蛟龙"号的指挥沟通工作,好多次连午饭都顾不上吃,如果实在饿极了,也只是一碗稀饭草草了事。

下潜任务结束后,当大家沉浸在试航员完成任务、满载归来的喜悦中时,他已开始在后甲板忙着潜水器的检查与维护工作……"蛟龙"号突破 7 000 m 最大设计深度的前一天晚上,维护部门工作到凌晨 1 点多,所有工作完成后,胡震才最后一个离开后甲板回到舱室,第二天凌晨 5 点多,他又第一个来到后甲板……

"蛟龙"号被大家亲切地称为"小胖",胡震被誉为"小胖之父"。他对潜水器的了解细到"毛细血管"。大家都说,他爱"蛟龙"号胜过自己的儿子。有一次,临近试验前夕,天色突变,大雨倾盆而下,而舱口盖还开着。胡震抓了块雨布夺门而出,冲向雨中,飞奔上梯,直至舱口盖,用雨布紧紧盖住载人舱舱口,舱内仪器设备没有被雨淋到,而他自己却从头湿到脚。

放弃年薪百万专心做科研

1985 年,凭着优异的数学、物理等科目成绩,胡震被衡阳工学院(现南华大学)计算机应用软件专业录取。大学期间,他打下了扎实的计算机基础。毕业后,胡震选择继续深造。在研究生期间,他又进行了自动化知识的系统学习。喜欢读《海底两万里》的他最终与海洋结缘,致力于自己热爱的深海载人潜水器的设计和研发。1991 年研究生毕业后,他来到中国船舶重工集团公司第 702 研究所,跟随后来任"蛟龙"号总设计师的徐芑南院士研发无人潜水器。当时,国家科研经费投入少,胡震身边的许多同事陆续离开了海洋科研岗位,而他却选择坚守。一个亲戚请他到自己的公司担任部门经理,负责计算机系统工作,年薪百万,并承诺 5 年后送他一个公司,胡震请假去试了一星期就回到所里,继续做他热爱的科研事业。

多年来,胡震克服了一个又一个技术难题。在他的带领下,研发团队先后获得国家科学技术进步奖一等奖、江苏省科学技术进步奖一等奖、中国造船工程学会科学技术奖特等奖;2014 年度工业大奖、2011 年度中国国际工业博览会金奖。他本人也获得了 2012 年度江苏省和全国优秀科技工作者荣誉称号、2014 年度全国五一劳动奖章、2015 年度全国劳动模范奖章、2018 年江苏"最美双创之星"荣誉称号。

"随时在线的总师"

胡震的目光炯炯,一谈起载人潜水器就滔滔不绝,时常露出胸有成竹的微笑。他的办公桌上放着"蛟龙"号模型,模型上方是一个碗碟大小、皱皱巴巴的硬纸盒,上面手写着几个黑色字:胡震中国载人深潜 5 000 m。

在外人看来,"蛟龙"号副总设计师这般"高大上"的角色只需统筹决策,但胡震却事无巨细、亲力亲为,被同事戏称为"随时在线的总师"。为了找到最适合"蛟龙"号抛载装置的电磁铁,胡震把国内 60 多个相关厂家全部找出来,一家一家打电话,总算物色到一家上海车间。光找到还不算完,他为这个几千块钱的小部件,一年半里去了上海 10 多趟,以厂家的电磁铁为原型,选用新材料和工艺加以改进设计,确保部件抗腐蚀、抗压、吸附后可脱离。

"'蛟龙'号上用到的电磁铁只有 4 块,但每一块都与潜水器的安全息息相关。"胡震说,"把牢'蛟龙'的安全门,跑得再多也值得。"

"蛟龙"号海试时,胡震作为副总设计师原本是要第一个下潜的。他的下潜申请书写好了,临时党委也讨论同意了。但到了下潜前,船上指挥部却通知胡震,让他在水面全面负责技术保障工作。整个海试期间,胡震没能乘坐"蛟龙"号下潜,一直留在水面指挥,由此得到了"胡司令"的称号。

❖ 项目导入

双丝并联埋弧焊

双丝埋弧焊按焊丝与焊接电源的连接方式可分为双丝并联埋弧焊和双丝串列埋弧焊。双丝并联埋弧焊通常只配用单台焊接电源,以并联的方式同时向两根焊丝供电。双丝串列埋弧焊则由两台焊接电源分别向两根焊丝供电。

为提高熔敷率,双丝并联埋弧焊(twin wire submerged arc process)大多采用直径 1.0~2.0 mm 的细丝,故亦称细丝双弧法(tiny twinarc)。焊接电源可以是直流电源,亦可以是交流电源。采用直流电源时,两根焊丝的电弧会相互吸引而形成一个焊接熔池,由于熔池长度较大,因此可在较高的焊接速度下形成外观良好的焊缝。直流反接法可获得较大的熔深。采用交流电源时,电弧分散,可获得中等的熔深。图 2.2 为双丝并联埋弧焊的设备。

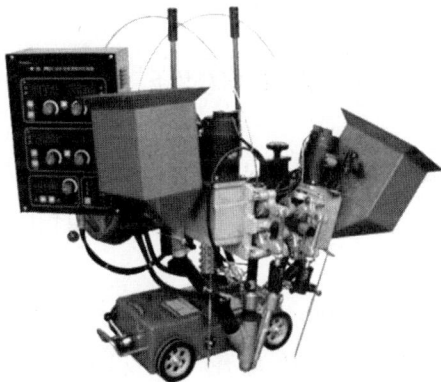

图 2.2 双丝并联埋弧焊的设备

双丝并联埋弧焊与单丝埋弧焊相比,具有如下优点。

(1)熔敷率比单丝埋弧焊高 40% 以上。双丝并联埋弧焊高的熔敷率归因于细丝的电流密度大,并产生较高的电阻加热。

(2)焊接薄板时,焊接速度可提高 25% 以上;焊接厚板时,焊接速度可提高 50%~75%。

(3)焊接热输入较低,焊接变形量可降低 5%~50%,有利于焊接对热输入较敏感的钢材。

(4)单位熔敷金属消耗的能量较低,降低了生产成本。

(5)通过改变焊丝相对于焊缝轴线的排列方式,控制焊缝的成形。若焊丝横向于焊缝轴线布置,可获得宽的焊缝和浅的熔深;若焊丝纵向于焊缝轴线布置,则可形成窄而深的焊道。

❖ 相关知识

铸钢件焊接与修补工艺规范

一、范围

本规范规定了船体结构铸钢件与船用钢板之间焊接及船体结构铸钢件缺陷补焊时的材料、人员、环境、设备、工艺要求、焊接、焊后质量检验和补焊工作记录。本规范适用于民用船舶船体结构铸钢件的焊接和修补。

二、规范性引用文件

下列文件对于本文件的应用是必不可少的。凡是注日期的引用文件,仅所注日期的版本适用于本文件。凡是不注日期的引用文件,其最新版本(包括所有的修改单)适用于本文件。

HG/T 2537—93《焊接用二氧化碳》。

三、材料

(1)铸钢件应经相应船级社检查或确认,船体结构铸钢件的质量须满足相关船级社标准的有关要求。

(2)焊接选用低氢型焊接材料。焊接材料(焊条、焊丝)应经相应船级社的认可方能应用于船舶建造。

(3)焊接采用焊条电弧焊或 CO_2 气体保护焊工艺方法。焊条电弧焊选用 E5015 焊条,使用前经 350~400 ℃焙烘,保温 2 h。CO_2 气体保护焊选用相应船级社认可的 E501T-1 低氢型焊丝。

(4)CO_2 气体纯度不得低于 99.9%,应符合 HG/T 2537—93《焊接用二氧化碳》中规定的中优等产品的质量要求。保护气体到厂应有产品合格证书。

四、人员

(1)焊工应通过相应船级社认可后,方可从事相应的焊接工作。焊接时,焊工应佩戴焊工合格证。

(2)焊工工作时应穿戴好劳保防护用品,登高作业须按规定佩戴安全带。

五、环境

(1)当采用气体保护焊装配焊接时,如果风速大于 2 m/s,须采取防风措施;若采用其他焊接方法装配,风速大于 10 m/s,须采用防风措施。

(2)当环境湿度超过 90%或环境温度低于-20 ℃时,须采取防范措施,否则停止施焊。

六、设备

焊接设备功能应满足焊接工艺要求,焊接设备应具有显示焊接参数的计量仪器或仪表。仪器或仪表由计量部门定期检定合格,并有合格标识。

七、工艺要求

（1）铸钢件焊接与修补应符合相应船级社规定的允许焊接及补焊的施工范围。

（2）铸钢件焊接及碳弧气刨前应进行预热。

①对于碳当量不超过 0.44% 的铸钢件，预热温度为 120~200 ℃；对于碳当量超过 0.44% 的铸钢件，预热温度不得低于 200 ℃。预热范围为坡口、待焊或待刨区及其周围不小于 200 mm 范围内。

②预热应采用电加热片或电热毯。氧乙炔、甲烷、丙烯等气体火焰只能用于烘干待焊、待刨区的水分，不得用于预热。

③在待焊及其影响区内预热温度应均匀。在焊接过程中，应按时检测焊接区温度，确保道间温度满足预热温度要求，如低于最低预热温度要求，应停止焊接并进行加热。满足预热要求后方可继续焊接。

八、焊接

1. 铸钢件与船体结构间的焊接

（1）铸钢件应按相关船级社建造规范检定合格后方能进行装配、焊接。

（2）装配、焊接应按相关图样及装配工艺进行，并向验船师交验。

（3）对于需削斜的铸钢件，应划线后采用碳弧气刨的方法进行加工，并用砂轮打磨去除渗碳层。气刨前按工艺要求第（2）条进行预热。

（4）焊前应将焊接区、补焊区及其周围 20 mm 范围内的黏砂、氧化皮、铁锈、油、水等污物清理干净。

（5）焊前应采用磁粉探伤或渗透探伤对铸钢件待焊边缘进行检查，确保其没有裂纹等缺陷。

（6）预热及道间温度满足工艺要求的第（2）条。

（7）焊接应使用直流电源，反接法。

（8）焊接应采用短弧小摆动操作方法。对于 E5015 焊条，焊道宽度不应超过焊条直径的 3.5 倍。

（9）焊工焊完每一道焊缝都要将熔渣、飞溅等清理干净。采用锤击的方法对焊缝进行消应处理。

（10）多层多道焊时，每个焊道接头应错开，间距 25 mm 以上。

（11）焊缝盖面层采用与基体间平顺连接。

（12）对于要求全熔透的焊缝，反面采用碳弧气刨的方法进行清根，打磨后焊接。

（13）焊接结束后应采取减缓冷却速度措施。

（14）焊接顺序为先对接后角接，先立焊后平焊，先中间后两边。

2. 铸钢件焊接（修补）

（1）清除缺陷可采用碳弧气刨、打磨等方式，缺陷应清除干净。若采用碳弧气刨清除缺陷，气刨前应根据工艺要求的第（2）条进行预热。气刨前应在裂纹两端钻止裂孔，止裂孔直

❖ 径应不小于 6 mm,孔的中心位于裂纹终端。焊后须进行消应处理。

　　(2)当两个补焊区相邻近且出现下列之一情况时,应将两个补焊区合并为一个补焊区,一起清除缺陷并补焊(相邻两补焊区距离为 L,其中较小补焊区的最大宽度为 W)。

　　①当 $L<20$ mm 时。

　　②当 50 mm$>L≥20$ mm,$W>50$ mm 时。

　　③当 $L≥20$ mm,$W≤50$ mm,且 $L<W$ 时。

　　(3)气刨后的坡口应圆滑过渡,坡口的曲率半径 R 应不小于 10 mm,如图 2.3 所示。

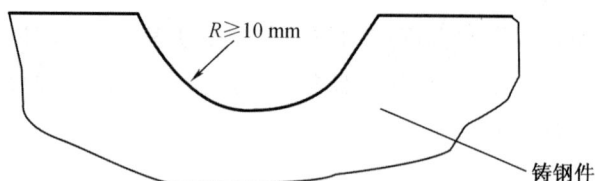

图 2.3　补焊区坡口断面示意图

　　(4)缺陷应清除干净。清除缺陷后应对清除部位进行磁粉探伤,不得残留缺陷。

　　(5)焊前应将补焊区及其周围 20 mm 范围内的黏砂、氧化皮、铁锈、油、水等污物清理干净。若清除缺陷后铸钢件减少的厚度不超过 15 mm(或不超过铸钢件厚度的 10%,取两者中的小者)且长度不超过 100 mm,铸钢件可以在不进行补焊的情况下使用。但清除缺陷未进行补焊的部位应按下述要求进行打磨。

　　①坡口底部应圆滑过渡,曲率半径不小于两倍坡口深度。

　　②坡口及其边缘应平滑过渡,不得有形状的突变点。

　　③清除缺陷的部位须经磁粉或渗透等无损检测,检测结果显示无有害缺陷。

　　(6)不满足(5)的焊接缺陷应进行补焊。

　　(7)修补前应将缺陷的数量、大小和部位的草图提交验船师认可。

　　(8)补焊可采用焊条电弧焊和药芯焊丝气体保护焊,应尽可能在平焊位置进行。采用药芯焊丝气体保护焊只能在平焊和横焊位置进行焊接。采用直流电源反接法。

　　(9)焊前应按工艺要求的第(2)条进行预热。

　　(10)补焊后若后热处理不能及时进行,或未被要求时,应采取缓冷措施,但不得使用石棉布。

　　(11)修补及后热完毕后,应将焊接表面打磨光滑,焊工应进行自检。焊接表面应符合图样尺寸要求。

　　(12)对修补后的焊缝应进行磁粉检验,确认无缺陷后方可转入下道工序。

　　(13)当铸钢件碳当量不超过 0.44%,在下述条件下可取消消应处理,但应采取缓冷措施。

　　①采用铲或打磨方式清除缺陷,清除缺陷的深度不超过 25 mm(或铸钢厚度的 20%,取两者中的小者)且长度不超过 200 mm。

②采用铲或打磨方式清除缺陷,清除缺陷的深度不超过 15 mm,且清除缺陷面积不超过 50 000 mm²。

(14)不满足(13)要求的铸钢件修补后应进行消除应力热处理。热处理温度为 550~650 ℃。对于补焊区相对较小,且铸钢件处于机加工的最后阶段,可采用局部消应热处理。

(15)当容易出现冷裂纹时,焊后在焊接区冷却到最低预热温度之前,应保持最低预热温度或者迅速提高温度200~300 ℃。后热保温时间根据板厚确定,但不得少于 2 h。

(16)对于局部焊后热处理,在补焊的所有面里,焊接区及其周围 100 mm 范围内(不小于铸钢厚度三倍的延伸长度的区域里)加热温度为 550~650 ℃。在隔热区与非隔热区之间温度差不得超过 300 ℃。每 1 mm 的焊接深度,保温时间不小于 2 min,并采取缓冷措施。

九、焊后质量检验

(1)修补及焊接区应进行打磨,确保检验能顺利进行。

(2)焊接区、补焊区及其周围 50 mm 范围内的铸钢件进行表面质量检验,焊接表面不得有裂纹、气孔、咬边等缺陷存在。

(3)铸钢件与船体间的焊缝按相关船级社标准的有关要求进行检验。经补焊的铸钢件质量应满足相关船级社标准的有关要求。

十、补焊工作记录

补焊工作记录包括下列内容。

(1)补焊前的检查结果。

(2)清除缺陷后的检查结果(尺寸、位置、无损检验等)。

(3)使用的焊接材料牌号和焊接工艺。

(4)焊工姓名、焊工证件。

(5)焊后热处理温度或消应处理如下。

①加热及冷却速度。

②温度梯度。

③超过 550 ℃的温度范围及保温时间。

④加热设备种类。

⑤隔热装置。

⑥控制装置。

(6)焊后检验结果。

(7)热处理后的无损检测结果。

(8)检验人员签字。

任务 2.1　识读部件生产设计图

【任务实施】

识读部件生产设计图实训任务单和任务评价单见表 2.1、表 2.2。

表 2.1　识读部件生产设计图实训任务单

任务名称	识读部件生产设计图	所需时间	1 学时
实训场地	船舶工程系理实一体化教室	分组情况	1 人/组
任务描述	任务导入： 　　下图为部件装配图的上 FRC 的主视图。通过对该图的识读，了解船体部件生产设计图的识读方法以及必要的相关专业知识和应该注意的事项，为毕业后从事船舶建造工作奠定基础。 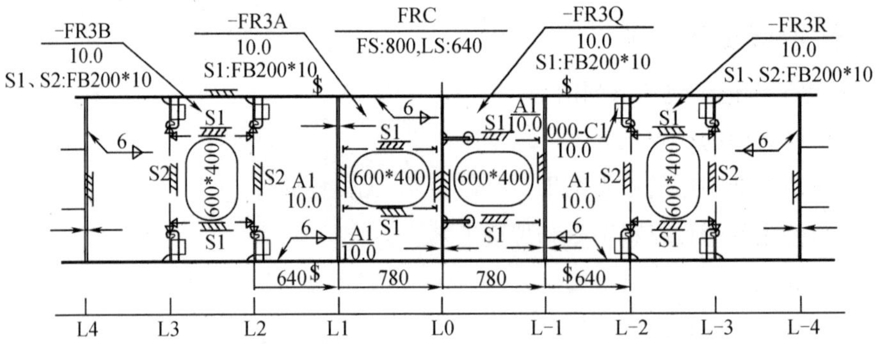 识读步骤： 　　识读船舶部件装配生产设计图，主要了解其上面涉及的符号和代码，以及对接接头图纸的标记方法和流向符号、焊接符号等		
任务要求	技能要求： (1)能够将部件生产设计图中的各类符号、代码进行分类。 (2)能够看懂对应符号、代码的含义。 (3)能够结合视图清晰准确地表达尺寸。 (4)掌握正确识读部件生产设计图的方法和步骤。 职业素质要求： (1)具有严谨认真的工作态度。 (2)具有主动参与、积极进取、探究科学的学习态度和思想意识。 (3)具有分析问题、解决问题的能力		

表 2.2　识读部件生产设计图任务评价单

<table>
<tr><td rowspan="2">课前准备</td><td>课前讨论</td><td colspan="6">标准:参与回答问题。

　　　　　　　　　　　　　　　　　　　　　　　　　　　评分(满分 5 分)</td></tr>
<tr><td>微课学习</td><td colspan="6">标准:观看微课时长和发帖次数。

　　　　　　　　　　　　　　　　　　　　　　　　　　　评分(满分 5 分)</td></tr>
<tr><td rowspan="10">课中实践</td><td>知识要点学习</td><td colspan="6">标准:(1)课堂表现。
　　　　(2)知识点掌握程度。

　　　　　　　　　　　　　　　　　　　　　　　　　　　评分(满分 5 分)</td></tr>
<tr><td rowspan="2">教师作品评价</td><td>校内教师</td><td colspan="5">标准:(1)准备工作充分,识读部件生产设计图的正确率。
　　　　(2)根据学生答辩情况真实、客观地进行打分,并给出充分理由。

　　　　　　　　　　　　　　　　　　　　　　　评分(满分 15 分)</td></tr>
<tr><td>企业专家</td><td colspan="5">标准:(1)准备工作充分,识读部件生产设计图的正确率。
　　　　(2)根据学生答辩情况真实、客观地进行打分,并给出充分理由。

　　　　　　　　　　　　　　　　　　　　　　　评分(满分 15 分)</td></tr>
<tr><td>自我评价</td><td colspan="6">标准:真实、客观、理由充分。

　　　　　　　　　　　　　　　　　　　　　　　　　　评分(满分 10 分)</td></tr>
<tr><td rowspan="5">组内互评</td><td>学号</td><td>姓名</td><td>评分(满分 20 分)</td><td>学号</td><td>姓名</td><td>评分(满分 20 分)</td></tr>
<tr><td></td><td></td><td></td><td></td><td></td><td></td></tr>
<tr><td></td><td></td><td></td><td></td><td></td><td></td></tr>
<tr><td></td><td></td><td></td><td></td><td></td><td></td></tr>
<tr><td colspan="6">注意:最高分与最低分相差最少 3 分,同分人最多 3 人,某一学生分数不得超平均分
±3 分</td></tr>
<tr><td>组间互评</td><td colspan="6">标准:真实、客观、理由充分。

　　　　　　　　　　　　　　　　　　　　　　　　　　评分(满分 10 分)</td></tr>
<tr><td rowspan="2">课后复习</td><td>在线作业和测试</td><td colspan="6">标准:学堂在线与网络教学平台的在线作业和测试。

　　　　　　　　　　　　　　　　　　　　　　　　　　评分(满分 10 分)</td></tr>
<tr><td>在线拓展</td><td colspan="6">标准:根据完成情况适当加分。

　　　　　　　　　　　　　　　　　　　　　　　　　　评分(满分 5 分)</td></tr>
<tr><td colspan="2">总分(除组内互评分)</td><td colspan="6">任务完成人签字:　　　　　　　　　　　日期:　年　月　日
指导教师签字:　　　　　　　　　　　　日期:　年　月　日</td></tr>
</table>

【知识要点】

通俗来说,船舶部件生产设计图,就是用于船舶部件装配的图纸。生产设计考虑的是加工方法,并根据船厂的加工能力,比如说船厂拥有的设备(吊车、车床等),来建造设计院所设计的船舶。船舶部件装配是根据各种典型部件图样,学习其结构组成及建造装配方法,进一步编制其建造工艺,并且能够进行模拟装配。想要进行船舶部件装配,必须先了解部件的情况,即先识读相应的图纸。

识读部件生产设计图

识读图纸就必须了解图纸中对应的符号、代码、流向符号以及对接接头图纸标记方法等。

一、船舶部件装配图的符号、代码

部件装配图中的符号、代码见表2.3。在装配图中直接用汉字标志,图纸内容会太过复杂,不利于识读,而运用各种符号、代码表示对应的含义,就避免了这种麻烦。

表 2.3　船舶部件装配图中的符号、代码和流向符号

流程	含义	代码	通常包括	流向		流向符号
小组立	最小的组立,如带加强筋的肘板、小型实肋板等	C	CS	发往结构制作	—	P 用红色油漆号料
			CM	发往结构制作	—	
			CR、CH	结构制作后发往分段	PA	
			CG	结构制作后发往分段		
			CV	结构制作后发往平台	PS	
	较 C 大的组立,一般指长度不超过 7 m,且质量在 25 t 以内的组立。如强框型、大型实肋板、大型肘板等	S	SS	发往结构制作	—	
			SM	发往结构制作	—	
			SR、SH	结构制作后发往分段	PA	
			SG	结构制作后发往分段		
			SV	结构制作后发往平台	PS	
	T 型材	T	TS、TM	发往结构制作	—	
			TP	结构制作后发往平台流水线	PL	
			TV	结构制作后发往平台	PS	
			TR、TH	结构制作后发往分段	PA	
			TG	结构制作后发往分段		
平台流水线组立(FCB)	由平台流水线制作的板架,一般需压梁子	P	PH	流水线拼板压梁后发往分段	LA	L 白
			PG	流水线拼板压梁后发往分段		

表 2.3(续)

流程	含义	代码	通常包括	流向	流向符号	
平台中组立	平台流水线无法制作的板架,一般不需压梁子。如形状不规则的大板、需胎上拼接的平上胎板等	V	VH	平台拼板后发往分段	SA	S白
			VG	平台拼板后发往分段		
小型中组立	由 C、S、T 组成的组立,一般指长度不超过 12 m,且质量在 30 t 以内的组立。如纵桁、水密肋板等	M	MG	结构制作后发往分段	PA	P红
曲形中组立	需加工压弯的平铁及胎上拼接曲形外板的组立。如带加强圈的强框架及机舱和艏、艉分段外板等	R	RM	加工后发往分段	A	A白
			RH	加工后发往分段		
			RG	加工后发往分段		
大型中组立	由 S、M 组成的组立。如纵横舱壁、壁墩、边底子分段等	H	HG	发往分段		
大组立	分段	G	—	发往分段		

二、船舶部件装配图的流向符号

船舶部件装配图的流向符号(表 2.3)表示在部件装配完成之后,部件需要流向的下一道工序、位置等。

这里以某一条船某一个分段的实际生产设计图纸为例,通过船舶实际生产用的图纸中的节点图和划分表,来了解节点图册里的流向符号。可以看到这里的流程是小组立,比如说带加强筋的肘板、小型的实肋板等,它们的代码用 C 表示,通常包括 CS、CM、CR、CH、CG、CV 等,分别代表发送到不同的单位。这里再以结构制作为例,也就是 CS。结构制作后发往分段或者平台,这表示它的流向,即之前的部件经过装配之后,下一步的目的地。

除了小组立外,还有 FCB。其他的如平台中组立 V、小型中组立 M 等都有相应的流向代码,以及流向中文解释,这就是识读要掌握的流向符号。

三、对接接头图纸标记方法

对接接头图纸标记方法中有板厚差、削斜方向代号、削斜代号、坡口方向代号、坡口形式代号和焊接方法代号等(图 2.4)。

板厚差：a
削斜方向代号：S或N
削斜代号：C
坡口方向代号：S或N
两侧开坡口时，大坡口侧（2/3板厚）
即先焊面代号：2
坡口形式代号：I、V、1/2V、Y、X、JX、JV、
       JY、K
焊接类别代号：0-单面焊，非单面焊或焊接方法为
  FCB时不标记。使用陶瓷衬垫标记为0，使用金属衬
  垫标记为0_1
焊接方法代号：
  A：单丝埋弧自动焊（SWSAW）
  D：双丝埋弧自动焊（DWSAW）
  F：平面分段流水线三丝埋弧焊（FCB）
  S：组合焊（CO_2气体保护焊+埋弧焊）（FCAW/GMAW+SAW）
  C：CO_2气体保护焊（实心焊丝或药芯焊丝）（FCAW或GMAW）
  G：垂直气电焊（SG-2Z）
  M：焊条电弧焊（SMAW）
注：S表示装配零件的结构面或可视面，N表示没装配零件
的非结构面或非可视面

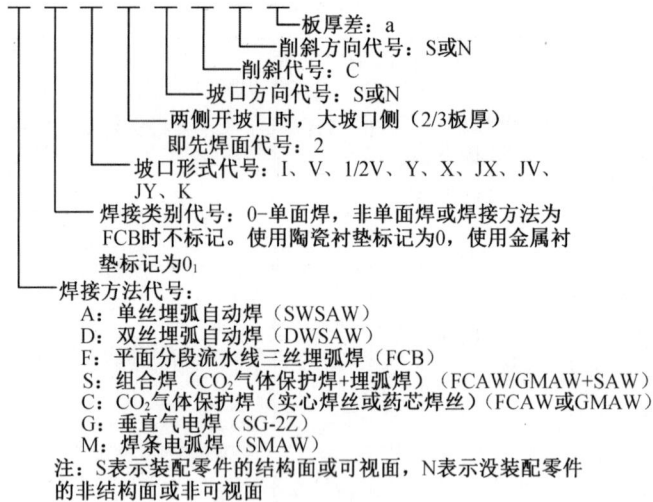

图 2.4　对接接头图纸标记方法

任务 2.2　拼 板 装 配

【任务实施】

拼板装配实训任务单和任务评价单见表 2.4、表 2.5。

表 2.4　拼板装配实训任务单

任务名称	拼板装配	所需时间	1 学时
实训场地	船舶工程系实训室	分组情况	4 人/组
任务描述	任务导入： 　　二维码中展示的是拼板装配的方法，根据拼板过程的要求，分组进行装配练习		拼板装配
任务要求	技能要求： (1)能够正确铺放钢板。 (2)能够正确进行定位焊。 (3)能够正确选择焊接顺序。 职业素质要求： (1)具有严谨认真的工作态度。 (2)具有主动参与、积极进取、探究科学的学习态度和思想意识。 (3)具有分析问题、解决问题的能力。 (4)具有团队协作能力。 (5)具有装配焊接过程中的安全防护意识		

表 2.5 拼板装配任务评价单

课前准备	课前讨论	标准:参与回答问题。 评分(满分 5 分)					
	微课学习	标准:观看微课时长和发帖次数。 评分(满分 5 分)					
课中实践	知识要点学习	标准:(1)课堂表现。 　　　(2)知识点掌握程度。 评分(满分 5 分)					
	教师作品评价	校内教师	标准:(1)准备工作充分,工具使用规范程度。 　　　(2)拼板焊接的质量。 评分(满分 15 分)				
		企业专家	标准:(1)准备工作充分,工具使用规范程度。 　　　(2)拼板焊接的质量。 评分(满分 15 分)				
	自我评价	标准:真实、客观、理由充分。 评分(满分 10 分)					
	组内互评	学号	姓名	评分(满分 20 分)	学号	姓名	评分(满分 20 分)
		注意:最高分与最低分相差最少 3 分,同分人最多 3 人,某一学生分数不得超平均分 ±3 分					
	组间互评	标准:真实、客观、理由充分。 评分(满分 10 分)					
课后复习	在线作业和测试	标准:学堂在线与网络教学平台的在线作业和测试。 评分(满分 10 分)					
	在线拓展	标准:根据完成情况适当加分。 评分(满分 5 分)					
总分(除组内互评分)		任务完成人签字: 指导教师签字:	日期: 年 月 日 日期: 年 月 日				

【知识要点】

船体以及上层建筑的各层甲板、平台、纵横舱壁、围壁、内底板和平直的外板等大面积平板,均可预先拼板,其过程如下。

一、铺板除锈

按照施工图纸(或草图)的要求,将钢板铺放在平台上,并核对钢板上所注的代号、首尾方向、肋骨号码、正反面、直线边缘平直度、坡口边缘的准备工作。在铺板过程中应尽量利用空余场地,尽可能将钢板排列整齐,以减轻拼板时拉撬钢板的工作。

钢板在拼接前,其边缘均须除锈(已进行抛丸除锈预处理工艺的除外),要求用砂轮除锈直至露出金属光泽为止,以确保焊接质量。

二、钢板拼接

钢板拼接时,一般先将正确端的边缘对齐,用松紧螺丝紧固,对于薄板可用撬杠撬紧。如果不用松紧螺丝紧固,在定位焊时要先在中间和两端固定,然后再加密定位焊。

拼板时,在兼有边、端缝的情况下,一般先拼接边缝。若先拼接端缝,如图 2.5(a)所示,由于边缝尺度较长,定位焊的收缩变形较大,可能产生图 2.5(b)所示的间隙,则边缝的修正量就较大。而在焊接时,为了减少焊接应力,应先焊端缝,后焊边缝。

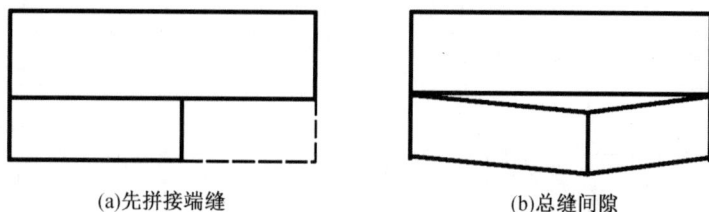

(a)先拼接端缝　　　　　　(b)总缝间隙

图 2.5　拼板

对于大面积的钢板拼接,可分成几片分别拼接,随后再进行片与片之间的横向拼接。为了减少横向接缝的批割工作,在拼接时应尽量将端接缝对齐,具体步骤如图 2.6 所示。

采用自动焊时因起弧点与熄弧点处的焊接质量较差,为了消除这种缺陷,在钢板拼接整齐后,可在板缝的两端设置引弧板和熄弧板,这种工艺板的规格一般为 100 mm×100 mm 左右,厚度与所拼钢板厚度相当。

这种拼板工艺虽然用埋弧自动焊拼接,但只焊接了正面的对接缝,必须翻身后再焊接反面的对接缝才算完成了拼板的工作。若采用单面焊双面成型工艺(如 CO_2 气体保护焊)则不仅可以不将钢板翻身,而且可使焊接效率提高一倍。反面成型是采用了大焊接电流和反面衬垫而实现的,衬垫有紫铜衬垫、焊剂衬垫等。单面焊双面成型时钢板的固定不能采用定位焊,而是用梳状马板将钢板固定,在板缝两端各放一只,其余数只放在板缝长度的等分处。梳状马板的规格约为 150 mm、80 mm、8 mm,当钢板厚度在 10 mm 以上时,焊接时板缝的伸张力较强,在熄弧处的马板规格为 500 mm、100 mm、10 mm,而其余的梳状马板均为一般规格。马板的定位焊应尽量焊在马板的同一侧两端,不能焊在靠近板缝处,以免影响焊机的行进,也不能焊在马板两侧,否则不易敲拆。当焊机到达马板附近时,即把马板敲掉。

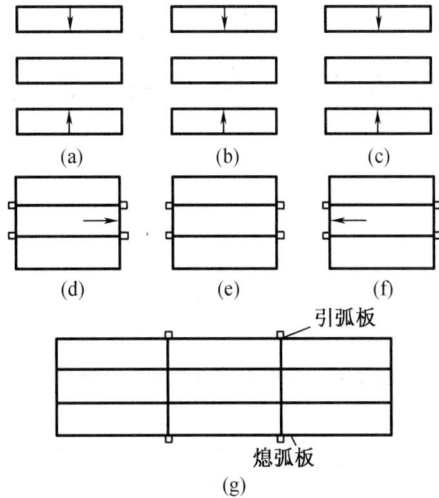

引弧板

熄弧板

(g)

图 2.6 大面积的钢板拼接步骤

压力架焊接方法也是单面焊双面成型,但钢板的固定不是采用梳状马板或定位焊的方法,而是用压力架对钢板加压,使之固定,接着在焊缝两端装上引弧板和熄弧板再进行焊接,如图 2.6 所示。

钢板之间在整条焊缝上的间隙是相等的。当钢板厚度在 10 mm 以下时,间隙为 3 mm;钢板厚度在 12 mm 以上时,间隙为 4 mm。

最后简单介绍一下 L 形马板的使用,如图 2.7 所示。L 形马板是与铁楔一起用于楔平高低不平的板缝。L 形马板焊于接缝的低板一边,马板厚度应略大于所拼板的厚度,钢板厚度小于 6 mm 或大于 14 mm 时,马板厚度取 8 mm 或 14 mm。L 形马板的定位焊应焊在"马"身端部,且位于铁楔楔紧方向的同一侧,以便用完后易于拆除,凡需受较大的力时,可将定位焊焊脚做包角,并在另一端点焊。

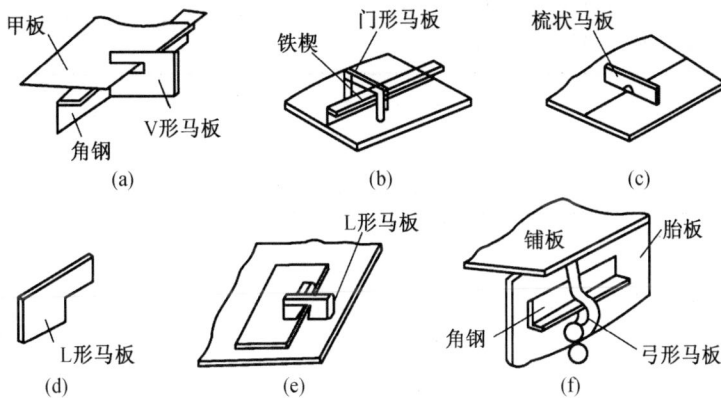

图 2.7 各式各样的马板

任务 2.3 直 T 型梁装配

【任务实施】

直 T 型梁装配实训任务单和任务评价单见表 2.6、表 2.7。

表 2.6   直 T 型梁装配实训任务单

任务名称	直 T 型梁装配	所需时间	1 学时
实训场地	船舶工程系实训室	分组情况	4 人/组
任务描述	任务导入： 二维码中展示的是直 T 型梁装配。说出直 T 型梁各部分构件的名称，根据装配要求，分组进行铺板、划线，并完成部件装配		直 T 型梁装配
任务要求	技能要求： (1)能够说出直 T 型梁各部分构件的名称。 (2)能够正确铺板。 (3)能够正确划出安装位置线。 (4)能够正确装配直 T 型梁。 职业素质要求： (1)具有严谨认真的工作态度。 (2)具有主动参与、积极进取、探究科学的学习态度和思想意识。 (3)具有分析问题、解决问题的能力。 (4)养成严谨的工作态度		

表 2.7   直 T 型梁装配任务评价单

课前准备	课前讨论	标准：参与回答问题。 评分(满分 5 分)
	微课学习	标准：观看微课时长和发帖次数。 评分(满分 5 分)

表 2.7(续)

课中实践	知识要点学习	标准:(1)课堂表现。 (2)知识点掌握程度。 评分(满分5分)		
	教师作品评价	校内教师	标准:(1)准备工作充分,工具使用规范程度。 (2)安装位置线的准确程度。 (3)直T型梁的装配质量。 评分(满分15分)	
		企业专家	标准:(1)准备工作充分,工具使用规范程度。 (2)安装位置线的准确程度。 (3)直T型梁的装配质量。 评分(满分15分)	
	自我评价	标准:真实、客观、理由充分。 评分(满分10分)		
	组内互评	学号　姓名　评分(满分20分)　学号　姓名　评分(满分20分)		
		注意:最高分与最低分相差最少3分,同分人最多3人,某一学生分数不得超平均分±3分		
	组间互评	标准:真实、客观、理由充分。 评分(满分10分)		
课后复习	在线作业和测试	标准:学堂在线与网络教学平台的在线作业和测试。 评分(满分10分)		
	在线拓展	标准:根据完成情况适当加分。 评分(满分5分)		
总分(除组内互评分)			任务完成人签字:　　　　　　　日期:　年　月　日 指导教师签字:　　　　　　　　日期:　年　月　日	

【知识要点】

　　船体结构中的宽肋骨、宽横梁、舷侧纵桁、舱壁桁材和单底船的肋板、中内龙骨、旁内龙骨等都是 T 型部件,由腹板和面板组合而成。有些宽腹板的 T 型梁,其腹板上还装有一定数量的角钢或扁钢扶强材。T 型梁分直、弯两类。凡是面板平直的为直 T 型梁,面板弯曲的为弯 T 型梁。一般都在平台上进行装配焊接,直 T 型梁多采用倒装法,弯 T 型梁则采用侧装法。对具有腹板扶强材的直 T 型梁,待腹板与面板组装完成后,将按扶强材的位置线来安装腹板扶强材,如图 2.8(a)所示。

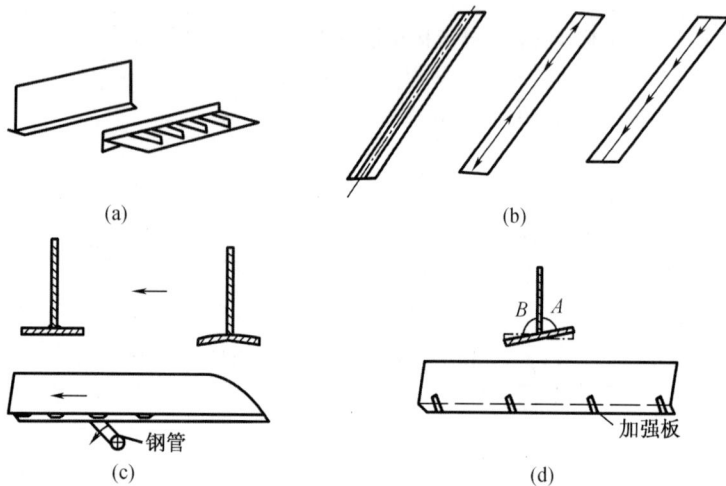

图 2.8　直 T 型梁装配图

一、T 型梁的装配步骤

　　先将面板和腹板在平台上整齐铺开,并按图纸要求检查其规格尺寸是否相符。T 型梁的面板和腹板需各自拼接的,应在组装前先予拼焊。板厚大于 6 mm 的对接还要开坡口。拼接后的板材如有变形则需矫正。采用自动焊或半自动焊的,还需除净铁锈。

　　然后,按图纸要求确定面板与腹板的相对位置,并在面板上划出腹板的安装位置线。如对称 T 型梁面板上的腹板安装线,距离面板边线为 1/2 面板宽度、1/2 腹板厚度,一般只划出一条线并标上厚度记号,如图 2.8(b)所示。对采用手工焊的,在面板上还要标出间断焊符号,对连续焊的应注明焊脚尺寸。

二、直 T 型梁的装配方法

　　直 T 型梁常采用倒装法装配,如图 2.8(c)所示。在倒装过程中,可在腹板与面板定位焊一侧,预先加放一定的反变形,使夹角成"开尺"(大于 90°),以抵消定位焊引起的角变形,还可将面板预先扎出反变形角度,以消除焊接角变形,这些反变形数值一般凭经验确定。为了消除装配时可能出现的腹板与面板间的间隙,可在面板下面垫一根钢管,上面垂向对线安放腹板,这样从一端向另一端边滚动边定位焊。

　　直 T 型梁也可以采用侧装法装配,这时只要面板与腹板间的夹角经测量符合要求即可进行定位焊,并在面板与腹板间焊上临时加强板作为加强,以免焊接、吊运时引起部件的角变形,如图2.8(d)所示。

然后焊接,面板与腹板间的角焊缝一般为双面交错间断焊,采用手工电弧焊完成。特殊情况下,亦有单面或双面连续焊的。如果宽腹板上有扶强材,则须将腹板与面板装焊完后,再焊接扶强材与腹板的连接焊缝。

三、直T型梁自动装配焊接机

直T型梁自动装配焊接机是一种新工艺装备,它由装配、焊接和翻落三部分机构组成,如图2.9所示。自动装配部分装有两组联动的转臂,臂上装有滚筒,其中一组转臂上装有电磁铁,转臂靠气缸转动。焊接部分包括面板和腹板对中装置、汽缸、调速装置、固定的两台半自动焊机和焊剂回收装置。自动翻落架是一个可翻落的托架,托架依靠汽缸动作而实现翻落,整个托架还可以调节角度。

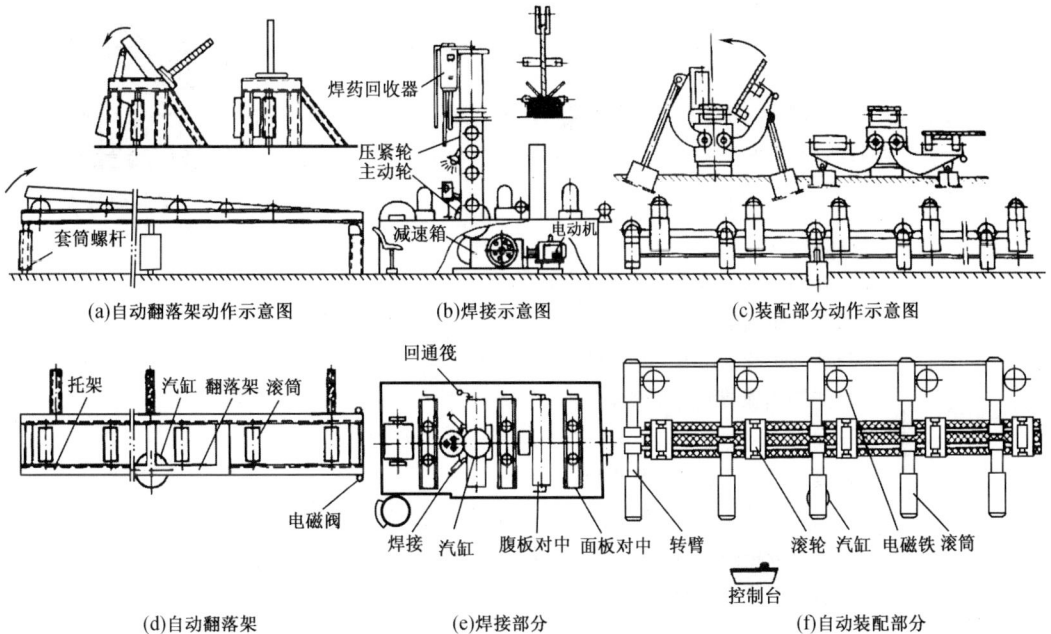

图2.9 直T型梁自动装配焊接机

直T型梁开始装焊时,面板吊放在装配部分的中间一排滚轮上,腹板吊放在装有电磁铁的一组转臂上。启动电磁铁开关,电磁铁吸住腹板,然后汽缸进气,因无工件的一组转臂负荷小而先翻转90°,对工件起支撑作用,另一组转臂接着翻转90°,面板和腹板成直角位置。切断电磁铁电源,把工件推至焊接部分。依靠焊接部分的机械装置(面板对中、腹板对中装置)进行直T型梁装配定位。按板厚调节焊接速度。焊前准备工作结束后,焊接部分汽缸进气使压紧轮压紧工件,然后启动马达,可自动地进行面板与腹板间的填角焊接。焊完后,工件送到翻落架上,靠汽缸将工件自动翻落到地面上。

任务 2.4　弯 T 型梁装配

【任务实施】

弯 T 型梁装配实训任务单和任务评价单见表 2.8、表 2.9。

表 2.8　弯 T 型梁装配实训任务单

任务名称	弯 T 型梁装配	所需时间	1 学时
实训场地	船舶工程系实训室	分组情况	4 人/组
任务描述	任务导入： 二维码中展示的是弯 T 型梁装配。说出弯 T 型梁各部分构件的名称,根据装配要求,分组进行铺板、划线,并完成部件装配		弯 T 型梁装配
任务要求	技能要求： (1)能够正确制作出弯 T 型梁装配胎架。 (2)能够正确铺板。 (3)能够正确划出安装位置线。 (4)能够正确装配弯 T 型梁。 职业素质要求： (1)具有严谨认真的工作态度。 (2)具有主动参与、积极进取、探究科学的学习态度和思想意识。 (3)具有分析问题、解决问题的能力。 (4)养成回收工具的良好习惯		

表 2.9　弯 T 型梁装配任务评价单

课前准备	课前讨论	标准:参与回答问题。 评分(满分 5 分)
	微课学习	标准:观看微课时长和发帖次数。 评分(满分 5 分)
课中实践	知识要点学习	标准:(1)课堂表现。 　　　(2)知识点掌握程度。 评分(满分 5 分)

表 2.9(续)

教师作品评价	校内教师	标准:(1)准备工作充分,工具使用规范程度。 (2)装配胎架的质量。 (3)弯 T 型梁的装配质量。 评分(满分 15 分)	
	企业专家	标准:(1)准备工作充分,工具使用规范程度。 (2)装配胎架的质量。 (3)弯 T 型梁的装配质量。 评分(满分 15 分)	
自我评价	标准:真实、客观、理由充分。 评分(满分 10 分)		

	学号	姓名	评分(满分 20 分)	学号	姓名	评分(满分 20 分)
组内互评						
	注意:最高分与最低分相差最少 3 分,同分人最多 3 人,某一学生分数不得超平均分 ±3 分					

组间互评	标准:真实、客观、理由充分。 评分(满分 10 分)

课后复习	在线作业和测试	标准:学堂在线与网络教学平台的在线作业和测试。 评分(满分 10 分)
	在线拓展	标准:根据完成情况适当加分。 评分(满分 5 分)

总分(除组内互评分)		任务完成人签字:　　　　　　　　　　　日期:　　年　　月　　日 指导教师签字:　　　　　　　　　　　　日期:　　年　　月　　日

【知识要点】

弯 T 型梁大多采用侧装法,并需按照 T 型部件的形状制作搁架马板,如图 2.10(a)所示。图中 A 的尺度一般比腹板宽度小 5.6 mm,B 等于面板安装线宽度,C 则比面板厚度大 10~15 mm。马板的尺度还应按实际情况,考虑部件拼装后取出方便,并使马板具有足够的刚性。装配时,先将腹板铺在马板上,然后将面板插入,利用铁楔压紧,即可进行定位焊。为了保证部件的正确曲形,便于矫正焊接变形,在腹板号料时应作一根或两根检验直线,并做好标记,如图 2.10(c)所示,这样经过装配焊接后,只要按标记检验其直线度,即可判别部件曲形正确与否。面板与腹板的角焊缝形式和直 T 型梁相同,焊脚尺寸视板厚而定。

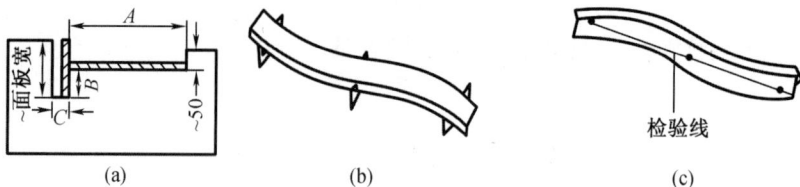

图 2.10　弯 T 型梁装配图(单位:mm)

任务 2.5　肋骨框架结构

【知识要点】

肋骨框架是由肋板、肋骨、横梁和肘板等组合而成的环行框架。普通肋骨框架如图 2.11 所示,宽肋骨框架如图 2.12 所示。

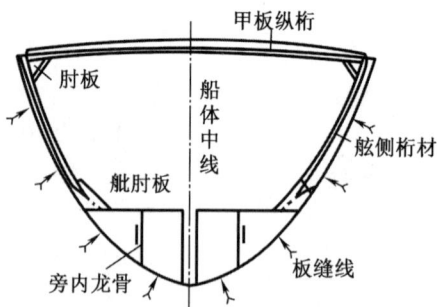

图 2.11　普通肋骨框架

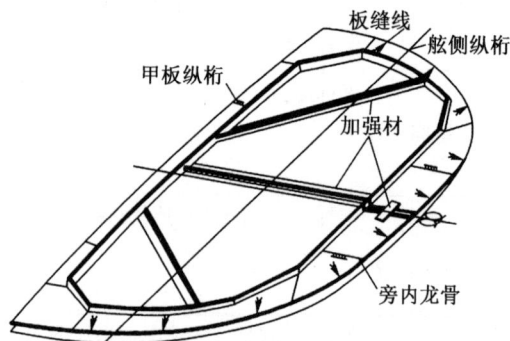

图 2.12　宽肋骨框架

艏、艉立体分段或总段(不包括由平面分段组装的总段)在倒装时,是用肋骨框架作为内胎架来保证分段或总段型线的(图 2.13)。散装法正造船体时,也是利用肋骨框架作为内胎架来保证船体型线的。

肋骨框架装配前,应该先在钢板平台上划出左右对称的全宽肋骨型线图,如图 2.14 所示。型值由放样间提供。其划法步骤是:做出全宽肋骨型线图的格子线(包括辅助水线和辅助纵剖线),按放样型值依次逐根划出左右对称的肋骨型线及甲板梁烘型线,再划出纵向结构线和外板接缝线。全宽肋骨型线图可按肋框形式与结构强弱分开划出,或按不同总段(或立体分段)而分别划出,以便平行作业,提高生产效率。至于分多少,怎样分,则要根据不同的建造方法来确定。这样,全宽肋骨型线图就作为肋框装焊时对线定位和检验的依据。

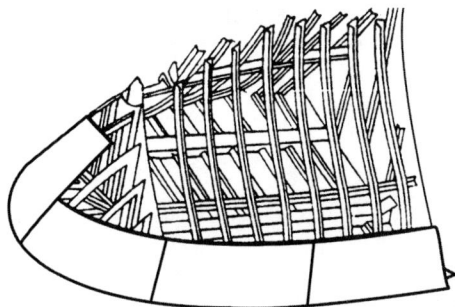

图 2.13　肋骨框架作为内胎架示意图

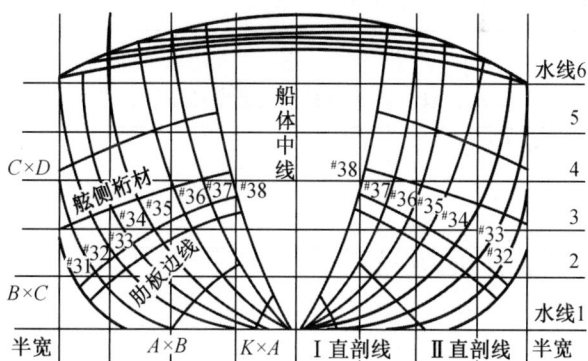

图 2.14　钢板平台上的全宽肋骨型线图

任务 2.6　普通肋骨框架装配

【任务实施】

普通肋骨框架装配实训任务单和任务评价单见表 2.10、表 2.11。

表 2.10　普通肋骨框架装配实训任务单

任务名称	普通肋骨框架装配	所需时间	1 学时
实训场地	船舶工程系实训室	分组情况	4 人/组
任务描述	任务导入： 二维码中展示的是普通肋骨框架装配方法。说出普通肋骨框架各部分构件的名称,并按照要求进行装配		普通肋骨框架装配

表 2.10（续）

任务要求	技能要求： (1)能够正确找出各构件。 (2)能够正确划线。 (3)能够正确加强。 (4)能够正确定位及焊接。 职业素质要求： (1)具有严谨认真的工作态度。 (2)具有主动参与、积极进取、探究科学的学习态度和思想意识。 (3)具有分析问题、解决问题的能力。 (4)养成回收工具的良好习惯

表 2.11   普通肋骨框架装配任务评价单

课前准备	课前讨论		标准：参与回答问题。 评分（满分 5 分）
	微课学习		标准：观看微课时长和发帖次数。 评分（满分 5 分）
课中实践	知识要点学习		标准：(1)课堂表现。 (2)知识点掌握程度。 评分（满分 5 分）
	教师作品评价	校内教师	标准：(1)准备工作充分，找对各部件。 (2)框架是否平整无扭曲。 (3)框架是否加强。 (4)焊缝质量。 评分（满分 15 分）
		企业专家	标准：(1)准备工作充分，找对各部件。 (2)框架是否平整无扭曲。 (3)框架是否加强。 (4)焊缝质量。 评分（满分 15 分）
	自我评价		标准：真实、客观、理由充分。 评分（满分 10 分）

表 2.11（续）

	学号	姓名	评分（满分20分）	学号	姓名	评分（满分20分）
组内互评						
	注意：最高分与最低分相差最少 3 分，同分人最多 3 人，某一学生分数不得超平均分±3 分					
组间互评	标准：真实、客观、理由充分。					
						评分（满分10分）
课后复习	在线作业和测试	标准：学堂在线与网络教学平台的在线作业和测试。				
						评分（满分10分）
	在线拓展	标准：根据完成情况适当加分。				
						评分（满分5分）
总分（除组内互评分）		任务完成人签字： 指导教师签字：		日期：　年　月　日 日期：　年　月　日		

【知识要点】

普通肋骨框架的结构简单而数量多，其装配焊接步骤如下。

（1）肋板、肋骨、横梁定位：将同号的肋板、肋骨、横梁与同号型线对准，并用马板、铁楔固定。

（2）安装横梁肘板和舱肘板：安装时应注意整个框架平整无扭曲现象。

（3）划线：普通肋框拼好，按肋骨型线上的中心线、纵向构件（甲板纵桁、舷侧纵桁、旁内龙骨）位置线、外板接缝线、水平线等记号，用铳印白漆标划在肋框上，供分段装配时定位和安装构件用，如图 2.11 所示。

（4）临时加强：为了保证分段型线的正确，防止肋骨框架变形，在肋骨框架拼装完成后，需焊上临时加强型材（图 2.15）。分段接头处的肋骨框架一般起着假舱壁的作用，更需特别加强。临时加强应避开前述所划的各种线。

（5）焊接：将框架上面的所有焊缝对称焊好，吊运翻身后，再将另一面的所有焊缝对称焊好。普通肋骨框架的所有焊缝均为连续焊缝。

至此，普通肋骨框架装焊完毕。在装配甲板舱口处的肋骨框架时，因横梁是反向的，装配时应特别注意，以免发生差错。为了防止吊运时产生变形，对舱口区域的间断横梁及被中内龙骨断开的肋板均须做临时加强（图 2.15）。

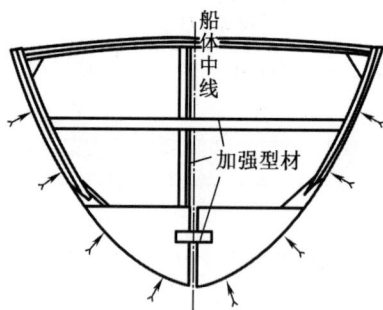

图 2.15　普通肋框的临时加强

任务 2.7　宽肋骨框架装配

【任务实施】

宽肋骨框架装配实训任务单和任务评价单见表 2.12、表 2.13。

表 2.12　宽肋骨框架装配实训任务单

任务名称	宽肋骨框架装配	所需时间	1 学时
实训场地	船舶工程系实训室	分组情况	4 人/组
任务描述	任务导入： 　二维码中展示的是宽肋骨框架装配方法。说出宽肋骨框架各部分构件的名称,并按照要求进行装配		宽肋骨框架装配
任务要求	技能要求： (1)能够正确找出各构件。 (2)能够正确划线。 (3)能够正确加强。 (4)能够正确定位及焊接。 职业素质要求： (1)具有严谨认真的工作态度。 (2)具有主动参与、积极进取、探究科学的学习态度和思想意识。 (3)具有分析问题、解决问题的能力。 (4)具有回收工具的良好习惯		

表 2.13　宽肋骨框架装配任务评价单

课前准备	课前讨论	标准:参与回答问题。 评分(满分 5 分)		
	微课学习	标准:观看微课时长和发帖次数。 评分(满分 5 分)		
课中实践	知识要点学习	标准:(1)课堂表现。 　　　(2)知识点掌握程度。 评分(满分 5 分)		
	教师作品评价	校内教师	标准:(1)准备工作充分,找对各部件。 　　　(2)框架是否平整无扭曲。 　　　(3)框架是否加强。 　　　(4)焊缝质量。 评分(满分 15 分)	
		企业专家	标准:(1)准备工作充分,找对各部件。 　　　(2)框架是否平整无扭曲。 　　　(3)框架是否加强。 　　　(4)焊缝质量。 评分(满分 15 分)	
	自我评价	标准:真实、客观、理由充分。 评分(满分 10 分)		

		学号	姓名	评分(满分 20 分)	学号	姓名	评分(满分 20 分)
	组内互评						
		注意:最高分与最低分相差最少 3 分,同分人最多 3 人,某一学生分数不得超平均 分±3 分					

	组间互评	标准:真实、客观、理由充分。 评分(满分 10 分)		
课后复习	在线作业和测试	标准:学堂在线与网络教学平台的在线作业和测试。 评分(满分 10 分)		
	在线拓展	标准:根据完成情况适当加分。 评分(满分 5 分)		

总分(除组内互评分)		任务完成人签字:	日期: 年 月 日
		指导教师签字:	日期: 年 月 日

【知识要点】

宽肋骨框架的装配与普通肋骨框架不同,宽板横梁、宽板肋骨、肋板都是对接的,所以都要经过余量划线和切割后,再进行装配。其装配焊接步骤如下。

一、肋板及梁肘板的定位

将肋板和梁肘板先放到肋骨型线上,用木楔垫平,使腹板呈水平状态,用铁角尺检查它们与型线是否吻合,并划线修割。待肋板、梁肘板与型线吻合后,用铁角尺将两端断线移划到肋骨型线上,如图 2.16 所示,再将肋板和梁肘板移开。

二、宽板横梁与宽板肋骨的定位划线

宽板横梁与宽板肋骨的定位划线方法与上述肋板定位相仿,随后在面板两端与平台进行定位焊,再将肋板、肘板的断线移划到宽板横梁与宽板肋骨上,切割余量并去渣,如图 2.17 所示。

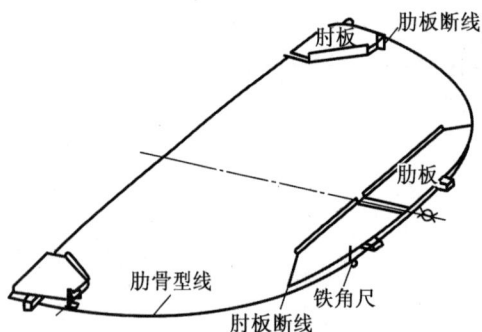

图 2.16　标出肋板、肘板的断线　　　　图 2.17　宽板横梁与肋骨的定位

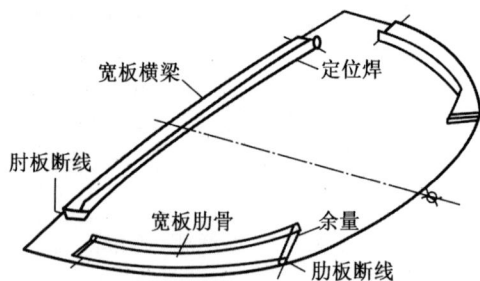

三、嵌装肋板与梁肘板

用角尺复验肋骨框架的外形是否与型线相吻合,如有局部凸出,需再进行修割。安装临时加强材及支柱后,再用铁角尺将纵向构架线、中心线、水平线、外板接缝线移划到框架上,如图 2.12 所示。

四、焊接

对称焊接框架正面的所有对接焊缝,然后吊运翻身开槽(刨槽或铲槽)后,再对称焊接框架另一面的所有对接焊缝(均为连续焊缝)。

各种肋骨框架的外形应与型线吻合,允许误差为 1 mm,考虑焊接收缩变形,装配时零件要放在肋骨型线的外缘,使其收缩后仍能符合型线要求。

肋骨框架拼装时应保持平整,不应有歪斜,肋骨框架装焊后,如在吊运翻身时产生了变形,则需进行矫正,并再次按肋骨型线进行复验,合格后才能吊离。

任务 2.8　基 座 装 配

【任务实施】

基座装配实训任务单和任务评价单见表 2.14、表 2.15。

表 2.14　基座装配实训任务单

任务名称	基座装配	所需时间	1 学时
实训场地	船舶工程系实训室	分组情况	2 人/组
任务描述	任务导入： 下图为一基座，先找出对应的构件，再按照要求对基座进行装配。 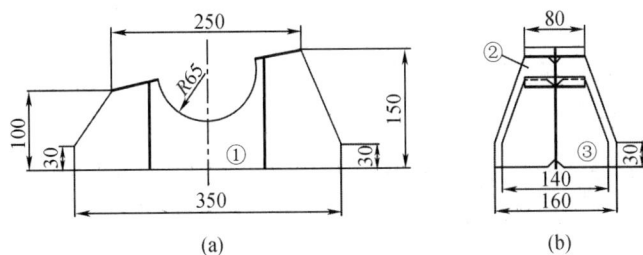 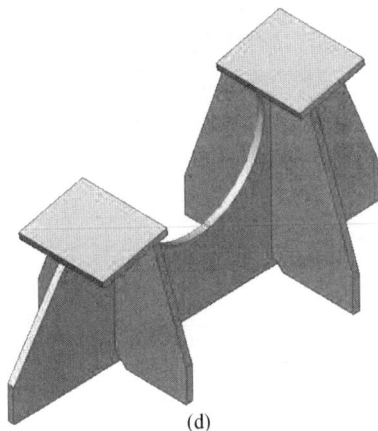 单位：mm		

表 2.14(续)

任务要求	技能要求： (1)能够正确找出各构件。 (2)能够正确画出各构件。 (3)能够正确切割构件。 (4)能够正确定位及焊接。 职业素质要求： (1)具有严谨认真的工作态度。 (2)具有主动参与、积极进取、探究科学的学习态度和思想意识。 (3)具有分析问题、解决问题的能力。 (4)具有严谨的工作态度

表 2.15 基座装配任务评价单

<table>
<tr><td rowspan="2">课前准备</td><td>课前讨论</td><td colspan="5">标准:参与回答问题。

评分(满分5分)</td></tr>
<tr><td>微课学习</td><td colspan="5">标准:观看微课时长和发帖次数。

评分(满分5分)</td></tr>
<tr><td rowspan="7">课中实践</td><td>知识要点学习</td><td colspan="5">标准:(1)课堂表现。
　　　(2)知识点掌握程度。

评分(满分5分)</td></tr>
<tr><td rowspan="2">教师作品评价</td><td colspan="5">校内教师　标准:(1)构件尺寸是否正确。
　　　　　　　　　(2)构件切割质量。
　　　　　　　　　(3)装配焊接质量。

评分(满分15分)</td></tr>
<tr><td colspan="5">企业专家　标准:(1)构件尺寸是否正确。
　　　　　　　　　(2)构件切割质量。
　　　　　　　　　(3)装配焊接质量。

评分(满分15分)</td></tr>
<tr><td>自我评价</td><td colspan="5">标准:真实、客观、理由充分。

评分(满分10分)</td></tr>
<tr><td rowspan="3">组内互评</td><td>学号</td><td>姓名</td><td>评分(满分20分)</td><td>学号</td><td>姓名</td><td>评分(满分20分)</td></tr>
<tr><td></td><td></td><td></td><td></td><td></td><td></td></tr>
<tr><td colspan="6">注意:最高分与最低分相差最少3分,同分人最多3人,某一学生分数不得超平均分±3分</td></tr>
</table>

表 2.15(续)

课后复习	组间互评	标准:真实、客观、理由充分。		
				评分(满分 10 分)
	在线作业和测试	标准:学堂在线与网络教学平台的在线作业和测试。		
				评分(满分 10 分)
	在线拓展	标准:根据完成情况适当加分。		
				评分(满分 5 分)
总分(除组内互评分)		任务完成人签字: 指 导教师签字:	日期: 年 月 日 日期: 年 月 日	

【知识要点】

主机基座是船体上的一个重要部件,是专为主机设置的底座,需按照不同类型的主机设计,所以其结构形式随机型而变,装配的质量要求较高。主机基座是由左、右两列纵向桁材和数行横向隔板及加强肘板等组成的,如图 2.18 所示。

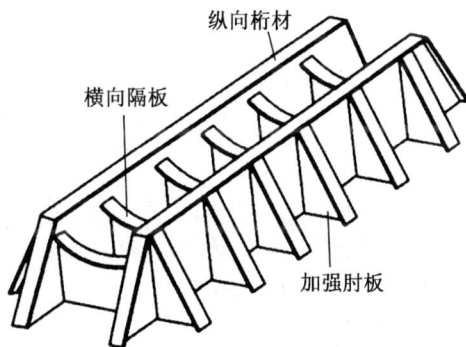

图 2.18　主机基座结构

一、小部件装焊

主机基座的纵向桁材、横向隔板和加强肘板都是 T 型小部件,它的装配方法与前面介绍的 T 型梁的装配方法相似。此外,主机基座装配有特殊要求。

纵向桁材在装成 T 型小部件时,要认真检查腹板上口的平直度。纵向桁材的腹板与面板的相对位置,如图 2.19 所示,腹板不在面板的分中线上,在拼装时要注意左、右两列纵向桁材的对称。由于每列纵向桁材本身不对称,在电焊之前要采取加强措施,以防焊接变形及确保腹板与面板垂直。横向隔板和加强肘板的腹板是安装在面板的分中线上的。

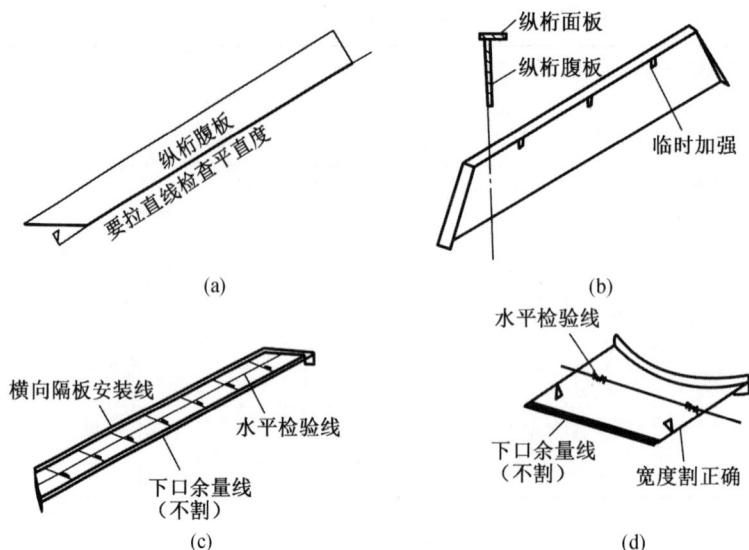

图 2.19　小部件划线

小部件焊接以后,要经过火工矫正,需仔细复验,以确保基座上表面的平整。

二、纵向桁材的划线和加强肘板的安装

对已焊妥及经矫正的纵桁,按样板或草图标划出横向隔板与加强肘板的安装线、水平检验线和余量线,如图 2.20 所示。对横向隔板也要进行划线工作,标出水平检验线、正确的宽度线和下口余量线。

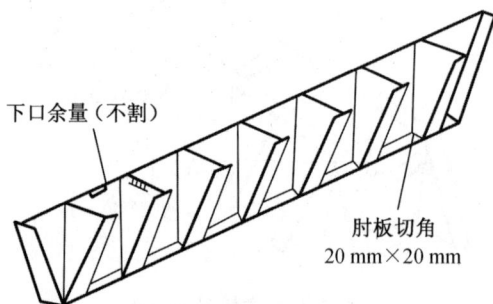

图 2.20　纵向桁材的划线和加强肘板的安装

安装在双层底内底板上的基座,下口在同一平面上的,加强肘板可预先安装到纵向桁材上,如图 2.20 所示,不会影响基座总装。对于基座下口有型线而不在同一平面内的,加强肘板暂时不装,可在分段装配或船体总装时再装。

基座纵向桁材和横向隔板的下口余量是考虑基座总装时的需要而加放的。横向隔板的宽度尺寸,要在基座合拢之前切割正确,以确保基座的宽度与主机底脚宽度相符,如图2.20 所示。

三、主机基座的装配

对主机基座的外形尺寸要求很高,特别是基座上表面的平整度。合拢时,对基面的平整度要仔细检查,一般的平台由于变形较大,平整度差,所以主机基座的装配通常是在胎架

上或经过刨光的铸铁平台上进行的。胎架比较简单,其高度为 500 mm 左右,以装配时便于操作为宜。下面以反造法装配主机基座为例阐明其工艺过程。

在平台上,按照图纸尺寸划出基座的各种理论线,再按需要设置胎板,然后将纵桁中的一个倒吊着放上胎架,使纵向桁材与平台上纵向桁材的理论线完全吻合,如图 2.21 所示。然后,将纵桁与胎架定位并固定,必要时可加设角钢支撑。以同样的方法将另一个纵向桁材倒吊上胎架进行定位,但不要与胎板固定,这是为了在宽度方向稍有伸缩,可用临时支撑定位,以防纵桁翻落。

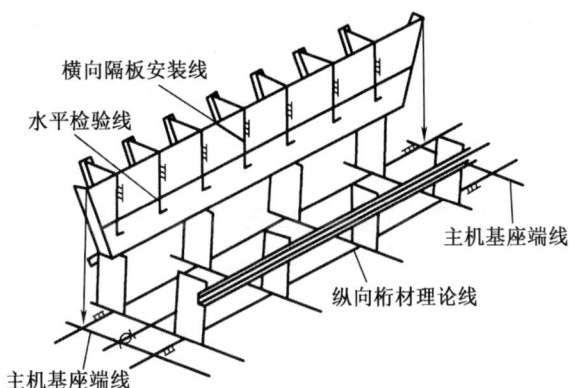

图 2.21　在胎架上装配

安装横向隔板是先将首、尾两块装上纵桁,使主机基座的宽度基本固定,如图 2.22 所示。安装时根据纵向桁材上的横向隔板安装线进行,并使横向隔板的水平检验线与纵向桁材的水平检验线吻合。装配可借助松紧螺丝调节两列纵向桁材的宽度,使首、尾横向隔板能方便地嵌入。横向隔板嵌入后,还需复验两列纵桁的间距,间距正确后方可进行定位焊。基座的四角定位后,再嵌入中间的横向隔板。

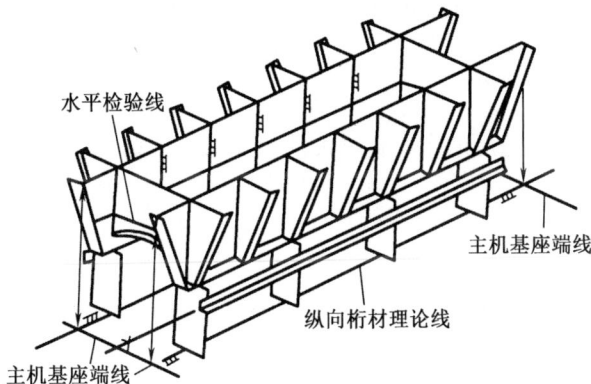

图 2.22　安装横向隔板

四、主机基座的焊接

主机基座全部装配完毕后,即可进行焊接工作。由于主机基座的制造精度要求较高,因此在焊接时必须严格遵守焊接程序。

主机基座纵向桁材与横向隔板、加强肘板的角接缝,以及立角焊缝应采用逐步退焊法、跳跃焊法或交替焊法焊接。当主机基座上船安装时,先定位于内底板上,准确划出下口余量线并切割正确,落位后进行主机基座纵、横构架与内底板连接的双面连续焊。有些不设横向隔板的主机基座,只有纵向桁材和加强肘板,这类基座的装配较简单,可直接在平台上装配而不必在胎架上装配。

主机基座在装配焊接结束后,拆去胎架上的定位焊,还需按照主机基座的水平检验线进行复测,然后根据变形情况,采用措施进行矫正,使之符合主机安装的要求。

辅机基座结构较简单,基座面积较小,一般不用胎架,而是直接在钢板平台上进行装配。但辅机的种类很多,各种基座的结构形式差异很大,而安装的位置也各不相同,所以,在装配前应对辅机基座的安装部位有所了解。辅机基座的装配步骤与主机基座基本相似。

❖ 项目拓展

纵骨 TOP 法焊接工艺规范

一、范围

本规范规定了平面分段流水线中纵骨 TOP 法焊接的焊前准备、人员资质、工艺要求、工艺过程和检验。

本规范适用于平面分段流水线中纵骨 TOP 法焊接。

二、规范性引用文件

下列文件对于本规范的应用是必不可少的。凡是注日期的引用文件,仅所注日期的版本适用于本规范。凡是不注日期的引用文件,其最新版本(包括所有的修改单)适用于本规范。

(1)CB/T 3761—96《船体结构焊缝缺陷修补技术要求》。

(2)CB/T 4000—2005《中国造船质量标准》。

(3)HG/T 2537—93《焊接用二氧化碳》。

三、材料

1. 母材

所有的板材应具有制造厂的出厂合格证及相关船级社认可的材质证书,经检验合格的材料方可使用。

2. 焊接材料

(1)焊丝

焊丝牌号为 MX-200H,直径为 $\phi1.6$ mm。焊丝应具有船级社形式认可证书和生产厂家提供的质量证书。

(2)保护气体

焊接用 CO_2 气体应符合 HG/T 2537—93《焊接用二氧化碳》标准中对优等品的要求。管道输送的 CO_2 气体,输出端应加装 CO_2 气体流量计。

四、人员

从事 TOP 法焊接的操作工应具有相关船级社认可的 CO_2 气体保护焊"焊工资格证

书",经理论和实际操作培训后,方可从事该项工作。

五、环境

(1)焊接应在有遮蔽的环境中进行,并避免雨雪的侵袭。

(2)现场应有照明设备。

六、设备

(1)焊接电源采用直流反接。现场应配有焊接电流表和电压表,并经计量部门定期检定合格。

(2)现场应配有碳弧气刨机和砂轮等,并确保运转正常。

(3)应有专人对 TOP 法专用焊接设备进行维护保养,操作人员发现异常应及时向维修人员汇报,确保设备运转正常。

七、工艺要求

1.装配

(1)纵骨采用纵骨装配机进行装配,装配间隙以不超过 0.5 mm 为宜,允许范围为 1 mm,接头形式如图 2.23 所示。纵骨与母板间夹角以 90°为宜,向一侧倾斜的最大角度不能超过 5°。

(2)焊接定位焊缝时,纵骨两端应预留 200~300 mm 不焊接定位焊缝。将纵骨装配机调至纵骨的一端,定位焊缝的焊接顺序应是从一端到另一端,且定位焊缝应尽量对称布置。定位焊中心间距为 300~500 mm,定位焊缝长度为 30~50 mm,焊脚尺寸为 3~5 mm,如图 2.24 所示。定位焊缝的预热要求与正式焊缝相同。

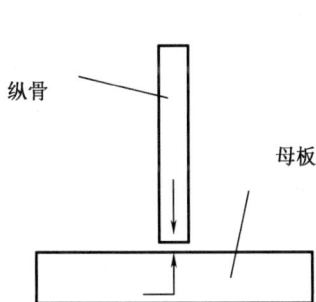

图 2.23 纵骨 TOP 法焊接接头形式 图 2.24 定位焊缝布置示意图(单位:mm)

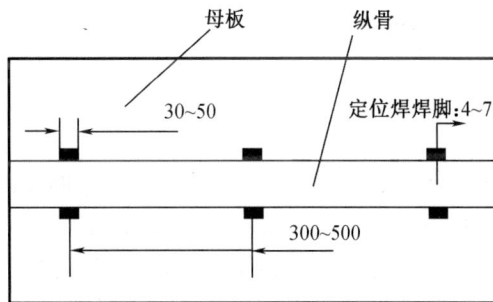

(3)若纵骨装配不具备使用纵骨装配机的条件时,可手工进行装配,其要求与使用纵骨装配机时相同。

2.预热

当环境温度大于 0 ℃时,不需要预热。当环境温度小于或等于 0 ℃时,预热温度应大于或等于 50 ℃。

八、工艺过程

1.焊前准备

焊前坡口边缘必须清洁、干燥,做到没有油漆、污渍、铁锈、氧化皮等存在,坡口清洁范围为距坡口每边少于 15 mm。

2. 焊接

（1）焊接纵骨时应进行分段焊接,其中一组电极从一端开始向中间位置焊接,而另一组电极从中间位置开始向另一端焊接。纵骨两端分别预留100~150 mm不焊接。中间接头位置焊缝若出现缺陷或成型不好的现象需进行修补处理。纵骨上流水孔的两侧应预留30~50 mm不焊接,如图2.25所示,等焊接结束后再用半自动CO_2气体保护焊的方法对预留的位置进行补焊及流水孔的包角焊。

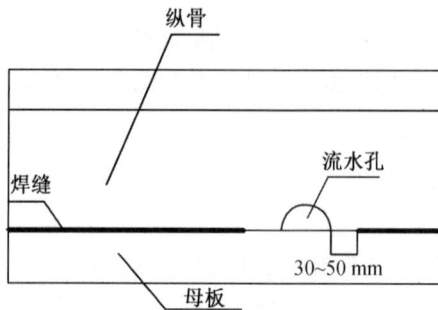

图2.25　流水孔预留焊缝示意图

（2）纵骨TOP法焊接参数见表2.16。

表2.16　纵骨TOP法焊接参数

焊脚尺寸/mm	焊接电极	焊接电流/A	焊接电压/V	焊接速度/(cm·min⁻¹)	气体流量/(L·min⁻¹)
6~11	先行极（L极）	400~460	34~38	80~120	25
	后行极（T极）	320~380	32~36	80~120	25

（3）先行极（L极）与后行极（T极）之间距离为25 mm,如图2.26所示。

（4）焊缝应一次连续焊完,不得中途无故中断。

（5）焊接过程中,焊工应保持对焊缝的观察,注意焊缝成型,及时调整焊接规范。

（6）焊接过程应及时清除导电嘴处的飞溅物,并及时更换导电嘴,确保良好的焊接效果。

（7）当单层焊接不能满足焊脚尺寸要求时,可进行多层焊接。若一层的填充量很小时,可以关闭一电极,采用单电极进行焊接。

九、检验和修补

（1）焊接结束后,焊工应对所焊的焊缝进行检查,对不符合验收要求的焊缝应做出明显标记以便进行修补。

（2）检查员应按CB/T 4000—2005《中国造船质量标准》对焊缝进行外观检查。

（3）对于不能满足检验要求的焊缝应按CB/T 3761—96《船体结构焊缝缺陷修补技术要求》进行修补。修补前应先把不合格的焊缝用碳弧气刨刨掉并用砂轮打磨,再采用半自动CO_2气体保护焊进行修补。

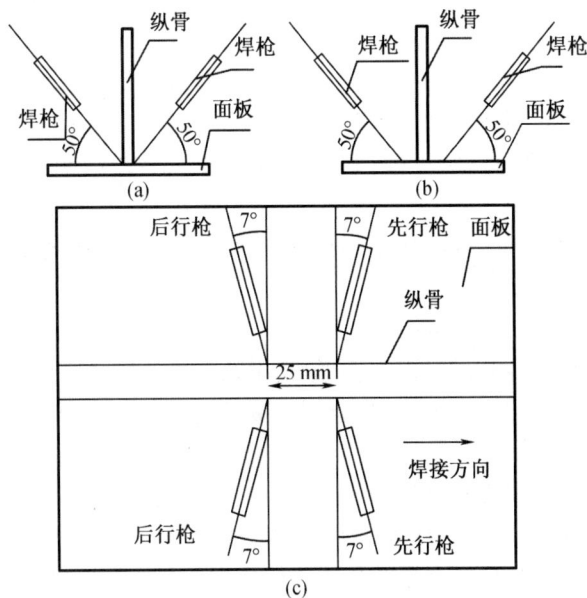

图 2.26 焊枪位置示意图

十、安全

(1)接地线钳应保持良好接头,无虚接。

(2)保证上下更换焊丝平台梯子安全可靠。

(3)施工人员要穿戴好防护用具,以免弧光对人体造成伤害。

❖ 项目测试

一、填空

1.船舶部件生产设计图,就是用于_____的图纸。

2.生产设计考虑的是_____,并根据船厂的_____来建造设计院所设计的船舶。

3.船舶部件装配是根据_____,学习其结构组成及_____,进一步编制其_____,并且能够进行模拟装配。

4.部件装配图中 SF 的含义是_____,▷◁的含义是_____。

5.在对接接头图纸标记方法里 SWSAW 的含义是_____。

6.在装配图中直接用汉字标志,图纸内容会太过复杂,不利于识读,而运用各种_____、_____表示对应的含义,就避免了这种麻烦。

7.船舶部件装配图的流向符号表示在部件装配完成之后,部件需要流向的下一道_____、_____等。

8.在识读船舶部件生产设计图的时候,主要去了解它上面涉及的_____和代码,以及对接接头图纸的_____、_____、_____、焊接符号等。

9.反面成型是采用了_____和反面衬垫而实现的,衬垫有_____、_____等。

10. T 型部件,由_____和_____组合而成。

11.肋骨框架是由_____、_____、_____和_____等组合而成的环行框架。

12.主机基座是由左、右两列_____和数行_____及_____等组成的。

二、判断题

1. 在船舶部件装配图的主视图里可以读到相应部件的最大程度的一个表现。　　（　　）
2. 在部件装配图的零件图中可以看到零件的具体编号,以及零件的尺寸等。　　（　　）
3. 船体以及上层建筑的各层甲板、平台、纵横舱壁、围壁、内底板和带有曲面的外板等大面积板,均可预先拼板。　　　　　　　　　　　　　　　　　　　　（　　）
4. 拼板在铺板过程中应尽量利用空余场地,尽可能将钢板排列整齐,以减轻拼板时拉撬钢板的工作。　　　　　　　　　　　　　　　　　　　　　　　　　（　　）
5. 钢板在拼接前,其边缘无须除锈。　　　　　　　　　　　　　　　　　　（　　）
6. 拼板时,在兼有边、端缝的情况下,一般先拼装端缝后拼装边缝。　　　　（　　）
7. 对于大面积钢板拼接,可分成几片分别拼接,随后再进行片与片之间的横向拼接。

　　　　　　　　　　　　　　　　　　　　　　　　　　　　　　　　　　（　　）
8. 马板的定位焊应尽量焊在马板的两侧。　　　　　　　　　　　　　　　　（　　）
9. 直 T 型梁多采用倒装法,弯 T 型梁则采用侧装法。　　　　　　　　　　（　　）
10. 散装法正造船体时,也是利用肋骨框架作为内胎架来保证船体型线的。　（　　）

三、名词解释

1. 直 T 型梁
2. 弯 T 型梁

四、简答题

1. 引弧板和熄弧板的作用是什么?
2. 简述直 T 型梁自动装配焊接机的工作过程。
3. 简述普通肋骨框架的装焊过程。
4. 简述宽肋骨框架的装焊过程。

五、作图题

根据图 2.27,画出各构件,并标注尺寸。

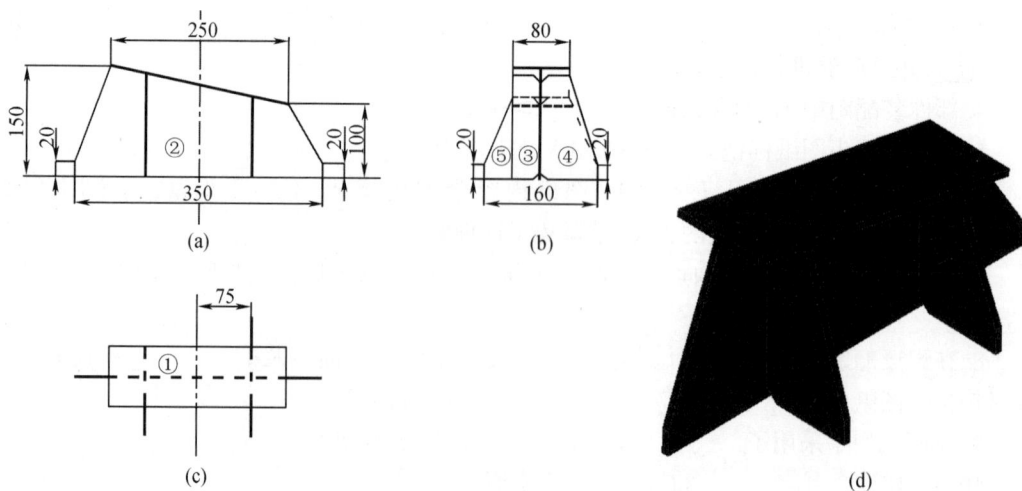

图 2.27　某基座(单位:mm)

项目三　船舶分段装配相关知识

❖ 项目目标

项目三介绍识读分段生产设计图(结构、符号、编码)以及分段类型、构件装配方法、吊环、吊运翻身、装配质量检验等内容,是全书的重点基础内容之一,是船舶分段装配必须掌握的基础知识。通过本项目的学习,学生会对船舶分段装配有更加明确的认知,有助于学习船舶分段装配其他方面的知识内容。

一、知识目标

1. 理解分段生产设计图识读的规则。
2. 理解分段的类型。
3. 理解构件装配方法。
4. 理解吊环布置的原则。
5. 掌握吊运翻身的方法。
6. 掌握装配质量检验的方法。

二、能力目标

1. 能够识读分段生产设计图。
2. 能够认知分段类型。
3. 能够认知构件装配方法。
4. 能够认知吊环布置的原则。
5. 能够认知吊运翻身方法。
6. 能够具备装配质量检验的能力。

三、素养目标

1. 培养学生在分段装配过程中的合作交流意识。
2. 培养学生在分段装配过程中严谨的态度。
3. 培养学生独立自主学习新知识、新技术和新思维的能力。
4. 培养学生在使用装配设备和仪器过程中的规范操作意识。

❖ **德育学堂**

马瑞云:国产航母"领航人"

马瑞云(图 3.1),男,1965 年 10 月出生,中共党员,研究员级高级工程师,船坞总装三部/军品总装二部部长、党委书记。其主持完成辽宁舰四次航海试验保障及港内停泊保修任务,山东舰总建造师;主持建造30 万吨超大型油船 VLCC 项目,获国家科学技术进步二等奖;荣获辽宁省第四批"百千万人才工程"人选、大连市创名牌先进工作者、大连市劳动模范、辽宁省劳动模范、全国五一劳动奖章、第二届央企楷模称号。

马瑞云于 1988 年从大连理工大学船舶工程系毕业,进入大连船舶重工集团有限公司(以下简称"大船

图 3.1　山东舰总建造师马瑞云

集团")后一直在生产一线摸爬滚打,从一名施工员到监造师、监造科长、生产处副处长、车间主任,再到总装部部长,他先后参与了散货船、集装箱船、油船、海洋工程等各种类型船舶的建造,积累了丰富的船舶与海洋工程生产建造经验,可以说是民船建造领域的专家。

能担当,重点工程"领航人"

国家级重点工程是一个巨系统工程,按照"理清界面,明确分工,建立体系,一致动作"开展工作的原则,大船集团于 2011 年对军品生产体系进行了重大调整。新组建的军品二部面临着人员短缺、人员构成复杂、缺乏配合默契、生产效率低下等诸多困难和风险。谁能担负起这个重任呢? 马瑞云被集团领导"相中"。面临着一边是闭着眼睛都能干好的原岗位工作,一边是白手起家无法预测的困难和挑战,在集团领导信赖和期待的目光中,马瑞云义无反顾地挑起了这副重担,投身到组建新的部门工作中。

主管大船集团承担的国家级重点工程生产建造任务,马瑞云深知自己肩上担子和责任之重大。担当重任需要勇气,而完成重任更需要智慧。面对压力与挑战,怀揣着一份责任和使命,马瑞云从讲政治、讲大局、讲团结入手开展工作,他和部门员工同舟共济,把几十年来积累的丰富经验释放到部门组建和各项具体工作中,使部门在较短时间内形成了凝聚力和生产能力。他带领的军品二部圆满完成了辽宁舰四次航海试验保障及港内停泊保修任务,优质高效地按期完成了辽宁舰返厂保修任务,提前精心组织开展二期平台建造各种策划和生产准备工作,保证了工程按期顺利开工和进度,受到了海军首长的高度评价。

2016年,随着国家重点工程建设的不断推进,马瑞云再次接受了组织上对他的新的考验。同年2月,中国船舶重工集团公司任命他为国家级重点工程总建造师。此时的他早已全身心扑在了工程建造上,工作中他不断强化、提高自身政治素质,牢固树立大局观,全面贯彻党和国家的路线、方针、政策,把讲政治与干工程有机结合,确定了"落实军品第一,打造精品工程"的军工指导思想,按照"精心设计,精细管理,精工建造,精诚服务,精益求精"的质量方针,狠抓质量管理,加强工程策划,有效调动部门资源,积极开展工作,为国家重点项目建造顺利推进创造了有利条件。

重实干,重点工程"严要求"

国家重点工程建造复杂在我国造船史上前所未有,建造总量超过15艘海上巨无霸30万吨工程量总和。从工程每一个设计思想的体现、每一项管理要求的落实,到每一个零件的安装到位、每一个系统的系泊试验,再到整个巨系统的联调共用、人机协作、航行试验,实现平台每一项功能,其建造过程无比的艰辛。马瑞云没有经验可循,如何确保产品建造"精心、精细、精益",他精心组织开展了大量科学有效的建造策划和生产计划准备工作,围绕建造不同生产阶段每个大节点,组织进行科学详尽的策划和风险分析,制定相应的解决办法和应对措施,使工作开展起来有的放矢、稳中求进。

在生产组织过程中,他建立和运用了拉动式计划管理体系,严肃进行计划考核,加强生产计划的执行与监管力度,跟踪问效,跟踪问责,保证每项工期完成率;在安全生产、质量管理、保卫保密等各项工作中坚持精细化标准,着眼细节,追求实效;注重各项管理指令的执行,严格纪律,强化执行,做到令行禁止。其先后组织完成了模拟段建造科研任务,建立和完善了军品生产安全、质量体系,在工程所需的人力资源、管理文件、环境场地、设备设施和工装材料等方面,进行了详细的准备并通过各阶段验收。按照"精品工程"要求,对美观造船、设备保护、提高焊接质量、重点工序等进行专题策划,做好各级人员全面培训,为工程建造打下坚实基础,全面提升了产品建造组织能力和工程管理水平。

敢超越,重点工程"创纪录"

国家重点工程建造由总体、舾装、电气等多个专业构成,日常施工需要三四千人,高峰期5 000多人同时作业。其由多个复杂的一级、二级、三级系统及众多的子系统组成,建造流程复杂、施工工序烦琐,需要系统之间的协作配合,需要工序之间的科学衔接,需要工种之间的协同作战。

而实现上述目标的关键是要建立一个科学、有效、精细的生产指挥组织体系,为此,马瑞云借鉴民品项目建造机制,大胆尝试,提炼出先进的项目管理模式,成立工程六大建造系统组,使系统组的管理与职责横向到边,纵向到底,各系统组的工程管理人员既精于自己所负责的工序和系统,又着眼大局,相互支持,协同配合,适应系统工程施工管理需要。

由于重点工程的特殊性,许多攻关项目均为国内造船行业首次尝试,不仅要按进度完成,还要保证安全可靠,打造精品工程。因此每当施工中出现技术难点,他总是与工程技术人员一起研究解决。例如,某项高精度、高难度的施工项目需要在夜间进行,他亲自精细生产策划,安排工程管理人员和施工人员白天准备,夜间根据气候温差变化严格组织施工,仅在半年多的时间内就组织了100天的连续施工,为工程建造取得了突破性进展,夯实了基础。工程施工量、总体进度和安全质量控制得到上级领导的高度评价,也为大船集团赢得了良好的声誉。

谋大局,重点工程"抓育人"

作为国家级重点工程总建造师,马瑞云深知项目的建造质量是国防建设的根本,而通过项目建造挖掘和培养一批高精尖人才则是为国家储备后续发展力量的源泉。为此,他在项目建造管理过程中,始终从讲政治的高度抓好后续人才的培养,始终以"建造一艘现代化的重点工程,健全一套适应重点工程建造管理的体系,打造一支重点工程建造专业队伍,树立一个可传承的重点工程精神"为目标和指引,坚持不懈地抓好重工工程人才储备工作。

他注重军工文化建设和各类人才的培养,通过各种平台与形式,大力弘扬"爱国、创新、科学、拼搏、协作"的工程精神,组织开展"军工之星"评选活动,积极营造"军工光荣"的良好氛围,牢固树立"军品第一"、打造"精品工程"的理念;积极选拔一批"80后"的年轻骨干充实到重要岗位锻炼,培养了一批有责任、能担当、有能力、会管理的青年建造人才,建设了一支素质过硬、纪律严明、作风优良的军品建造管理团队,以及作风硬朗的军工生产施工队伍。作为大船集团军工队伍的一员,马瑞云每天第一个来到单位,第一件事就是到船上和各施工区域走一遍,与员工打成一片。多年来,他几乎没有休过一个完整的节假日。为了工作,他一次次地奉献了自己的带薪休假,一次次放弃了与家人团聚的机会。

随着国家重点工程的持续推进,一个个重要节点不断实现,短暂的成功和喜悦并没有让马瑞云停下拼搏的步伐。面对工程建造难度不断增加,马瑞云一步一个脚印扎实推进工程研制,不忘初心,扑下身子,埋头实干,为早日实现祖国和人民的期盼,继续攻坚克难、拼搏奉献。

❖ 项目导入

船体焊接方法选用原则

一、范围

本原则规定了钢制船体结构建造的焊接方法选用标准。

本原则适用的焊接方法包括单丝埋弧自动焊、三丝埋弧自动焊、垂直气电焊、CO_2焊、手工电弧焊、重力焊、CO_2自动角焊等。

二、定义

下列符号的定义适用于本原则。

SAW——埋弧自动焊；

FCB——三丝埋弧自动焊；

EGW(SG-2 法)——垂直气电焊；

FCAW——药芯焊丝 CO_2 气体保护半自动焊；

GMAW——实芯焊丝 CO_2+Ar 混合气体保护半自动焊；

SMAW——手工电弧焊。

三、总则

(1)用于产品的焊接材料(焊条、焊丝、焊剂等)必须具有相应船级社的认可证书或完整的、符合相应标准的合格证件。

(2)用于产品的焊接方法及对应的焊接材料必须通过相应船级社的焊接工艺评定试验,或者具有被该船级社认可的其他船级社的焊接工艺评定试验报告。

四、不同焊接方法的特点及适用范围

不同焊接方法的特点、适用范围及说明见表3.1。

表 3.1 不同焊接方法的特点、适用范围及说明

序号	焊接方法	特点	适用范围及说明
1	SAW	适用的板厚一般为大于 3 mm,但只能用于平焊位置的平直对接焊缝,大多采用双面焊,板面的纵倾角不大于7°,横倾角不大于12°,并且焊缝应该有足够的长度。效率较高	适用于平面接板,是平、直长对接焊缝的首选焊接方法
2	FCB	该方法的特点在于焊接效率高(可达普通埋弧焊的4.8倍),钢板不需翻身,不需背面气刨及焊接等,单面焊双面成型。但由于焊接热输入大,E、E32、E36等低温冲击韧性要求高的钢板焊接时,冲击韧性难以保证。另外,设备复杂,不可搬动,只能适用于内场及平、直焊缝的施工。可使用的板厚范围一般为13~33 mm	适用于平面接板。效率很高,应尽可能利用其效用
3	SG-2 法	适用于钢板(焊缝)倾斜角度为45°~90°的立对接立缝,只能进行立向上焊、单面焊双面成型适用的板厚一般为13~32 mm。选用此方法时,也应考虑焊缝的长度。效率很高	通常用于船体舷侧外板和内壳板,以及货舱内纵、横舱壁板的总组和合拢较长的立缝的焊接

表 3.1(续)

序号	焊接方法		特点		适用范围及说明
4	FCAW 和 GMAW	角接缝及对接双面焊	适用于船体结构中任何厚度及焊接位置的焊接。效率高于 SMAW	是船体建造中取代 SMAW 的最具优势的焊接方法	用于分段制作、总组、合拢等各个建造阶段的板材和型材对接缝及角焊缝的焊接
		单面焊	只适用与平、横、立三个焊接位置。效率一般是 SMAW 的 2~4 倍		
5	SMAW		适用于船体结构中任何厚度及焊接位置的对接缝和角接缝的焊接。效率较低		建议只用于不宜采用 CO_2 焊的部位
6	重力焊（铁粉焊条）		只适用于平角焊和船形焊，而且只能用于填角焊的焊接。效率较高，且操作简便		特别适用于型材制作和小组立阶段的型材与板材之间的填角焊缝的焊接
7	CO_2 自动或简易自动角焊		只能用于平角焊，焊接效率高，但设备比重力焊复杂。桁架式的自动角焊设备一般只应用于长焊缝的焊接		用于流水线上分段的型材与板材的角焊缝的焊接
8	FCAW（单面焊）+ SAW		只能用于平焊位置的平直对接焊缝，且施焊面应为非结构面。效率略高于 FCAW（单面焊）		用于分段制作、总组、合拢等各个建造阶段的板材对接缝的焊接

五、焊接方法选用的依据和要领

1. 选择焊接方法的依据

在确定焊接方法之前，首先应仔细阅读该船船体结构部分的详细设计图纸，以便掌握材质、厚度及结构形式等信息，再根据分段划分图、建造顺序(FSD)、建造方针等文件最终确定选用何种焊接方法及焊接位置。

2. 各个建造阶段焊接方法选用要领

(1)平面接板

大型平直分段一般在分段流水线上建造，这些分段的接板多采用 FCB 法焊接。但受设备等多种因素的限制，FCB 法不宜进行交叉焊缝的焊接。考虑到充分发挥设备的效用，有中间接缝的板，宜先接好后再开坡口进入流水线焊接。

除了在流水线上建造的分段以外，其他分段平面接板尽量都采用单丝埋弧自动焊接板。

(2)分段制作

①小组立、中组立

分段在小、中组立阶段的平角缝可选重力焊或 CO_2 焊，尽量不用手工电弧焊。

在流水线上建造的分段，在中组立阶段的型材与板材的平角缝采用 CO_2 自动或简易自动角焊,也可采用半自动 CO_2 焊,其他构件的角焊缝采用 CO_2 焊。也可采用 SMAW,但从效率上考虑不推荐。

②大、总组立

分段在大、总组立阶段,板材和型材的对接缝宜采用 CO_2 单面焊,如果板材的上表面是平直的非结构面,并且施焊位置为平焊,此时板材的对接缝可考虑采用 CO_2 焊(单面焊)打底、埋弧自动焊填充和盖面的组合焊接方法。

其他焊缝可采用 CO_2 焊,也可采用 SMAW,但从效率上考虑不推荐。

(3)船台(船坞)合拢

在合拢阶段,货舱区域内外板、内壳板、纵横舱壁板的垂直对接立缝,只要存在平整的非结构面,而且板面(焊缝)的倾斜角度为 $45°\sim90°$,均可采用 SG-2 法焊接。

其他部位焊接方法的选用原则同分段制作中的大、总组立。

(4)上层建筑

平面拼板采用细丝埋弧自动焊,立角焊应采用 CO_2 下行焊,其他焊缝可采用 CO_2 焊。不宜采用手工电弧焊和重力焊。

(5)一般情况下,在无法采用上述方法的结构中,才考虑采用 SMAW。

六、注意事项

1. 坡口方向

对接缝的坡口方向应遵循以下原则。

便于施焊;首选平焊位置;坡口尽量开在非结构面;坡口应开在空间较大的一侧;同一区域内的板材或型材的坡口方向应保持一致。

型材对接缝的坡口方向如图3.2所示。

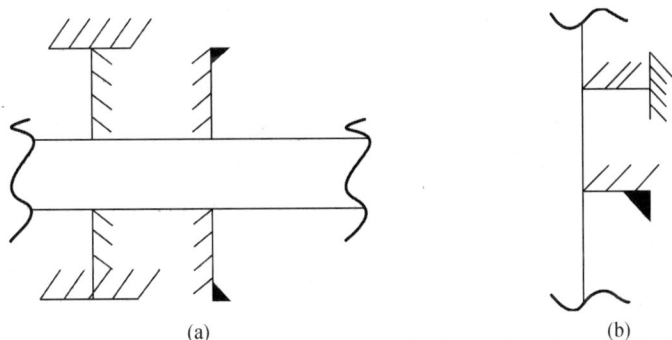

(a)　　　　　　　　　　　　　　　(b)

图 3.2　型材对接缝的坡口方向

2. 坡口变换

同一条焊缝(或环形缝)因为焊接位置的变化,可采用不同的焊接方法,以便提高效率;有时因为焊接位置的变化,焊缝的坡口面朝向必须改变,以利于焊接操作。这时必须考虑不同焊接方法间或焊接位置间的坡口变换问题。变换点应选择恰当,且定位容易,一般选在板缝的交叉处或板缝与指定型材的交叉处。

3. CO₂ 焊

CO₂焊是一种高效率的焊接方法,可用于船体结构中大部分焊缝的焊接。但由于在焊接过程中会产生大量有害气体,特别是CO_2气体,因此,在舱室内采用时应考虑通风问题,并且在狭小空间内不宜选用。

❖ **相关知识**

CB/T 3717—2013 船体分段工作图设绘要领

一、范围

本标准规定了钢质船舶船体分段工作图设绘的基本依据,船体分段工作图绘制要求、内容和要领及校审项目等。

本标准适用于钢质船舶生产设计中船体分段工作图的设绘。

二、规范性引用文件

下列文件对于本标准的应用是必不可少的,凡是注日期的引用文件,仅所注日期的版本适用于本标准。凡是不注日期的引用文件,其最新版本(包括所有的修改单)适用于本标准。

(1)GB/T 4476.1~4476.4—2008《金属船体制图》。

(2)CB/T 253—1999《金属船体构件理论线》。

三、基本依据

(1)绘制船体分段工作图需具备的图样文件。

①建造方针。

②船体施工要领。

③船体分段划分图。

④船台(船坞)搭载程序图。

⑤船体分段结构图(或船体结构详细设计送退审图)。

⑥理论线图。

⑦船体基线图。

⑧船体结构数据表(或计算机辅助设计结构数据库)。

⑨肋骨型线图(或计算机辅助设计肋骨数据库)。

⑩外板展开图(或计算机辅助设计板缝排列数据库)。

⑪精度布置图。

⑫船体焊接原则工艺文件。

⑬船体焊接坡口、板厚差处理的规定。

⑭船体焊接规格表。

⑮船体生产设计编码标准。

⑯设计指导书。

(2)相关专业对船体分段工作图的设绘要求。

(3)相关生产管理部门对船体分段工作图的设绘要求。

四、船体分段工作图绘制要求

(1)船体分段工作图按 GB/T 4476.1～4476.4—2008《金属船体制图》绘制。

(2)在用计算机辅助设计时,依据船体结构送退审图和结构线型数据库进行建模,生成船体分段结构图。

(3)当船体分段结构左右舷对称时,可只设绘左舷结构,并注明左右对称。在有少量结构不对称时,可仅设绘不同结构部分。

(4)图面排列顺序如下。

①外板展开图。

②平面图(先上后下顺序)。

③纵剖面图(先中心后外侧顺序)。

④横剖面图(先艉后艏顺序)。

(5)视图方向:平面图由上向下看,纵剖面图由右向左看,横剖面图由艉向艏看。剖面箭头方向要与视图方向一致。

(6)船体分段工作图图样中的零部件和分段定位的尺寸基线应设在测量处,如船体中心线、船底基线、内底板、平台、甲板、舱壁、外板等处。

(7)船体分段工作图图样中的船体定位样板应加注说明,与结构相区别。

(8)船体分段工作图图样中的工艺符号应按设计指导书、船体焊接、工艺文件等有关规定标注。

(9)船体分段工艺符号应标注在需要切割、加工、焊接和加放余量、补偿量的构件上。

(10)船体分段工作图图样中的代码标注形式应与船体结构尺寸、字符等有所区别。

(11)船体分段工作图应采用图册方式绘制出图。

五、设绘内容及要领

1. 设绘内容

设绘内容如下。

(1)船体结构视图。

(2)设备底座及结构加强。

(3)拼板图。

(4)构件理论线。

(5)分段装配和焊接施工要领。

(6)余量和补偿量的布置。

(7)工艺孔。

(8)预开孔。

(9)预装件托盘表。

(10)零部件编码和零部件明细表。

(11)图样中符号、代码的说明。

(12)分段质量重心及外形尺寸。

(13)吊环及加强。

(14)材料定额。

(15)检验要求。

2. 船体结构视图

船体结构视图应按 GB/T 4476.1～4476.4—2008《金属船体制图》绘制。

3. 设备底座及结构加强

(1)设备底座图图样中,每个零件均应标明板厚、外形尺寸、材质和装焊顺序。其他按船体结构视图要求绘制。

(2)结构加强按船体结构视图要求绘制。

4. 拼板图

(1)拼板图图样应标明板厚、长度、宽度、对角线尺寸、材质和对合线。

(2)拼板图视图方向,为构件安装一侧(下料面)。

5. 构件理论线

按 CB/T 253—1999《金属船体构件理论线》绘制,并且与理论线图一致。

6. 分段装配、焊接施工要领

(1)施工要领可用文字、符号、图表等形式表达,主要内容如下。

①分段建造方式(如正造、反造、侧造等)。

②分段建造的工艺程序,可用文字或三维图表示。

③分段装配工艺要求和精度要求等。

④焊接种类、方法、程序、规格、坡口形式,板厚差处理形式及预热和保温、预密性检验等。

⑤分段制造胎架图表、工装设备等。

⑥分段测量、检验数据等。

(2)根据船体分段的结构形式、特点、精度要求,并结合工艺流程、设备能力编制。

7. 余量、补偿量的布置

(1)根据结构放样、下料、构件加工、装配、焊接变形和火工矫正等因素,确定余量、补偿量的加放和修正时机。

(2)余量、补偿量和修正时机应采用相应的工艺符号,并标注在零部件带余量或补偿量一端边缘上。

8. 工艺孔

(1)工艺孔包括手孔、人孔、通风孔、通道孔等临时开孔。

(2)设绘船体分段工作图时应注明工艺孔的位置、尺寸、开孔和封合的时机,以及质量要求。

9. 预开孔

(1)预开孔包括管子、通风、电缆等穿过结构的开孔,以及门、窗等开孔。

(2)预开孔应与相关专业协调后,设绘在船体分段工作图上。

10. 预装件

(1)预装件包括放水塞、梯子、人孔盖、电缆托架、海底阀箱、设备底座、大型管件等。

(2)预装件与相关专业协调后,宜设绘在船体分段工作图上,亦可用预装件清册或托盘表示。

11. 零部件编码和零部件明细表

(1)按照分段建造装配、焊接工艺要领和工艺流程及编码标准等进行编码。

(2)代码可用英文字母和阿拉伯数字表示。

①分段中任何一个零件、部件、组件都应有相应的代码,代码顺序号应按统一的规律编排。

②船台(船坞)散装件应有相应的船台(船坞)散装件代码。

③全船通用件应有相应的通用件代码。

④标准件应有相应的标准件代码。

(3)标注代码应清晰、正确,避免与结构尺寸、剖面的字母、符号相混淆。

(4)零部件明细表应包括代码、数量、材料规格、尺寸、工艺流程等内容。

12. 分段质量重心及外形尺寸

(1)分段质量应提供结构净重和吊装质量。

(2)分段重心位置应标注三维坐标。

(3)分段外形尺寸应提供长度、宽度、高度的最大尺寸。

(4)结构质量、重心和外形尺寸应标注在分段工作图的规定栏目内。

13. 吊环及加强

(1)根据分段结构质量、重心,分段运输、平吊、翻身、总组、搭载及起重设备配置等工况进行分段吊环的布置。

(2)将吊环绘制在分段工作图的相应图面上,在分段工作图上无法表达清楚的,应另外绘制分段吊环布置图。

(3)分段吊环布置图应注明下列内容。

①选用吊环的规格、数量、焊接坡口、焊接规格、焊接材料和无损检测要求等。

②吊环部位结构加强焊的范围及焊接规格。

③吊运临时加强要求以及拆除要求。

(4)在图面上吊环可用规定的符号表示。

14. 材料定额

(1)材料定额可标注在分段工作图上,亦可用其他方式提供。

(2)材料定额的项目包括钢材、辅助材料、焊接材料等材料定额。

(3)钢材应在套料结束后,再以分段为单位编制成分段钢材定额表。

(4)分段钢材定额表应将本分段中所有的板材、型材按板厚、牌号、规格的耗量和余料分别统计汇总,并按工艺流程注明材料的流向。

(5)辅助材料包括胎架、吊环、眼板、马板、加强材等材料,定额一般可以分段质量的百分比计算统计。

(6)焊接材料定额一般以焊缝长度乘以板材的厚度、焊缝种类、焊缝形式、边缘处理形式等影响系数得出,有标准规定的按标准编定。

六、校审项目

(1)船体结构应与最终退审图一致。

(2)分段装配焊接施工要领应与建造方针、船体施工要领一致。

(3)分段制造工艺应符合有关标准的要求。

(4)代码、符号应与有关标准一致。

(5)工艺孔、预开孔等应满足强度和规范要求,

(6)分段吊环应满足强度要求并符合吊运工况。

(7)图面的绘制应清晰、正确、完整。

任务 3.1 识读分段生产设计图(结构)

【任务实施】

识读分段生产设计图(结构)实训任务单和任务评价单见表3.2、表3.3。

表 3.2 识读分段生产设计图(结构)实训任务单

任务名称	识读分段生产设计图(结构)	所需时间	1学时
实训场地	船舶工程系理实一体化教室	分组情况	1人/组
任务描述	分段生产设计图如下。 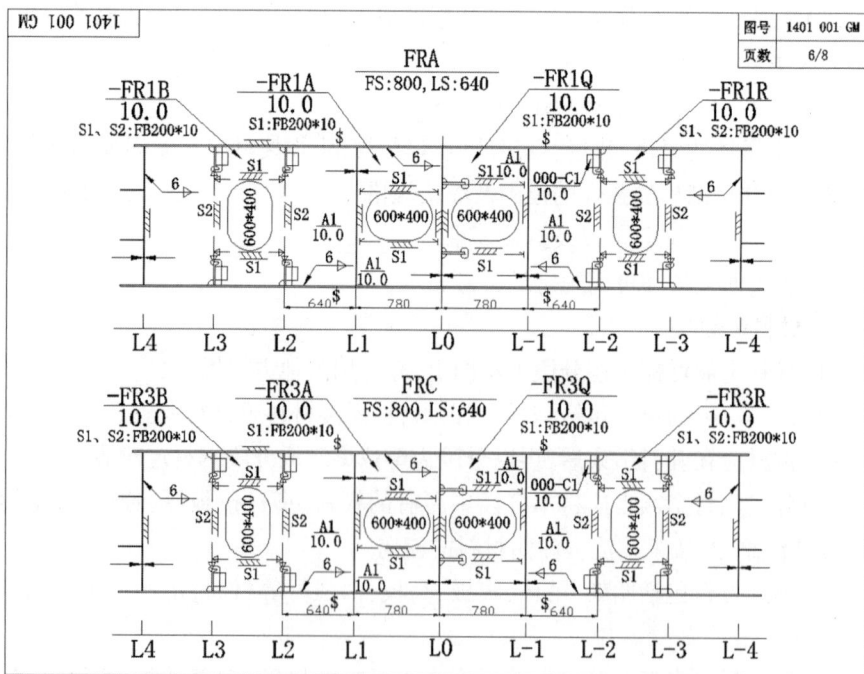		

表 3.2(续)

任务要求	任务导入： 　　通过对该生产设计图的识读,了解船体生产设计图(结构)的识读方法,以及必要的相关专业知识和应该注意的事项,为以后船体生产设计图纸(符号、编码)的识读以及毕业后从事船舶建造工作奠定基础
	技能要求： (1)能够正确地应用图线。 (2)能够正确地应用图形符号。 (3)能够正确地应用焊缝符号。 职业素质要求： (1)具有严谨认真的工作态度。 (2)具有主动参与、积极进取、探究科学的学习态度和思想意识。 (3)具有分析问题、解决问题的能力

表 3.3　识读分段生产设计图(结构)任务评价单

课前准备	课前讨论		标准:参与回答问题。 评分(满分 5 分)
	微课学习		标准:观看微课时长和发帖次数。 评分(满分 5 分)
课中实践	知识要点学习		标准:(1)课堂表现。 　　　(2)知识点掌握程度。 评分(满分 5 分)
	教师作品评价	校内教师	标准:(1)准备工作充分,分析生产设计图的正确率。 　　　(2)根据学生答辩情况真实、客观地进行打分,并给出充分理由。 评分(满分 15 分)
		企业专家	标准:(1)准备工作充分,分析生产设计图的正确率。 　　　(2)根据学生答辩情况真实、客观地进行打分,并给出充分理由。 评分(满分 15 分)
	自我评价		标准:真实、客观、理由充分。 评分(满分 10 分)

表 3.3(续)

	学号	姓名	评分(满分20分)	学号	姓名	评分(满分20分)
组内互评						
	注意:最高分与最低分相差最少 3 分,同分人最多 3 人,某一学生分数不得超平均分 ±3 分					
组间互评	标准:真实、客观、理由充分。 评分(满分10分)					
课后复习 / 在线作业 和测试	标准:学堂在线与网络教学平台的在线作业和测试。 评分(满分10分)					
在线拓展	标准:根据完成情况适当加分。 评分(满分5分)					
总分(除组 内互评分)	任务完成人签字: 日期: 年 月 日 指导教师签字: 日期: 年 月 日					

【知识要点】

在进行分段装配之前,我们必须了解分段的情况,可以通过识读相应的图纸了解分段的情况。识读分段生产设计图(结构),需要知道图线、图形符号、焊缝符号等的形式和应用。

一、图线应用

1.图线的形式及应用范围

GB/T 4476.1—2008《金属船体制图 第1部分:一般规定》中规定了船体图样应采用的图线形式及其应用范围,见表3.4。

表 3.4 图线的形式及应用范围

序号	名称	形式(宽度)	应用范围	示例
1	粗实线	b (b=0.35~1.40 mm)	a.板材、骨材剖面简化线; b.设备、部件可见轮廓线(总布置图除外); c.名称线	

表 3.4(续 1)

序号	名称	形式(宽度)	应用范围	示例
2	细实线	(<b/3)	a. 可见轮廓线； b. 尺寸线与尺寸界线； c. 型线； d. 基线； e. 引出线与指引线； f. 接缝线； g. 剖面线； h. 规格线	 单位:mm
3	粗虚线	(b)	不可见板材简化线(不包括规定采用轨道线表示的情况)	
3	轨道线	(b)	主船体结构图内不可见水密板材简化线(肋骨型线图、分段划分图等除外)	
4	细虚线	(<b/3)	a. 不可见轮廓线； b. 不可见次要构件(肋骨、横梁、纵骨、扶强材等)的简化线	
5	粗点划线	(b)	a. 可见主要构件(强肋骨、舷侧纵桁、舱壁桁材等)的简化线； b. 钢索、绳索、链索的简化线	
6	细点划线	(<b/3)	a. 中心线； b. 可见次要构件(肋骨、横梁、纵骨、扶强材等)的简化线； c. 开口对角线； d. 转圆线； e. 液舱范围线； f. 折角线	

表 3.4(续 2)

序号	名称	形式(宽度)	应用范围	示例
7	粗双点划线	——————·· ——————— (b)	不可见主要构件(强肋骨、舷侧纵桁、强横梁、甲板纵桁、舱壁桁材等)的简化线	
8	细双点划线	—————— —— —— (<b/3)	a. 非本图构件可见轮廓线; b. 假想构件可见轮廓线; c. 肋板边线; d. 工艺开口线	b(a)
9	波浪线	～～～～～～ (<b/3)	构件断裂边界线	
	折断线	———⋀⋁——— (<b/3)		
10	斜栅线	——///——///—— (<b/3)	分段界线(分段划分图除外)	℄

2. 图线的应用

结构图中图线的应用,如图 3.3 所示。

二、船图中各种符号的应用

GB/T 4476.2—2008《金属船体制图 第 2 部分:图形符号》对船体图样中的图形符号做了规定,见表 3.5。

个别符号的使用说明:对于表 3.5 中的连续符号和间断符号,若图形上的断续关系已经明确,该符号可以不画;舱底图、围壁平面图等图形中,小开口虽未被剖切,但仍可使用小开口剖面符号;若同一图形中,小开口剖面符号使用较多时,可采用其下部分的简化画法形式;对于扁钢或面板的开口,使用上、下部分中上方的符号,否则,使用下方的符号。

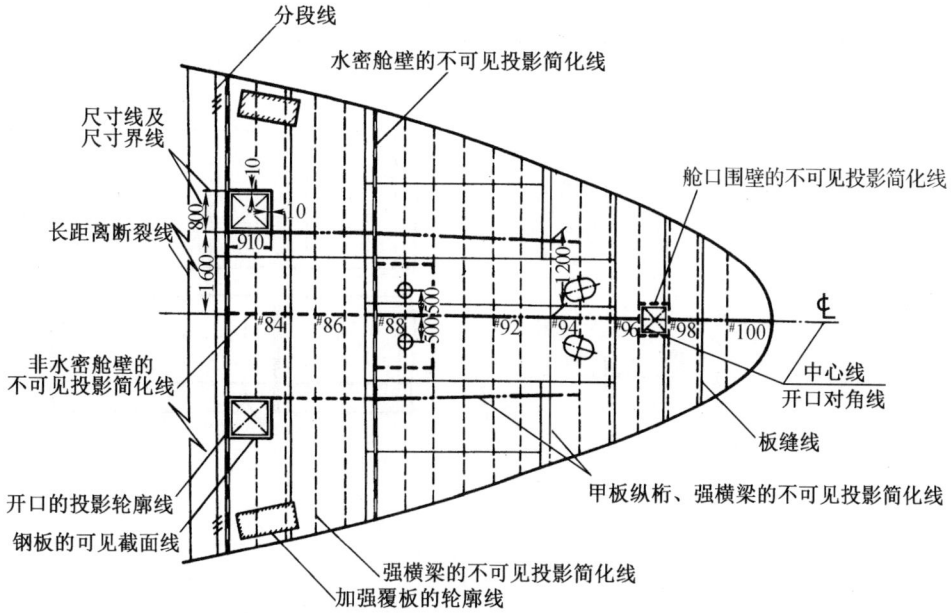

图 3.3 结构图中图线的应用(单位:mm)

表 3.5 金属船体制图图形符号

序号	名称	符号		示例
1	吃水符号			
2	船中符号			
3	轴系剖面符号			
4	端接缝和边接缝符号	一般接缝		
		分段接缝		

表 3.5(续 1)

序号	名称	符号	示例
5	连续符号		
6	间断符号		
7	视向符号		
8	肋位符号	FR 或#	
9	小开口符号		

表 3.5(续 2)

序号	名称	符号	示例
10	剖切符号		

三、金属船体构件理论线的应用

1. 确定金属船体构件理论线的基本规定

(1)沿高度方向定位的构件,以靠近基线(BL)一边为理论线,如图 3.4(a)所示。

(2)沿船长方向定位的构件,以靠近船中(⧖)一边为理论线,如图 3.4(b)所示。

(3)沿船宽方向定位的构件,以靠近船体中线(⌀)一边为理论线,如图 3.4(c)所示。

(4)位于船体中线的构件,取其厚度中线为理论线,如图 3.4(d)所示。

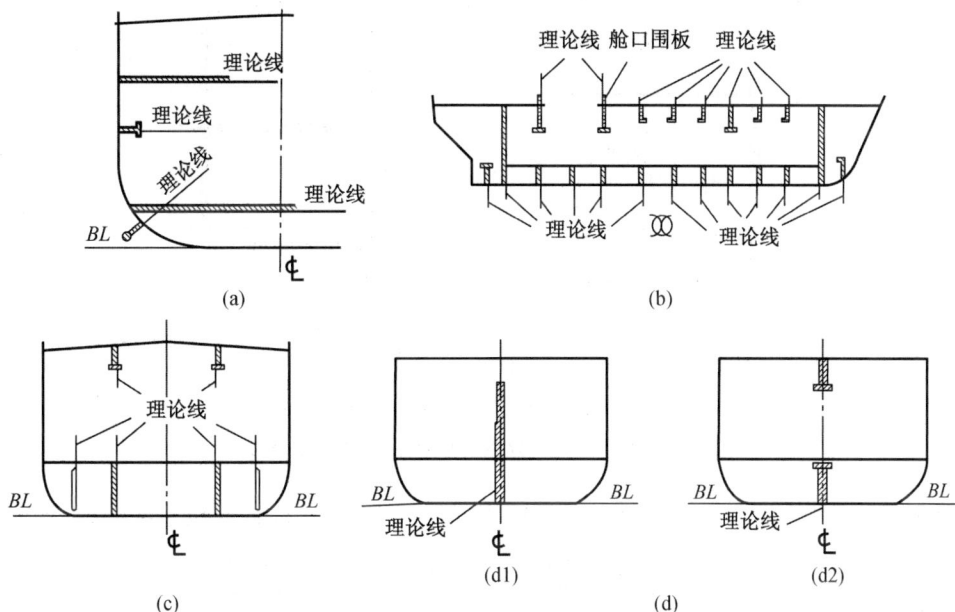

图 3.4 确定金属船体构件理论线的基本规定

2. 确定金属船体构件理论线的其他规定

下列构件或具有下列结构形式的构件,其理论线位置由下列规定确定,而与基本规定无关。

(1)不对称型材和折边板材以其背面为理论线,如图 3.4(b)和图 3.5 所示。

(2)封闭形对称型材以其对称轴线为理论线,如图 3.6 所示。

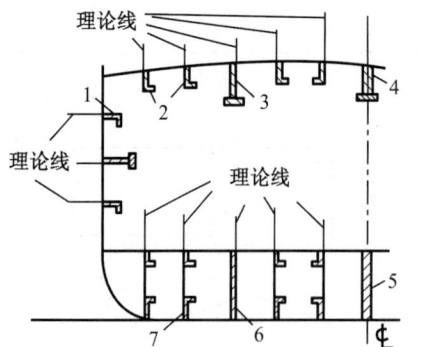

1—舷侧纵骨;2—甲板纵骨;3—甲板纵桁;

4—甲板中纵桁;5—中底桁;6—旁底桁;7—船底纵骨。

图 3.5　不对称型材的理论线

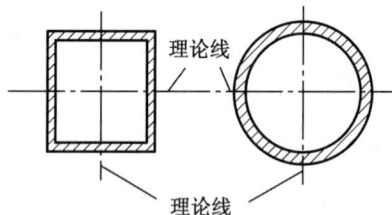

图 3.6　封闭形对称型材的理论线

(3)外板、烟囱、轴隧以板的内缘为理论线,如图 3.7(a)所示。锚链舱围壁以板的外缘为理论线,如图 3.7(b)所示。

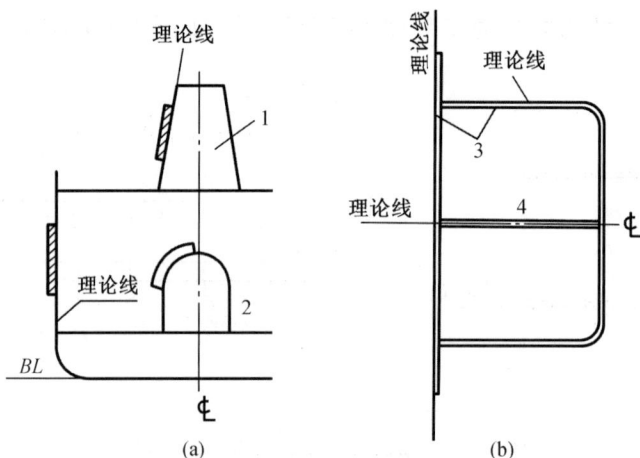

(a)

(b)

1—烟囱;2—轴隧;3—锚链舱围壁;4—锚链舱中纵舱壁。

图 3.7　外板、烟囱、轴隧及锚链舱围壁的理论线

(4)基座纵桁腹板以靠近轴中心线一边为理论线,纵桁面板以面板下缘为理论线。与基座纵桁连接的旁桁材或旁内龙骨以及基座纵桁下的旁桁材的理论线同基座纵桁一致,如图 3.8 所示。

(5)舱口围板以靠近舱口中心线一边为理论线。舱口纵桁以及舱口端围板所在肋位的横梁、肋骨、肋板的理论线与舱口围板一致,如图 3.4 和图 3.9 所示。

(6)边水舱的纵舱壁以布置扶强材一边为理论线,如图 3.10 所示。

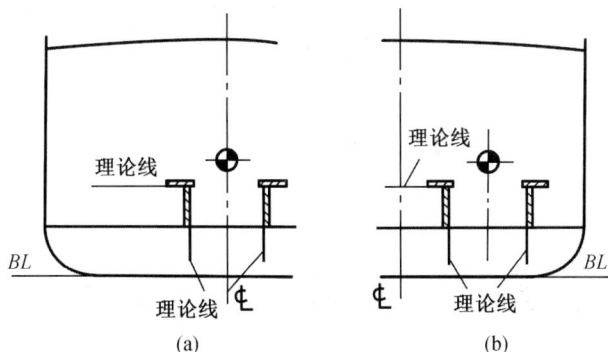

图 3.8 基座纵桁的理论线

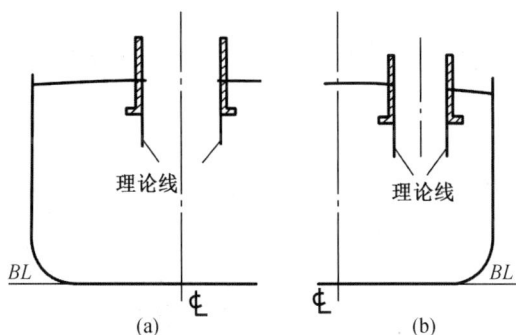

图 3.9 舱口围板的理论线

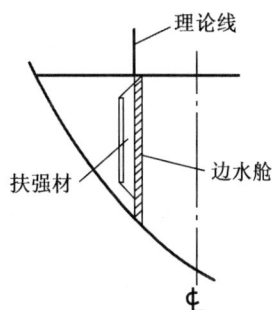

图 3.10 边水舱纵舱壁的理论线

四、焊缝符号在船体图样上的应用

1. 焊接方法

现代船舶建造中常用的焊接方法有两类:电弧焊和电渣焊,其中电弧焊最为常用。

电弧焊是利用电弧热局部熔化焊体和填充金属(焊条或焊丝),然后凝固成坚实接缝的一种焊接方法。电弧焊分为手弧焊、埋弧焊(自动和半自动焊)、气体保护焊和等离子焊等。

电渣焊是利用电流通过液态熔渣(渣池)产生的电阻热使焊件和填充金属(电极)熔化,然后凝固成坚实接缝的一种焊接方法。根据电极的不同,分为板极、丝极和熔嘴电渣焊。

2. 焊缝形式

焊缝形式主要取决于焊接接头的形式。焊接接头是指焊件相互连接需要焊接的部分。船体焊接中常见的焊接接头的形式有对接接头、T型接头、角接接头、搭接接头和塞焊接头等,如图 3.11 所示。

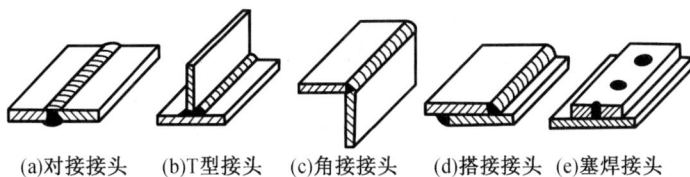

(a)对接接头　(b)T型接头　(c)角接接头　(d)搭接接头　(e)塞焊接头

图 3.11 焊接接头的形式

焊缝是焊接接头经施焊后形成的接缝。常见的焊缝形式有对接焊缝、角焊缝和塞焊缝。船体焊接中,角焊缝数量最多,对接焊缝次之,塞焊缝较少。

（1）对接焊缝

对接接头施焊后所形成的焊缝称为对接焊缝。为了保证一定的熔深和连接强度,又分为Ⅰ形、V形、U形等形式,如图3.12所示。

(a)Ⅰ形　　(b)v形　　(c)V形　　(d)u形　　(e)U形

图3.12　对接焊缝的形式

（2）角焊缝

T型接头、角接接头和搭接接头施焊后所形成的焊缝称为角焊缝。角焊缝又分为连续角焊缝和断续角焊缝两种。

①连续角焊缝

连续角焊缝是指沿整个焊缝长度焊缝无中断的角焊缝。它又分为单面连续角焊缝和双面连续角焊缝。连续角焊缝也有Ⅰ形、v形、U形、V形等不同形式,如图3.13所示。

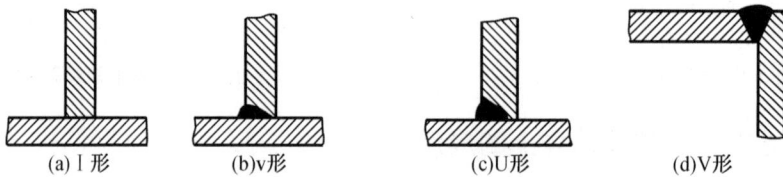

(a)Ⅰ形　　(b)v形　　(c)U形　　(d)V形

图3.13　连续角焊缝的形式

②断续角焊缝

断续角焊缝是指沿整个焊缝长度焊缝不连续的角焊缝。断续角焊缝又分为单面断续角焊缝（图3.14(a)）、双面断续角焊缝（图3.14(b)）和交错断续角焊缝（图3.14(c)）三种。在图3.14中,k为焊脚尺寸;l为焊缝长度;e为断续焊缝的间距。

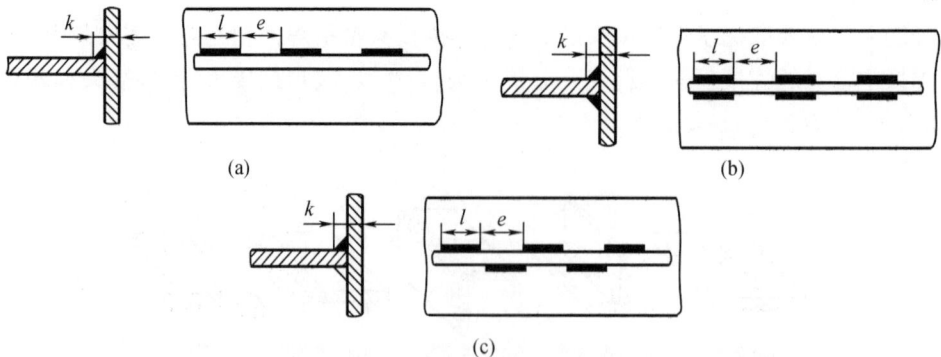

(a)　　　　　　　　　(b)

(c)

图3.14　断续角焊缝的形式

（3）塞焊缝

塞焊接头施焊后形成的焊缝称为塞焊缝。塞焊缝有圆孔塞焊缝（图3.15（a））和长孔塞焊缝（图3.15（b））两种。在图3.15中，d为圆孔塞焊直径；l为长孔塞焊孔长；b为长孔塞焊孔宽；e为圆孔塞焊中心距或长孔塞焊间距；e_1为行距；a为沿行距方向，圆孔或长孔中心线至板边距离；a_1为沿行向，圆孔中心线或长孔边缘至板边的距离。

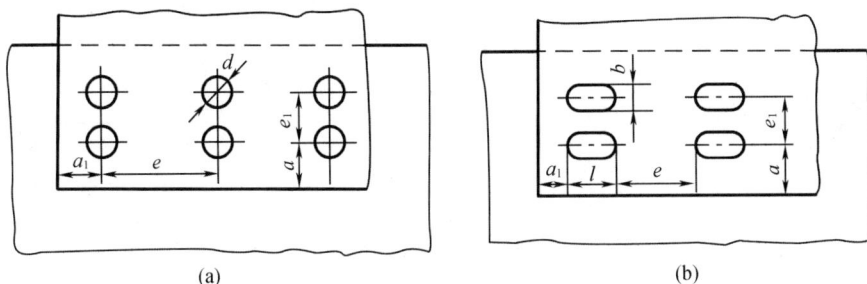

(a)　　　　　　　　　　　　　　　(b)

图3.15　塞焊缝的形式

3．焊缝符号及标注方法

焊缝符号应明确地表示所要说明的焊缝，而且不使图样增加过多的注解。焊缝符号一般由基本符号和指引线组成，必要时还可以加上辅助符号、补充符号、焊缝尺寸符号及数据。

（1）基本符号

基本符号用于表示焊缝横截面形状，是焊缝符号中必须标注的符号，用粗实线表示。

基线一般应保持水平。基线的上、下用来标注焊缝基本符号、辅助符号、补充符号和有关尺寸。当箭头指向焊缝的正面时，基本符号应标注在基线上面，如图3.16（a）所示；当箭头指向焊缝背面时，基本符号应标注在基线下面，如图3.16（b）所示；标注对称焊缝及双面焊缝时，应在基线上、下两面同时标注，如图3.16（c）所示。在基线的尾端有时标有尾部符号，用以标注焊接方法或相同焊缝数量。

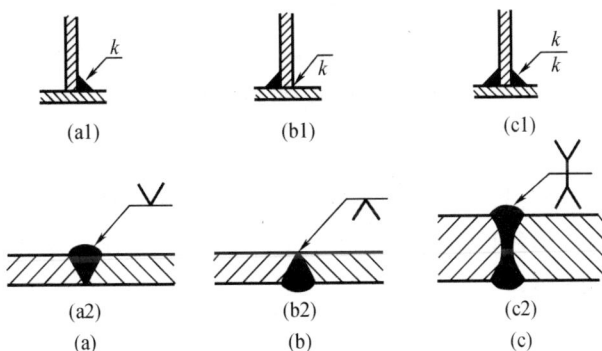

(a1)　　　　　　　　(b1)　　　　　　　　(c1)

(a2)　　　　　　　　(b2)　　　　　　　　(c2)

(a)　　　　　　　　(b)　　　　　　　　(c)

图3.16　基本符号的标注方法

（2）辅助符号

辅助符号是表示焊缝表面形状特征的符号，也用粗实线表示。不需要确切地说明焊缝表面形状时，可以不用辅助符号。

（3）补充符号

补充符号是为了补充说明焊缝的某些特征而采用的符号。

（4）指引线

指引线用细实线表示,一般由带有双边箭头的箭头线和基线两部分组成,如图 3.17(a)所示。箭头线上的箭头要指向所标注的焊缝处。箭头线应当倾斜,可绘在基线的左端或右端,当位置受限制时,允许箭头线弯折一次,如图 3.17(b)所示。

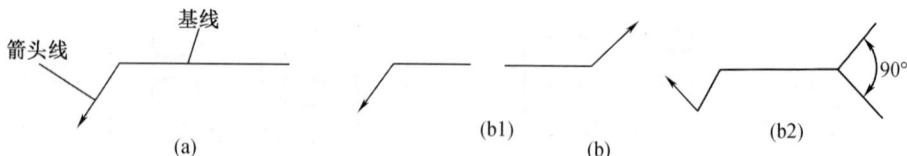

图 3.17　指引线

（5）焊缝尺寸符号

根据需要,在标注焊缝符号时有时应标出有关尺寸。焊缝的有关尺寸包括工件厚度(t)、根部间隙(b)、坡口深度(H)、钝边高度(P)、根部半径(R)、坡口角度(α)、坡口面角度(β)、焊脚尺寸(k)、焊缝宽度(C)、焊缝有效厚度(S)、焊缝余高(h)、熔核直径(d)、焊缝长度(l)、焊缝间距(e)、交错焊缝(Z)以及相同焊缝数量(N)。焊缝尺寸符号及数据的标注原则:焊缝横截面上的尺寸标注在基本符号的左侧;焊缝长度方向的尺寸标注在基本符号的右侧;坡口角度、坡口面角度、根部间隙等尺寸标注在基本符号的上侧或下侧;相同焊缝数量符号标在尾部,如图 3.18 所示。

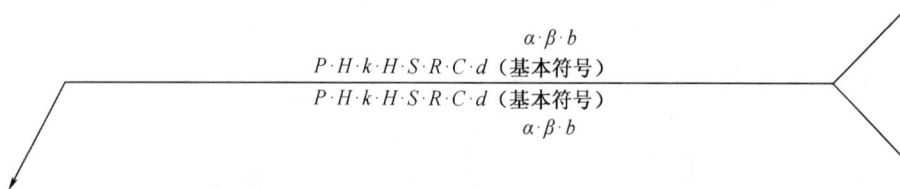

图 3.18　焊缝尺寸的标注原则

4.焊缝符号在船体图样上的应用

在船体图样上,焊缝符号应标注在焊缝特征明显的视图中,并应相对集中,便于识读;同一条焊缝的焊缝符号一般只需标注一次;焊接形式相同,地位又相邻近的焊缝代号可共用一条横线,如图 3.19 所示。

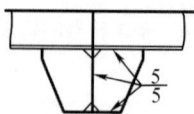

图 3.19　焊缝符号相同时的标注方法

在标注焊缝符号时应注意的事项如下。

（1）标注单边 V 形、单边 U 形的焊缝符号时，箭头应指向带有坡口一侧的工件，如图 3.20 所示。

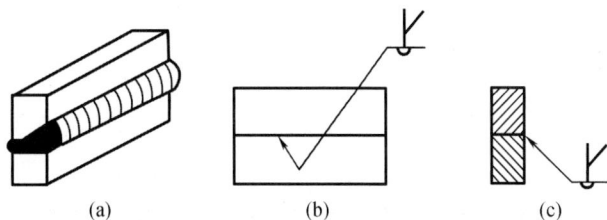

图 3.20　单边 V 形、单边 U 形焊缝代号的标注

（2）两个以上构件连接后产生的焊缝不能作为双面焊缝，其焊缝符号和尺寸应分别标注，如图 3.21 所示。

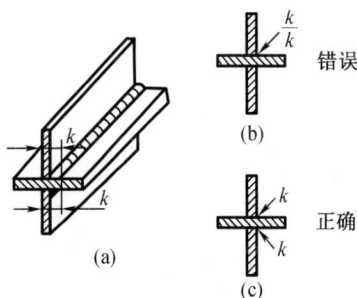

图 3.21　两个以上构件连接焊缝的标注

（3）坡口尺寸标注，有时可将焊缝部位放大，在局部详图上进行标注，如图 3.22 所示。

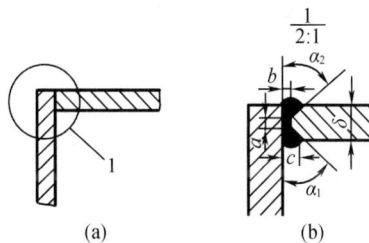

图 3.22　坡口详图

想要识读船舶分段生产设计图，必须要知道图线的形式和它的应用范围。通过这些不同的图线来识别对应的代表含义，然后了解图形中的图形符号、构件理论线和焊缝符号，最后通过主视图配合零件图，综合进行识读。

任务 3.2　识读分段生产设计图（符号、编码）

【任务实施】

识读分段生产设计图（符号、编码）实训任务单和任务评价单见表 3.6、表 3.7。

表 3.6　识读分段生产设计图（符号、编码）实训任务单

任务名称	识读分段生产设计图（符号、编码）	所需时间	1 学时
实训场地	船舶工程系理实一体化教室	分组情况	1 人/组
任务描述	下图为某一分段设计图。 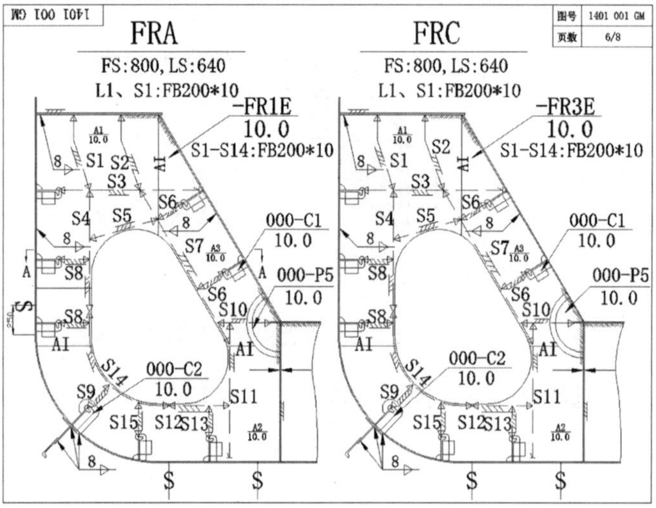 任务导入： 　　通过对边底分段生产设计图的识读,掌握分段生产设计图中符号和编码的含义,为后续船舶生产设计课程学习筑牢基础		
任务要求	技能要求： (1)能够正确识读边底分段生产设计图。 (2)能够正确说明符号含义。 (3)能够正确进行编码应用。 职业素质要求： (1)具有严谨认真的工作态度。 (2)具有主动参与、积极进取、探究科学的学习态度和思想意识。 (3)具有分析问题、解决问题的能力		

表 3.7 识读分段生产设计图(符号、编码)任务评价单

课前准备	课前讨论	标准:参与回答问题。 评分(满分 5 分)				
	微课学习	标准:观看微课时长和发帖次数。 评分(满分 5 分)				
课中实践	知识要点学习	标准:(1)课堂表现。 　　　(2)知识点掌握程度。 评分(满分 5 分)				
	教师作品评价	校内教师	标准:(1)准备工作充分,分析分段生产设计图的符号和编码的正确率。 　　　(2)根据学生答辩情况真实、客观地进行打分,并给出充分理由。 评分(满分 15 分)			
		企业专家	标准:(1)准备工作充分,分析分段生产设计图的符号和编码的正确率。 　　　(2)根据学生答辩情况真实、客观地进行打分,并给出充分理由。 评分(满分 15 分)			
	自我评价	标准:真实、客观、理由充分。 评分(满分 10 分)				
	组内互评	学号	姓名	评分(满分 20 分)	学号	姓名	评分(满分 20 分)
		注意:最高分与最低分相差最少 3 分,同分人最多 3 人,某一学生分数不得超平均分 ±3 分				
	组间互评	标准:真实、客观、理由充分。 评分(满分 10 分)				
课后复习	在线作业和测试	标准:学堂在线与网络教学平台的在线作业和测试。 评分(满分 10 分)				
	在线拓展	标准:根据完成情况适当加分。 评分(满分 5 分)				
总分(除组内互评分)		任务完成人签字: 指导教师签字:	日期: 年 月 日 日期: 年 月 日			

【知识要点】

船舶分段装配,要根据各种典型分段的图样,了解图纸的结构组成、装配建造方法以及建造工艺。分段装配,要了解分段的情况,就必须学会识读分段装配图。识读分段装配图要了解图线含义,符号、焊缝代号、理论线,也要考虑对应的符号、编码(表3.8)等。

识读分段生产设计图
(符号、编码)

表 3.8　部件装配图中的符号、代码

代码	含义	符号	含义
SF	截止孔型号	$	筋的对接缝
FB	扁铁		折角线
HP	球钢		分段合拢缝
SQ	方钢	4.5	焊脚尺寸
RA	圆钢		S形接头(削斜)
FP	焊透		W形接头(不削斜,带过焊孔)
KL	折角线		板材展开图中的板缝线
HD、HE	流水孔、通气孔型号		板皮距(理论线)中安装
SA-SE	过焊孔型号		板皮在理论线左(右)侧
FWD、FOR	艏口	59.2	加强筋或纵骨安装角度
AFT	艉口		开孔位置
PP	深熔		垂线两边为继开件
COVS	坡口在结构面		垂线两边为连续件
COVN	坡口在非结构面	/////	焊透区或焊脚增大区
BL	船体高度基线	—	—
CL	船体宽度基线	—	—
TYP	节点相似	—	—

下面通过两个实际船舶部件装配图的主视图和零件,来识读分段生产设计图的符号和编码。

一、部件装配图的主视图

在船舶部件装配图的主视图中可以读到相应部件的最大程度的一个表现。图3.23所展示的主视图是从某一个总体图样中截取出来的一部分,它包含了中底分段中的一部分部件,即标号为GR0A的一个部件。GR0A的下方,标识FRA、FRB、FRC、FRD、FRE中的FR代表它的肋位。这里需要注意的是,正常的船舶肋位是用数字来表示的,在这里只是一个示意,表示一个顺序。LS:640,表示纵骨间距是640 mm,后边还有它对应的加强筋(小的骨材的型号),如FB200×10表示扁钢宽度为200 mm、厚度为10 mm。

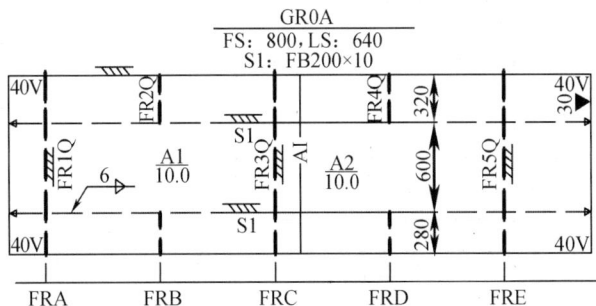

图 3.23　部件装配图的主视图(单位:mm)

在图 3.23 中可以看到标号为 A1 和 A2 的板,说明这个部件是由两块板组成的,两块板中间有焊接。在 A1 和 A2 的下方标注的 10.0,则表示这两块板的厚度为 10 mm。

在图 3.23 中,在细实线上标注有 AI 的是焊缝,其中 AI 表示的是焊接符号。在对接接头的图纸标记方法中,可以查到标号 A 表示单丝埋弧自动焊。在坡口形式代号里,可以看到标注为坡口的一些形式,有 I 形、v 形等各种坡口形式,综合起来就可以判断出 AI 指的是这条对接缝是坡口形式为 I 形的单丝埋弧自动焊。

在图 3.23 中,按照肋位的位置,从 A 至 E 的顺序来看,A、C、E 肋位为粗虚线,标识为 FR1Q、FR3Q、FR5Q,这些表示跟船底中纵桁相交的肋板,也就是说,在 A、C、E 上有肋板,A、C、E 是强结构。B、D 肋位的粗虚线的长度不是全长的,中间有空隙,这表示在旁边有加强的小肘板,也就是说,B、D 肋位是肋板间结构,是弱结构。

在图 3.23 中的纵向构架方向,有两条比较长的细虚线,这两条细虚线表示相对比较弱的骨材,在这里表示的是水平的加强筋。在水平加强筋左侧的位置有一个符号,它是一个箭头指向某一个位置,然后引出一个数据(6 mm),它指向的位置是水平的加强筋,与中底桁焊接的位置,这个位置表示的是焊接符号,同样这种符号也是要到节点图册里去寻找。

二、部件装配图的零件图

在部件装配图的零件图中我们可以看到零件的具体编号和零件的尺寸等。

在图 3.24 中的上方是一块钢板,它的编号是 ZD-GR0A-A1。

ZD 表示的是中底,GR0A 表示的是中底桁,A1 表示的是这块板,综合起来表示的是中底分段中底桁上 A1 板上的一个零件,它有长度和宽度的标注。这是一个完整的零件图,包括零件编号、零件尺寸等。

对有的零件会有其他一些要求,例如,端部削斜的要求、开口的要求,给厚度做标识等。总之,通过这几个方向的视图,我们就可以把一个零件表达得非常清楚,为下一步加工装配做好准备。

识读船舶部件生产设计图,主要是掌握其所涉及的符号和代码,以及对接接头图纸的标记方法和流向符号、焊接符号等。通过对这些符号、代码的掌握,以及了解的图纸语言,再结合学过的船舶结构知识,就可以知道主视图、零件图中零件的结构、含义、焊接方法、流向等。

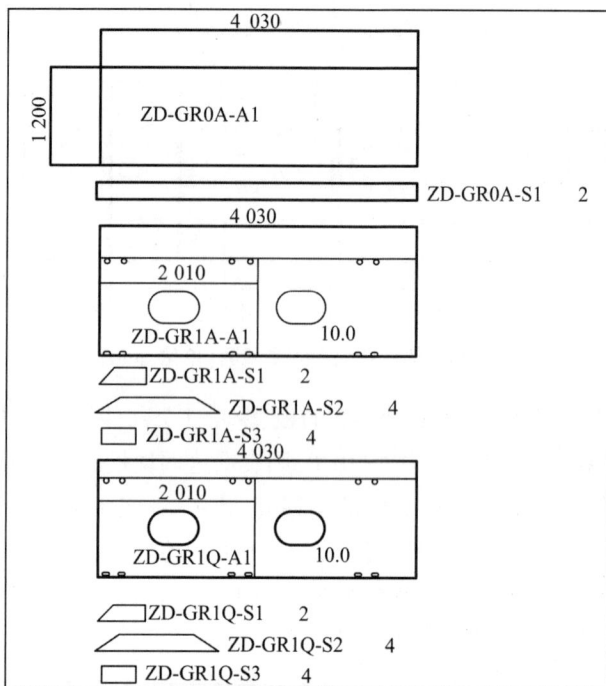

图 3.24　部件装配图的零件图(单位:mm)

任务 3.3　分 段 类 型

【任务实施】

分段类型实训任务单和任务评价单见表 3.9、表 3.10。

表 3.9　分段类型实训任务单

任务名称	识别分段类型	所需时间	1 学时
实训场地	船舶工程系理实一体化教室	分组情况	1 人/组
任务描述	任务导入: 　　找到一些典型的分段图片(如下图),分段形式不限,可以是底部,也可以是舷侧、甲板、舱壁等,将它们进行分类,并说出它们的特点。 		

表 3.9(续)

任务要求	技能要求: (1)能够区分出各分段。 (2)能够掌握各分段的特点。 职业素质要求: (1)具有严谨认真的工作态度。 (2)具有主动参与、积极进取、探究科学的学习态度和思想意识。 (3)具有分析问题、解决问题的能力

表 3.10　分段类型任务评价单

课前准备	课前讨论	标准:参与回答问题。 评分(满分 5 分)					
	微课学习	标准:观看微课时长和发帖次数。 评分(满分 5 分)					
课中实践	知识要点学习	标准:(1)课堂表现。 　　　(2)知识点掌握程度。 评分(满分 5 分)					
	教师作品评价	校内教师	标准:(1)准备工作充分,分段特点分析正确率。 　　　(2)根据学生答辩情况真实、客观地进行打分,并给出充分理由。 评分(满分 15 分)				
		企业专家	标准:(1)准备工作充分,分段特点分析正确率。 　　　(2)根据学生答辩情况真实、客观地进行打分,并给出充分理由。 评分(满分 15 分)				
	自我评价	标准:真实、客观、理由充分。 评分(满分 10 分)					
	组内互评		学号	姓名	评分(满分 20 分)	学号	姓名	评分(满分 20 分)
		注意:最高分与最低分相差最少 3 分,同分人最多 3 人,某一学生分数不得超平均分±3 分					
	组间互评	标准:真实、客观、理由充分。 评分(满分 10 分)					

表 3.10(续)

课后复习	在线作业和测试	标准:学堂在线与网络教学平台的在线作业和测试。 评分(满分 10 分)
	在线拓展	标准:根据完成情况适当加分。 评分(满分 5 分)
总分(除组内互评分)		任务完成人签字:　　　　　　　日期:　年　月　日 指导教师签字:　　　　　　　　日期:　年　月　日

【知识要点】

分段是由零件和部件按生产设计图经过装配、焊接等工序而制成的船体局部结构物,是船体建造过程中的重要单元体,按其外形特征大致可分为以下几类,如图 3.25 所示。

分段类型

(a)平面分段　　　(b)曲面分段　　　(c)半立体分段

(d)立体分段　　　(e1)　(e2)(e)总段

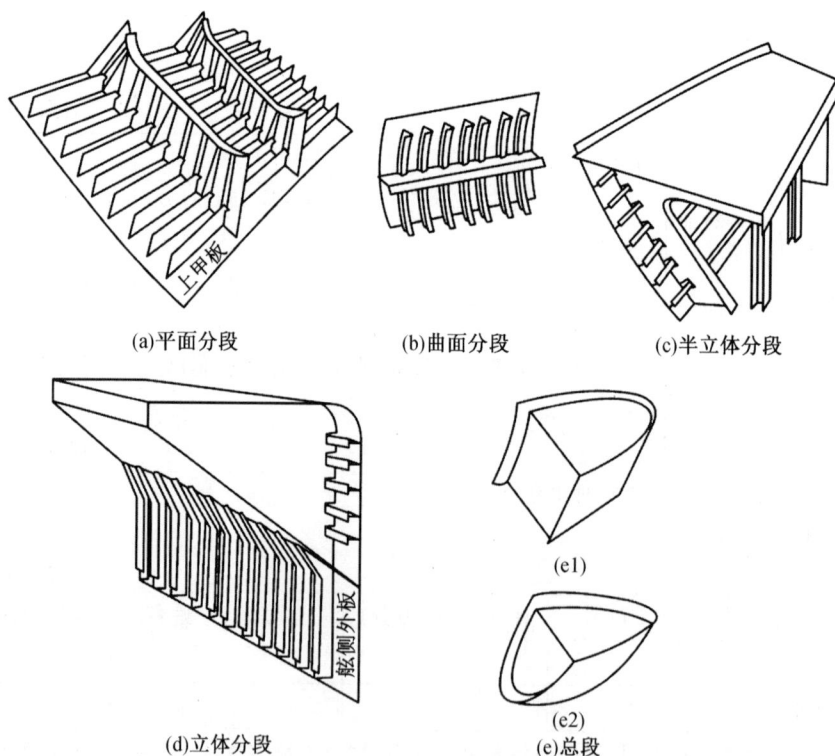

图 3.25　分段类型

(1)平面分段:平直板列上装有骨材的单层平面板架。如舱壁分段、舱口围壁分段、平台甲板分段、平行舯体处的舷侧分段等。

(2)曲面分段:曲面板列上装有骨材的单层曲面板架。如单底分段、甲板分段等。

(3)半立体分段:两层或两层以上板架所组成的非封闭分段,或者是单层板架带有一列与其成交角的板架所构成的分段。如带舱壁的甲板分段、带舷侧的甲板槽形(门形)分段、甲板室分段等。

(4)立体分段:两层或两层以上的板架所组成的封闭分段,或者是由平面(或曲面)板架所组成的非环形立体分段,如双层底分段,双层舷侧分段,边水舱分段,艏、艉立体分段等。

(5)总段:主船体沿船长方向划分,其深度和宽度等于划分处型深与型宽的环形立体分段,如艏、艉尖舱总段,上层建筑总段等。

任务 3.4　构件装配方法

【任务实施】

构件装配方法实训任务单和任务评价单见表 3.11、表 3.12。

表 3.11　构件装配方法实训任务单

任务名称	识别构件装配方法	所需时间	1 学时
实训场地	船舶工程系理实一体化教室	分组情况	1 人/组
任务描述	任务导入: 　　搜集一些典型分段或者构件的图片(如下图),分段或者构件形式不限。根据分段或者构件的形式,选择合理的装配方法。 		
任务要求	技能要求: (1)能够掌握各装配方法的特点。 (2)能够合理运用各种装配方法。 职业素质要求: (1)具有严谨认真的工作态度。 (2)具有主动参与、积极进取、探究科学的学习态度和思想意识。 (3)具有分析问题、解决问题的能力		

表 3.12　构件装配方法任务评价单

课前准备	课前讨论	标准:参与回答问题。	评分(满分 5 分)
	微课学习	标准:观看微课时长和发帖次数。	评分(满分 5 分)
课中实践	知识要点学习	标准:(1)课堂表现。 (2)知识点掌握程度。	评分(满分 5 分)
	教师作品评价 校内教师	标准:(1)准备工作充分,分段装配方法选择的合理性。 (2)根据学生答辩情况真实、客观地进行打分,并给出充分理由。	评分(满分 15 分)
	教师作品评价 企业专家	标准:(1)准备工作充分,分段装配方法选择的合理性。 (2)根据学生答辩情况真实、客观地进行打分,并给出充分理由。	评分(满分 15 分)
	自我评价	标准:真实、客观、理由充分。	评分(满分 10 分)

		学号	姓名	评分(满分 20 分)	学号	姓名	评分(满分 20 分)
	组内互评						
		注意:最高分与最低分相差最少 3 分,同分人最多 3 人,某一学生分数不得超平均分 ±3 分					

	组间互评	标准:真实、客观、理由充分。	评分(满分 10 分)
课后复习	在线作业和测试	标准:学堂在线与网络教学平台的在线作业和测试。	评分(满分 10 分)
	在线拓展	标准:根据完成情况适当加分。	评分(满分 5 分)

总分(除组内互评分)		任务完成人签字: 指导教师签字:	日期:　年　月　日 日期:　年　月　日

【知识要点】

分段装焊工作量平均要占整个船体装焊作业量的 35% 左右,因此选择良好的分段制造方法,对于完成船体建造工作是十分重要的,它是完成船体建造计划的关键。由于船体分段的结构形式以及各工厂的设备条件不同,其制造方法也各不相同。常用的方法有以下几种。

构件装配方法

一、按构架的组装形式分类

1. 分离装配法

分段经过拼板焊接后,按工作图要求进行铺板构架划线,将纵材和横向构架分离后各自安装,根据交错节点的结构形式,通常是先装纵材,定位后再安装横向构件,组成格子形结构后,转入焊接工序,集中焊接,如图 3.26 所示。

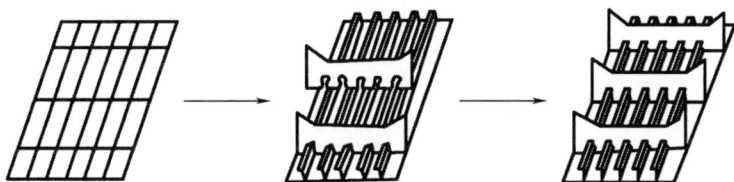

图 3.26　分离装配法

此法的优点是构架的装配焊接效率高,纵、横构架的装配误差在焊接前容易调整,生产管理较方便,装配和焊接工序互不交错,便于劳动力的调配,适用于分段制造工位固定、作业人员流动的生产管理体系。此法的缺点是由于构架组成格子形结构后,纵材不能采用连续的自动角焊机进行高效率焊接,而只能采用重力焊和手工焊等方法,由于分段工作量集中而周期较长。

2. 纵桁法

分段铺板焊接经过划线以后,先安装纵材并进行连续自动角接焊,然后进行横构架的安装和焊接,如图 3.27 所示。纵材的装焊效率高,这是本方法的优点,但是纵材的间矩、角尺度和定位时的精度要求较高,如果横框架上的切口加工精度低时,会造成缝隙过大和装配作业的困难。如果采用加补板的节点形式会增加构架焊接工作量,在技术装备和作业水平不太高的情况下一般不宜采用。

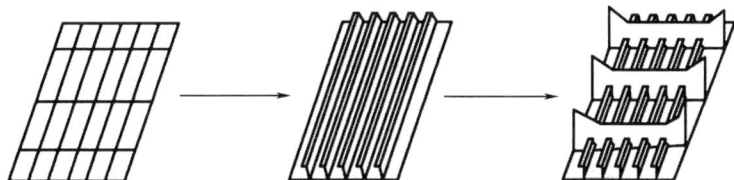

图 3.27　纵桁法

3. 框架法

分段铺板焊接和划线在分段制造场地上进行,而构架在专用组装平台上制造,经过纵材和横构架的中组装,将框架装焊成一个整体后吊上分段进行安装和焊接,如图 3.28 所示。此法最大的优点是减少了分段制造工序上的工作量,使分段和部件装配工作的负荷相对均衡,有效地缩短了分段制造周期。此法的缺点是要求有一个水平度较高的框架制造平台,以提高框架的组装精度。在框架部件制造时,可以实施有效的精度管理,这就要有较高的作业和管理水平,它是提高平面形分段制造工作效率的好方法。

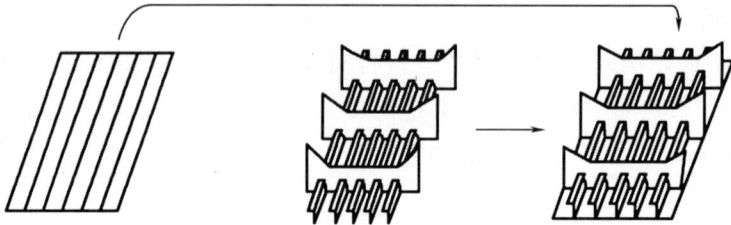

图 3.28　框架法

二、按分段装配时的状态分类

1. 正造法

船体首、尾部分分段都带有曲面外板,制造时分段处于正态位置,以外板为基面在胎架上铺板焊接和划线后,构架在上面安装和焊接,如图 3.29 所示。此法的优点是外板的主焊缝是俯位作业,不仅工作效率高,而且焊工的劳动条件好。在构架安装时,以外板为基准,操作简单,装配方便,作业人员较欢迎。此法的缺点是如果支承曲面的外板需要制造专用胎架或采用支柱式通用胎架,前者辅助材料耗量大;在构架装配时因外板对接缝的焊接变形而增加了零件边缘的修割工作量。

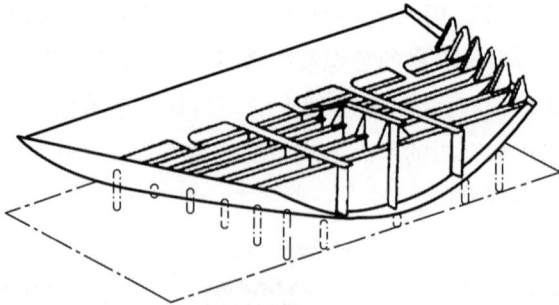

图 3.29　正造法

2. 反造法

某些立体和半立体分段上,除曲线形壳板外,还有平台、甲板和内底板等平面结构件。若以此作为基面进行分段制造时,使分段处于反转的状态,这称为反造法,如图 3.30 所示。

此法的优点是以平面构件作为基面,在通用平台上就可以制造,省去了制造正造型线胎架的材料和工作量,而且在平板上进行构架划线和装焊工作,效率较高。此法的缺点是增加了分段翻身次数。反造法时,外板是以构架为基准进行单件贴装的,为了使外板主焊缝和封底焊缝都在俯位进行焊接,分段需要进行三次翻身,比正造法增加了一次翻身作业量。如果外板仰焊或整体拼焊后安装,可以只进行一次翻身,总的分段制造经济效益比正造法高,因此各船厂广泛采用。

3. 侧造法

船舶首、尾柱分段和舵结构等由于形状尖削,一般采用以船中心线平面作为基面而制造外板型线胎架,达到控制焊接变形和提高分段完工精度的目的,如图 3.31 所示。此法的优点是可以改善施工条件,降低分段建造高度。此法的缺点是胎架数量较多,胎架制作耗费时间。

图 3.30 反造法

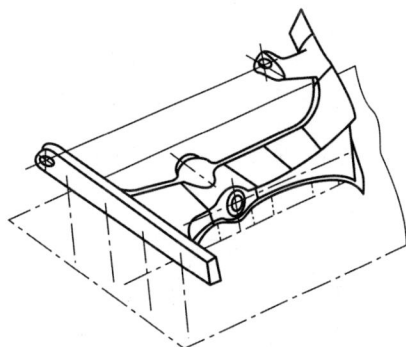

图 3.31 侧造法

4. 卧造法

艏、艉大型立体分段的曲面外板,由于曲率小,安装工作难度高,特别是艉立体分段的舵轴中心线的几何精度高,允许的偏差值小,因此往往采用以隔壁为基面进行安装工作,如图 3.32 所示。此法的优点是简化胎架的制造工作,构件安装定位方便,分段不需要翻身,完工后仅进行 90°角旋转后就可以上船台安装。此法的缺点与侧造法相同,即为保障曲面分段建造精度,需要制作较多胎架。

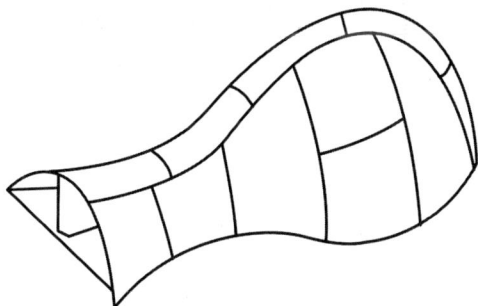

图 3.32 卧造法

三、按组装的方式分类

1. 小分段组装法

如立体和半立体分段制造时,往往先将外板、隔壁和甲板分别中组装成一独立的小分段,再进一步组装成分段,如图 3.33 所示。此法的优点是小分段组装定位时方便,安装精度容易控制,总体变形小;采用中组装施工法,可以开展平行作业;分段组装工作大部分在平俯位置进行,故分段制造周期相应缩短。此法的缺点是增加了吊运工作量。但是与节省的周期相比,吊运工作量增加的时间可以忽略,所以目前较常用此法。

2. 外板散装法

在艏、艉部 L 型、Ⅱ 型和封闭型立体分段上,由于型线和结构的原因不能逐一划分成小分段制造时,往往采用舷侧肋骨按距中半宽型值定位,然后将外板单件贴装,如图 3.34 所示。此法的优点是分段制造所需的场地面积小,在外板曲率小、结构密的部位安装相对方便;外板主焊缝和封底焊缝施焊时分段不需要翻身,生产管理方便。此法的缺点是分段制造周期长;焊接方式由平焊变为垂直焊后,工时数上升;高空作业量和脚手架工作量增加。半立体分段外板散装时,由于肋骨自由端的安装和焊接会产生位置偏差,有时会造成船台对接工作的困难。一般外板散装的施工方法在艏、艉立体分段上采用得比较多。

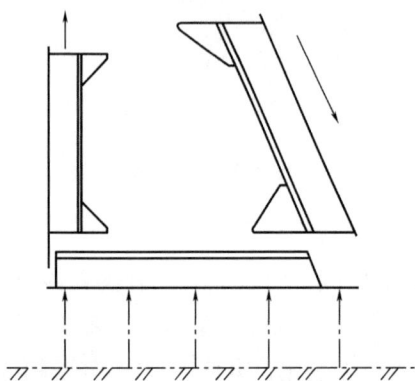

图 3.33　小分段组装法

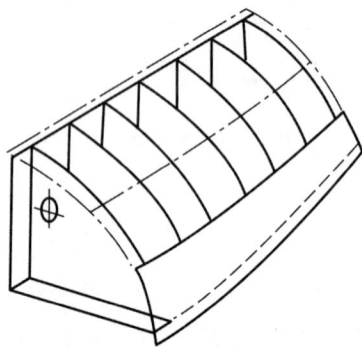

图 3.34　外板散装

任务 3.5　吊　　环

【任务实施】

吊环实训任务单和任务评价单见表 3.13、表 3.14。

表 3.13　吊环实训任务单

任务名称	识别吊环	所需时间	1 学时
实训场地	船舶工程系理实一体化教室	分组情况	1 人/组

任务描述	任务导入： 说出下面各种类型吊环的特点及适用范围,找出更多类型的吊环并分析它们的特点。 (a)　　　(b)　　　(c)　　　(d)　　　(e)

任务要求	技能要求： (1)能够掌握各种类型吊环的特点。 (2)能够确认各种类型吊环的使用范围。 职业素质要求： (1)具有严谨认真的工作态度。 (2)具有主动参与、积极进取、探究科学的学习态度和思想意识。 (3)具有分析问题、解决问题的能力

表 3.14　吊环任务评价单

课前准备	课前讨论	标准:参与回答问题。 评分(满分 5 分)	
	微课学习	标准:观看微课时长和发帖次数。 评分(满分 5 分)	
课中实践	知识要点学习	标准:(1)课堂表现。 　　　(2)知识点掌握程度。 评分(满分 5 分)	
	教师作品评价	校内教师	标准:(1)准备工作充分,吊环特点分析正确率。 　　　(2)吊环使用环境分析正确率。 　　　(3)根据学生答辩情况真实、客观地进行打分,并给出充分理由。 评分(满分 15 分)
		企业专家	标准:(1)准备工作充分,吊环特点分析正确率。 　　　(2)吊环使用环境分析正确率。 　　　(3)根据学生答辩情况真实、客观地进行打分,并给出充分理由。 评分(满分 15 分)

表 3.14(续)

自我评价	标准:真实、客观、理由充分。					
						评分(满分 10 分)

组内互评	学号	姓名	评分(满分 20 分)	学号	姓名	评分(满分 20 分)
	注意:最高分与最低分相差最少 3 分,同分人最多 3 人,某一学生分数不得超平均分 ±3 分					

组间互评	标准:真实、客观、理由充分。
	评分(满分 10 分)

课后复习	在线作业和测试	标准:学堂在线与网络教学平台的在线作业和测试。
		评分(满分 10 分)
	在线拓展	标准:根据完成情况适当加分。
		评分(满分 5 分)

总分(除组内互评分)		任务完成人签字:　　　　　　　　　　日期:　年　月　日
		指导教师签字:　　　　　　　　　　日期:　年　月　日

【知识要点】

一、吊环类型及其使用方法

1. 平面型吊环

平面型吊环由平板割制而成,一般用于拼板和小部件吊装。如 A 型吊环(图 3.35(a))有 1.5 t、3 t、5 t,板厚为 14~18 mm,吊环的横向受力差,放吊索夹角应大于 60°为宜。B 型吊环(图 3.35(b))适用于侧面吊环翻身法,贴装在分段两端的纵桁等构件内侧,安全负荷为 5~25 t,板厚为 10~30 mm。平面型吊环的优点是进行分段翻身时,钢索和卸载在转向时,安全方便;缺点是为了保持节点的稳定性,在起吊重负荷时两侧应用肘板增强,完工后拆除时马脚的批磨工作量较大。

(a)A型　　　　　　　　　　(b)B型

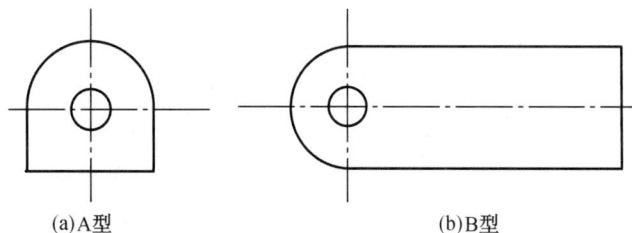

图 3.35　平面型吊环

2.组合型吊环

组合型吊环由竖板、腹板和加强板组成,一般装于分段外表面的为正吊型吊环,但是在起吊夹角≥60°时,具有较大的抗弯强度,有 C、D、E 型。C 型吊环又称"艹"型吊环,竖板两侧共有肘板 4 块,强度较高,但是在"艹"型交节点处,切割拆卸困难,马脚的批刨和打磨工作量大。D 型吊环的肘板设置于竖板的两端,吊孔四周有加强腹板,装焊切割工作量小,施工方便,质量轻,但是为了使钢索卸载左右顺利换向,肘板的宽度较窄,因此吊环的横向抗弯能力较弱,适宜平吊。E 型吊环的竖板宽度大,肘板放于两侧,在中间底部有(35×90) mm^2 的圆弧形孔,使竖板和肘板都可以在孔中良好地进行包角焊,充分提高了吊环的焊接强度,并能防止焊接裂缝的延伸。吊环一般使用两次,仍留有圆弧形孔,完工切割时,通过半圆孔,分别将竖板和肘板割除,批铲、打磨较方便,所以采用得比较普遍,如图 3.36所示。

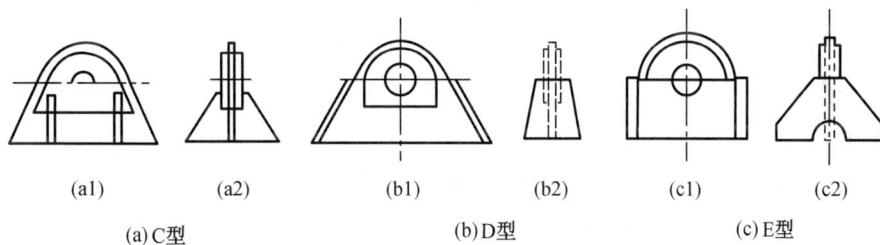

(a1)　　(a2)　　　　(b1)　　　(b2)　　　(c1)　　　(c2)

(a)C型　　　　　　　(b)D型　　　　　　　(c)E型

图 3.36　组合型吊环

3.特殊功能的吊环

在分段吊运和翻身过程中,主钩吊环要承受分段的全部质量,因此强度等级高,翻身刚钩吊环一般承受分段质量的 $1/2$,强度等级低。如果选用 E 型吊环作为副钩翻身时,卸载和钢索都要与吊环肘板相碰,不仅卸载不允许受弯曲力,而且分段边缘容易损坏,因此可以选用 F 型双孔吊环。它有两个环孔,外侧孔伸出分段,钢索不弯曲,又能顺利起吊,操作人员在分段侧面直立工作方便。翻身后可将钢索换至内侧孔进行正常平吊,如图 3.37 所示。G型吊环为单侧吊环,主要用于侧吊的场合,钢索紧贴吊环的安装平面处引出,起吊时可以使卸载在分段翻身时顺利转向,保证分段安全翻身。

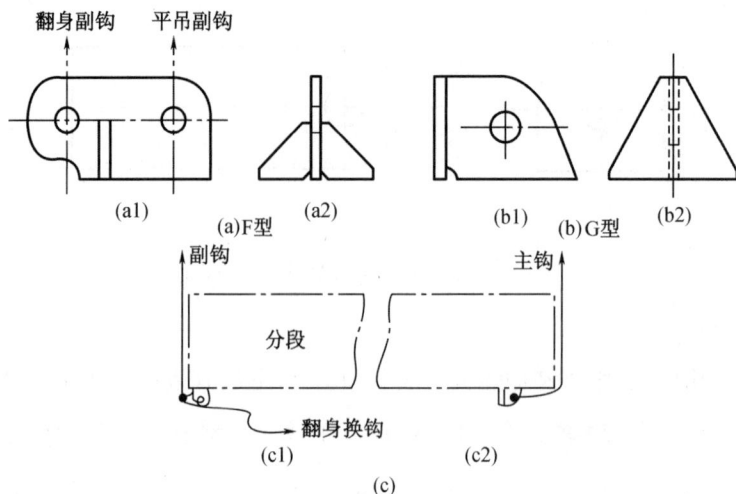

图 3.37　特殊功能的吊环

二、吊环布置原则

船体分段翻身吊环的设计安装和焊接是与船体建造过程中的进度、质量及安全密切相关的，首先需要考虑的是作业的安全，故在生产设计时，应经过对分段受力的精确计算后选择和使用吊环。坠落分段的事故是重大的，为了保证分段吊运翻身的绝对安全，必须按下述原则布置吊环。

吊环布置原则

(1)吊环的安全负荷必须大于分段的实际起重量。

(2)吊环应该尽可能对称于分段重心位置进行布置。

(3)分段上吊环的布置点部位的结构，应保证吊运力能够通过构件顺利地传递到分段的各个部位。

(4)在选用 15 t 以上的吊环时，在肘板部位的下侧应该相应地增设加强材。

(5)吊环下侧的结构在 800 mm 范围内，构架的焊脚尺寸和构件材料厚度，应根据负荷相应增强。

(6)吊环在横向一定安全角度下受力时，安全负荷也应相应减小。

(7)吊环的腹板和肘板厚度大于 15 mm 时应该开坡口焊接。

(8)吊环的布置间距应和钢索长度匹配，保证两根起吊钢索间的安全张角小于 60°。

(9)吊环和钢索间的连接卸载不允许受弯曲力，只能让钢索在分段边缘处弯曲，并转向。

(10)50 t 以上的吊环应该对角焊缝进行着色探伤，消除微裂纹。

(11)吊环的布置数量和分段翻身方法，应该使分段的临时加强材数量最少。

(12)分段的外板外表面，一般不允许布置吊环，以保证船壳外形的美观。

任务 3.6 吊 运 翻 身

【任务实施】

吊运翻身实训任务单和任务评价单见表 3.15、表 3.16。

表 3.15 吊运翻身实训任务单

任务名称	识别吊运翻身方法	所需时间	1 学时
实训场地	船舶工程系理实一体化教室	分组情况	1 人/组
任务描述	任务导入： 找一些典型的分段图片(如下图)，尝试说出它们吊环的布置位置以及吊运翻身的方法。 		
任务要求	技能要求： (1)能够掌握分段吊运翻身的方法。 (2)能够选择合理的吊运翻身方法。 职业素质要求： (1)具有严谨认真的工作态度。 (2)具有主动参与、积极进取、探究科学的学习态度和思想意识。 (3)具有分析问题、解决问题的能力		

表 3.16　吊运翻身任务评价单

课前准备	课前讨论	标准:参与回答问题。 评分(满分5分)		
	微课学习	标准:观看微课时长和发帖次数。 评分(满分5分)		
课中实践	知识要点 学习	标准:(1)课堂表现。 　　　(2)知识点掌握程度。 评分(满分5分)		
	教师作品 评价	校内教师	标准:(1)准备工作充分,分段吊运翻身方法选择的正确率。 　　　(2)根据学生答辩情况真实、客观地进行打分,并给出充分理由。 评分(满分15分)	
		企业专家	标准:(1)准备工作充分,分段吊运翻身方法选择的正确率。 　　　(2)根据学生答辩情况真实、客观地进行打分,并给出充分理由。 评分(满分15分)	
	自我评价	标准:真实、客观、理由充分。 评分(满分10分)		
	组内互评	学号　姓名　评分(满分20分)　学号　姓名　评分(满分20分) 注意:最高分与最低分相差最少3分,同分人最多3人,某一学生分数不得超平均分±3分		
	组间互评	标准:真实、客观、理由充分。 评分(满分10分)		
课后复习	在线作业 和测试	标准:学堂在线与网络教学平台的在线作业和测试。 评分(满分10分)		
	在线拓展	标准:根据完成情况适当加分。 评分(满分5分)		
总分(除组 内互评分)		任务完成人签字: 指导教师签字:	日期:　年　月　日 日期:　年　月　日	

【知识要点】

在分段制造过程中,由子板材接缝的封底焊和封闭型分段的上、下构架角焊缝,均需要在俯向位置焊接。为取得作业的高效率、高质量和施工的省力化,分段就必须进行数次翻身,完成后再吊往船台进行安装。可见分段的吊运、翻身是船体建造过程中的一道重要工序。随着船舶吨位的增大,分段的尺度、质量都相应变

吊运翻身

大,因而分段吊运翻身的安全作业是一项十分重要的工作,它是船体生产设计的一个课题。吊运、翻身工艺的欠妥会增加大量辅助性的加强材的消耗量,同时也增加了装配、焊接、拆除、批平和打磨的工耗,还会影响外表质量和制造周期,而翻身工艺的合理性首先取决于吊环的布置和翻身的方法。吊运翻身的分类方法有如下几种。

一、按分段翻身的场所分

1. 空中翻身法

分段在两端设置两组吊环,由两台吊车平行吊起,其中一台为主钩,另一台为副钩。主钩慢慢松钩后,将分段转向,副钩再吊起,完成翻身作业,将分段放平后焊接。空中翻身的分段最大质量应小于主钩吊车的安全起重量。分段翻身的形式有纵向翻身和横向翻身。由于大部分分段横向尺度小,而且往往带有舷侧外板或围壁,横翻时,吊索容易损坏结构,故空中翻身,尽可能采用纵向翻身法为好。空中翻身法明显的优点是空中翻身平稳,不容易损坏分段边缘结构,只需要设置吊环和一般的加强材,不需要专用工艺装备,成本低,施工方便,作业安全。但是分段最大质量的控制数比较低,一般是一台高吊的安全起吊负荷。

2. 落地翻身法

当船体分段的尺度较大,质量超过一台吊车的安全起重量时,就无法将分段起吊而悬空后翻身,此时必须借助于地面的反力减小分段给主钩吊车的荷重,这就可以采用落地翻身法。为了不损坏分段边缘,一般在分段落地的一端设置滚翻装置,形式有两种,即圆弧式和啮合线式。前者在分段重心偏离地面支点时,容易产生前冲力;后者在翻身过程中,重心的垂直线一直在地面支撑点上,处于动平衡状态,故翻身平稳,无冲力,如图3.38所示。

3. 专用工艺装备翻身

在自动化程度高的工厂,有采用专用工艺装备进行分段翻身,如采用大型回转身架,其作业效率很高,但是建造时投资大。

4. 沙坑翻身法

利用沙子的阻尼和缓冲作用,使分段在沙坑中落地滚翻而不产生变形。此方法所需要的材料和成本低,但是应设置专用的沙坑作为翻身场地,对设备较差的小型工厂比较适用。

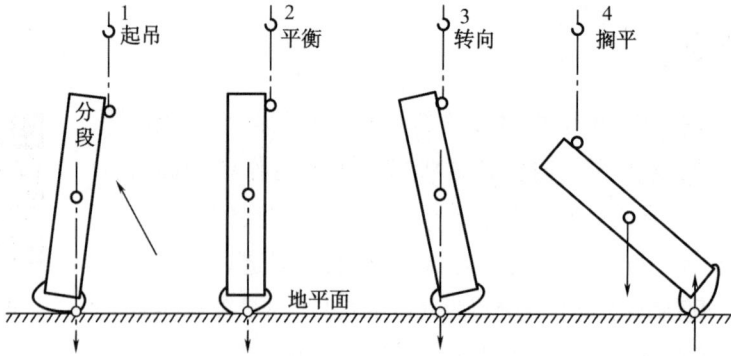

图 3.38　啮合线式翻身装置示意图

二、按吊环布置的方法分

1. 平面吊环翻身法

甲板、舷侧和单底等平面分段在胎架上制造完工时,主、副钩吊环通常布置在分段下侧平面上和甲板的上表面,分段起吊时将钢索从胎架下面引出后吊运。其优点是分段船台安装结束后,拆除吊环时的批磨工作方便,而且吊环的数量少,一般仅 4 个;其缺点是由于起吊翻身时钢索要绕过分段外侧,容易损坏分段的边缘结构,因此必须在吊环的同一侧分段的边缘设置加强材来增加辅助工作量,如图 3.39 所示。

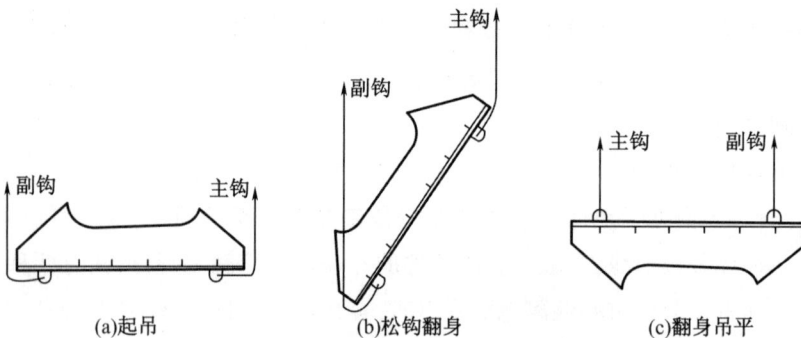

图 3.39　平面吊环翻身图

2. 侧面吊环翻身法

双层底等箱形立体分段翻身时,为了不使分段边缘结构受到损坏,可以在分段两端的侧面桁材等结构上布置吊环,不仅翻身时安全,而且操作时装卸钢索和卸载方便。此外,分段外板上没有吊环的痕迹,外表美观。但是吊环的本体结构和桁材边缘连接点必须具有足够的强度。如图 3.40 所示。

3. 三向吊环翻身法

多层甲板室分段的特点是内外围壁多、结构弱,立体分段则尺度大、重心高,往往在分段翻身时作业难度增加,容易产生围壁折曲,使得立体分段重心偏离吊钩而产生下坠事故。

故此类分段可以采用三向吊环翻身法,即分段在胎架上完工后,其正反两面均设置吊环,如图3.41所示。多层甲板室分段反身起吊副钩用构架内侧吊环,副钩松钩后,调换钢索,使用甲板副钩后,翻身正吊上船台。立体分段则可以在上、下和艏、艉部布置吊环,艏、艉为主钩,底部和甲板上吊环为副钩,组成吊点三角形,起吊时用船底板副钩,悬空后,换钢索至甲板面副钩,翻身后吊上船台。

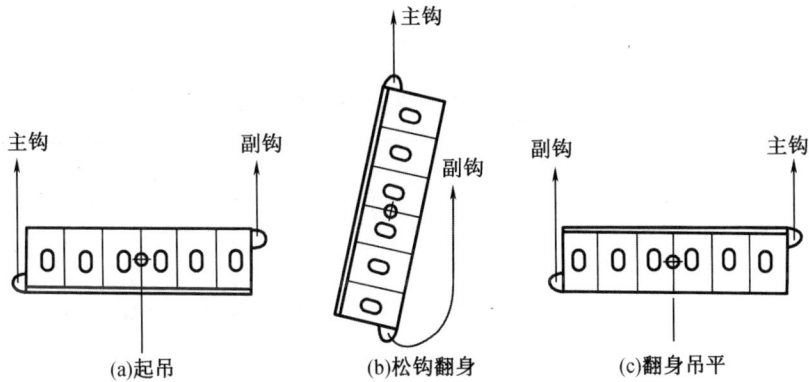

图 3.40 侧面吊环翻身图

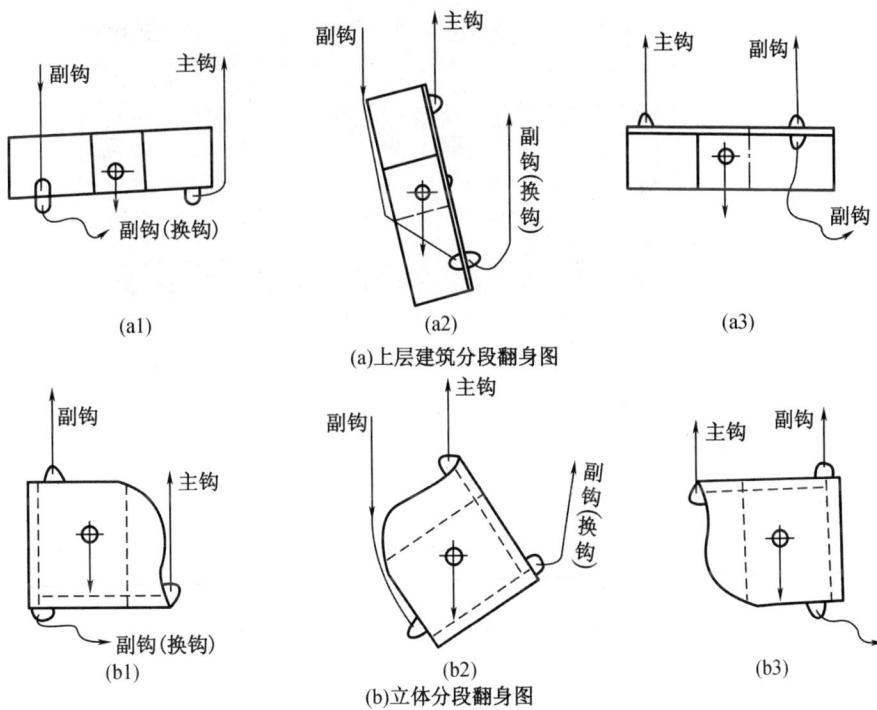

图 3.41 三向吊环翻身图

任务 3.7　装配质量检验

【任务实施】

装配质量检验实训任务单和任务评价单见表 3.17、表 3.18。

表 3.17　装配质量检验实训任务单

任务名称	装配质量检验	所需时间	1 学时
实训场地	船舶工程系实训室	分组情况	4 人/组
任务描述	任务导入： 下图展示的是船舶工程系实训室的分段。请对此分段进行装配质量检验。  		
任务要求	技能要求： (1)能够正确使用各种检验工具。 (2)能够掌握分段检验的内容。 (3)能够掌握分段检验的要求。 职业素质要求： (1)具有严谨认真的工作态度。 (2)具有主动参与、积极进取、探究科学的学习态度和思想意识。 (3)具有分析问题、解决问题的能力。 (4)具有团队协作能力。 (5)具有保护精密仪器设备的安全防护意识		

表3.18　装配质量检验任务评价单

课前准备	课前讨论	标准:参与回答问题。 评分(满分5分)						
	微课学习	标准:观看微课时长和发帖次数。 评分(满分5分)						
课中实践	知识要点学习	标准:(1)课堂表现。 　　　(2)知识点掌握程度。 评分(满分5分)						
	教师作品评价	校内教师	标准:(1)准备工作充分,工具使用规范程度。 　　　(2)分段测量的正确率。 评分(满分15分)					
		企业专家	标准:(1)准备工作充分,工具使用规范程度。 　　　(2)分段测量的正确率。 评分(满分15分)					
	自我评价	标准:真实、客观、理由充分。 评分(满分10分)						
	组内互评	学号	姓名	评分(满分20分)	学号	姓名	评分(满分20分)	
		注意:最高分与最低分相差最少3分,同分人最多3人,某一学生分数不得超平均分±3分						
	组间互评	标准:真实、客观、理由充分。 评分(满分10分)						
课后复习	在线作业和测试	标准:学堂在线与网络教学平台的在线作业和测试。 评分(满分10分)						
	在线拓展	标准:根据完成情况适当加分。 评分(满分5分)						
总分(除组内互评分)			任务完成人签字: 指导教师签字:			日期:　年　月　日 日期:　年　月　日		

【知识要点】

船舶制造检验包括放样和号料检验、零件和部件检验、分段制造检验、船台装配检验、焊接质量检验、船体密性试验和船体完工检验。其中，装配质量检验包括零件和部件检验、分段制造检验。

装配质量检验

一、零件和部件检验

1.零件检验

（1）零件边缘加工检验

①零件边缘加工检验的具体检验内容

零件边缘加工的检验通常采取巡视检验，具体的检验内容包括剪切加工检验、刨边加工检验、气割加工检验、气割表面粗糙度检验以及气割缺口检验。

②零件边缘加工检验注意事项

a.若零件边缘为船体结构的自由端，则必须清除剪切毛刺或气割挂渣。

b.应注意零件边缘加工产生的变形问题，严重时应矫平。

c.要注意零件边缘加工的内在质量问题。

（2）零件成型加工检验方法

零件成型加工检验通常采用样板（三角样板）（图3.42、图3.43）进行检验。

①零件形状加工检验的具体内容

a.零件矫平、矫直加工检验。

b.零件滚完、压弯、顶弯加工工艺检验。

c.零件折角、折边加工检验。

d.槽形板加工检验。

e.波形板加工检验。

f.外板弯曲加工检验。

②零件成型加工检验注意事项

a.零件形状加工和检验的基准是加工样板，首先要注意加工样板的准确性。

b.熟悉外板展开工作图，注意板列边缘加放余量。

c.注意钢板经形状加工后，板材反面质量是否符合要求。

d.经压弯与锤击的板材，检验时应注意板材表面是否有压痕与锤印。

e.折边或折角的钢板，折角处不允许出现裂缝。

f.水火弯板对同一部位重复加热次数不得超过三次。完工板材表面不允许产生熔融、锤鳞、皱痕等加工缺陷。

g.检验双曲度外板，应注意不允许将外板双曲度加工过量，留有收边作业余量。

h.检验艏、艉部外板和三角样板必须用斜撑撑对肋位面。

图 3.42　样板制作

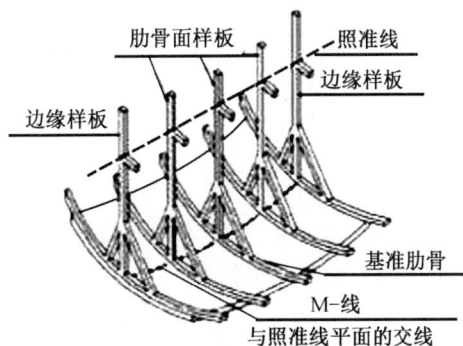

图 3.43　样板检验

2.部件检验

部件检验包括部件装配检验、部件焊接质量检验和部件矫正检验。

(1)部件装配的检验内容

①埋弧自动焊焊缝的装配间隙。

②埋弧自动焊对接缝的装配错边。

③手工对接缝的坡口根部间隙。

④角接缝、搭接缝的装配间隙。

⑤组合型材的安装位置偏差。

⑥角钢、球扁钢拼接的错边、接缝焊后的直线度。

⑦框架型线、位置偏差。

⑧各种扶强材的位置偏差、垂直度。

(2)部件装配检验注意事项

①注意肋板、桁材上人孔盖位置。

②检验组合型材面板与腹板的特定角度和对称度。

③肋骨框架装配后应检查辅助加强材位置是否合理。

④薄板手工拼焊后的角变形矫平。

⑤检查舱壁扶强材位置的准确性。

⑥除特殊情况,部件焊后均应矫正。

二、分段制造检验

1.胎架检验

(1)胎架检验的内容(表 3.19)

表 3.19　胎架检验的内容

检验内容	精度标准/mm		检验方法
	标准	允许	
模板位置偏差	≤2.0	≤3.0	按胎架图尺寸检测
模板垂直度	1/1 000	2/1 000	用线锤检测

表 3.19（续）

检验内容	精度标准/mm		检验方法
	标准	允许	
模板中线或水线基线偏差	≤1.0	≤2.0	用线锤检测
平线四角水平	≤2.0	≤3.0	用水准仪或水平软管检测
模板型线与样板型线偏差	±1.0	+1.0 −3.0	用胎架划线样板检测
模板上外板接缝线偏差	±1.5	±3.0	用胎架划线样板检测

（2）胎架检验注意事项

①注意检查实施精度管理分段,预修整对划线的要求。

②艏、艉部分段模板划线面应与结构理论线面一致。

③胎架应在型线经气割完工后的状态下检验。

④检查胎架模板上各种标识是否齐全、准确。

⑤可调胎架要检验预设外板定位基线位置的准确性。

⑥分段首、尾曲度变化大的大接缝附近应设有胎架模板。

2. 划线检验

划线作业(图 3.44)涉及船体建造流程中的各工序,这里所说的划线检验是指胎架铺板后划线工序的检验内容。分段划线位置正确与否,将决定分段中各零、部件装焊位置的正确性,还影响到船体大接缝质量和外观的美观及强度。

图 3.44　拼板划线

（1）划线检验内容（表 3.20）

表 3.20　划线检验的内容

检验内容	精度标准/mm		检验方法
	标准	允许	
中线、结构线、开口线偏差	≤1.0	≤1.5	用划线草图或样条检测

表 3.20(续)

检验内容	精度标准/mm		检验方法
	标准	允许	
构件厚度位置偏差	正确	正确	按船体构件理论线图检查
端头肋位距大接缝尺寸偏差	±2.0	±4.0	对预整修端头,检查余量即可
内底、平台、甲板宽度偏差	±2.0	±4.0	用划线草图或样条检测

(2)划线检验(图 3.45)注意事项

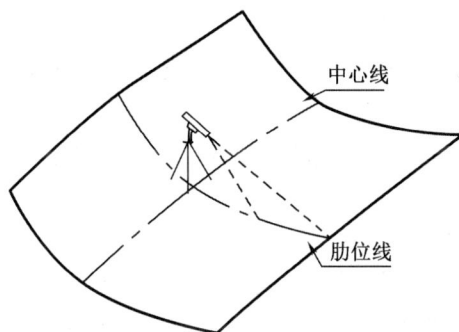

图 3.45　划线检验

①注意划线样棒的尺寸误差。

②纵向曲度变化大的外板上划肋位线应注意前后方向定位位置的准确性。

③结构线线条的一侧均应标明构件的厚度位置。

④注意对工艺孔、舱口及大接缝处门窗划线后的处理。

⑤划曲线时,尺寸点之间的距离不能太大,否则会影响曲线的准确性。

3.平面和曲面分段检验

(1)平面和曲面分段检验的内容(表 3.21)

表 3.21　平面和曲面分段检验的内容

检验内容		精度标准/mm		检验方法
		标准	允许	
分段长度偏差	平面	±4.0	±6.0	用钢卷尺检测
	曲面		±8.0	
分段宽度偏差	平面		±6.0	用钢卷尺检测
	曲面		±8.0	
构件安装位置偏差		≤1.0	≤2.0	用短钢尺检测
构件垂直度		≤1.0	≤2.0	用线锤检测

表 3.21(续)

检验内容		精度标准 mm		检验方法
		标准	允许	
分段正方度	平面	≤4.0	≤8.0	测量最终划线的对角线偏差
	曲面	≤10.0	≤15.0	
分段扭曲度			≤20.0	在横梁或桁材面板上测量

（2）检验注意事项

①检验平面分段时,应注意结构的对称性,结构方向、方位的正确性,船中线、肋位检验线和水线检验线等标记的正确性。

②检验曲面分段时,注意检查分段工作图和工艺文件要求的基线、肋位线、中心线等标记情况,对焊接坡口、接缝余量等进行检查。

③应注意检查分段是否按工艺要求进行加强,以免吊运时发生变形。

4. 立体分段检验

（1）立体分段检验的内容

立体分段检验是对分段的外形尺寸、构件尺寸、构架位置、零件数量、装配精度和焊接质量的检验。立体分段、主机基座、艉柱立体分段检验的内容见表 3.22、表 3.23、表 3.24。

表 3.22　立体分段检验的内容

检验内容		精度标准/mm		检验方法
		标准	允许	
上、下平面的中心线偏差	平面立体	≤5	≤10	用线锤检测
	曲面立体	≤7	≤15	
上、下平面的肋位线偏差	平面立体	≤5	≤10	用线锤检测
	曲面立体	≤7	≤15	
分段扭曲度	平面立体	≤10	≤20	在主要平面上,依三点作成平面,然后测量另一点对该平面的误差
	曲面立体	≤15	≤25	
同一水平结构的高度		±4	±6	用线锤检测
两个水平面间的高度		±5	±10	

表 3.23　主机基座检验的内容

检验内容	精度标准/mm		检验方法
	标准	允许	
基座面板平面度	≤5	≤10	用样板检测
基座面板长度及宽度	±4	±6	用钢卷尺与直尺检测
基座纵桁与分段中心线偏差	±2	±4	用线锤与钢尺检测

表 3.24　艉柱立体分段检验的内容

检验内容	精度标准/mm		检验方法
	标准	允许	
舵承之间尺寸	±5	±10	用钢卷尺检测
轴壳后端与艉尖舱壁距离			用样棒、钢卷尺检测
分段扭曲度	≤5	≤10	—
舵杆中心线与艉轴中心线偏差	≤4	≤8	用线锤检测

（2）检验注意事项

①各分段的相应标识应准确。

②双层底应重点检查肋板、流水孔、透气孔等的完整性。

③焊缝是否符合焊接工艺要求、焊缝的光顺性。

④检查外板曲度、船体外观。

⑤个别分段的局部加强。

⑥对艉部分段进行轴线、舵线的检查。

⑦工艺要求的重要分段应标注船中线、水线检验线、肋骨检验线，并号上冲印。

5. 分段完工检验

分段完工检验是在完成全部施工内容，包括对分段进行尺度和外形测量之后的完整性检验。

（1）分段完工检验的内容

分段完工检验的内容包括局部平面度检验、整体平面度检验、脚手架眼板和吊装眼板（图 3.46）修复检验、工艺板（图 3.47）清除检验等。

图 3.46　吊装眼板

图 3.47　工艺板

（2）检验注意事项

①检查施工工艺文件中规定的余量及应开好的焊接坡口是否已实施。

②注意分段是否清洁。

③对船东、验船师提出的修复意见的复验。

❖ 项目拓展

分段余量、补偿量加放位置设计方法

一、设计依据

设计输入条件以及参考图纸如下。

(1)精度作业指导书。

(2)分段总组、合拢顺序图。

二、设计准则

在设计中应遵循的基本原则:考虑搭载顺序,尽量保证基准段不切修。

三、设计流程

设计流程如图 3.48 所示。

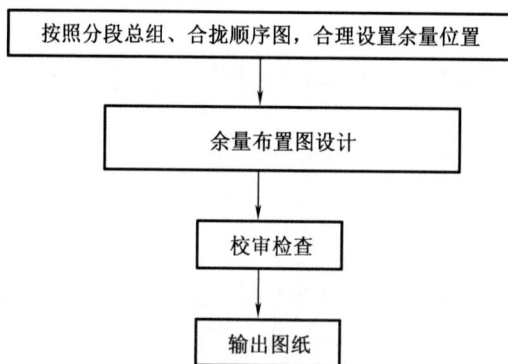

按照分段总组、合拢顺序图,合理设置余量位置

↓

余量布置图设计

↓

校审检查

↓

输出图纸

图 3.48　设计流程

四、设计内容与方法

(1)余量布置图设计时,要考虑分段合拢顺序,定义是基准段的分段端口设计为无余量,与基准段相邻的分段,在该合拢口侧设置余量,即尽量保证基准段不切修。

(2)余量设计时,要优先加放焊接收缩量。分段建造过程中焊接及火工产生的收缩量采用分散补偿的方式加放,分段端口标注的余量按技术要求切除后保留的净值及端口补偿量均用于船台阶段。

(3)设计全船余量时,余量(含补偿量)设置总体趋势向同一方向加放,保证分段在某一方向上,仅一端加放余量,即沿船长方向,分段环缝余量加放在艏端或艉端,不允许两侧同时加放余量,如图 3.49 所示。

沿高度方向,分段余量加放在下合拢口侧。在搭载前,相邻分段的上合拢口侧设计为无余量,如图 3.50 所示。

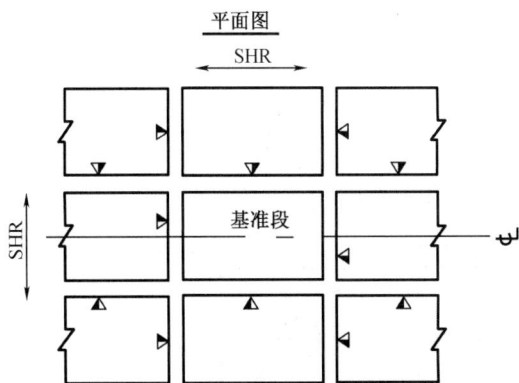

图 3.49 一端加放余量(船长方向)

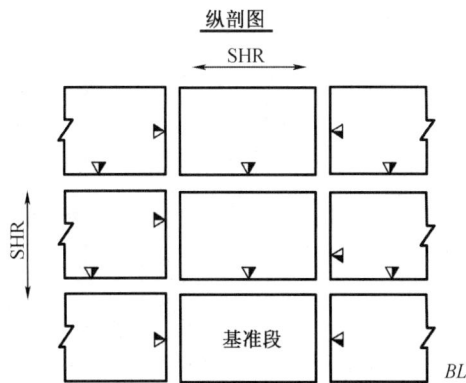

图 3.50 下合拢口侧加放余量

沿船宽方向,在搭载前,底部分段合拢口侧仅允许一端留放合理的端部补偿量,相邻分段的该合拢口侧设计为无余量,如图 3.51 所示。

(4)一些特殊余量的加放方法

①两个相邻分段,如果分段缝的一边为薄板,一边为需扒皮的厚板,则厚板一侧不设船台余量。

②散货船货舱区舷侧肋骨上、下趾端处,为防止面板焊接变形应加放倾斜补偿量,如图 3.52 所示。

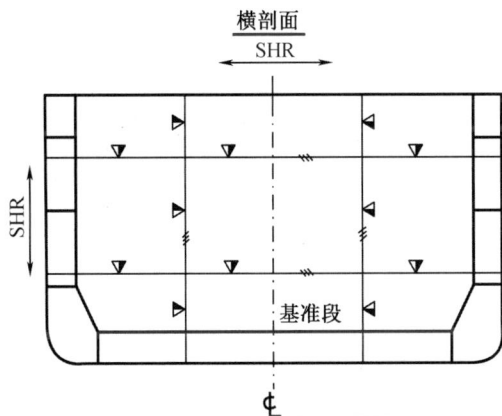

图 3.51 一端留放端部补偿量(船宽方向)

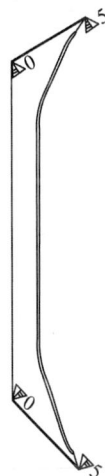

典型外板肋骨

图 3.52 散货船货舱区舷侧肋骨上、下趾端处补偿量

③集装箱船抗压箱区域的角焊缝加放倾斜补偿量,如图 3.53 所示。

五、设计检验

设计检验,是为保证设计质量,需要检验人员按各自职责进行的检验项目。设计检验的内容见表 3.25。

横剖面

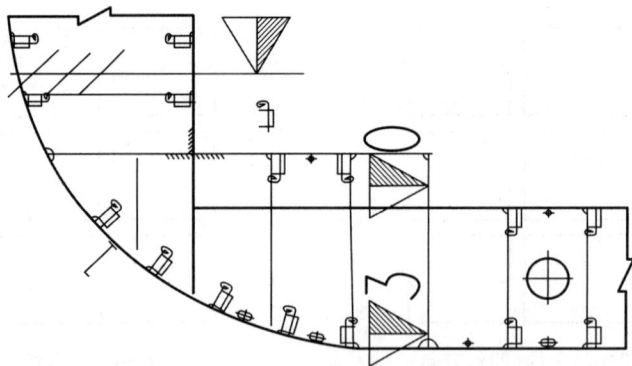

图 3.53　集装箱船抗压箱区域的角焊缝补偿量

表 3.25　设计检验的内容

序号	检验内容	检验项目		
		设计	校对	审核
1	分段号是否标注完整	○	□	□
2	基准段不能设置余量	□	□	□
3	余量设置趋势是否一致	□	□	□
4	特殊结构形式余量加放是否明确	□	□	□
……	……	□	□	□

❖ 项目测试

一、填空

1.识读分段生产设计图(结构),需要知道_____、_____、_____等的形式和应用。

2. ⚭ 是_____符号。

3.舱口围板以靠近_____一边为理论线。

4.现代船舶建造中常用的焊接方法有两类:_____和_____。

5.船体焊接中常见的焊接接头形式有:_____、_____、_____、搭接接头和塞焊接头等。

6.常见的焊缝形式有:_____、_____和_____。

7.角焊缝又分为_____和_____两种。

8.连续角焊缝有_____、_____、_____等不同形式。

9.断续角焊缝又分为_____、_____和_____三种。

10.焊接符号一般由_____和_____组成。必要时还可以加上_____、补充符号和_____及数据。

11.识读分段装配图要了解_____、_____、_____理论线,也要考虑对应的

_____、_____等。

12. 零件边缘加工的检验包括_____、_____、_____、_____以及气割缺口检验。

13. 部件检验包括_____、_____和_____。

14. 立体分段检验是对_____、_____、_____、_____、装配精度和焊接质量的检验。

15. 分段完工检验的内容包括_____、_____、脚手架眼板和吊装眼板修复检验、_____。

二、判断题

1. 连续符号和间断符号,若图形上的断续关系已经明确,该符号可以不画。　　（　　）

2. 确定金属船体构件理论线的基本规定中,沿高度方向定位的构件,以靠近基线（BL）一边为理论线。　　（　　）

3. 不对称型材和折边板材以其背面为理论线。　　（　　）

4. 船体焊接中,角焊缝数量最多,对接焊缝次之,塞焊缝较少。　　（　　）

5. 塞焊缝有圆孔塞焊缝和长孔塞焊缝两种。　　（　　）

6. 焊缝符号应明确地表示所要说明的焊缝,而且不使图样增加过多的注解。　　（　　）

7. 焊缝辅助符号用细实线表示。　　（　　）

8. 焊缝指引线一般由带有双边箭头的箭头线和基线两部分组成。　　（　　）

9. 在船舶部件装配图的主视图中可以读到相应部件的最大程度的一个表现。　　（　　）

10. 在部件装配图的零件图中可以看到零件的具体编号和尺寸等。　　（　　）

11. 分段装焊工作量平均要占整个船体装焊作业量的35%左右。　　（　　）

12. 船舶首、尾柱分段和舵结构等由于形状尖削,一般采用以船中心线平面作为基面而制造外板型线胎架,达到控制焊接变形和提高分段完工精度的目的。　　（　　）

13. 卧造法的优点是简化胎架的制造工作,构件安装定位方便,分段不需要翻身,完工后仅作90°角旋转后就可以上船台安装。　　（　　）

14. 分段的吊运、翻身是船体建造过程中的一道重要工序。　　（　　）

15. 分段划线位置正确与否,将决定分段中各零、部件装焊位置的正确性,还影响到船体大接缝质量和外观的美观及强度。　　（　　）

三、名词解释

1. 船舶部件装配生产设计图　　　　　　2. 电弧焊

3. 电渣焊　　　　　　　　　　　　　　4. 焊接接头

5. 焊缝　　　　　　　　　　　　　　　6. 对接焊缝

7. 角焊缝　　　　　　　　　　　　　　8. 连续角焊缝

9. 断续角焊缝　　　　　　　　　　　　10 塞焊缝

11. 焊缝基本符号　　　　　　　　　　　12. 分段

13. 平面分段　　　　　　　　　　　　　14. 曲面分段

15. 半立体分段　　　　　　　　　　　　16. 立体分段

17. 总段

四、简答题

1. 简述粗实线的应用范围。

2. 什么是分离装配法？特点是什么？

3. 什么是纵桁法？特点是什么？

4. 什么是框架法？特点是什么？

5. 什么是正造法？特点是什么？

6. 什么是反造法？特点是什么？

7. 简述平面型吊环的特点和应用范围。

8. 吊环的布置原则是什么？

9. 简述分段空中翻身法的操作过程。

10. 简述平面吊环翻身法的操作过程和特点。

11. 简述零件边缘加工检验的注意事项。

项目四　船舶分段结构

❖ 项目目标

项目四介绍底部分段结构、舷侧分段结构、舱壁分段结构、甲板分段结构、艏艉立体分段结构等内容,是全书的重点基础内容之一,是船舶分段装配必须掌握的基础知识。通过本项目的学习,学生能对船舶分段结构有更明确的认知,有助于其学习船舶分段结构相关的知识。

一、知识目标

1. 掌握船舶底部结构相关内容。
2. 掌握船舶舷侧结构相关内容。
3. 掌握船舶舱壁结构。
4. 掌握船舶甲板结构。
5. 掌握船舶首、尾分段结构。

二、能力目标

1. 能够正确指出底部结构及相互连接方式。
2. 能够熟练识读舷侧结构。
3. 能够判断舱壁的类型、结构组成及槽形体布置方向。
4. 正确指出甲板结构名称及连接方式。
5. 正确识读船舶首、尾分段结构。

三、素养目标

1. 培养学生安全操作、文明环保、团队协作和吃苦耐劳的精神。
2. 培养学生在学习过程中严谨的工作态度和创新精神。
3. 培养学生独立自主学习新知识、新技术和新思维的能力。
4. 培养学生在船舶结构建造中的安全意识。

❖ 学习任务

任务 4.1　底部分段结构
任务 4.2　舷侧分段结构
任务 4.3　舱壁分段结构
任务 4.4　甲板分段结构
任务 4.5　艏艉立体分段结构

❖ 德育学堂

我国古代船舶的造船智慧——龙骨结构

我国在宋代就发明了龙骨结构。我国古代船舶的龙骨结构是造船业中的一项重大发明,对世界船舶结构的发展产生了深远的影响。

龙骨结构是船底中线处从艏至艉贯通底部全长的纵向连续构件。其主要作用是用一种坚硬的材料贯通整个船体,实现有效支撑船身,使船只更加坚固稳定,同时吃水深,抗御风浪能力十分强。

宋代古海船

龙骨结构主要由龙骨、旁龙骨、肋骨、龙筋、船壳板、舭龙骨等六个部分组成。

第一,龙骨。龙骨是在船体的基底中央连接船首柱和船尾柱的一个纵向构件,承受船体的纵向弯曲力矩,能增强船体承受波浪的冲击力和水压力,还能承受纵向行驶时的震动。

第二,旁龙骨。旁龙骨是位于龙骨两侧的纵向构件,它除了承受部分船体的纵向弯曲力矩外,还能提高船体承受外力的强度。

第三,肋骨。肋骨是船体内的横向构件,它的主要作用是承受横向的水压力,保持船体的几何形状。

第四,龙筋。龙筋是位于船体两侧的纵向构件,它和肋骨的分布方向正好相反,并与肋骨一起组成了网状结构。其主要作用是固定船侧板,同时增大船体的结构强度。

第五,船壳板。船体的几何形状是由船壳板的形状决定的,船壳板包括船侧板和船底板两部分,主要作用是承受纵向弯曲力、水压力、波浪冲击力等各种船体所要承受的外力。

第六,舭龙骨。舭龙骨是安装在船侧和船底交界的一种纵向构件,主要作用是能减弱船舶在波浪中航行时产生的摇摆。

以宋代尖底海船(图4.1)为例。因船舶的体型巨大,所以对船只结构的坚固性有了更高的要求。当时的船舶形状为上宽下窄,底部是尖的,船体上部的甲板较为平整,船舷以下如同刀削一般。如果将船身沿着横面切开,就会发现船的横断面为"V"字形,尖底上就设置着贯通艏艉的龙骨。这种上宽下窄的设计虽然不够稳定,但因船只的下半部分在水面以下,而龙骨结构比较沉重,吃水较深,因此并不会影响行船的稳定性,反而大大减少了船只前行的阻力,节省了动力,保证了船行的速度。

图4.1　宋代尖底海船

龙骨结构充分体现了我国古人在造船方面的智慧与才干,也体现了古人在解决实际问题时的务实精神,为我们当下的科技研究和发展提供了良好的借鉴。

❖ 项目导入

数字孪生技术与智能船舶

一、数字孪生的概念

美国国家航空航天局(national aeronautics and space administration,NASA)于 1960 年通过制造地球孪生体的方式模拟太空作业设备的工作状况,用以紧急避险。该项目是早期数字孪生技术的经典应用案例。

根据 Michael Grieves 在 2003 年给出的定义,数字孪生技术是指事物物理状态的虚拟数字化。由于当时科学技术水平的限制,这一概念未能以实体状态呈现。随着 3D 建模技术、大数据、计算机等软硬件基础技术的大幅提升,数字孪生技术得以展现。

数字孪生技术包含物理实体、虚拟模型、人工智能等三部分。物理实体将其设计、优化、维护和操作等关键信息传递给虚拟模型,并由人工智能完成数据分析,最终将优化策略反馈回物理实体。

二、数字孪生技术在船舶领域的应用

数字孪生技术在应用智能船舶行业作为航运新领域,正处在发展初期,还存在"智造"水平较低、设备故障预测能力较弱、数字化管理水平欠缺等不足。目前,以中国船级社为代表的各机构都投入大量人力、物力进行研究。数字孪生技术在智能制造、故障诊断和健康管理等领域已有相应的技术应用或研究进展,这给智能船舶行业的发展提供了可借鉴的方案。

数字孪生技术对船舶的设计建造具有指导意义。在设计过程中,利用数字孪生技术构建船厂信息物理系统(CPS),实现船舶动力系统的精准复刻。在该系统中,设计人员利用构建的船舶精细化孪生模型,配合孪生数据和施工现场数据来模拟船舶在建造过程中的真实环境,同时辅以虚拟现实技术(VR)和数据可视化技术检查各设备、分段的衔接情况是否符合相关法规条例,还可以跟踪造船进度,实现物理空间与孪生空间的双向映射和实时交互。通过此种方式,设计人员可以对不合理的设计进行及时有效更改,避免设备功率冗余、安装空间不匹配、选型不合理等一系列在建造阶段产生的问题,并能及时将更改数据反馈到类似设计中。数字孪生技术将有效解决设计与施工脱节、模型不一致、设计时间长、取样验证难以及现场调度匮乏等问题。该技术将提高船舶设计的精细度,减少甚至消除建造阶段的实船更改,实现智能化、精细化和数字化造船(图 4.2)。

图 4.2　数字孪生技术与智能船舶

❖ 相关知识

船体的组成与结构

一、船体基本组成

船体大致可分为主船体和上层建筑两部分,主船体指上甲板以下部分,上层建筑指上甲板以上部分。

主船体动画

1. 主船体

主船体部分有船首、船中、船尾;主船体是船体结构的主要部分,是由船底、舷侧、上甲板围成的水密的空心结构。其内部空间又由水平布置的下甲板、沿船宽方向垂直布置的横舱壁和沿船长方向垂直布置的纵舱壁分隔成许多舱室。船舶上通常有船舱、机舱、艏尖舱和艉尖舱等舱室。艏、艉端的横舱壁也叫艏尖舱舱壁(或防撞舱壁)和艉尖舱舱壁。

2. 上层建筑

上层建筑部分有船楼及甲板室。船楼是指两侧伸至船的两舷或距舷边的距离小于船宽的4%的上层建筑。根据所在的位置分为艏楼、桥楼和艉楼。甲板室是指宽度比该处的船宽小,其侧壁位于舷内甲板上的围壁建筑物。甲板室根据所在的位置分为中甲板室和艉甲板室,艏甲板室极少采用。船楼和甲板室如图4.3所示。

(a)船楼　　　　　(b)甲板室

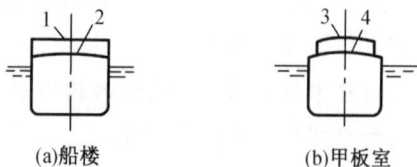

1—船楼甲板;2—上甲板;3—甲板室甲板;4—上甲板。

图 4.3　船楼和甲板室

货船的船楼大多采用艏楼和艉楼。艏楼只有一层空间,其上的甲板叫艏楼甲板。艉楼部分是船员生活及日常活动的场所,它由若干层甲板分隔而成,按自下向上的顺序通常有如下几层:最下层是艉楼甲板,居住舱所在的甲板也叫起居甲板;救生艇所在的甲板叫艇甲板;驾驶台所在的甲板叫驾驶甲板;标准罗经所在的甲板称为罗经甲板,如果是平台,则称为罗经平台,它是船楼中最高的一层。另外,货舱之间设置的甲板室有桅室(或桅屋),它的上面通常布置起货机,称为起货机平台。图4.4为船体的基本组成情况。

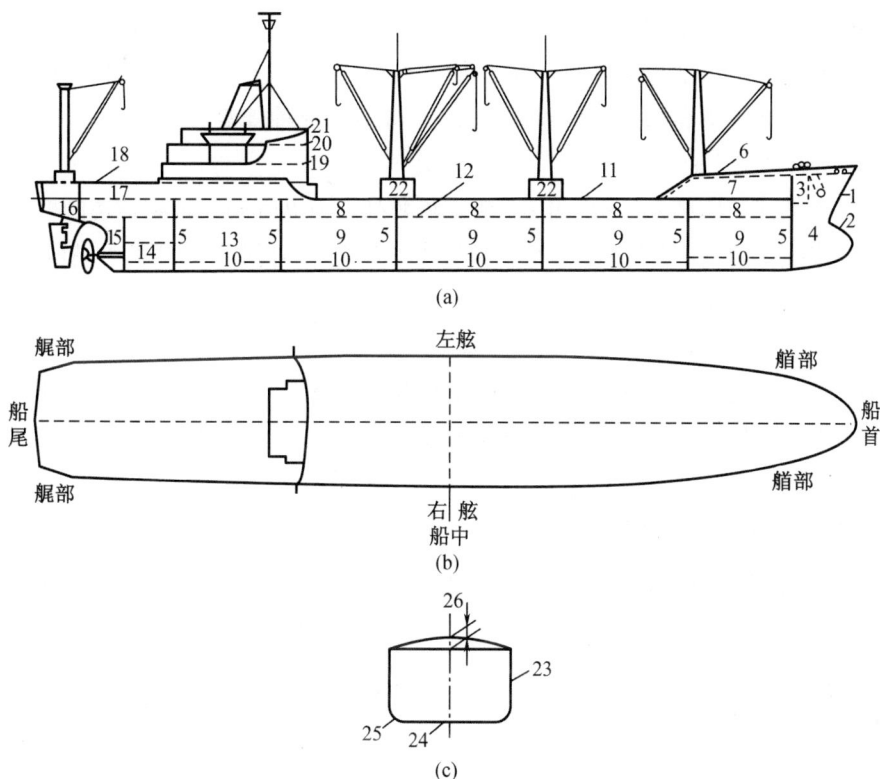

1—艏柱;2—球鼻艏;3—锚链舱;4—艏尖舱;5—横舱壁;6—艏楼甲板;7—艏楼;8—甲板间舱;9—货舱;
10—双层底;11—上甲板;12—下甲板;13—机舱;14—轴隧;15—艉尖舱;16—舵机舱;17—艉楼;18—艉楼甲板;
19—艇甲板;20—驾驶甲板;21—罗经甲板;22—桅屋;23—舷侧;24—平板龙骨;25—舭部;26—梁拱。

图4.4　船体的基本组成

二、船体结构形式

1. 板架结构的骨架形式

板架结构根据骨材布置的方向,可分为纵骨架式、横骨架式和混合骨架式三种类型。

(1)纵骨架式

纵骨架式是指数目多而间距小的骨材沿船长(纵向)方向布置。其优点是多数骨材纵向布置,增加了船梁抵抗纵向弯曲的有效面积,提高了船梁的纵向抗弯能力,增加了船体总纵强度;缺点是施工比较麻烦。

(2)横骨架式

横骨架式是指数目多而间距小的骨材沿船宽(横向)方向布置。其优点是多数骨材横向布置,横向强度较好,施工比较方便,建造成本低;缺点是在同样受力情况下,外板和甲板的厚度比纵骨架式的大,结构质量较大。

（3）混合骨架式

混合骨架式是指纵横方向的骨材相差不多,间距接近相等。这种骨架式除了在特殊场合,一般很少用到。

2. 船体结构的形式

根据船体各部位板架所采用的形式,船体结构形式也分为三种。

（1）单一横骨架式船体结构

单一横骨架式船体结构是指上甲板、船底和舷侧均为横骨架式板架结构的船体结构形式。对总纵强度要求不高的一些小型船舶和内河船多为此种骨架形式。

（2）单一纵骨架式船体结构

单一纵骨架式船体结构是指上甲板、船底和舷侧均为纵骨架式板架结构的船体结构形式。对总纵强度要求较高的军舰、大型油船及其他大型远洋货船等采用此种结构形式。

（3）混合骨架式船体结构

混合骨架式船体结构是指上甲板和船底采用纵骨架式板架结构,而舷侧和下层甲板采用横骨架式板架结构的船体结构形式。此种结构船舶的首尾端及机舱区采用横骨架式结构。根据弯矩和弯曲正应力在船体上的分布特点,这样做是合理的。杂货船、散货船等大中型船采用此种形式。

三、船体外板和甲板板

外板和甲板板是船体箱形结构的最主要组成部分,外板围成船体的外壳,而甲板板则封闭船体的上部。

1. 船体外板

外板是构成船体底部、舭部及舷侧的外壳板,由一块块钢板对合焊接而成。

（1）接缝与列板

外板钢板的长边通常沿船长方向布置。板与板相接的纵向(船长方向)接缝叫边接缝,板与板相接的横向(船宽方向)接缝叫端接缝,如图4.5所示。钢板逐块端接而成的连续长板条称为列板,若干个列板组成船体外板。

（2）列板名称

组成船体外板的各列板名称如图4.6所示。位于船底的各列板统称为船底板,其中位于船体中线的一列板称为平板龙骨。由船底过渡到舷侧的转圆部分称为舭部,该处的列板称为舭列板。舭列板以上的外板称为舷侧外板,其中与上甲板连接的舷侧外板称为舷顶列板。

在生产图纸中,一般称平板龙骨为 K 行板,相邻列板为 A 行板,接下来是 B 行板,以此类推,直至舷顶列板为 S 行板。

（3）外板布置

①外板边接缝的布置

平板龙骨和舷顶列板的宽度由船舶建造规范或强度计算决定,舭列板的边接缝由工艺性决定。

布置边接缝线时应考虑到船体纵向构件的布置,外板的边接缝与纵向构件的角焊缝应避免重合或形成过小的交角,否则会影响焊接的质量。若纵向构件与外板边接缝的交角小于 30°时,则应调节接缝改为阶梯形,如图 4.7 所示。此外,板缝布置与纵向构件在很长一段距离中平行时,其间距应大于 50 mm。

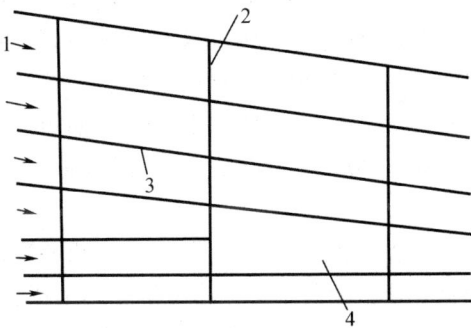

1—列板;2—端接缝;3—并板;4—边接缝。

图 4.5　接缝与列板

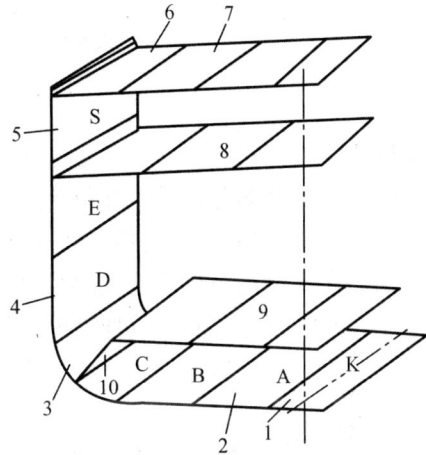

1—平板龙骨;2—船底板;3—舭列板;4—舷侧外板;
5—舷顶列板;6—甲板边板;7—上甲板;8—下甲板;
9—内底板;10—内底边板。

图 4.6　组成船体外板的各列板名称

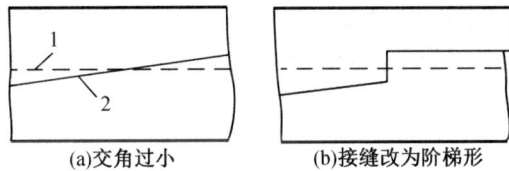

1—纵向构件;2—外板边接缝。

图 4.7　外板的边接缝

外板的排列须充分利用钢板的规格,尽可能减少钢板的剪裁;在水线以上部分的舷侧外板,其边接缝线与甲板边线或折角线平行,并保持相同的宽度伸至船的两端,以使外板排列整齐美观;在艏、艉端,由于肋骨围长减小,外板板列的数目也要相应地减少,形成并板结构。

并板的形式一般有两种:一种是双并板,两相邻列板的端接缝同时中断,并成一列板,如图 4.8(a)所示;另一种是齿形并板,两相邻列板的端接缝不同时中断,并板处成阶梯形接缝,如图 4.8(b)所示。

②外板端接缝的布置

各列板的端接缝应尽可能布置于同一横剖面上,以减少装配和焊接的工作量,这有利于采用垂直自动焊接,并且容易控制焊接变形。外板的端接缝应尽量布置在 1/4 或 3/4 肋距处,且端接缝应避开横向构件的角焊缝及大开口角隅部位。

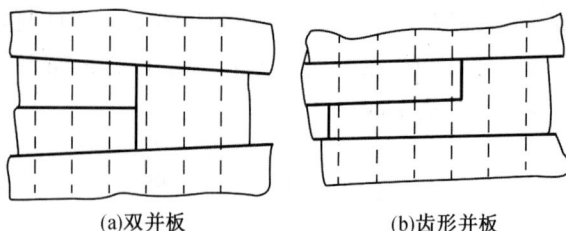

(a)双并板   (b)齿形并板

图4.8　外板的并板接缝

（4）外板的厚度

外板上的各块钢板因其所在位置的不同,受力也不同。外板厚度在受力大的部位可取厚些,在受力小的部位可取薄些。外板厚度沿船长方向的变化是船中(0.4L)区域较厚,艏、艉端较薄。但平板龙骨的宽度和厚度从首至尾保持不变。外板厚度沿肋骨围长方向的变化是平板龙骨和舭顶列板比其他外板厚些。对于有些局部受力较大区域的外板,如艏部锚孔区域、艉端螺旋桨区域、外板开口区域等,应采用加厚板或加装骨架等局部加强措施。

2. 甲板板

船舶的主体部分设有一层或几层全通甲板,小型舰船仅有一层甲板,而大型船舶根据使用要求往往设置二层或多层贯通全船的连续甲板。按自上而下的顺序分别称为上甲板、第二甲板、第三甲板等,第二、三甲板也叫下甲板。根据需要,有时在部分舱室中设置局部间断的平台甲板。

为了减少上浪及迅速排除积水,船舶上甲板通常为曲面形状,且艏、艉窄中部宽,船长方向中部低于艏、艉端,船宽方向中间高于两舷,如图4.9所示。上甲板边线沿纵向向艏、艉端升高的曲线称为舷弧,上甲板沿横向的拱形称为梁拱。非露天的甲板和平台,则可做成平直的结构。

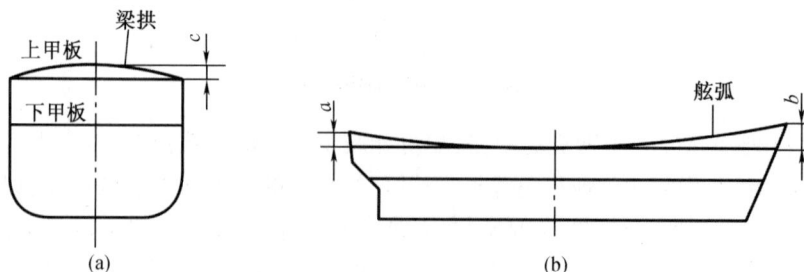

图4.9　梁拱和舷弧

甲板板由许多钢板并合焊接而成,钢板的长边通常沿船长方向布置,且平行于甲板中线。沿甲板边缘与舷侧邻接的一列甲板板称为甲板边板。在艏、艉及大开口之间也可将钢板沿横向布置。甲板布置时,应注意甲板板的端接缝不宜设于大开口的四角,因为该处是应力集中区域,板缝与舱口横端至少应相距500 mm。此外,甲板板排列时也应注意甲板上下构件的位置,避免使甲板板缝与这些构件的焊缝相重合或太接近,一般要求两者的间距大于50 mm。

在各层甲板中,上甲板较下层甲板厚,一般称为强力甲板。沿船长方向,上甲板在船中0.4L区域应厚些,向艏、艉两端则逐渐减薄。沿船宽方向,甲板边板首、尾连续,参与总纵弯曲,且经常积水易受腐蚀,是上层甲板中最厚的一列板,舱口之间的甲板板厚度较薄些。

在甲板上通常设有各种大小不同的开口,如机舱口、货舱口、人孔和梯口等。甲板上的人孔开口,应做成圆形或长轴沿船长方向布置的椭圆形,以缓和应力集中的程度。矩形大开口的长边通常沿船长方向布置,大开口的角隅应做成圆形、椭圆形或抛物线形。

上甲板以下的各层甲板若在机舱、货舱等处被切断,由于结构连续性被破坏,在甲板突变的地方可能产生应力集中。为了防止结构破坏,在甲板间断处舷侧应增设舷侧纵桁,且在过渡处用尺寸较大的延伸肘板连接,如图4.10所示。

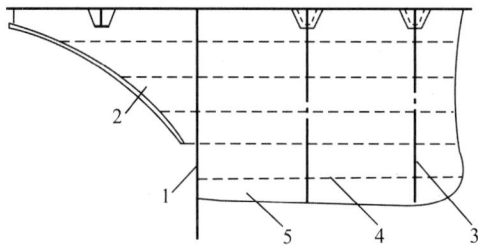

1—横舱壁;2—延伸肘板;3—横梁;4—纵骨;5—平台甲板。

图4.10 平台甲板末端处的结构

任务4.1 底部分段结构

【任务实施】

底部分段结构实训任务单和任务评价单见表4.1、表4.2。

表4.1 底部分段结构实训任务单

任务名称	底部分段结构	所需时间	2学时
实训场地	船舶工程系理实一体化教室	分组情况	4人/组
任务描述	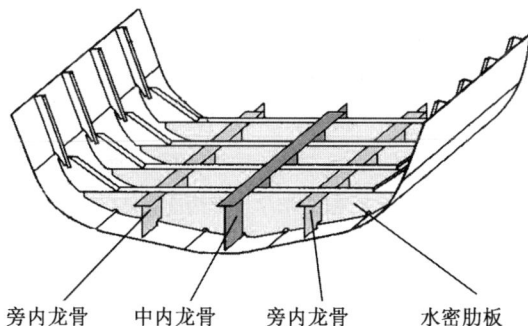 旁内龙骨　中内龙骨　旁内龙骨　水密肋板 任务导入: 　上图为横骨架式单层底结构,由船底板、中内龙骨、旁内龙骨、肋板、肘板等组成。根据图所提供的位置、连接方式,利用材料及工具进行模型的制作		

表 4.1(续)

	材料: (1)纸板(A0,厚 1 mm),15 张。 (2)乳白胶,4 瓶。 (3)双面胶,10 卷。 工具: (1)钢尺 1 m,2 把。 (2)三角板 150 cm,1 套。 (3)角尺 300 cm×150 cm,2 把。 (4)直尺 100 cm,1 把。 (5)裁纸刀,5 把(大)。 (6)裁纸刀,2 把(小)。 (7)钩刀,2 把。 (8)剪刀,4 把
任务要求	技能要求: (1)能够将构件从图上分解出来。 (2)能够分析出构件的位置及连接方式。 (3)能够选择大小合适的尺寸进行模型制作。 职业素质要求: (1)具有团结合作的精神。 (2)具有主动参与、积极进取、探究科学的学习态度和思想意识。 (3)具有分析问题、解决问题的能力

表 4.2　底部分段结构任务评价单

			标准及评分
课前准备	课前讨论		标准:参与回答问题。 评分(满分 5 分)
	微课学习		标准:观看微课时长和发帖次数。 评分(满分 5 分)
课中实践	知识要点学习		标准:(1)课堂表现。 (2)知识点掌握程度。 评分(满分 5 分)
	教师作品评价	校内教师	标准:(1)准备工作充分,制作模型正确、美观。 (2)根据学生答辩情况真实、客观地进行打分,并给出充分理由。 评分(满分 15 分)
		企业专家	标准:(1)准备工作充分,模型中细节点评。 (2)根据学生答辩情况真实、客观地进行打分,并给出充分理由。 评分(满分 15 分)

表4.2(续)

自我评价	标准:真实、客观、理由充分。					
						评分(满分10分)

组内互评		学号	姓名	评分(满分20分)	学号	姓名	评分(满分20分)
	注意:最高分与最低分相差最少3分,同分人最多3人,某一学生分数不得超平均分±3分						

组间互评	标准:真实、客观、理由充分。
	评分(满分10分)

课后复习	在线作业和测试	标准:学堂在线与网络教学平台的在线作业和测试。
		评分(满分10分)
	在线拓展	标准:根据完成情况适当加分。
		评分(满分5分)

总分(除组内互评分)		任务完成人签字:	日期: 年 月 日
		指导教师签字:	日期: 年 月 日

【知识要点】

船底可分为单层底和双层底,按骨架形式又可分为横骨架式和纵骨架式。

单层底结构只有一层船底板,结构简单,施工方便,但抗沉性差,大多用于小型舰艇、小型民用船舶,以及民用船的首、尾端。

双层底除了船底板外,还有一层内底板,当船底在触礁和搁浅等意外情况下遭到破损时,双层底能保证船舶的安全。双层底舱的空间可装载燃油、润滑油和淡水,或用作压载水舱。海船从艏尖舱舱壁到艉尖舱舱壁都采用双层底,小型舰艇和内河船仅在机舱等局部区域采用双层底。船底位于船体的最下部,是保证船体总纵强度和局部强度的重要板架结构。

一、横骨架式单层底结构

横骨架式单层底结构由舭肘板、内龙骨和肋板等组成,如图4.11所示。横骨架式单层底结构的特点是结构简单、建造方便,主要用于拖船、渔船、内河船等小型船舶上。

1.内龙骨

内龙骨分中内龙骨和旁内龙骨,是纵向强构件。中内龙骨位于船体中线面上,一般采用钢板焊接T型材;旁内龙骨对称地布置在中内龙骨的两侧,一般采用钢板焊接T型材或

❖ 钢板折边型材。

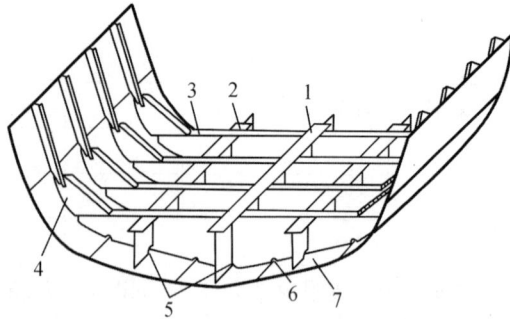

1—中内龙骨;2—旁内龙骨;3—肋板;4—舭肘板;5—焊缝切口;6—流水孔;7—船底板。

图 4.11　横骨架式单层底结构

2.肋板

肋板是设在底部每一个肋位处的横向构件,一般采用钢板焊接 T 型材或钢板折边型材(机舱内不允许用折边的型材)。肋板的主要作用是承担横向强度,并将底部载荷传递给舭侧。

为了疏通舱底的积水,靠近内龙骨的肋板下缘开有半圆(半径为 30~75 mm)或长圆形的流水孔,也可扩大焊缝切口作为流水孔。

3.舭肘板

肘板具有连接及加强的作用。舭肘板是连接肋骨下端与肋板的构件,用来加强节点连接的强度。舭肘板应有面板和折边,与肋骨连接常用搭接形式。

二、纵骨架式单层底结构

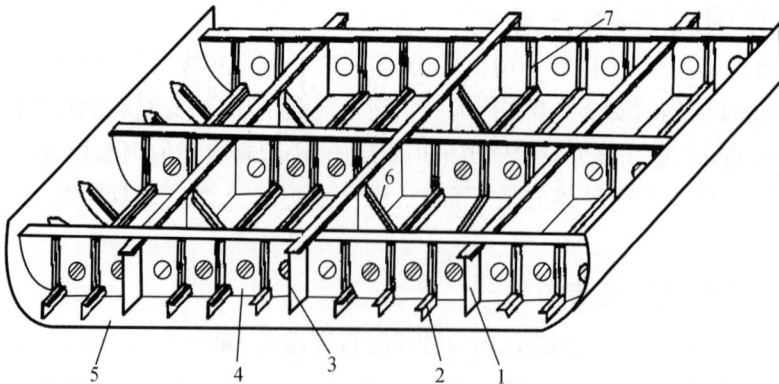

纵骨架式单层底结构由船底板、内龙骨、肋板和数量较多的船底纵骨组成,如图 4.12 所示。纵骨架式单层底结构纵向强度好、结构质量轻,但工艺较复杂,常见于小型舰艇等。

纵骨架式单层底结构

1—旁内龙骨;2—船底纵骨;3—中内龙骨;4—肋板;5—船底板;6—肘板;7—加强筋。

图 4.12　纵骨架式单层底结构

1. 内龙骨

内龙骨包括中内龙骨和旁内龙骨,是纵向强构件,其结构、布置和作用与横骨架式单层底结构中相应的构件相同。

2. 肋板

肋板是横向构件,间距较大,每隔几个肋位设置一个。肋板的作用是保证船底横向强度并支持船底纵骨。

3. 船底纵骨

船底纵骨是纵向小构件,大多用球扁钢或不等边角钢,大型船也有用 T 型材制成的。船底纵骨平行于中内龙骨,纵向密集设置,球头朝向船中,但靠近中线面的两根船底纵骨的球头背离船中。船底纵骨的作用是支持外板并提高船底纵向强度。

三、横骨架式双层底结构

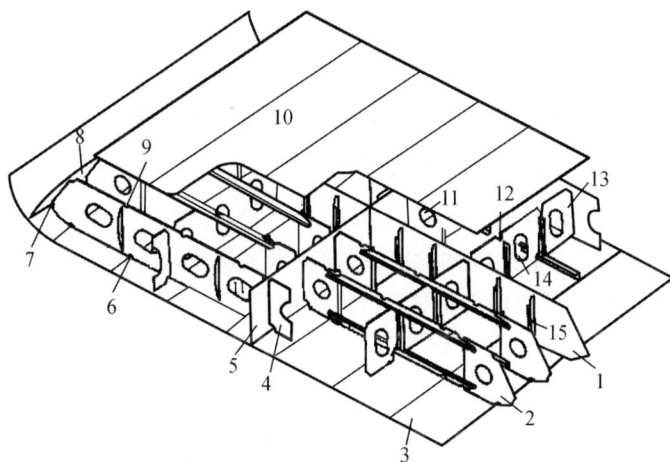

横骨架式双层底结构由外底板、内底板、底纵桁和各种形式的肋板组成,如图4.13所示。

横骨架式双层底结构

1—水密肋板;2—框架肋板;3—外底板;4—主肋板;5—中底桁;6—流水孔;7—焊缝切口;8—内底边板;
9—透气孔;10—内底板;11—减轻孔;12—切口;13—旁底桁;14—人孔;15—加强筋。

图 4.13 横骨架式双层底结构

1. 底纵桁

底纵桁分中底桁和旁底桁,是纵向强构件。中底桁位于中线面,旁底桁位于中底桁两侧对称布置,一般是板材结构。

2. 肋板

肋板是位于船底肋位上的横向构件。横骨架式双层底肋板通常有三种形式:主肋板、水密肋板和框架肋板。框架肋板有时用轻型肋板代替。

(1)主肋板

主肋板又称实肋板,是开有人孔、流水孔、透气孔和通焊孔的非水密肋板,如图4.14所示。

主肋板上开有人孔,起着减轻孔的作用,以减轻结构质量。各肋板开孔位置在船长方向应尽量按直线排列。人孔的高度应不大于双层底高度的一半,否则应予加强。不作人孔用的减轻孔尺寸可以减小。在主肋板下缘开有半圆形或半长圆形流水孔。在上缘还应开透气孔,让空气流通,以免形成气垫而影响灌水和灌油。为了保证主肋板的刚性,在两个人孔之间用垂直加强筋加强。

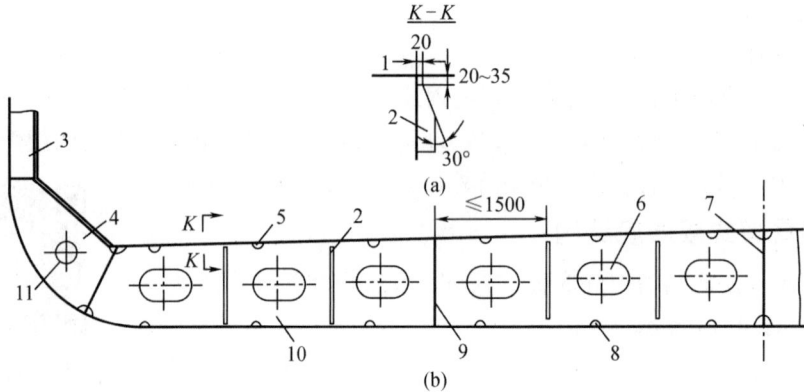

1—内底板;2—加强筋;3—肋骨;4—舭肘板;5—透气孔;6—人孔;
7—中底桁;8—流水孔;9—旁底桁;10—主肋板;11—减轻孔。

图 4.14　横骨架式双层底主肋板结构(单位:mm)

(2)水密肋板

水密肋板是没有任何开孔而且在规定压力下不透水的肋板。它与水密的底纵桁一起将双层底分隔成若干互不相通的各种舱室,通常在水密横舱壁下都设有水密肋板。

水密肋板可能在单面受到局部液体压力,因此垂直加强筋应设置得密一些,水密肋板厚度也较主肋板厚 1~2 mm,如图 4.15 所示。

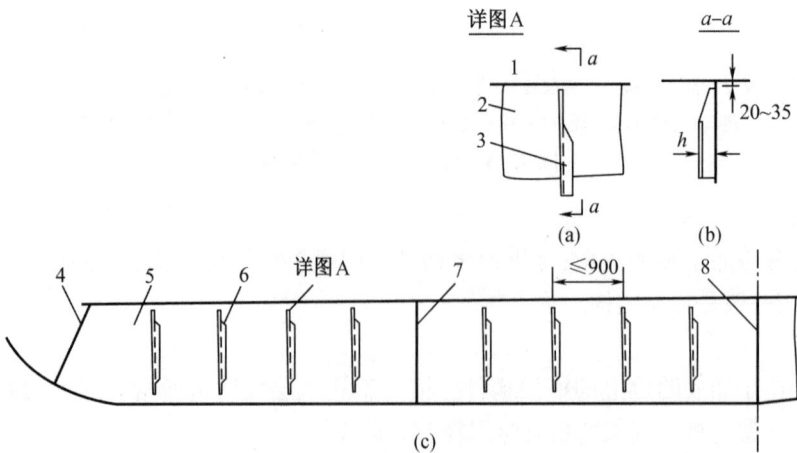

1—内底板;2—水密肋板;3—加强筋;4—内底边板;5—水密肋板;6—加强筋;7—旁底桁;8—中底桁。

图 4.15　水密肋板结构(单位:mm)

(3)框架肋板

框架肋板也叫组合肋板,是由内底横骨、船底肋骨和肘板等组成的框架结构,如图 4.16 所

示。内底横骨和船底肋骨用不等边角钢制成,并用肘板与中底桁和内底边板连接。肘板的宽度
不小于中底桁高度的 3/4,并要求折边。在旁底桁一侧设置与内底横骨尺寸相同的扶强材,它同
时起着内底横骨和船底肋骨中间支撑的作用。内底横骨的剖面模数为船底肋骨的 0.85 倍。

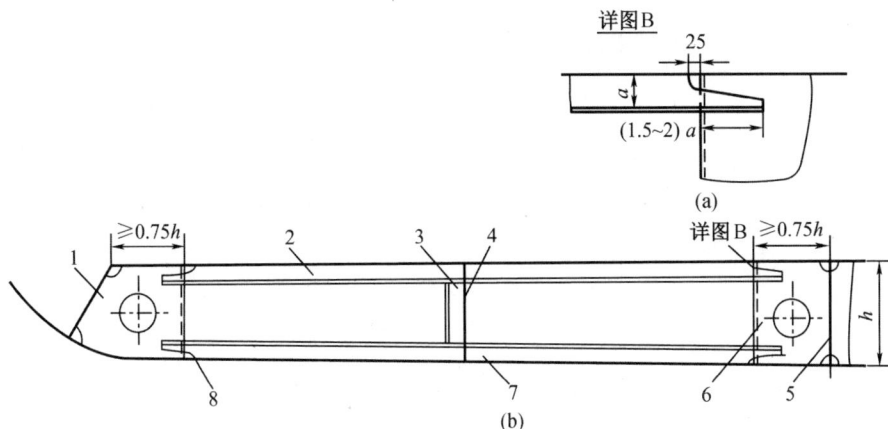

1—肘板;2—内底横骨;3—扶强材;4—旁底桁;5—中底桁;6—肘板;7—船底肋骨;8—焊缝切口。

图 4.16 框架肋板结构

(4)轻型肋板

横骨架式双层底在不设置主肋板的肋位上,可设置轻型肋板以代替框架肋板。轻型肋
板的厚度与主肋板相同,但允许有较大的减轻孔。与框架肋板相比,轻型肋板施工方便。
轻型肋板结构如图 4.17 所示。

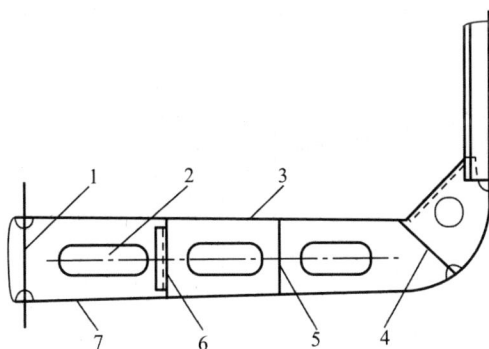

1—中底桁;2—减轻孔;3—内底板;4—内底边板;5—旁底桁;6—加强筋;7—船底板。

图 4.17 轻型肋板结构

3. 内底板和内底边板

(1)内底板

内底板是双层底上的水密铺板,内底铺板的长边沿船长方向布置。在每个双层底舱的
内底板上,设有呈对角线布置的人孔,人孔上须装置水密的人孔盖。

(2)内底边板

内底边板是指与外板相连的那列内底板,内底边板应比内底板厚些,并应有足够的宽
度。内底边板的结构有四种类型:下倾式、上倾式、水平式和折曲式,如图 4.18 所示。

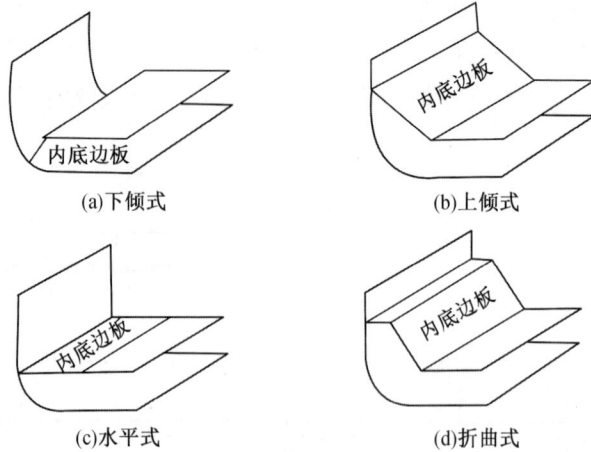

(a)下倾式   (b)上倾式

(c)水平式   (d)折曲式

图 4.18   内底边板的类型

①下倾式内底边板:内底边板与舭列板所形成的沟槽可作为舭部污水井。

②上倾式内底边板:在散货船上采用,以利于散货的装卸作业。

③水平式内底边板:内底板水平延伸至舭侧外板,舱底平坦,施工方便,并且有利于安全。为防止内底板上积聚污水,需另外装置用以聚集和排出舱底水的污水井。

④折曲式内底边板:适用于航行在多礁石、浅水航道的船舶,如长江上游的客货船。其优点是安全性好;缺点是多占货舱容积,结构复杂,施工不便。

4.双层底端部的过渡结构

双层底结束时应以逐渐交替变窄的方式过渡到单底,通常将它转变为中内龙骨和旁内龙骨上面的锯齿状的舌形面板。舌形面板的延伸长度应不小于双层底高度的 2 倍或不小于 3 个肋距。内底边板也向单底延伸,其宽度可逐渐减小,如图 4.19 所示。

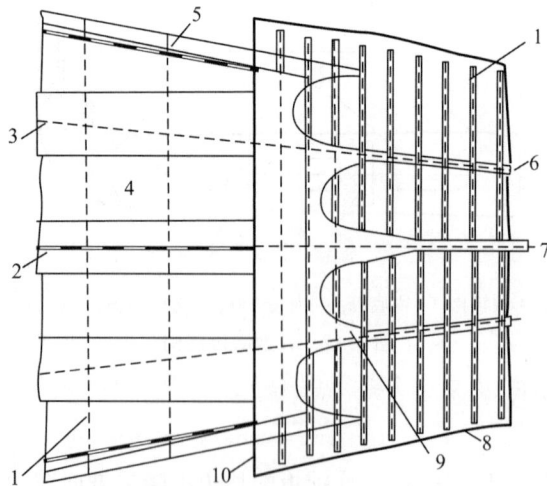

1—肋板;2—中底桁;3—旁底桁;4—内底板;5—内底边板;6—旁内龙骨;
7—中内龙骨;8—船底板;9—舌形面板;10—横舱壁。

图 4.19   双层底过渡至单底结构

在过渡区域,当底纵桁的高度和内龙骨高度不同时,应将较大的桁材从某一高度逐渐过渡到另一高度。

四、纵骨架式双层底结构

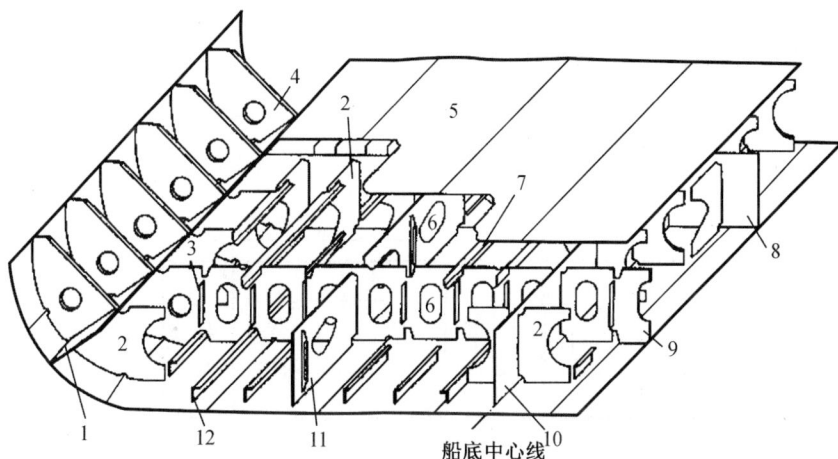

纵骨架式双层底结构是由外底板,内底板,内、外底纵骨,肋板,箱形中底桁,舭肘板和底纵桁等组成,如图4.20所示。

1.底板

内、外底板由密集的纵骨支持,它增加了板的刚性和稳定性,提高了底部的纵向强度。因此纵骨架式的内、外底板可以比横骨架式薄些,这样可以减轻结构质量。现代大中型船舶普遍采用此种骨架形式。

纵骨架式双层底结构

1—内底边板;2—肘板;3—加强筋;4—舭肘板;5—内底板;6—人孔;
7—内底纵骨;8—水密肋板;9—主肋板;10—中底桁;11—旁底桁;12—船底纵骨。

图4.20 纵骨架式双层底结构

2.底纵桁

纵骨架式双层底的底纵桁分为中底桁和旁底桁,是纵向强构件,是板材结构。

3.箱形中底桁

箱形中底桁是在双层底中线面处设置的,是沿船长方向的一条水密的箱形通道。它通常从防撞舱壁通向机舱前端壁,用于集中布置各种管路,避免管子穿过货舱而妨碍装货,故又称管隧。机舱前端壁开有水密装置的人孔,便于人员进入箱形中底桁检查,此外,箱形中底桁应设通向露天甲板的应急出口。

箱形中底桁是由两道水密的侧板(底纵桁)和内、外底板及骨材等组成,如图4.21所示。侧板的厚度与水密肋板相同,两侧板的距离不大于2 m。为了补偿横向强度的削弱,箱形中底桁区域的船底板和内底板应增厚。横骨架式结构中箱形中底桁的每个肋位上应设环形框架或船底横骨和内底横骨,横骨的跨度中央间断的纵向骨材。纵骨架式结构中箱形中底桁在每档主肋板处设置环形框架或内、外底横骨,与侧板连接的横骨端部其腹板高度应增大。

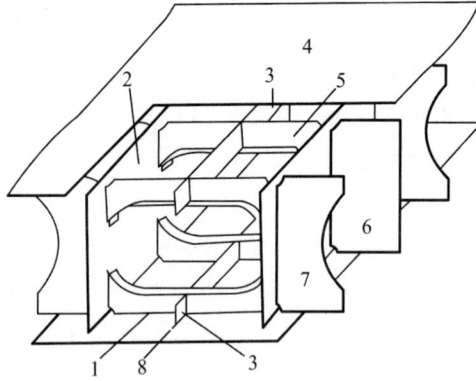

1—船底横骨;2—水密底纵桁;3—纵骨;4—内底板;5—内底横骨;6—主肋板;7—肘板;8—船底中心线。

图 4.21　箱形中底桁

箱形中底桁有两种结构布置形式,如图 4.22 所示。其中,图 4.22(a)为一道侧板位于中线面上,另一道侧板偏向船的一舷,采用环形框架的形式;图 4.22(b)为对称于中线面的箱形中底桁,采用内、外底横骨的形式。

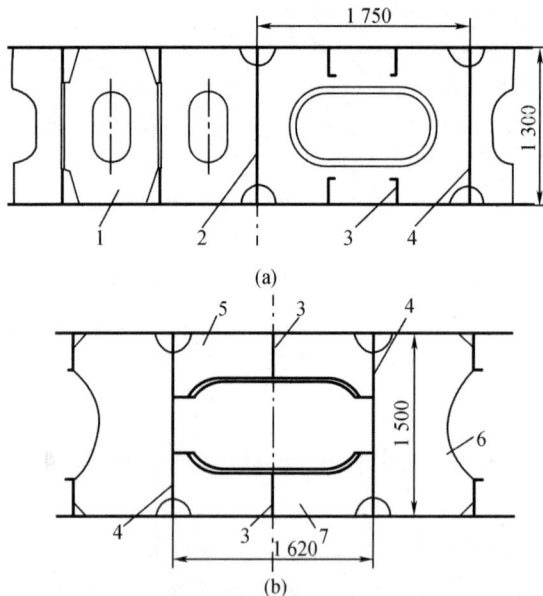

(a)

(b)

1—肋板;2—中底桁;3—纵骨;4—水密底纵桁;5—内底横骨;6—肘板;7—船底横骨。

图 4.22　箱形中底桁的结构布置形式(单位:mm)

4. 纵骨

纵骨是仅在纵骨架式结构中设置的纵向小构件。其中位于船底板上的纵骨叫船底纵骨,位于内底板上的叫内底纵骨。它们是保证船体总纵强度的重要构件。纵骨通常由球扁钢制成,大型船舶用 T 型材。内底纵骨的剖面模数为船底纵骨的 0.85 倍。

习惯上将纵骨型材的凸缘朝向中线面,但是邻近中底桁的那根纵骨应背向中线面,以便于安装中底桁两侧的肘板。

纵骨是沿船长方向设置的构件,每根纵骨在纵向都要遇到肋板,为了保证纵向连续,通常在肋板上开切口让纵骨穿过或纵骨间断用肘板连接。

纵骨与非水密肋板连接有如下两种方法。

(1)采用腹板焊接形切口的节点形式。它是在肋板上开切口让纵骨穿过,骨材腹板的一侧与肋板焊接,如图 4.23 所示。

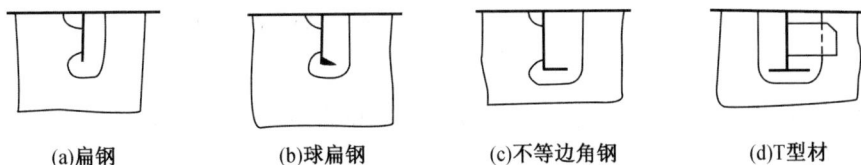

(a)扁钢 　　　　(b)球扁钢 　　　　(c)不等边角钢 　　　　(d)T型材

图 4.23　腹板焊接形切口的节点形式

(2)采用具有非水密衬板形切口的节点形式。它是在腹板焊接形切口的基础上加上非水密衬板的连接形式,可用于承受较大载荷处,如图 4.24 所示。切口的大小和形状与所用的骨材有关,开口和衬板的尺寸在有关标准中有具体的规定。

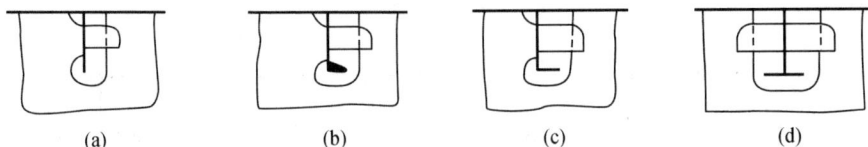

(a) 　　　　(b) 　　　　(c) 　　　　(d)

图 4.24　具有非水密衬板形切口的节点形式

纵骨与水密肋板连接也有两种方法,如下。

(1)纵骨切断,用肘板与水密肋板连接,如图 4.25 所示。其中图 4.25(a)适用于球扁钢和不等边角钢;图 4.25(b)适用于 T 型材的纵骨。

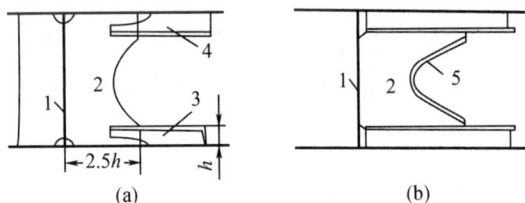

(a) 　　　　　　(b)

1—水密肋板;2—肘板;3—船底纵骨;4—内底纵骨;5—面板。

图 4.25　纵骨在水密肋板处间断

(2)纵骨穿过水密肋板,用衬板封焊起来,如图 4.26 所示。

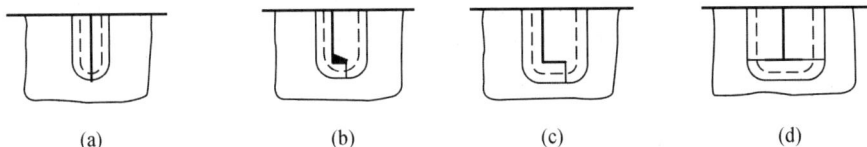

(a) 　　　　(b) 　　　　(c) 　　　　(d)

图 4.26　具有水密衬板形切口的节点形式

第一种是普遍采用的方法,第二种较少用,但当船长大于 200 m 时,必须采用纵骨通过水密肋板的结构形式。

图 4.23、图 4.24 和图 4.26 是船舶制造标准中规定的非水密切口与水密切口的节点形式。这些切口节点形式也适用于其他部分骨材穿过板材的节点结构。

为了排除双层底内的积水以及疏通灌水时剩留的空气,在内底纵骨上要开透气孔,在底纵骨上开流水孔。流水孔、透气孔和通焊孔都应做成圆形或带圆角的开孔。

5. 肋板

纵骨架式双层底中的肋板有主肋板和水密肋板两种形式,是横向构件,属于板材结构。图 4.27 为万吨级货船肋板结构。

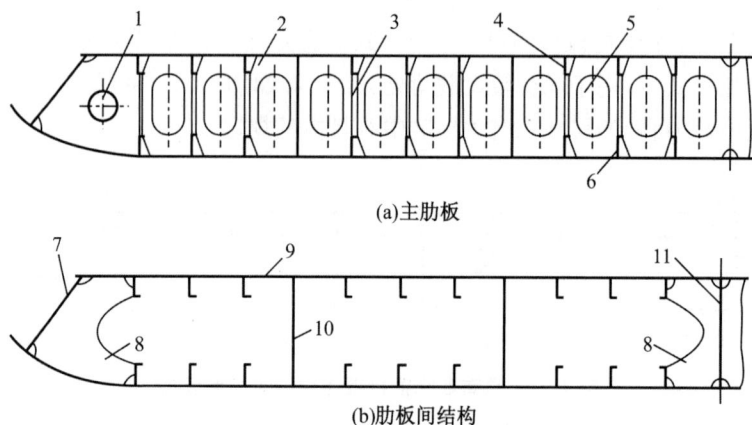

(a)主肋板

(b)肋板间结构

1—减轻孔;2—主肋板;3—加强筋;4—内底纵骨;5—人孔;6—船底纵骨;
7—内底边板;8—肘板;9—内底板;10—旁底桁;11—中底桁。

图 4.27　万吨级货船肋板结构

6. 舭肘板

纵骨架式和横骨架式双层底的舭肘板有着相似之处。舭肘板应在每个肋位上设置,其厚度与主肋板相同。在舭肘板上可开圆形减轻孔,舭肘板的自由边缘有面板或折边。

五、舭龙骨

舭龙骨是设置在船中附近的舭部外侧,沿着水流方向的一块长条板,长度为 1/4 ~ 1/3 船长,其作用是减轻船舶横摇。

在横剖面方向,舭龙骨近似垂直于舭列板,其外缘不能超过船底基线和舷侧线所围成的区域,以免靠离码头时碰损,如图 4.28 所示。

舭龙骨应不参与总纵弯曲,因此一般不将其直接焊在舭部外板上,而用一个过渡构件连接。舭龙骨的形式有许多种,常用的有如图 4.29 所示的几种。舭龙骨末端不能突然中断,宽度应逐渐减小并消失,且在端点处的船体内应有适当的内部构件支持。

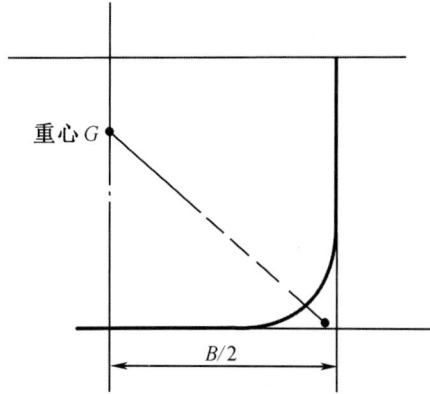

图 4.28 舭龙骨在舭部的位置

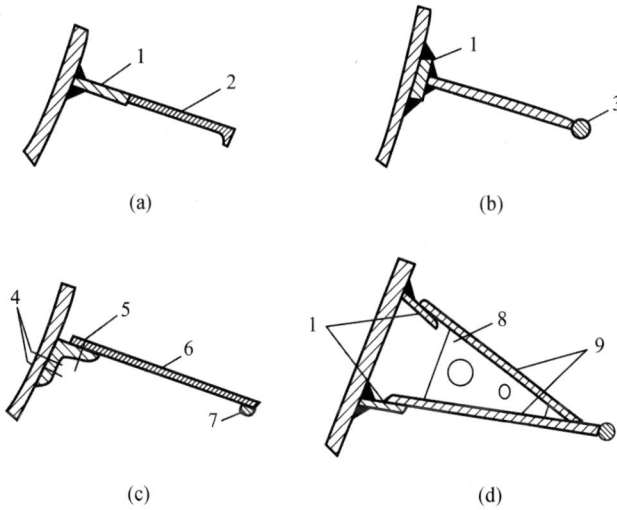

$$(a) \qquad (b)$$

$$(c) \qquad (d)$$

1—扁钢;2—球扁钢;3—圆钢;4—双行铆钉;5—单行铆钉;
6—单层板;7—半圆钢;8—横向板;9—双层板。

图 4.29 舭龙骨结构形式

任务 4.2 舭侧分段结构

【任务实施】

舭侧分段结构实训任务单和任务评价单见表 4.3、表 4.4。

表 4.3　舷侧分段结构实训任务单

任务名称	舷侧分段结构	所需时间	2 学时
实训场地	船舶工程系理实一体化教室	分组情况	4 人/组

任务描述	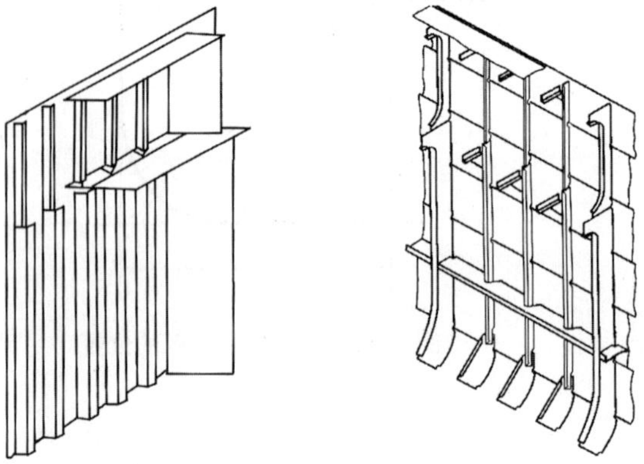 任务导入： 　上图为横骨架式单层舷侧结构,由主肋骨、甲板间肋骨、上甲板、横舱壁、下甲板、舷侧纵桁、强肋骨组成。根据图所提供的位置、连接方式,利用材料及工具进行模型的制作。 　材料： 　(1)纸板(A0,厚 1 mm),15 张。 　(2)乳白胶,4 瓶。 　(3)双面胶,10 卷。 　工具： 　(1)钢尺 1 m,2 把。 　(2)三角板 150 cm,1 套。 　(3)角尺 300 cm×150 cm,2 把。 　(4)直尺 100 cm,1 把。 　(5)裁纸刀,5 把(大)。 　(6)裁纸刀,2 把(小)。 　(7)钩刀,2 把。 　(8)剪刀,4 把
任务要求	技能要求： 　(1)能够将构件从图上分解出来。 　(2)能够分析出构件的位置及连接方式。 　(3)能够选择大小合适的尺寸进行模型制作。 　职业素质要求： 　(1)具有团结合作的精神、文明环保意识。 　(2)具有主动参与、积极进取、探究科学的学习态度和思想意识。 　(3)具有分析问题、解决问题的能力

表 4.4 舷侧分段结构任务评价单

<table>
<tr><td rowspan="2">课前准备</td><td>课前讨论</td><td>标准:参与回答问题。

评分(满分 5 分)</td></tr>
<tr><td>微课学习</td><td>标准:观看微课时长和发帖次数。

评分(满分 5 分)</td></tr>
<tr><td rowspan="8">课中实践</td><td>知识要点学习</td><td colspan="2">标准:(1)课堂表现。
　　　(2)知识点掌握程度。

评分(满分 5 分)</td></tr>
<tr><td rowspan="2">教师作品评价</td><td>校内教师</td><td>标准:(1)准备工作充分,制作模型正确、美观。
　　　(2)根据学生答辩情况真实、客观地进行打分,并给出充分理由。

评分(满分 15 分)</td></tr>
<tr><td>企业专家</td><td>标准:(1)准备工作充分,模型中细节点评。
　　　(2)根据学生答辩情况真实、客观地进行打分,并给出充分理由。

评分(满分 15 分)</td></tr>
<tr><td>自我评价</td><td colspan="2">标准:真实、客观、理由充分。

评分(满分 10 分)</td></tr>
<tr><td rowspan="3">组内互评</td><td colspan="2">
<table>
<tr><td>学号</td><td>姓名</td><td>评分(满分 20 分)</td><td>学号</td><td>姓名</td><td>评分(满分 20 分)</td></tr>
<tr><td></td><td></td><td></td><td></td><td></td><td></td></tr>
<tr><td></td><td></td><td></td><td></td><td></td><td></td></tr>
</table>
</td></tr>
<tr><td colspan="2">注意:最高分与最低分相差最少 3 分,同分人最多 3 人,某一学生分数不得超平均分 ±3 分</td></tr>
<tr><td>组间互评</td><td colspan="2">标准:真实、客观、理由充分。

评分(满分 10 分)</td></tr>
<tr><td rowspan="2">课后复习</td><td>在线作业和测试</td><td colspan="2">标准:学堂在线与网络教学平台的在线作业和测试。

评分(满分 10 分)</td></tr>
<tr><td>在线拓展</td><td colspan="2">标准:根据完成情况适当加分。

评分(满分 5 分)</td></tr>
<tr><td colspan="2">总分(除组内互评分)</td><td colspan="2">任务完成人签字:　　　　　　　　日期:　年　月　日
指导教师签字:　　　　　　　　日期:　年　月　日</td></tr>
</table>

【知识要点】

舷侧分单层舷侧、双层壳舷侧和多层壳舷侧,按骨架形式舷侧结构可分为纵骨架式和横骨架式。民用船大多采用横骨架式舷侧结构,但双壳油船舷侧基本上均为纵骨架式。

单层舷侧只有一层舷侧外板,一般船舶多采用此种形式;双层壳舷侧除了舷侧外板,还有一层内壳板,这种形式用于甲板大开口的船(如集装箱船和分节驳)及现代大型油船等。此外,大型军舰的机炉舱等重要舱位也有做成双层壳或多层壳的舷侧结构。

一、横骨架式单层舷侧结构

横骨架式单层舷侧结构由舷侧外板、舷侧纵桁和各种形式的肋骨组成,如图 4.30 所示。横骨架式舷侧结构的主要优点是制造方便,横向强度好,适用于内河船和一般货船。

横骨架式单壳舷侧结构

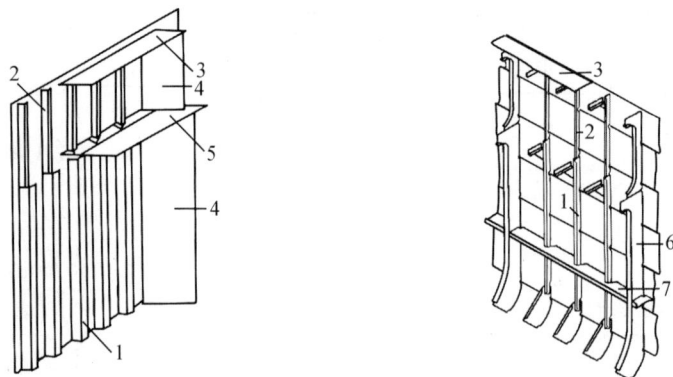

(a)单一肋骨的舷侧结构　　　　　　(b)由强肋骨、舷侧纵桁和主肋骨组成的舷侧结构

1—主肋骨;2—甲板间肋骨;3—上甲板;4—横舱壁;5—下甲板;6—强肋骨;7—舷侧纵桁。

图 4.30　横骨架式单层舷侧结构

单一肋骨的舷侧结构形式,通常用于杂货船和散货船货舱区域的舷侧。由强肋骨、舷侧纵桁和主肋骨组成的舷侧结构形式,主要用于海船的机舱区域、长江船和内河船的舷侧。

1.肋骨

肋骨(也叫普通肋骨)是横骨架式单层舷侧结构中的横向构件。多层甲板船上的肋骨有主肋骨、甲板间肋骨和中间肋骨。

(1)主肋骨

主肋骨是指最下层甲板以下的船舱肋骨,它是横骨架式单层舷侧结构的主要构件。通常采用不等边角钢或焊接 T 型材制成,当采用不等边角钢时,型钢凸缘一般都朝向船中横剖面。

(2)甲板间肋骨

甲板间肋骨是指两层甲板之间的肋骨,由于舷侧上部水压力比下部小,甲板间肋骨的剖面尺寸比主肋骨小。

(3)中间肋骨

中间肋骨是指冰区航行的船舶位于水线附近两肋骨中间设置的短肋骨。其作用是增强舷侧外板,以抵抗浮冰的撞击和冰块的挤压,如图4.31所示。

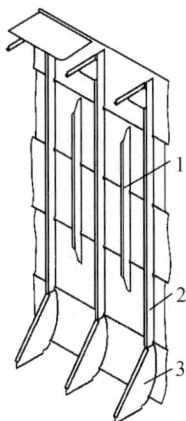

1—中间肋骨;2—主肋骨;3—舭肘板。

图4.31　舷侧的防冰加强

2.强肋骨

强肋骨是由尺寸较大的组合 T 型材制成的舷侧横向构件。在横骨架式单层舷侧结构中每隔几个肋位设置一强肋骨。强肋骨的作用是用于局部加强、支持舷侧纵桁、保证舷侧的横向强度。

3.舷侧纵桁

舷侧纵桁是舷侧结构中沿船长方向设置的纵向强构件,通常由组合 T 型材或折边板制成,腹板高度与强肋骨腹板高度相同。

舷侧纵桁的作用是支持主肋骨并将一部分载荷传递给强肋骨和横舱壁。

二、纵骨架式单层舷侧结构

纵骨架式单层舷侧结构由舷侧外板、舷侧纵桁、舷侧纵骨和强肋骨组成,如图4.32所示。纵骨架式单层舷侧结构的优点是其骨架形式与船底和甲板一致,有利于保证船体总纵强度和外板的稳定性。其常用于军舰和一些矿砂船上。采用纵骨架式单层舷侧结构可以使外板的厚度减薄,从而减小结构质量。

纵骨架式单层舷侧结构

纵骨和强肋骨的舷侧结构形式,主要用于中小型舰艇。纵骨、舷侧纵桁和强肋骨的结构形式,主要用于中小型舰艇机舱的舷侧区域及大型船舶的舷侧。

1.舷侧纵骨

舷侧纵骨是纵骨架式单层舷侧结构的纵向连续小构件,通常采用球扁钢或不等边角钢制成,大型船采用组合 T 型钢。当采用不对称型材时,型钢凸缘一般向下。

2.强肋骨

强肋骨是纵骨架式单层舷侧结构的唯一横向构件,结构形式与横骨架式的强肋骨基本相同,用组合 T 型材制成。其作用是支持舷侧纵骨、保证横向强度,安装在有实肋板的肋位。

3.舷侧纵桁

舷侧纵桁是纵骨架式单层舷侧结构的纵向强构件,是强肋骨的支点,其腹板高度大于舷侧纵骨,采用组合 T 型材制成。其作用是增加舷侧强度,并将一部分载荷传给横舱壁。

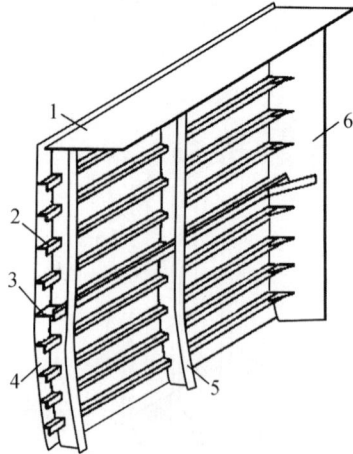

1—甲板；2—舷侧纵骨；3—舷侧纵桁；4—舷侧外板；5—强肋骨；6—横舱壁。

图 4.32   纵骨架式单层舷侧结构

三、横骨架式双层舷侧结构

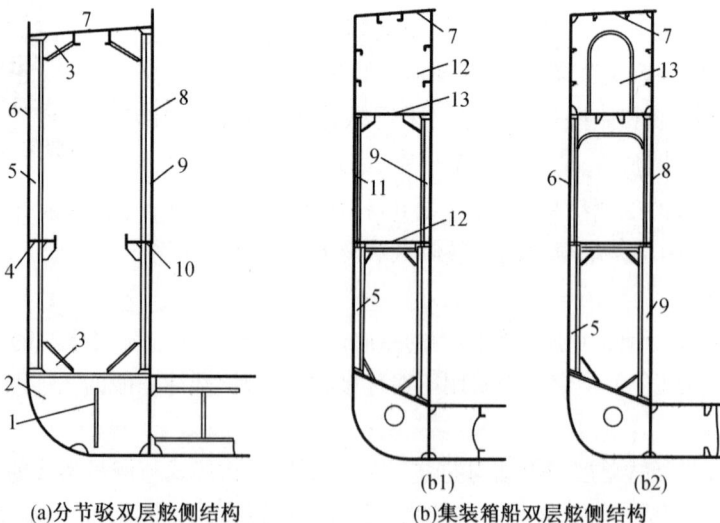

具有宽大货舱口的船舶，为了补偿大开口对总纵强度的削弱，采用双层舷侧结构。双层舷侧结构可增加船舶的安全性，减小海洋污染，分节驳、油船、集装箱船采用双层舷侧结构。此外，散货船舷侧也有采用双层结构的。目前油船双层舷侧结构一般采用纵骨架式，其他船舶双层舷侧结构可以是横骨架式，也可以是纵骨架式。

横骨架式双层舷侧结构

双层舷侧的外壳称舷侧外板，上面的构件同舷侧构件名称；内壳称纵舱壁，上面的构件同舱壁构件名称，如图 4.33 所示。但有的双层舷侧结构中的骨架是桁板结构，纵向的桁板称平台(或称舷侧纵桁)，横向的桁板称横隔板(或称强肋骨)，如图 4.34 所示。

(a)分节驳双层舷侧结构

(b)集装箱船双层舷侧结构

(b1)   (b2)

1—加强筋；2—肋板；3—肘板；4—舷侧纵桁；5—主肋骨；6—舷侧外板；7—上甲板；8—纵舱壁；
9—垂直扶强材；10—水平桁；11—甲板间肋骨；12—抗扭箱；13—平台甲板。

图 4.33   横骨架式双层舷侧结构

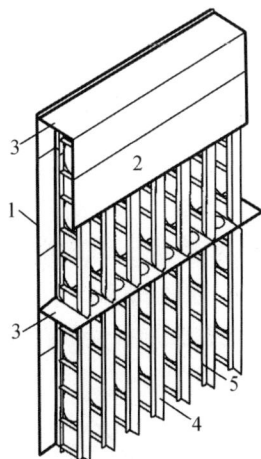

1—舷侧外板;2—纵舱壁;3—平台(舷侧纵桁);
4—强肋骨(开孔横隔板);5—加强筋。

图 4.34 散货船横骨架式双层舷侧结构

四、纵骨架式双层舷侧结构

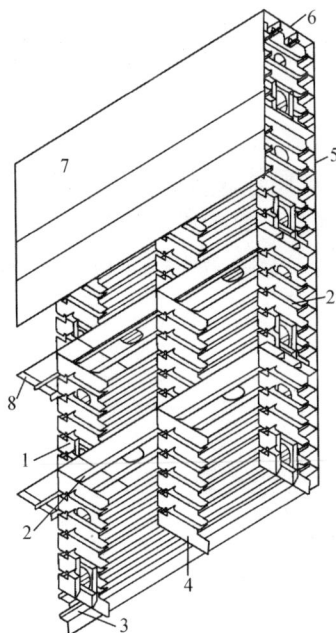

纵骨架式双层舷侧结构由舷侧外板、纵舱壁(或称内壳板)、横隔板(或称强肋骨)、平台(或称舷侧纵桁)和纵骨组成,如图 4.35 所示。纵骨分为舷侧纵骨、内壳板纵骨,当采用不对称型材时,型钢凸缘一般向下。

纵骨架式双层舷侧结构

1—开口横隔板;2—加强筋;3—舷侧纵骨;4—水密横隔板;
5—舷侧外板;6—上甲板;7—内壳板;8—开口平台。

图 4.35 油船纵骨架式双层舷侧结构

五、舷墙和护舷材结构

1. 舷墙结构

舷墙是安装在露天甲板舷边的纵向垂直板材。其作用是保障人员安全,减少甲板上浪,防止甲板物品滚落海中。露天甲板、船楼及甲板室甲板的露天部分均应装设舷墙和栏杆。

舷墙结构主要由垂直的舷墙板、舷墙板上缘的水平特制型钢和扶强肘板组成,如图4.36所示。为避免舷墙参与总纵弯曲,除艏、艉端外,舷墙结构一般不与船体的甲板或舷顶列板紧密连接,而用带有折边或面板的扶强肘板支撑在甲板上。

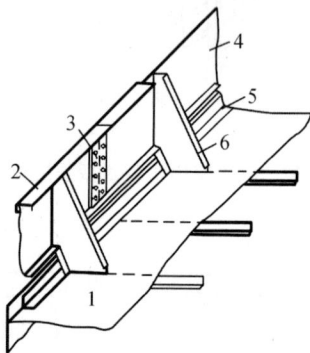

1—露天甲板;2—特制型钢;3—伸缩接头;4—舷墙板;5—舷边角钢;6—扶强肘板。

图 4.36 舷墙结构

2. 护舷材结构

内河船和一些工作船,经常停靠码头或船靠船,为了保护舷侧外板,在船舶中段舷侧顶部靠近甲板处,需要装置护舷材。

护舷材有木质和钢质两种,现在多数船舶采用钢质护舷材。图4.37为护舷材结构,其中,图4.37(a)是木质的护舷材,舷侧外板顶部焊有两条扁钢或间断的耳板,木质护舷材装在上、下扁钢或耳板之间,其外侧装有扁钢或半圆钢;图4.37(b)是钢质的护舷材,用4~8 mm厚的钢板弯成半圆形,间隔一定距离用横向板加强,横向板之间焊以纵向的扁钢加强筋。

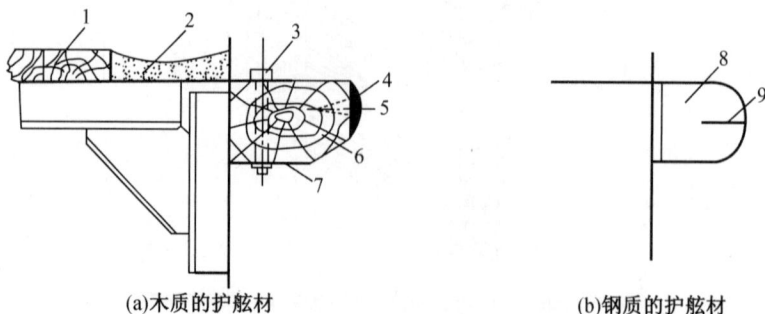

(a)木质的护舷材   (b)钢质的护舷材

1—木铺板;2—水泥流水沟;3—螺栓;4—半圆钢;5—木螺钉;6—硬木;7—扁钢;8—横向板;9—扁钢加强筋。

图 4.37 护舷材结构

任务 4.3　舱壁分段结构

【任务实施】

舱壁分段结构实训任务单和任务评价单见表4.5、表4.6。

表 4.5　舱壁分段结构实训任务单

任务名称	舱壁分段结构	所需时间	2 学时
实训场地	船舶工程系理实一体化教室	分组情况	4 人/组
任务描述	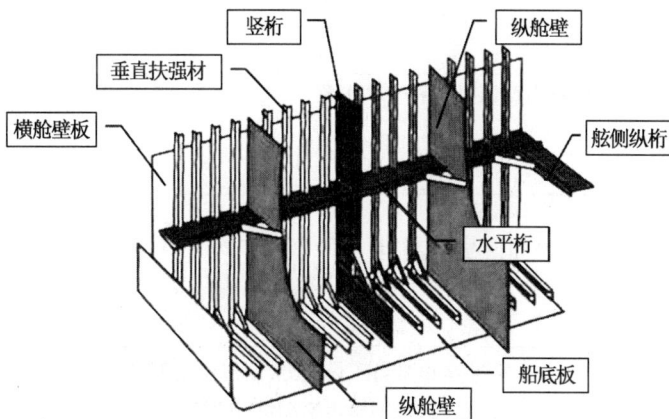 任务导入： 上图为舱壁结构,舱壁骨架由扶强材和桁材两种构件组成。根据图所提供的位置、连接方式,利用材料及工具进行模型的制作。 材料： (1)纸板(A0,厚 1 mm),15 张。 (2)乳白胶,4 瓶。 (3)双面胶,10 卷。 (4)罐装手喷漆,12 罐。 工具： (1)钢尺 1 m,2 把。 (2)三角板 150 cm,一套。 (3)角尺 300 cm×150 cm,2 把。 (4)直尺 100 cm,1 把。 (5)裁纸刀,5 把(大)。 (6)裁纸刀,2 把(小)。 (7)钩刀,2 把。 (8)剪刀,4 把		

表 4.5(续)

任务要求	技能要求： (1)能够将构件从图上分解出来。 (2)能够分析出构件的位置及连接方式。 (3)能够选择大小合适的尺寸进行模型制作。 职业素质要求： (1)具有团结合作的精神、安全意识。 (2)具有主动参与、积极进取、探究科学的学习态度和思想意识。 (3)具有分析问题、解决问题的能力

表 4.6 舱壁分段结构任务评价单

课前准备	课前讨论	标准：参与回答问题。 评分(满分 5 分)				
	微课学习	标准：观看微课时长和发帖次数。 评分(满分 5 分)				
课中实践	知识要点学习	标准：(1)课堂表现。 (2)知识点掌握程度。 评分(满分 5 分)				
	教师作品评价	校内教师	标准：(1)准备工作充分,制作模型正确、美观。 (2)根据学生答辩情况真实、客观地进行打分,并给出充分理由。 评分(满分 15 分)			
		企业专家	标准：(1)准备工作充分,模型中细节点评。 (2)根据学生答辩情况真实、客观地进行打分,并给出充分理由。 评分(满分 15 分)			
	自我评价	标准：真实、客观、理由充分。 评分(满分 10 分)				
	组内互评	学号	姓名	评分(满分 20 分)	学号	姓名	评分(满分 20 分)
		注意:最高分与最低分相差最少 3 分,同分人最多 3 人,某一学生分数不得超平均分 ±3 分					
	组间互评	标准：真实、客观、理由充分。 评分(满分 10 分)					

表 4.6(续)

课后复习	在线作业和测试	标准:学堂在线与网络教学平台的在线作业和测试。 评分(满分10分)
	在线拓展	标准:根据完成情况适当加分。 评分(满分5分)
总分(除组内互评分)		任务完成人签字: 日期: 年 月 日 指导教师签字: 日期: 年 月 日

【知识要点】

船上有许多横向和纵向布置的垂直隔板,这些隔板叫作舱壁。其中沿船长方向设置的舱壁是纵舱壁,沿船宽方向设置的舱壁是横舱壁。这些舱壁将船体内部空间分隔成供各种用途的舱室。舱壁的种类很多,按结构形式分为平面舱壁和槽形舱壁。

一、平面舱壁

平面舱壁由舱壁板和骨架组成,如图4.38所示。舱壁骨架由扶强材和桁材两种构件组成,起到增加舱壁板强度和刚性的作用。

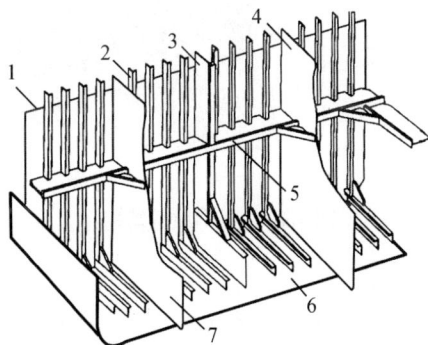

1—横舱壁板;2—垂直扶强材;3—竖桁;4—纵舱壁;5—水平桁;6—船底板;7—纵舱壁。

图 4.38　平面舱壁结构

1. 舱壁板

舱壁板由许多块钢板并合焊接而成,其板列的布置形式可分水平和垂直两种。大型船舶舱壁板的钢板长边沿水平方向布置,根据承受横向水压力的大小,其厚度由下向上逐渐减薄。甲板间舱壁或舱深不大的小船舱壁,舱壁板可垂直布置,以便于施工。

2. 扶强材

扶强材是较小的构件,一般采用不等边角钢或 T 型材制成。扶强材按其设置方向,分为垂直扶强材和水平扶强材两种。

在货舱舱壁上采用垂直扶强材,但在狭窄的舱壁上,其高度比宽度大得多,且舱壁内左右舷方向的受力又较大时,可采用水平扶强材代替垂直扶强材。例如,在冰区航行的船舶的首尾舱壁上多采用水平扶强材。

扶强材仅安装在舱壁面向船中的一侧,也可根据需要安装在背向船中的一侧。垂直扶强材通常将扶强材的凸缘朝向船体的中线面,但也有例外,如考虑舱壁上的开孔、扶强材与甲板纵桁的连接等情况,垂直扶强材与船底及甲板的纵向构件对准。水平扶强材折边朝下,并与舷侧纵骨对应。

3.桁材

桁材是较大的构件,一般采用组合 T 型材或折边板制成。它支持扶强材,作为中间支座使其跨度减小,从而减小扶强材剖面的尺寸。一般仅设在深舱或油船的纵、横舱壁上。桁材按其设置方向分为水平桁和竖桁。

纵舱壁与横舱壁在结构上无原则差别,一般平行于中纵剖面或位于中纵剖面。

二、槽形舱壁

槽形舱壁是由钢板压制而成的,以它的槽形折曲来代替扶强材的作用,如图 4.39 所示。

槽形舱壁动画

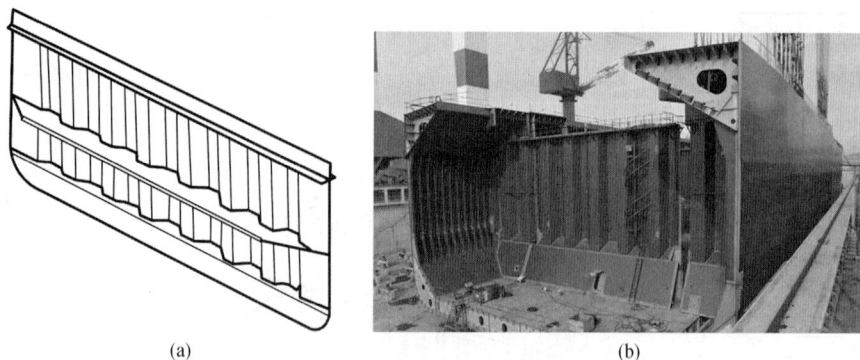

(a)　　　(b)

图 4.39　槽形舱壁结构

1.槽形舱壁的特点

与平面舱壁比较,槽形舱壁的特点是:在保证同样强度条件下,中小型船舶槽形舱壁结构质量轻,节省钢材;组成槽形舱壁的零件较少,可减少装配和焊接的工作量;便于清舱,有利于防止锈蚀。但垂直于槽形方向的承压能力较差,槽形舱壁占据较大舱容,不利于装载件杂货物。因而槽形舱壁适用于油船、散货船,也有用于集装箱船及杂货船在舱深较大时。

2.槽形舱壁的剖面形状

槽形舱壁的剖面形状有三角形、矩形、梯形和弧形,如图 4.40 所示。其中,梯形剖面应用较广,但在大型军舰或油船的槽形舱壁上也有采用弧形剖面的。

3.槽形体的布置及上下端的连接

槽形体有垂直和水平布置两种形式。这种舱壁在垂直于槽形方向和平行于槽形方向的承压能力不同,应合理布置。横舱壁的槽形体,考虑与纵舱壁水平槽形连接方便,且对支持甲板载荷有利,通常垂直布置,并应在靠近舷侧处保留一部分平面舱壁,其上设置扶强材,另一面设斜置的加强筋,或在槽形舱壁四周加装平面框架。油船上的纵舱壁因参与总纵弯曲,槽形体采用纵向水平布置。

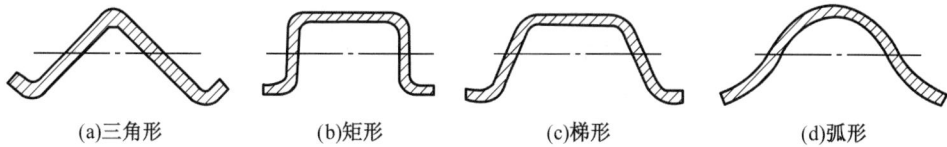

(a)三角形　　　(b)矩形　　　(c)梯形　　　(d)弧形

图 4.40　槽形舱壁的剖面形状

　　槽形舱壁端部的连接情况如图 4.41 所示。图 4.41(a)为直接与船底及甲板焊接,图 4.41(b)、图 4.41(c)为将槽形体装在 T 型材的面板上,图 4.41(d)为装在凳式结构(或称壁墩)上。凳式结构是一种内部带有隔板的箱形结构,在舱壁上端称顶凳(或称上壁墩),在舱壁下端称底凳(或称下壁墩)。

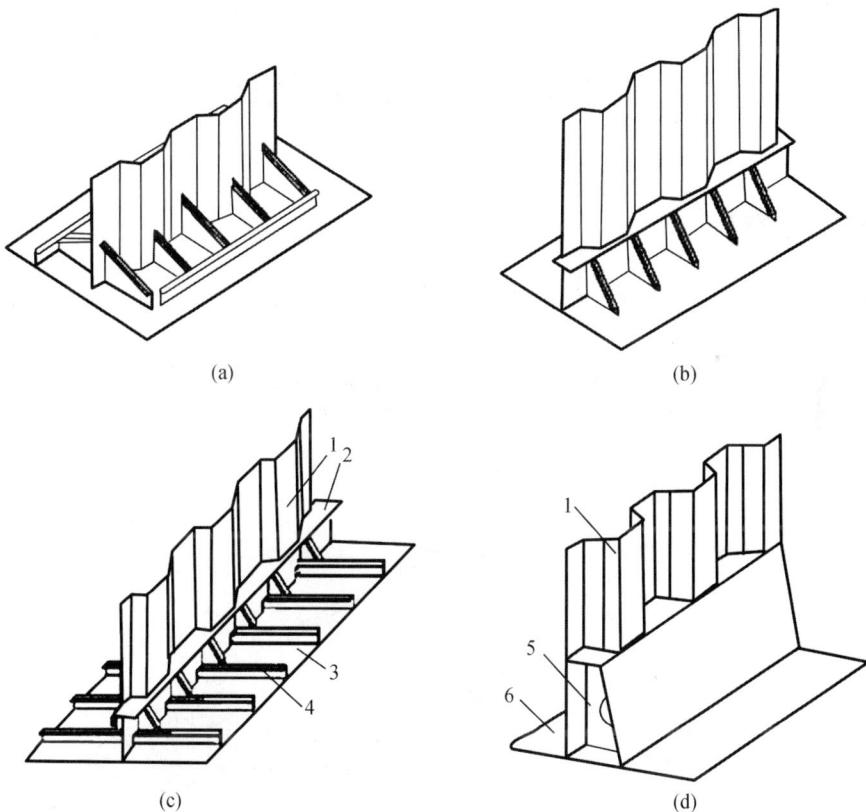

(a)　　　　　　　　　　　(b)

(c)　　　　　　　　　　　(d)

1—槽形舱壁;2—T 型材;3—船底板;4—船底纵骨;5—凳式结构;6—内底板。

图 4.41　槽形舱壁端部的连接情况

三、轻舱壁

　　轻舱壁是指只起分隔舱室作用而不承受载荷的舱壁,通常用作上层建筑内部舱室的隔壁,须具有一定的刚性。

　　轻舱壁分平面轻舱壁和压筋轻舱壁。平面轻舱壁由舱壁板和扶强材组成,其结构与主船体平面舱壁结构相似,只是所用钢板很薄,扶强材尺寸也较小。由于薄板在焊接时产生较大变形很难校正,现在常用压筋板做成压筋轻舱壁,如图 4.42 所示。

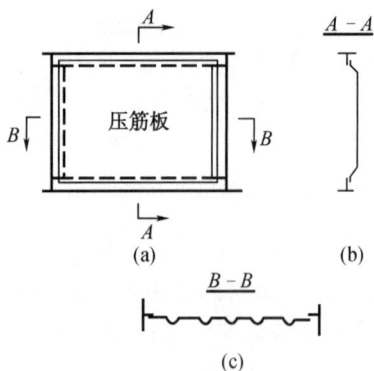

图 4.42 压筋轻舱壁

任务 4.4 甲板分段结构

【任务实施】

甲板分段结构实训任务单和任务评价单见表 4.7、表 4.8。

表 4.7 甲板分段结构实训任务单

任务名称	甲板分段结构	所需时间	2 学时
实训场地	船舶工程系理实一体化教室	分组情况	4 人/组
任务描述	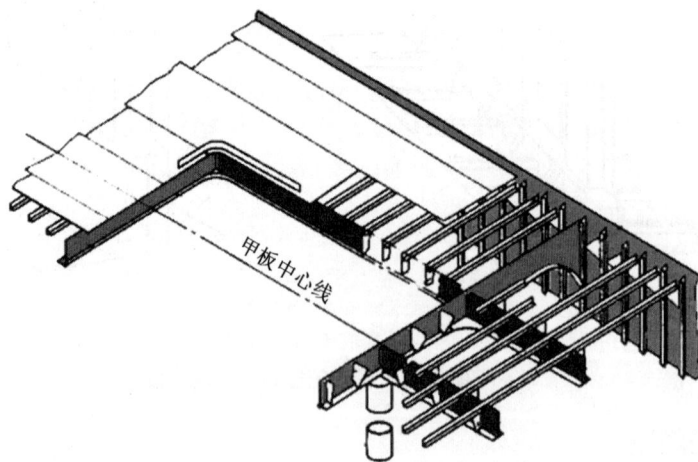 任务导入: 上图为横骨架式甲板结构。横骨架式甲板结构由甲板板、横梁和甲板纵桁等组成。根据图所提供的位置、连接方式,利用材料及工具进行模型的制作		

表 4.7(续)

任务要求	材料： (1)纸板(A0,厚 1 mm),15 张。 (2)乳白胶,4 瓶。 (3)双面胶,10 卷。 (4)罐装手喷漆,12 罐。 工具： (1)钢尺 1 m,2 把。 (2)三角板 150 cm,1 套。 (3)角尺 300 cm×150 cm,2 把。 (4)直尺 100 cm,1 把。 (5)裁纸刀,5 把(大)。 (6)裁纸刀,2 把(小)。 (7)钩刀,2 把。 (8)剪刀,4 把
	技能要求： (1)能够将构件从图上分解出来。 (2)能够分析出构件的位置及连接方式。 (3)能够选择大小合适的尺寸进行模型制作。 职业素质要求： (1)具有团结合作的精神。 (2)具有主动参与、积极进取、探究科学的学习态度和思想意识。 (3)具有分析问题、解决问题的能力

表 4.8　甲板分段结构任务评价单

课前准备	课前讨论		标准：参与回答问题。 　　　　　　　　　　　　　　　　　　　　　　　　　　　评分(满分 5 分)
	微课学习		标准：观看微课时长和发帖次数。 　　　　　　　　　　　　　　　　　　　　　　　　　　　评分(满分 5 分)
课中实践	知识要点学习		标准：(1)课堂表现。 　　　(2)知识点掌握程度。 　　　　　　　　　　　　　　　　　　　　　　　　　　　评分(满分 5 分)
	教师作品评价	校内教师	标准：(1)准备工作充分,制作模型正确、美观。 　　　(2)根据学生答辩情况真实、客观地进行打分,并给出充分理由。 　　　　　　　　　　　　　　　　　　　　　　　　　　　评分(满分 15 分)
		企业专家	标准：(1)准备工作充分,模型中细节点评。 　　　(2)根据学生答辩情况真实、客观地进行打分,并给出充分理由。 　　　　　　　　　　　　　　　　　　　　　　　　　　　评分(满分 15 分)

表 4.8(续)

	自我评价	标准:真实、客观、理由充分。 评分(满分 10 分)					
	组内互评	学号	姓名	评分(满分 20 分)	学号	姓名	评分(满分 20 分)
		注意:最高分与最低分相差最少 3 分,同分人最多 3 人,某一学生分数不得超平均分 ±3 分					
	组间互评	标准:真实、客观、理由充分。 评分(满分 10 分)					
课后复习	在线作业和测试	标准:学堂在线与网络教学平台的在线作业和测试。 评分(满分 10 分)					
	在线拓展	标准:根据完成情况适当加分。 评分(满分 5 分)					
总分(除组内互评分)		任务完成人签字: 指导教师签字:			日期:　年　月　日 日期:　年　月　日		

【知识要点】

　　甲板大部分是单层板架结构,按骨架设置形式可分为纵骨架式和横骨架式两种结构。甲板上有货舱口、机舱口等大开口及相关的建筑,结构比较复杂。

　　连续的上甲板主要承受总纵弯曲应力,所以大型船舶普遍采用纵骨架式结构;下甲板主要承受横向载荷,因此大多采用横骨架式结构。

一、横骨架式甲板结构

　　横骨架式甲板结构的横向强度好,制造方便,适用于小型船舶、内河船及船舶的下甲板。横骨架式甲板结构由甲板板、横梁、肘板和甲板纵桁等组成,如图 4.43 所示。

横骨架式甲板结构

　　1. 横梁

　　甲板结构中的横向构件统称为横梁,设置在肋位上。横梁按其设置位置和尺寸大小可分为以下几种。

　　(1)普通横梁

　　普通横梁是横骨架式甲板结构中采用的主要构件,一般由尺寸较小的不等边角钢制成,型钢凸缘朝向同肋骨朝向。

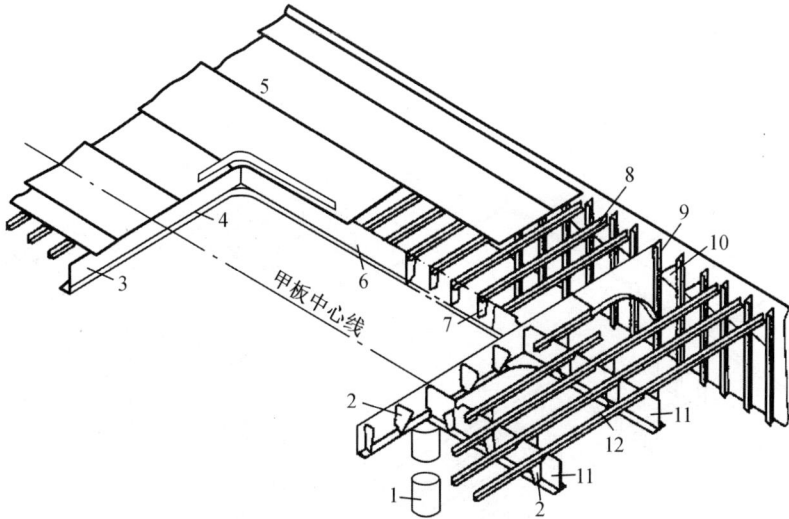

1—支柱;2—防倾肘板;3—舱口端横梁;4—圆钢;5—甲板;6—舱口纵桁;
7—肘板;8—半梁;9—主肋骨;10—梁肘板;11—甲板纵桁;12—横梁。

图4.43　横骨架式甲板结构(下甲板)

（2）半梁

舷侧至舱口边的横梁称为半梁,它的一端与舱口纵桁用肘板相连,另一端用梁肘板与肋骨连接。

（3）舱口端横梁

舱口端横梁是位于舱口前后两端的强横梁,由尺寸较大的组合T型材制成,舱口一段应采用组合角钢。端横梁与肋骨的连接最好采用加大腹板高度的圆弧形代替梁肘板。圆弧形腹板上焊以加强筋。

2. 甲板纵桁

（1）甲板纵桁:是甲板结构中纵向强构件,由尺寸较大的组合T型材制成。

（2）舱口纵桁:是位于舱口两边舱口端横梁之间的那段甲板纵桁。为了防止吊货时磨损绳索,通常采用组合角钢制成,即在相互垂直的腹板和面板的交角处焊接一圆钢,纵桁面板应偏向舷侧一边。舱口端横梁与舱口纵桁的腹板等高。

3. 肘板

横梁与肋骨、甲板纵桁必须用肘板牢固连接,以增强节点处的刚性,并能相互传递作用力。横骨架式甲板结构中有许多肘板,有连接横梁与肋骨之间的梁肘板、连接横梁与甲板纵桁的防倾肘板等。

二、纵骨架式甲板结构

纵骨架式甲板结构的纵向强度好,但装配施工比较麻烦,主要用于总纵强度要求较高的大中型船舶的上甲板。

纵骨架式甲板结构由甲板板、甲板纵骨、甲板纵桁和强横梁等组成。图4.44为纵骨架式甲板结构(上甲板),其中,舱口之间的甲板仍采用横骨架式结构。

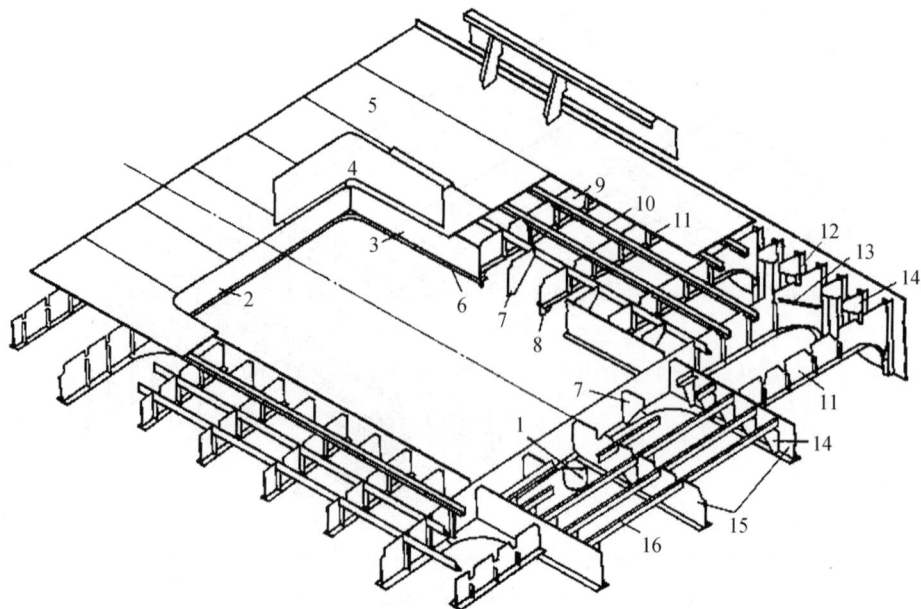

1—支柱;2—舱口端横梁;3—舱口纵桁;4—舱口围板;5—上甲板;6—圆钢;7—防倾肘板;8—小肘板;9—强横梁;
10—甲板纵骨;11—加强筋;12—肋骨;13—斜置加强筋;14—肘板;15—甲板纵桁;16—横梁。

图 4.44   纵骨架式甲板结构(上甲板)

1. 甲板纵骨

甲板纵骨是纵骨架式甲板结构中采用的纵向小构件,由球扁钢、不等边角钢及扁钢制成。甲板纵骨平行于中线面布置,型钢腹板垂直于基平面安装,除了靠近舱口的一根背向船中以外,其余折边通常朝向船中。甲板纵骨间距与船底纵骨间距一致。其主要作用是保证船舶总纵强度和甲板板的稳定性,同时承受甲板板的横向载荷。

2. 甲板纵桁

甲板纵桁是纵骨架式甲板结构中采用的纵向强构件。甲板纵桁的结构和布置与横骨架式甲板结构中的甲板纵桁基本相同。其作用主要是支承横梁,同时也承受总纵弯曲。

3. 强横梁

强横梁是纵骨架式甲板结构中采用的主要横向构件,由尺寸较大的组合 T 型材或折边钢板制成。其作用是支持甲板纵骨,保证横向强度。

三、货舱口结构

在货船的甲板上开有大的货舱口,货舱口周围设有舱口围板,其作用是增加舱口处的强度,防止海水灌入舱内,保障作业人员安全。

1. 露天上甲板货舱口结构

图 4.45 为露天上甲板货舱口结构。舱口围板上缘用半圆钢加强,围板的四周装有水平的加强筋(舱口围板高出甲板面 600 mm 以上时)和垂直的肘板。这些构件起着防倾和增强刚性的作用。半圆钢还可以减轻装卸货物时吊杆的钢丝绳与围板上缘的摩擦。肘板应尽可能与甲板下面的舱口纵桁和舱口端横梁的防倾肘板装在同一平面内。

由于甲板货舱口四角都为圆角,舱口角隅结构连接比较复杂。露天上甲板舱口角隅结构如图 4.46 所示。其中,图 4.46(a)为舱口围板伸入甲板内,与甲板开口四周焊接;图 4.46

(b)为甲板伸入舱口围板内,将围板分成上下两部分。上甲板以下的舱口纵桁与舱口端横梁交叉处的面板可用一块菱形板连接。

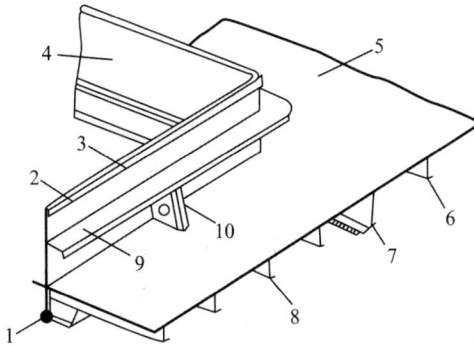

1—圆钢;2—半圆钢;3—纵向围壁;4—横向围板;5—上甲板;6—横梁;

7—舱口端横梁;8—半横梁;9—水平加强筋;10—肘板。

图4.45　露天上甲板货舱口结构

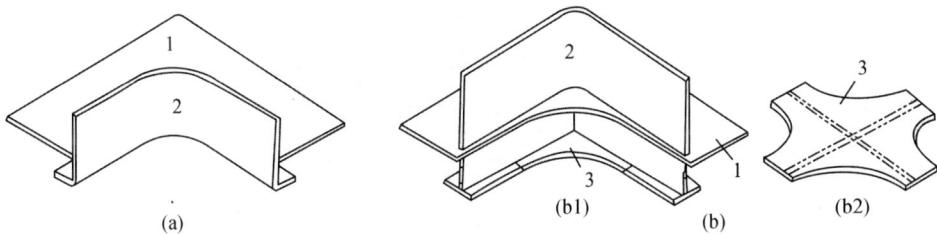

1—甲板;2—舱口围板;3—菱形面板。

图4.46　舱口角隅结构

2.下甲板货舱口结构

为了便于装卸货物,下甲板货舱口上的围板一般不必装得过高,甚至可不设围板。下甲板货舱口结构的形式如图4.47所示。其中,图4.47(a)是把甲板以上的舱口围板做成楔形剖面,甲板以下为L形剖面,此种形式比较简单;图4.47(b)是把舱口纵桁做成带圆弧的箱形纵桁,此种形式对于钢索的防磨作用较好,且放置舱口盖比较方便;图4.47(c)是用于长、大的货舱口的箱形纵桁,箱形纵桁内有横隔板加强,其上开有减轻孔,此种结构的强度和刚性都较好。

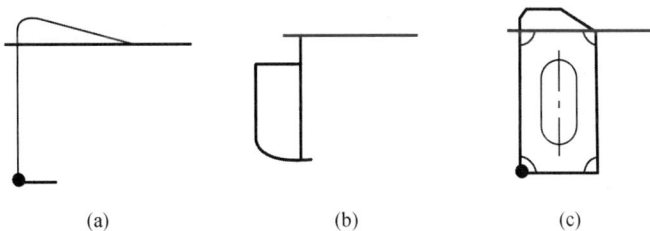

图4.47　下甲板货舱口结构的形式

任务 4.5 艏艉立体分段结构

【任务实施】

艏艉立体分段结构实训任务单和任务评价单见表 4.9、表 4.10。

表 4.9 艏艉立体分段结构实训任务单

任务名称	艏艉立体分段结构	所需时间	2 学时
实训场地	船舶工程系理实一体化教室	分组情况	4 人/组
任务描述	<td colspan="3">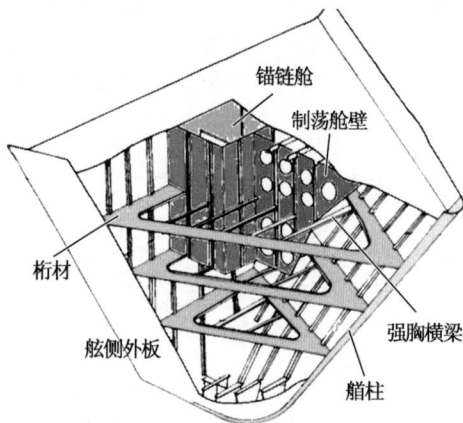 任务导入: 　　上图为艏尖舱结构,主要由艏柱、桁材、强胸横梁等组成。根据图所提供的位置、连接方式,利用材料及工具进行模型的制作。 　　材料: 　　(1)纸板(A0,厚 1 mm),15 张。 　　(2)乳白胶,4 瓶。 　　(3)双面胶,10 卷。 　　(4)罐装手喷漆,12 罐。 　　工具: 　　(1)钢尺 1 m,2 把。 　　(2)三角板 150 cm,1 套。 　　(3)角尺 300 cm×150 cm,2 把。 　　(4)直尺 100 cm,1 把。 　　(5)裁纸刀,5 把(大)。 　　(6)裁纸刀,2 把(小)。 　　(7)钩刀,2 把。 　　(8)剪刀,4 把</td>

表 4.9(续)

任务要求	技能要求： (1)能够将构件从图上分解出来。 (2)能够分析出构件的位置及连接方式。 (3)能够选择大小合适的尺寸进行模型制作。 职业素质要求： (1)具有团结合作的精神。 (2)具有主动参与、积极进取、探究科学的学习态度和思想意识。 (3)具有分析问题、解决问题的能力

表 4.10 艋艉立体分段结构任务评价单

课前准备	课前讨论	标准：参与回答问题。 评分(满分5分)					
	微课学习	标准：观看微课时长和发帖次数。 评分(满分5分)					
课中实践	知识要点学习	标准：(1)课堂表现。 (2)知识点掌握程度。 评分(满分5分)					
	教师作品评价	校内教师	标准：(1)准备工作充分，制作模型正确、美观。 (2)根据学生答辩情况真实、客观地进行打分，并给出充分理由。 评分(满分15分)				
		企业专家	标准：(1)准备工作充分，模型中细节点评。 (2)根据学生答辩情况真实、客观地进行打分，并给出充分理由。 评分(满分15分)				
	自我评价	标准：真实、客观、理由充分。 评分(满分10分)					
	组内互评	学号	姓名	评分(满分20分)	学号	姓名	评分(满分20分)
		注意：最高分与最低分相差最少3分，同分人最多3人，某一学生分数不得超平均分±3分					
	组间互评	标准：真实、客观、理由充分。 评分(满分10分)					

表 4.10(续)

课后复习	在线作业和测试	标准:学堂在线与网络教学平台的在线作业和测试。	
			评分(满分 10 分)
	在线拓展	标准:根据完成情况适当加分。	
			评分(满分 5 分)
总分(除组内互评分)		任务完成人签字:　　　　　　　　　　日期:　年　月　日 指导教师签字:　　　　　　　　　　　日期:　年　月　日	

【知识要点】

一、船首立体结构

首、尾位于船舶的最前端和最后端,型线变化复杂,主要受局部外力作用。船首主要受波浪的冲击力,船尾主要受螺旋桨的振动力,因此结构与船体中部有很大不同。

艏部立体分段结构

船首结构包括船底、舷侧、甲板等部分。船首最前端有艏柱,船体两舷结构在此会合。从艏柱到防撞舱壁之间的舱室叫艏尖舱。由于船首型线比较尖瘦,艏尖舱内不宜装载货物,一般作为压载舱,以调节船体纵倾。艏尖舱内设有锚链舱,用来存放锚链。艏尖舱上面的空间,一般作为放置工具和设备的贮藏室。

1. 船首形状

船首形状与船舶的用途和性能有关。船首所采用的形状不同,其内部结构就不完全相同。船首形状主要有图 4.48 所示的几种形式。

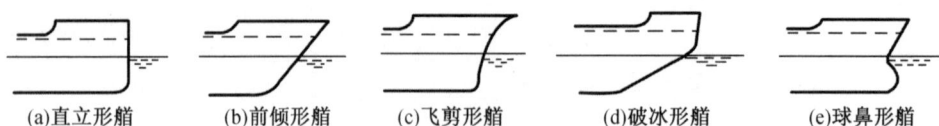

(a)直立形艏　　(b)前倾形艏　　(c)飞剪形艏　　(d)破冰形艏　　(e)球鼻形艏

图 4.48　船首形状

(1)直立形艏

船首轮廓线呈与基线相垂直或接近垂直的直线,船首的甲板面积不大。这种船首形式现在主要用于驳船和特种船舶上,如图 4.48(a)所示。

(2)前倾形艏

艏柱呈直线前倾或微带曲线前倾,艏部不易上浪,甲板面积大,在发生碰撞时船体水线以下的部分不易受损,外观上比较简洁,有快速感。军用船多采用直线前倾形艏,民用船多用微带曲线前倾形艏,如图 4.48(b)所示。

(3)飞剪形艏

艏柱在设计水线以上呈凹形曲线,艏部不易上浪,较大的甲板悬伸部分可以扩大甲板

面积,有利于布置锚机和系船设备。飞剪形艏常用在远洋航行的大型客船和一些货船上,如图4.48(c)所示。

(4)破冰形艏

设计水线以下的艏柱呈倾斜状,与基线约成30°夹角,以便冲上冰层。该形艏用于破冰船上,如图4.48(d)所示。

(5)球鼻形艏

设计水线以下的艏部前端有球鼻形的突出体,突出体有多种形状,其作用是减小兴波阻力。球鼻形艏多用在大型远洋运输船和一些军舰上。军舰上可利用球鼻的突出体装置声呐,如图4.48(e)所示。

2. 艏端的加强

艏端的加强可分为艏尖舱区域、艏尖舱后的舷侧区域和底部区域三个部分,如图4.49所示。

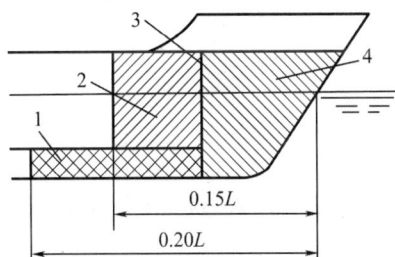

1—底部;2—舷侧;3—防撞舱壁;4—艏尖舱。

图4.49 艏端的加强区域

(1)艏尖舱区域的加强

艏尖舱区域的加强范围从艏柱至防撞舱壁。艏尖舱底部每一肋位上均设升高肋板,其高度向船首逐渐升高。升高肋板之间设置间断的中内龙骨作为防撞舱壁后面船底中底桁的延伸。艏尖舱内的肋骨要求延伸至上甲板,肋骨间距不超过600 mm。每隔一肋位设置上下间距不大于2 m的强胸横梁,沿每列强胸横梁必须设置舷侧纵桁;也可用开孔平台代替强胸横梁和舷侧纵桁,开孔平台上下间距应不大于2.5 m。当舱深超过10 m时,在舱深中点处必须设置开孔平台。艏尖舱中线面上设置开孔的制荡舱壁,其作用是防止艏尖舱内的压载水左右摇荡并缓和冲击,如图4.50所示。

(2)艏尖舱后的舷侧加强

艏尖舱后的舷侧加强范围从防撞舱壁后距艏端0.15L区域。横骨架式的舷侧,当肋骨跨距小于9 m时,该区域舷侧外板需加厚5%~15%;当肋骨跨距大于9 m时,该区域必须设置延伸的间断舷侧纵桁,位置在艏尖舱每道舷侧纵桁或开孔平台向后的延长线上,腹板高度同舱内肋骨。同时在防撞舱壁处设宽度等于艏尖舱内舷侧纵桁的舱壁肘板,肘板延伸的长度不小于两档肋距,如图4.51所示。防撞舱壁后至艏垂线0.2L舷侧加强区的肋骨间距不大于700 mm。

(3)船首底部的加强

船首底部的加强范围从防撞舱壁后距艏端0.2L区域。对横骨架式双层底结构,应在每一肋位上设置不超过船中肋距的实肋板,并设置间距不大于3个肋距的旁底桁,其间加设半

❖ 高旁底桁,如图 4.52 所示。

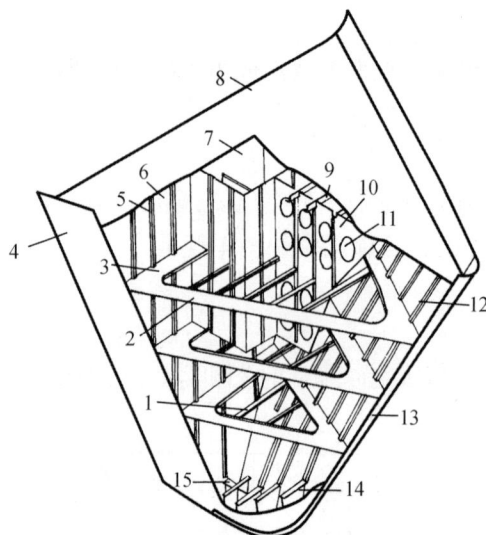

1—强胸横梁;2—舷侧纵桁;3—水平桁;4—舷侧外板;5—扶强材;6—艏尖舱壁;7—锚链舱;8—甲板;9—横梁;
10—中纵制荡舱壁;11—减轻孔;12—肋骨;13—艏柱;14—升高肋板;15—间断的中内龙骨。

图 4.50 横骨架式艏端结构

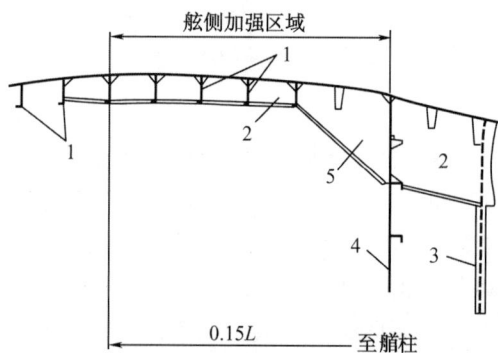

1—主肋骨;2—舷侧纵桁;3—强胸横梁;4—防撞舱壁;5—舱壁肘板。

图 4.51 防撞舱壁后的舷侧纵桁

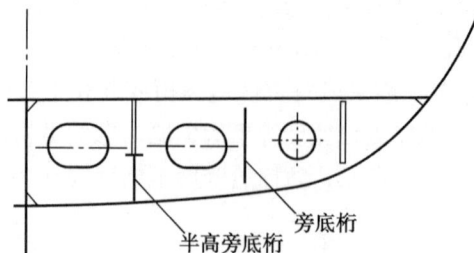

图 4.52 半高旁底桁

对于纵骨架式双层底结构,应在每隔一个肋位处设置实肋板,纵骨尺寸要相应增加,并设间距不大于3个纵骨间距的旁底桁,旁底桁应尽量向艏延伸。

3. 艏端结构

艏端结构有横骨架式和纵骨架式两种形式。民用船舶的首端通常采用横骨架式结构(图4.50)。在图4.50中,艏尖舱内防撞舱壁前设置锚链舱。中线面上有纵向制荡舱壁,舱壁板上开有圆形的减轻孔。沿着舷侧设置三道舷侧纵桁和强胸横梁。每一肋位上均设升高肋板,其高度向船首逐渐升高。升高肋板之间设置间断的中内龙骨作为防撞舱壁后面船底中底桁的延伸。

当船舶的中部为纵骨架式结构时,艏端采用纵骨架式结构,如图4.53所示,这样可保证艏端连接部位的强度,并可避免因采用横骨架式艏端结构而使过渡结构复杂化。

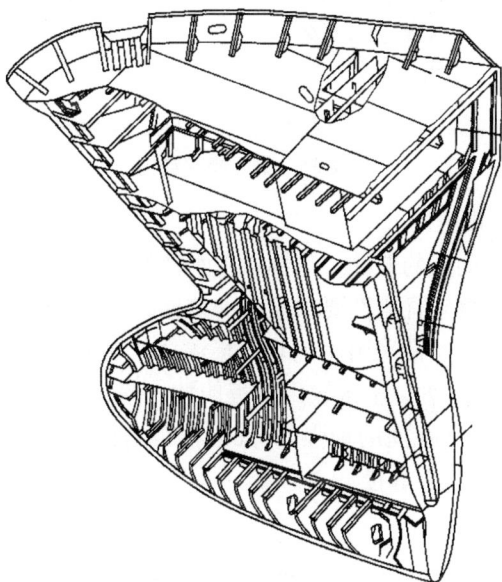

图 4.53 球鼻形艏部结构

对于型线瘦长的舰艇,其艏端趋向采用纵骨架式结构,或纵、横混合骨架式结构。

很多大型远洋货船都采用球鼻形艏,如图4.53所示。球鼻形艏的优点是在波浪中航行时可以降低兴波阻力;缺点是球鼻对抛锚、起锚和船舶靠码头有妨碍,且外形和结构复杂,施工麻烦。

4. 艏柱

艏柱是位于船体最前端,汇拢艏部两侧外板,保持船首形状的强力构件。艏柱受力主要是偶然性的外力,如水面漂浮物和浮冰的撞击,以及船舶相撞时可能发生的碰撞。因此要求艏柱具有足够的刚性和强度。

艏柱的形状随艏部型线而变化,通常在水线附近艏柱截面较瘦,从水线向上逐渐加宽,水线以下至平板龙骨处也要加宽。

(1)钢板艏柱

钢板艏柱是由厚钢板弯曲焊接而成的艏柱。其内侧装有间距不大于1 m的水平的艏肘板,并延伸至邻近的肋骨或舷侧纵桁以获得可靠的连接,曲率半径大的艏柱设置与艏肘板等厚的竖向加强筋。钢板艏柱特点是制造方便、质量轻、成本低,受碰撞后易变形,但变形范围小,且易修理。图4.54为钢板艉柱结构。

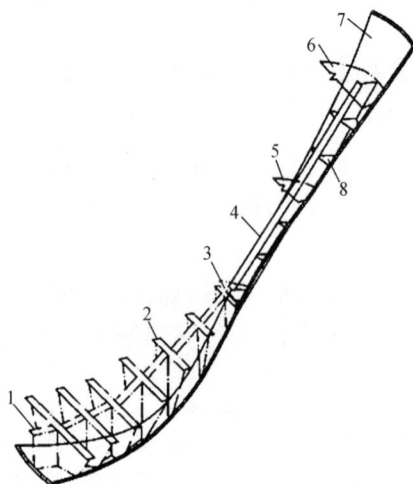

1—中内龙骨;2—实肋板;3—舷侧纵桁;4—加强筋;5—上甲板;6—艉楼甲板;7—艉柱板;8—肘板。

图4.54　钢板艉柱结构

（2）铸钢和钢板混合式艉柱

铸钢艉柱为钢水浇铸而成的艉柱。其特点是刚性好,可制作较复杂的结构,但质量大、韧性差。因此适用于断面复杂且刚性要求较高的艉柱。破冰船通常采用这种艉柱,其他船则很少采用。现代大中型船舶常采用铸钢和钢板混合式艉柱,即在夏季载重线之上0.5 m处以下区域采用铸钢件,在该处以上区域用钢板艉柱。图4.55为铸钢和钢板混合式艉柱,图中铸钢的一段,铸有横向和纵向的加强筋,加强筋可与船体的其他构件相焊接。铸钢艉柱的边缘有凹槽,便于外板嵌入焊接。

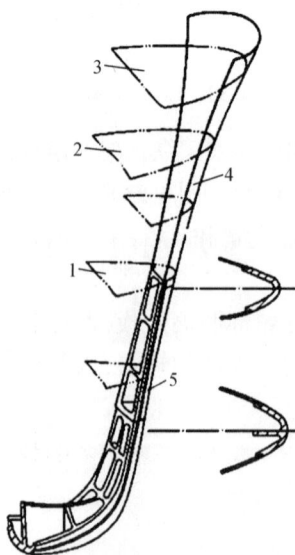

1—下甲板;2—上甲板;3—艉楼甲板;4—钢板艉柱;5—铸钢艉柱。

图4.55　铸钢和钢板混合式艉柱

（3）锻钢艉柱

锻钢艉柱是用钢锭锻造的艉柱。其特点是强度和冲击韧性好,适于截面形状简单、容易加工的构件。大型的锻件常因船厂设备条件的限制,不易加工制造,因此可采用锻钢和钢板混合的结构。小船的艉柱可用厚的棒状型钢制造。

二、船尾立体结构

船尾结构指的是从艉尖舱壁到艉端的船体结构,由船尾的底板、甲板、舷侧结构和艉柱组成,有的船还有舵支架、艉轴架。在船尾上甲板下面的舱室内装有舵机设备,称为舵机舱。舵机舱下面的舱室是艉尖舱。艉尖舱比较狭小,一般作为艉压载水舱,以调节船体的纵倾。舵机舱与艉尖舱之间的平台叫舵机平台。

艉部立体分段结构

1. 船尾形状

船尾形状常见的主要有图 4.56 所示的几种形状。

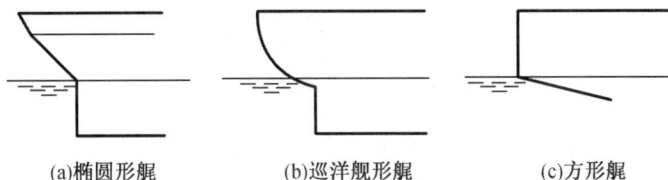

(a)椭圆形艉　　　　(b)巡洋舰形艉　　　　(c)方形艉

图 4.56　船尾形状

（1）椭圆形艉

船的尾部有短的艉伸部,折角线以上呈椭圆体向上扩展,端部露出水面较大,桨和舵易受破坏。现在仅在某些驳船上可以见到,如图 4.56(a)所示。

（2）巡洋舰形艉

巡洋舰形艉具有光顺曲面的艉伸部,艉部大部分浸入水中,增加了水线长度,有利于减小船的阻力,保护舵和螺旋桨。曾在巡洋舰和民用船上用得较广,如图 4.56(b)所示。

（3）方形艉

方形艉的艉部有垂直或斜的艉封板,其他仍保留巡洋舰形艉的特点。艉部水流能较平坦地离开船体,使航行阻力减小,艉部甲板面积较大有利于舵机布置,并能防止高速航行时艉部浸水过多,且施工简单。方形艉大多用于航速较高的舰艇及货船,如图 4.56(c)所示。

2. 艉端的加强

艉端结构应有较好的防振加强措施。艉端的加强区域是从艉尖舱舱壁至船尾端,包括艉尖舱内和艉尖舱以上舷侧的加强。

（1）艉尖舱区域的加强

艉尖舱内的肋骨间距不大于 600 mm,每个肋位设置升高肋板,当舷侧为横骨架式时,肋板以上应设置间距不大于 2.5 m 的强胸横梁和舷侧纵桁或开孔平台。艉尖舱悬伸体的中线面应设置纵向制荡舱壁,当悬伸体特别宽大时,最好在中线面左、右两侧各设一个制荡舱壁。艉尖舱内设间断的中内龙骨,或用数道水平加强筋加强升高肋板。

（2）艉尖舱以上的舷侧加强

艉尖舱上面的甲板间舱内应设置抗拍击舷侧纵桁或增加外板厚度,并应设置不大于 4

❖ 个肋骨间距的强肋骨。

3. 艉端结构

艉端结构有横骨架式和纵骨架式两种形式。民船的尾端多用横骨架式结构;纵骨架式艉端结构通常只用于军用船舶。艉端与船中的骨架形式相同更有利于保证纵向强度。

艉端结构包括艉尖舱和艉部悬伸体。艉部悬伸体的作用是扩大甲板面积,保护螺旋桨和舵,并改善航行性能。艉部悬伸体内设有舵机舱,在艉部悬伸体下还装有舵和螺旋桨。

(1)巡洋舰形艉端结构

巡洋舰形艉广泛用于客船和货船上,并且也常用于中低速军舰上,如图 4.57 所示。由于悬伸体较大,且采用弧形的外壳板,因此其结构和工艺性都很复杂。为了使弧形外壳板与甲板有效的连接,在艉突出体后端,采用扇形斜肋骨和斜横梁(图 4.58)。

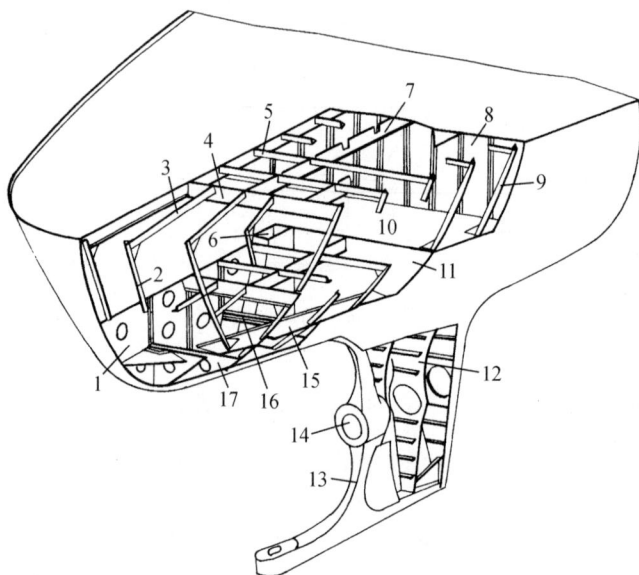

1—制荡舱壁;2—斜肋骨;3—斜横梁;4—强横梁;5—横梁;6—舵杆管;7—甲板纵桁;8—横舱壁;9—肋骨;
10—舵机舱平台;11—艉尖舱壁;12—艉升高肋板;13—艉柱;14—轴毂;15—舷侧纵桁;16—强胸横梁;17—肋板。

图 4.57　巡洋舰形艉端结构

在巡洋舰形艉端结构中,舵机舱平台以下的艉尖舱内设有一道中纵制荡舱壁,每个肋位有升高肋板,有一道强胸横梁和舷侧纵桁结构。图 4.59 为艉尖舱内强胸结构横剖面图。

(2)方形艉端结构

方形艉端结构主要用于货船和高速军舰。其结构较巡洋舰形艉的结构简单,施工也方便。方形艉相当于将巡洋舰形艉的扇形部分切去,用一平直的艉封板代替。艉封板倾斜或竖直布置,其上装有扶强材。艉部比巡洋舰形艉短。除了省掉扇形部分外,其他结构不变,如图 4.60 所示。

4. 艉柱

艉柱是设置在艉端下部中纵剖面上的大型构件。其作用是连接两侧外板和平板龙骨,加强艉部结构,并支持和保护螺旋桨与舵。

艉柱按其制作方式可分为钢板艉柱、铸钢艉柱和锻钢艉柱。形状复杂的艉柱都采用铸钢艉柱。大型的艉柱可分段铸造,然后焊接起来,如图4.61所示。结构简单的艉柱可采用锻钢艉柱。钢板艉柱如图4.62所示,它的质量轻且不需要大型的浇铸设备。

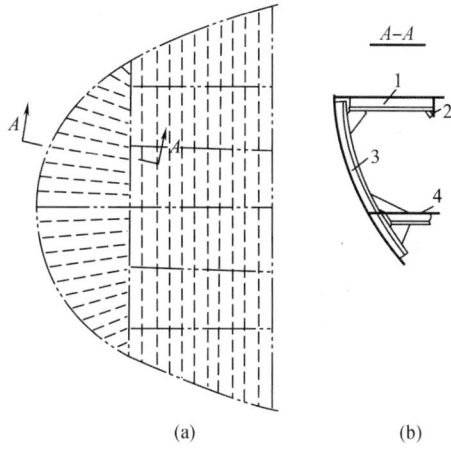

1—斜横梁;2—强横梁;3—斜肋骨;4—舵机舱平台。

图 4.58 扇形斜肋骨和斜横梁

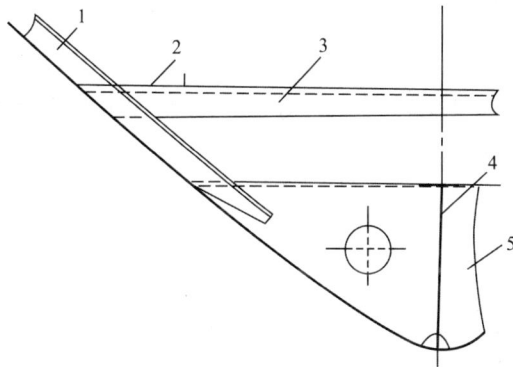

1—肋骨;2—舷侧纵桁;3—强胸横梁;4—中内龙骨;5—肋板。

图 4.59 艉尖舱内强胸结构

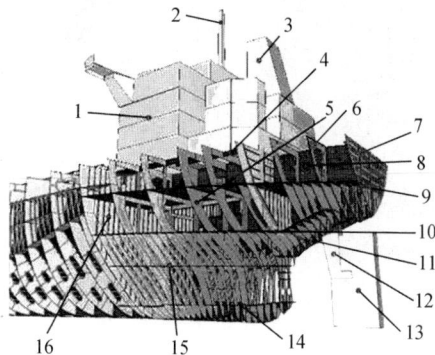

1—艉楼;2—桅杆;3—烟囱;4—甲板纵桁;5—强肋骨;6—强横梁;7—艉封板;8—纵舱壁;9—舵机平台;
10—平台;11—肋板;12—挂舵臂;13—舵;14—内底板;15—机舱平台;16—横舱壁。

图 4.60 方形艉端结构

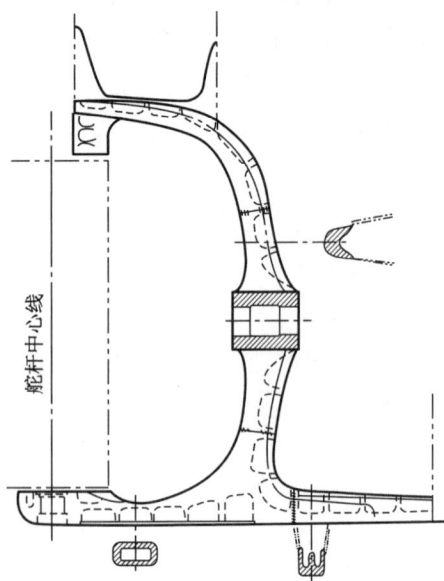

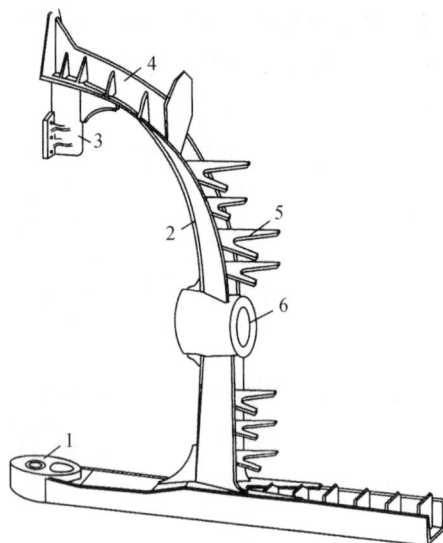

1—下支承;2—圆钢;3—舵轴架;
4—加强筋;5—肘板;6—轴毂。

图 4.61　铸钢艉柱　　　　　　　图 4.62　钢板艉柱

5.艉轴架和轴包套

　　双螺旋桨船上的推进器为左、右舷对称布置,由于船尾下部比较瘦,推进器轴在未到艉端时就伸出船体外面。为了使螺旋桨获得有效的支持,伸出船体外面的推进器轴必须有艉轴架或轴包套支撑,如图4.63所示。

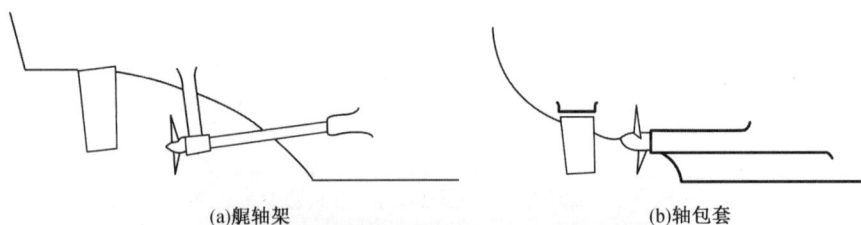

(a)艉轴架　　　　　　　　　　　　　(b)轴包套

(c)

图 4.63　艉轴架和轴包套

　　艉轴架和轴包套形状须配合艉部型线,以减小水阻力,并且应能承受局部的振动力。当一个叶片折断时艉轴架能够承受最大转速产生的不平衡力。

（1）艉轴架

艉轴架常用于中小型的船舶和舰艇上。根据艉轴在船体外伸出的长度和支承要求,由1~2个艉轴架支撑。艉轴架的优点是结构质量轻,造价便宜;缺点是暴露在外面的艉轴易受碰撞和腐蚀。艉轴架有单臂和双臂之分,如图4.64所示。

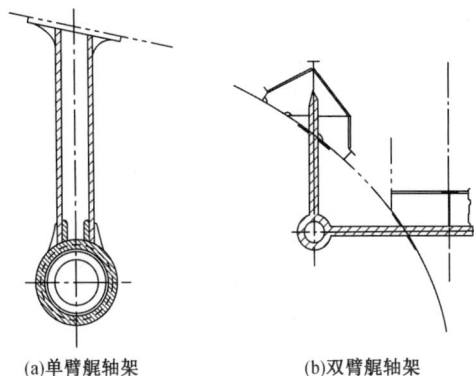

(a)单臂艉轴架　　　　(b)双臂艉轴架

图4.64　单臂和双臂艉轴架

单臂艉轴架即只有一个支臂的艉轴架,其刚性较差,但质量轻,损坏时易修理更换,常用于多螺旋桨的小型舰艇上;双臂艉轴架即有两个支臂的艉轴架,俗称人字架,其结构刚性比单臂艉轴架好,人字架两个支臂的夹角为60°~90°,角度接近90°时艉轴架的支撑刚性最好。军舰的船体型线较瘦,艉部抬离基平面,两个支臂的夹角很难做成90°。如护卫舰上的铸钢人字架结构,两个支臂的夹角约为60°。

（2）轴包套

轴包套常用在型线较肥、航速较低的大型船舶上,艉轴伸出部分全部包在鼓出的包套内。轴包套的优点是艉轴和轴承保养、检修方便,能提高螺旋桨的工作效率,还可起到减摇的作用;缺点是操纵和回转性差,结构复杂,施工麻烦。

轴包套使艉轴伸出部分的外包板向外凸出,肋骨鼓出成眼镜形骨架,将螺旋桨轴包在里面,如图4.65所示。图4.66是将轴架与船体尾端骨架连在一起的眼镜形铸造骨架,这种结构刚性好,能承受质量大的螺旋桨和艉轴。

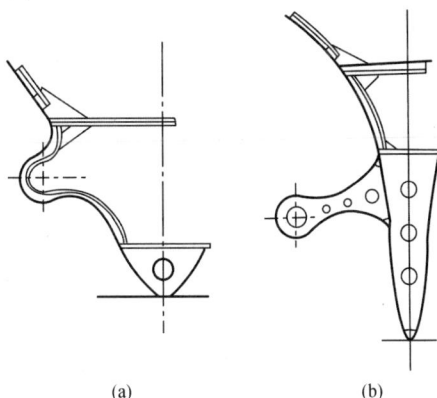

(a)　　　　(b)

图4.65　艉轴鼓出处的肋骨剖面

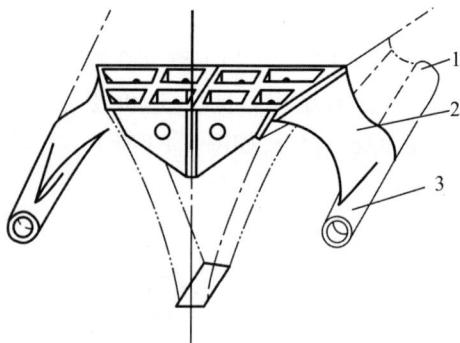

1—轴包板；2—支臂；3—轴毂。

图 4.66　眼镜形铸造骨架

❖ 项目拓展

船体结构零件及流向编码

一、船体结构常用的术语

1. 零件

零件是船体结构的最基本单元，指仅经号料、加工而未经装配和焊接工序的成型钢板或型钢，如图 4.67 所示。

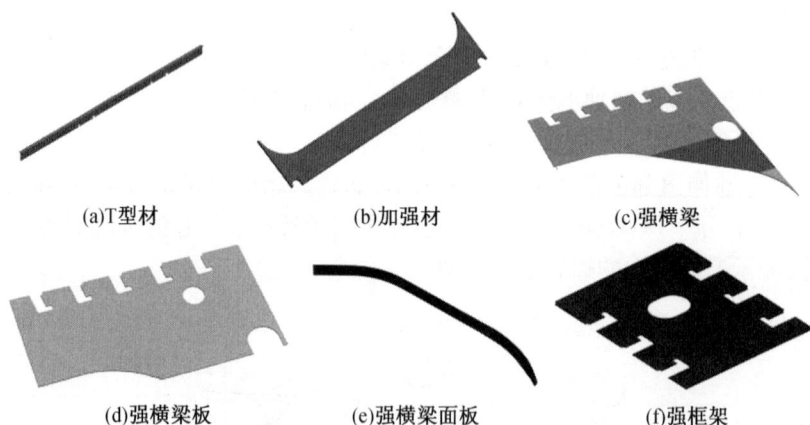

(a)T型材　　　　(b)加强材　　　　(c)强横梁

(d)强横梁板　　　(e)强横梁面板　　　(f)强框架

图 4.67　零件

2. 小组立

小组立是两个或两个以上的零件进行一次装配、焊接（预装）而形成的构件，如图 4.68 所示。

3. 中组立

中组立是指需进行两次或两次以上的组装，但未形成最后分段的结构件，如图 4.69 所示。

图 4.68 小组立

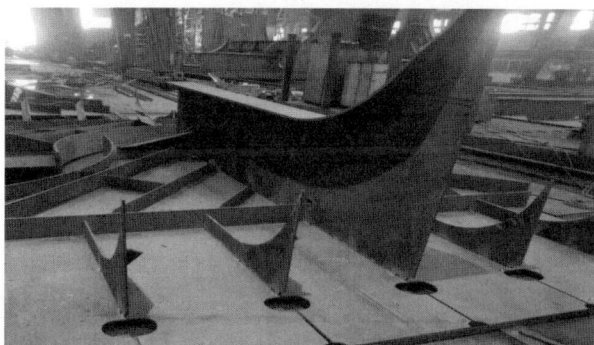

图 4.69 中组立

4. 大组立

大组立是指形成最终分段的组立,如图 4.70 所示。

图 4.70 大组立

5. 工位

工位是指船体结构建造中的施工场所。

6. 零件流向

零件流向是指零件配套后送往的工位。

7. 工艺流程(图 4.71)

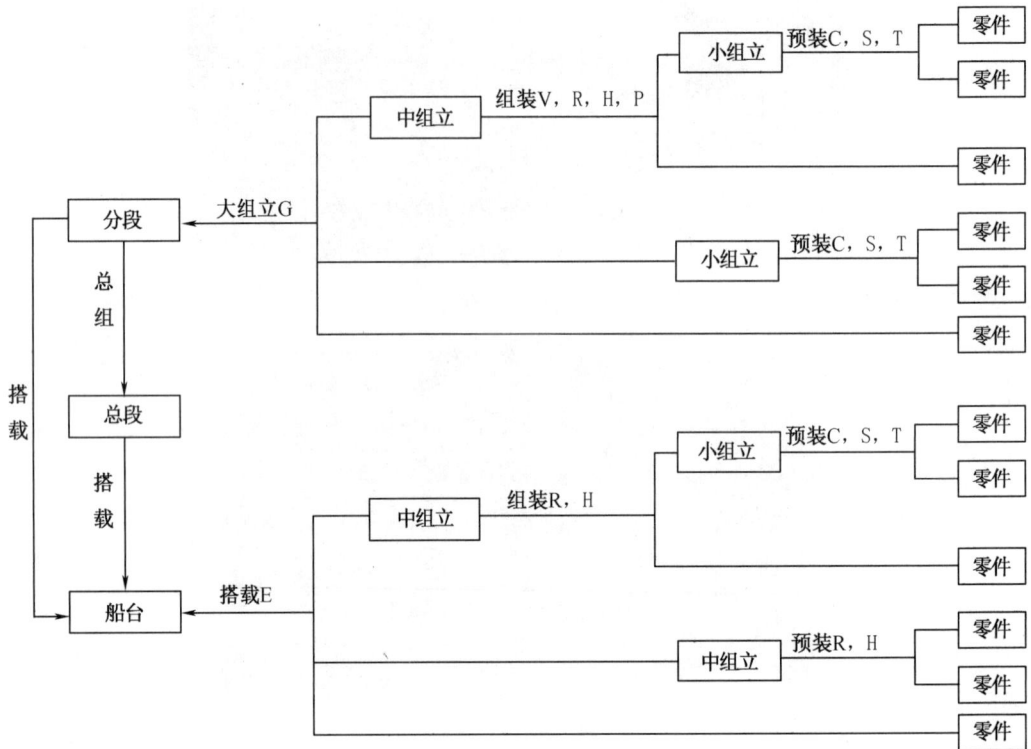

图 4.71　工艺流程图

二、常用的零件代码

常用的零件代码见表 4.11。

表 4.11　常用的零件代码

代码	代码意义	代码	代码意义
A	不需拼接的板	M	甲板梁(横向防挠材)
B	肘板	P	一般板材
C	补板	S	一般加强筋,角钢
D	垫板	W	面板
F	肋板	X	纵梁
K	主板及需要拼接的基板	Y	普通件
L	纵桁板(纵向连通扶强材)	E	其他(松紧件等)

注:根据不同船型,可扩充代码。

三、常用的组件名称代码

常用的组件名称代码见表 4.12。

表4.12　常用的组件名称代码

组件名称代码	组件名称和位置特征	组件名称代码	组件名称和位置特征
DK	甲板	CG	(集装箱)箱格导轨
BS	外底板	BX	各种风管、箱体
SS	舷侧外板	HP	锚链管
FR	强框架、肋板	BG	舭龙骨
NW	非水密舱壁	BW	挡浪板
TB	水密舱壁、肋板	MA	中组立+中组立
BM	横梁	SB	舵柱轴毂
SR	水平桁	BH	艏顶蹼板
SL	壁墩	GR	纵桁
TT	舱顶	ST	防倾肘板
LB	纵舱壁	BK	肘板
CB	槽形隔板、压筋板	TS	艉封板
BU	舷墙	BL	组合纵骨和型材
CM	舱口围	ET	其他
EG	(集装箱)入口导轨	—	—

注:根据不同船型,可扩充代码。

四、位置代码

位置代码由自然数(最多3位)组成,表示同一分段内组件的位置。横向、纵向构件分别以"FR0位置""中心线位置"为起点,按照"从艉到艏、从里到外"的顺序从"0"开始排序,舵轴线以后、右舷位置的组立在代码前加"0"区分。垂直布置构件以"第一层甲板"为起点,按照"从下到上"的顺序从"1"开始排序,具体见表4.13。

表4.13　位置代码

区分	代码	代码意义	区分	代码	代码意义	区分	代码	代码意义
横向构件	099	在FR-99位置上的组立	纵向构件	099	在右舷L-99位置上的组立	垂直布置构件	1	第1层甲板
	⋮	⋮		⋮	⋮		2	第2层甲板
	02	在FR-2位置上的组立		02	在右舷L-2位置上的组立		3	第3层甲板
	01	在FR-1位置上的组立		01	在右舷L-1位置上的组立		4	第4层甲板
	0	在FR0位置上的组立		0	在中心线位置上的组立		5	第5层甲板
	1	在FR1位置上的组立		1	在左舷L1位置上的组立		6	第6层甲板
	2	在FR2位置上的组立		2	在左舷L2位置上的组立		7	第7层甲板
	⋮	⋮		⋮	⋮		⋮	⋮
	999	在FR999位置上的组立		999	在左舷L999位置上的组立		999	第999层甲板

分区号代码由一位字母组成,表示同一位置的不同组立。左、右舷分段时使用A~Z;跨中分段的左舷使用A~K,右舷使用Q~Z,不应使用D、I、O、P、S作为分区代码,具体见表4.14。

表 4.14　分区号代码

分区		编码
左、右舷分段(对称或不对称)	—	A、B、C、E、F、G、H、J、K…Z
跨中分段	左舷	A、B、C、E、F、G、H、J、K
	右舷	Q、R、T、U、V、W、X、Y、Z

五、示例

1. 示例 1

编码:321/331-000-P1

含义:321/331 分段,组立树上,1 号一般板材零件。

2. 示例 2

编码:241/251-BL10A-A1

含义:241/251 分段,10 号组合纵骨和型材位置第 1 个组件上,1 号不需拼接板材零件。

3. 示例 3

编码:901-DK1A-K1

含义:901 分段,甲板区域第一层甲板第 1 个组件上,1 号主板及需要拼接的基板零件。

六、流向编码

一级流向代码由一位字母组成,表示零件的去向及装配工位,具体见表 4.15。

表 4.15　一线流向代码

一级流向代码		意义	图例	装配工位
小组立(2次流向)	C	一块钢板上附加一个或几个零件的最基本的组立;尺寸要参照部件组立设定的基准		小组立
	S	由型钢、扶强材、钢板、小组立 C 组成的组立;超过小组立 C 组立范围的组立;框架高度小于 7 m,框架质量不超过 25 t(分段制造部);矩形构件,框架长度小于 12 m,宽度小于 3.5 m;异形构件,高度小于 5.5 m,框架质量不超过 20 t(内业分厂);超过以上尺寸的框架分成 2 块		

表 4.15(续 1)

一级流向代码		意义	图例	装配工位
	T	在小组立场制作的 T 型材(长度小于 6.5 m)		
平台中组立	V	超出纵骨焊接机焊接范围的片体,纵骨焊接机焊接范围: T 型材:高度 350~800 mm,宽度 140~150 mm; 球扁钢:高度 140~430 mm; 角钢:高度 250~500 mm,宽度 90~120 mm。 超出 FCB 法焊接范围的片体,FCB 法单道对接焊缝长度: 分段制造部:13 m≤L≤22.5 m; 内业分厂:L≤12 m		
曲形中组立	R	船首、船尾、机舱外板等; 在胎架上进行的拼接作业,如曲形外板、纵桁、肋板等		中组立
大型中组立	H	由 S、T 组成的及需要转、翻身的大型中组立; 箱形结构,如壁子墩,横、纵舱壁,甲板等		
FCB	P	在平面线制作的平面板架		平直区

表 4.15(续 2)

一级 流向代码		意 义	图 例	装配 工位
大组立	G	形成最终分段的组立。由 C、S、T、V、R、H、P 最终集成		大组立
其他	E	船台安装零件、组件	按具体位置决定	—

组立流向代码由两位一级流向代码组成,表示组立的过程,具体见表 4.16。

表 4.16   组立流向代码

组立 流向代码	意 义	装配工位	组立 流向代码	意 义	装配工位
CS SS	零件拼装成小组立后再参与到高一级小组立装配	小组立	TP	零件拼装成 T 型材后再参加平面流水线装配	小组立 平直中组立
CV SV	零件拼装成小组立后再参加平台装配	小组立 大组立	CG SG	零件拼装成小组立后再参加分段装配	小组立 大组立
TV	零件拼装成 T 型材后再参加平台装配	小组立 大组立	TG	零件拼装成 T 型材后再参加分段装配	小组立 大组立
CR SR	零件拼装成小组立后再参加曲形中组立装配	小组立 曲形中组立	VG	拼装成平台中组立后再参加分段装配	大型中组立 大组立
TR	零件拼装成 T 型材后再参加曲形中组立装配	小组立 曲形中组立	PG	平面流水线装配后再参加分段装配	平直中组立 大组立
CH SH	零件拼装成小组立后再参加大型中组立装配	小组立 大型中组立	CE SE	零件拼装成小组立后直接参加总组或搭载	小组立 船台搭载
TH	零件拼装成 T 型材后再参加大型中组立装配	小组立 大型中组立	TE	零件拼装成 T 型材后直接参加总组或搭载	小组立 船台搭载
VH	拼装成平台中组立后再参加大型中组立	大型中组立 大组立	—	—	—

❖ 项目测试

一、填空

1. 艉部立体分段主要由_____、_____、_____、_____、_____和_____组成。

2. 甲板纵骨主要作用是保证船舶总纵强度和甲板板的稳定性,同时承受甲板板的_____。

3. 横梁与肋骨、甲板纵桁必须用_____牢固连接,以增强节点处的刚性,并能相互传递作用力。

4. 船尾部装有_____和_____等重要设备,因此,对建造精度要求较高。

5. 舷侧分段有_____和_____之分,也有_____和_____之分。

6. 横骨架式单层舷侧结构主要包括_____、_____和_____。

7. 纵骨架式单层舷侧结构主要包括_____、_____和_____。

8. 舱壁沿船长方向设置的舱壁是_____,沿船宽方向设置的舱壁是_____。

9. 平面舱壁由_____和_____组成。

10. 舱壁板由许多块钢板并合焊接而成,其板列的布置形式可分_____和_____两种。

11. 扶强材按其设置方向,分为_____和_____两种。

12. 槽形舱壁的剖面形状有_____、_____、_____和弧形。

13. 甲板大部分是单层板架结构,按骨架设置形式可分为_____和_____甲板结构。

二、判断题

1. 中小型船舶的首部都不带有球鼻艏。　　　　　　　　　　　　　　　（　　）

2. 由于强度上的要求,艉柱的板材厚度均比较大。　　　　　　　　　　（　　）

3. 船舶的球鼻艏可以减小兴波阻力。　　　　　　　　　　　　　　　　（　　）

4. 平行中体区域的舷侧分段型线是平直的,可直接在平台上装配。　　　（　　）

5. 目前,很多大型船舶舷侧基本为双层结构。　　　　　　　　　　　　（　　）

6. 平面舱壁骨架由扶强材和桁材两种构件组成,起到增加舱壁板强度和刚性的作用。

　　　　　　　　　　　　　　　　　　　　　　　　　　　　　　　　（　　）

7. 甲板间舱壁或舱深不大的小船舱壁,舱壁板可水平布置,以便于施工。（　　）

8. 扶强材是较小的构件,一般采用等边角钢制成。　　　　　　　　　　（　　）

9. 桁材是较大的构件,一般采用组合 T 型材或折边板制成。　　　　　（　　）

10. 垂直于槽形方向的承压能力较差,槽形舱壁占据较大舱容,不利于装载件杂货物。

　　　　　　　　　　　　　　　　　　　　　　　　　　　　　　　　（　　）

11. 甲板纵桁是甲板结构中纵向强构件,由尺寸较大的组合 T 型材制成。（　　）

12. 普通横梁是横骨架式甲板结构中采用的主要构件。　　　　　　（　　）

13. 强横梁的作用主要是支承横梁,同时也承受总纵弯曲。　　　　（　　）

14. 货舱口的作用是支持甲板纵骨,保证横向强度。　　　　　　　（　　）

15. 甲板纵桁的作用是增加舱口处的强度,防止海水灌入舱内,保障作业人员安全。

　　　　　　　　　　　　　　　　　　　　　　　　　　　　　　　（　　）

三、名词解释

1. 舱壁

2. 槽形舱壁

3. 凳式结构

4. 舱口纵桁

5. 半梁

6. 甲板纵骨

四、简答题

1. 简述横骨架式甲板结构的组成、特点、应用。

2. 简述纵骨架式甲板结构的组成、特点、应用。

3. 什么是轻舱壁?它的类型有哪些?

五、识结构题

1. 内河小型货船横剖面结构认知,说出图 4.72 中各数字的名称。

2. 艏部结构认知,说出图 4.73 中各数字的名称。

3. 艉部结构认知,说出图 4.74 中各数字的名称。

4. 杂货船横剖面结构认知,说出图 4.75 中各数字的名称。

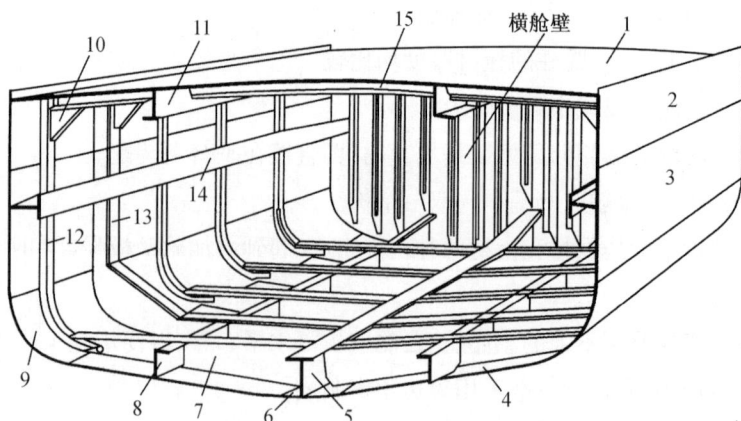

图 4.72　内河小型货船横剖面结构

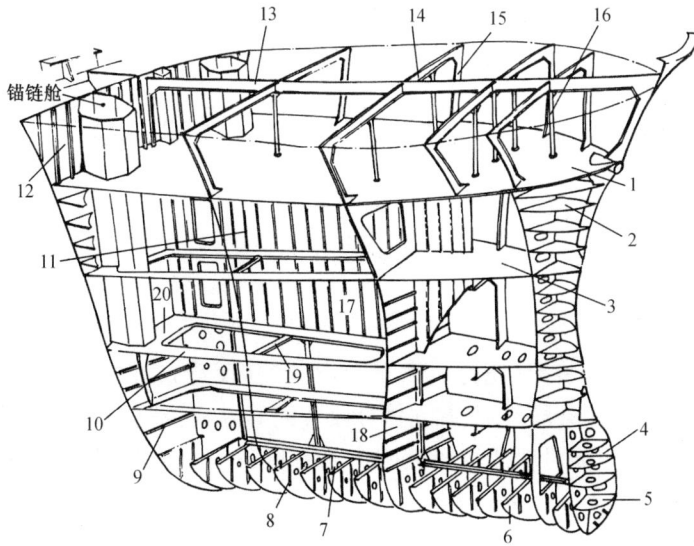

图 4.73 艏部结构

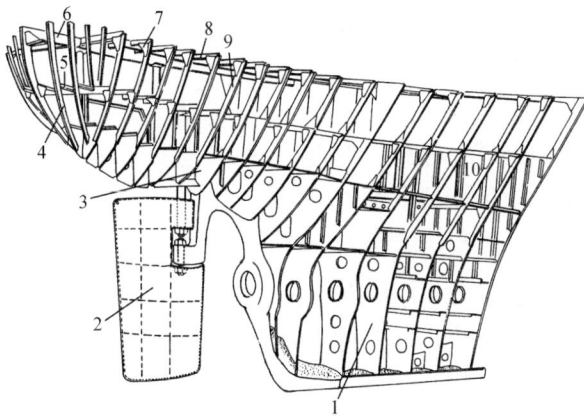

图 4.74 艉部结构

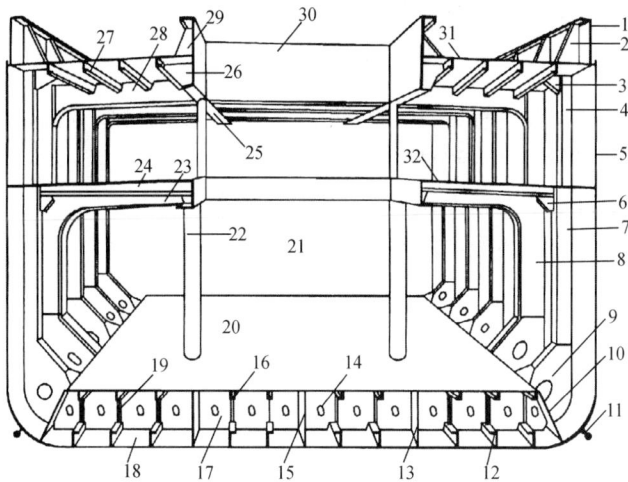

图 4.75 杂货船横剖面结构

项目五　船舶分段装配工艺

❖ 项目目标

项目五介绍底部分段装配(正造)、底部分段装配(反造)、舷侧分段装配、舱壁分段装配、甲板分段装配、艏立体分段装配、艉立体分段装配等内容,是全书的重点基础内容之一。通过本项目的学习,学生能对船舶分段装配工艺有更深入的认识,有助于学习船舶分段装配其他方面的知识内容。

一、知识目标

1.掌握船舶底部分段(正造)的装配步骤。

2.掌握船舶底部分段(反造)的装配步骤。

3.掌握舷侧分段装配要点。

4.掌握船舶甲板分段装配要点。

5.掌握船舶首、尾分段装配要点。

6.掌握平面舱壁和槽形舱壁装配要点。

二、能力目标

1.能正确按照船舶底部分段(正造)的装配步骤进行模拟装配。

2.能正确按照船舶底部分段(反造)的装配步骤进行模拟装配。

3.能够选择合理的装配顺序。

4.正确完成甲板分段装配过程。

5.正确完成船舶首、尾分段装配过程。

6.能够正确编制装配工艺文件。

三、素养目标

1.培养学生在模拟装配过程中具有文明安装、环保、团队协作意识和吃苦耐劳的精神。

2.加深学生对舷侧分段、甲板分段等装配的认识。

3.培养学生独立自主学习新知识、新技术和新思维的能力。

4.培养学生在船舶分段装配中的安全意识。

❖ **学习任务**

任务 5.1　底部分段装配(正造)

任务 5.2　底部分段装配(反造)

任务 5.3　舷侧分段装配

任务 5.4　舱壁分段装配

任务 5.5　甲板分段装配

任务 5.6　艏立体分段装配

任务 5.7　艉立体分段装配

❖ **德育学堂**

船舶装配高手——战怀奎

战怀奎(图5.1)是大连船舶重工集团有限公司(以下简称"大船重工")装配班长、高级技师、全国技术能手、全国"五一劳动奖章"获得者、全国劳动模范,其所在班被授予全国"五一劳动奖状",被命名为"战怀奎班"。多年来,战怀奎在自己的工作岗位上屡克难关,直接创造价值达100多万元,他所完成的军品、民品一级品率分别达98%和96%以上,在我国船舶行业居领先水平。

匠艺强国

图 5.1　大船重工船舶装配工——战怀奎

"战一刀"是船体车间装配班长战怀奎的绰号。在大船重工提起"战一刀"无人不知。一艘大船是由一块块钢板装配的分段合拢而成的,分段装配及合拢的精度直接影响船体电焊和整体建造的进度与质量。"战一刀"的含义是指在船体分段合拢时,号料准、切割精,只需用气割枪"一刀"就能准确地把余料切割下去,一次完成。这样,下道工序焊接时就会省时、省力、省材料。电焊工们对他的工作满意率达到100%。于是,颇有战将之风和侠客之气的"战一刀"成了战怀奎的绰号。在船体建造中,最难做的就是处于船头部位的球鼻艏分段的装配和合拢了。球鼻艏"长"得奇形怪状，像个头重脚轻的异形"葫芦头"，以往的做法是把"葫芦头"倒立着装配，外板一张一张地散装。由于"葫芦头"的尖底朝下，站立不稳，不能翻身，很不好装配，很多电焊工作都要仰焊、立焊，费时、费力、费材料、难度高、效率低、精度差，成为船舶建造的"卡壳段"。而真正敢在"葫芦头"上动刀的人必定是"武林"高手。

在7 000 t船的球鼻艏分段装配时，战怀奎主动请缨，要求操"刀"修理"葫芦头"。当时车间领导为他捏了一把汗，工友们也担心他"砸了锅"，可他却胸有成竹，几个晚上没合眼，经过大量的数据计算和可行性分析，大胆地采用了正装改侧装的新工艺，把"葫芦头"一分为二，各自放倒，两个胎位对称同时装配。经过精心施工，这个"葫芦头"测量后多项数据都控制在公差之内，并提前一个多月啃下了这块"硬骨头"，还节省了大量人力、物力和财力。外商和验船师简直不敢相信大船重工竟有这样高超的科学建造工艺、完美的装配质量和惊人的制作进度。当他们得知这是一个年轻人的杰作时，连称："OK！OK！'战一刀'果然名不虚传。"战怀奎创造的这种装配方法一直沿用至今。

2002年6月，由于火工矫正工时进度滞后、施工质量不理想，严重影响了公司的船体建造进度，管舾、机电、木舾等下道工序无法全面展开，成为制约船舶建造的"瓶颈"。"我是党员、劳模、高级技师，有了难题我不上谁上。"于是战怀奎"操刀"上阵了。火工矫正看似不需要很高的技术，就是用一把木槌、一个烤把、一根水管，把凹凸不平的钢板打平。其实不然，它同样需要铆工装配的三维立体识图等生产技术和应力释放、作用力和反作用力等力学知识，否则越打越糟，影响船体建造进度，易造成换板，由此造成经济损失。他当了火工矫正班长后，通过观察感到利用传统工艺进行火工矫正，是按下"葫芦"起了"瓢"，施工质量很难保证。于是，他根据多年的装配经验，对传统工艺大胆动"刀"改进，提出使用辅助工具进行火工矫正等十几项合理化建议，使楼子的火工矫正质量和进度显著提高。3万吨系列船前几艘船的楼子火工矫正一般都是3个月左右完成，用新法操作后，5号船用了15天，6号船仅用了11天，不断创出新纪录，为公司生产提速做出了突出贡献。战怀奎当班长后采取了定额工时管理的方法及技术创新、工作量前移等措施，打破了"大锅饭"，实行多劳多得的制度，使工友们的人均收入同比增长30%以上，有效地激发了职工的干劲。近两年，火工矫正班完成定额工时均在130%以上，一次交工率达100%，成为先进班组。

多年来，战怀奎带领工友们以出色的工作，以一次干好活、一次报验成功的突出业绩，使公司军品、民品的一级品率分别达到98%和96%以上，优于公司的质量考核标准，在我国船舶行业居领先水平，同时，大节点计划实现率平均达95%以上，为大船重工在新世纪实现跨越式发展做出了突出贡献。

❖ 项目导入

VR与船舶装配

VR，或称为模拟技术，就是用一个系统模仿另一个真实系统的技术。VR实际上是一种可创建和体验虚拟世界的计算机系统。此种虚拟世界由计算机生成，可以是现实世界的再现，亦可以是构想中的世界，用户可借助视觉、听觉及触觉等多种传感通道与虚拟世界进行自然的交互。它是以仿真的方式给用户创造一个实时反映实体对象变化与相互作用的三维虚拟世界，并通过头盔显示器（HMD）、数据手套等辅助传感设备，给用户提供一个观测与该虚拟世界交互的三维界面,使用户可直接参与并探索仿真对象在所处环境中的作用与变化,使其产生沉浸感。VR是计算机技术、计算机图形学、计算机视觉、视觉生理学、视觉心理学、仿真技术、微电子技术、多媒体技术、信息技术、立体显示技术、传感与测量技术、软件工程、语音识别与合成技术、人机接口技术、网络技术及人工智能技术等多种高新技术集成之结晶。其逼真性和实时交互性为系统仿真技术提供了有力的支撑。VR智慧实训中心如图5.2所示。

图5.2 VR智慧实训中心

船舶虚拟装配(图5.3)介绍。

图5.3 船舶虚拟装配

所谓"虚拟装配",主要是指在交互式的环境当中,使用者利用各式各样的交互设施,使其如同在现实环境中对产品的各零件开展相应的装配作业;在具体操作环节,系统具备装配约束处置、实时碰撞检测、序列处理以及装配路径等众多作用,进而确保使用者可以对产品装配性加以判断等。在装配作业完成后,系统可以及时记录装配环节形成的全部信息,同时还会提供视频录像、报告资料等供后期应用。

对虚拟制造来说,虚拟装配是不可或缺的构成部分。在虚拟装配技术的支撑下,能够对装配设计及操作的精准性进行判定,有助于尽早挖掘装配环节存在的不足,及时调整模型,同时借助可视化技术以体现整个装配环节。在虚拟装配中,设计工作者应当选择可操作的装配序列,自行产生装配计划,其主要涉及装配工艺制定、数值运算、装配作业模拟以及工作面分布等。

船舶结构分段虚拟装配的具体流程如下。

(1)建立装配模型。在船舶结构分段规划过程中,设计工作者往往会按照船舶结构分段的特征对待装配部件进行模型创建,在模型建立完成以后,将其整合成船舶结构分段模型。

(2)创造虚拟装配环境。在虚拟装配环境创造以前,应当先建立关于制造能够现场装配资源的三维模型库。该模型库基本上是由产线模型、厂房模型、夹具模型以及设备模型等各类模型构成。经由三维模型及模型库的创建,能够将其导入到仿真软件当中,同时创造出相应的虚拟装配环境。

(3)规划装配工艺。对装配工艺进行规划,是船舶结构分段虚拟装配必不可少的环节,主要工作为明确科学的船舶结构分段装配过程。其内容主要涉及装配序列制定、装配单元区分、焊接形式明确、装配动作创建以及约束关系确定等。

(4)人机工程分析。现阶段,对于船舶结构分段装配依然大多采取手工装配的方式,所以需要结合具体装配环节的舒适性、可达性以及可视性等因素对船舶制造者带来的影响。

(5)装配工艺分析。在船舶结构分段装配实施模拟时,应当经由分析过程及时挖掘出装配环节出现的问题,第一时间对其进行调整和改善,以确保装配计划的可操作性。当前,使用比较多的分析方式主要包含自由度分析、干涉检测以及约束分析等。经由在仿真软件当中对船舶结构分段装配整个环节加以分析,能够在具体装配作业以前发现装配计划存在的不足,进而避免由于设计不到位等因素造成的返工问题,这能在很大程度上提升装配效率。

❖ 相关知识

船体构件加工

船体钢料加工,是指将钢板和型材变成船体构件的工艺过程。从钢料堆场领取出来的钢板和型钢,需经过矫正和表面清理与防护后,才能进行船体零件的号料,然后再根据号料时所画的构件轮廓,进行切割(或剪切),最后弯制成所需要的船体构件。

钢料加工分为钢材预处理、构件边缘加工和构件成型加工(型材和板材成型加工)三大类。随着船体建造工艺的发展,船体构件的加工技术也有很大发展,主要趋向是加工设备高效化、辅助作业机械化、工艺操作流水化、加工机床数控化。

供船体结构使用的板材和型材,由于轧制和运输堆放中的各种原因,会产生变形和锈蚀。钢材变形影响号料、气割及其他加工工序的正常进行,从而降低了加工精度,在焊接时还会产生附加应力或构件失稳而影响构件的强度。为了保证号料和加工质量,船厂在号料前,应先对钢材进行矫正和除锈,并涂上防锈涂料,这个过程称为钢材预处理。

边缘加工主要指经过号料(或套料)的船体钢材的切割分离以及焊接坡口的加工。边缘加工的方法有机械切割法(剪切、冲孔、刨边和铣边)、化学切割法(气割)和物理切割法(等离子切割和激光切割等)。

船体非平直构件较多,在边缘加工以后,还需要进行弯曲成型,这种弯曲成型的工艺过程,称为成型加工。成型加工一般分为型材成型加工和板材成型加工两种。

一、船体钢板预处理

1. 钢材的矫正

（1）矫正原理

钢材的任何一种变形都是由于其中一部分纤维比另一部分纤维缩得短些或伸得长些所致。因此，矫正就是将较短的纤维拉长或将较长的纤维缩短，使它们和周围的纤维有同样的长度。一般采用拉长纤维的方法，因为压缩纤维难以实现。

钢板预处理

（2）钢板的矫正

钢板的矫正一般是在多辊矫平机上进行的，一般有五～十一工作辊。

常用的矫平机的工作部分是由上、下两列工作轴辊所组成的，下列辊是主动轴辊，由轴承固定在机体上，不能做任何调节，由电动机通过减速器带动它旋转；上列辊是从动辊，可借手动螺杆或电动装置做上、下垂直调节，以便调节矫平机上、下辊列之间的间隙，来适应矫平各种不同厚度的钢板。

矫平时，钢板随着轴辊的转动而啮入，并在上、下辊列间受到方向相反的力而发生多次交变的弯曲，因弯曲应力超过材料的屈服极限而发生塑性变形，使钢板中较短的纤维伸长，从而矫平钢板。

钢板越厚，矫正越容易。薄板容易变形，矫正比较困难。厚度在 3 mm 以上的钢板通常在五辊或七辊矫平机上进行矫正。厚度在 3 mm 以下的钢板通常在九辊、十一辊或更多辊的矫平机上进行矫正，若仍不满足要求，可辅以手工矫正。

对厚度超过矫平机加工范围的，可使用液压机或三辊弯板机进行矫正。

对于已矫正好的钢板，应根据规定的技术标准进行检验。表 5.1 为钢板在矫正后的允许翘曲度。

表 5.1 钢板在矫正后的允许翘曲度

钢板厚度/mm	3～5	6～8	9～11	12
允许翘曲度/mm	3.0	2.5	2.0	1.5

（3）型材的矫正

对于平直的型材构件，应先矫直，再进行号料和切割；对于弯曲的型材构件，因为加工时要留有余量，所以不必经过矫直，可直接进行号料、切割和弯曲加工

平直的型材构件可在型材矫直机上矫正，在没有专门型材矫直设备的情况下，小型材可以在平台或圆墩上用手工敲击来矫正；大型材可进行水、火矫正，也可以在液压机上进行矫正，在液压机上矫正时需要配置符合型材形状的压模。

2. 钢材表面的清理和防护

钢材表面的清理和防护，是指将钢材表面的氧化皮和锈斑清除干净（即除锈），然后在除锈的钢材表面涂刷防锈底漆的工艺过程。

目前采用的钢材表面清理方式有用于原材料预处理的抛丸除锈法和化学除锈法；用于二次除锈的分段喷丸除锈法和带锈底漆法；高压水除锈法以及现在仍然保留采用的手工机

械除锈法等。

（1）抛丸除锈法

抛丸除锈法是利用离心式抛丸机的旋转叶轮将铁丸或其他磨料高速抛射到钢材的表面上，使氧化皮和锈斑剥离的一种除锈工艺方法。抛丸除锈设备一般均设置有丸粒回收系统，并配置有通风除尘设备。抛丸除锈法一般用于原材料除锈，适合组建钢材预处理的流水生产线。

（2）化学除锈法

化学除锈一般用盐酸、硫酸、磷酸或它们的混合液作为除锈液，近年来也有用柠檬酸和有机酸的，主要是利用酸与金属氧化物发生化学反应，从而除掉金属表面的锈蚀产物的一种除锈方法，即通常所说的酸洗除锈。此方法一般用于 5 mm 以下的钢板除锈，如管子、舾装件和形状复杂的零部件，可作为抛丸除锈法的补充手段。

化学除锈只能在车间内操作，除锈后还要有一层防护处理，常放入磷化槽中进行，再吊入热水槽内清洗，自然干燥 4~6 h。

一般结构钢材的酸洗除锈鳞化防护的工艺流程如下。

脱脂→酸洗除锈→冷水冲洗→中和处理→冷水冲洗→磷化处理→热水冲洗→自然干燥→补充处理→自然干燥。

（3）分段喷丸除锈法

分段喷丸除锈法是利用风管中高速流动的压缩空气将铁丸喷射到钢材表面上，通过颗粒喷射的冲蚀作用，使氧化皮和锈斑剥离下来，以达到表面清洁和适宜的粗糙度，从而达到除锈目的。

喷丸除锈法操作较简单方便，所以是二次除锈和一些铁舾件、预处理不能处理的钢板或型材的表面处理的常用形式。

（4）带锈底漆法

带锈底漆又称反应底漆，它涂刷在生锈钢材表面后能与铁锈发生反应，生成一层具有保护能力的薄膜，并成为底漆。带锈底漆法一般用于二次除锈，对小型船舶的一次除锈防护也可使用。其可分为以下三种。

①转化型或反应型：漆中加入能与铁锈起反应的物质（如磷酸、亚铁氰化钾），生成有防锈作用的铁的化合物、络合物。

②稳定型：漆中加入使钢铁表面钝化和起保护作用的颜料，或能使铁锈脱水转化成稳定铁盐的物质（如铬酸锌、磷酸锌）。

③渗透型：漆中加入能力极强的渗透剂，渗透入锈层的孔隙，包围锈粒而使锈蚀不再发展。

带锈底漆法可以免掉钢材表面的除锈工作，节省设备和工时，大大简化了钢材的除锈和防护工艺。

（5）高压水除锈法

高压水除锈法是利用高压水射流的冲击作用，来去除船壳表面上的海生物、疏松的铁锈或旧涂层等的一种除锈方法。此方法工作效率高、除锈质量好、经济成本低、不损伤钢板、锈尘少。夹以磨料的高压水喷射除锈法，提高了清理效率，而且清理后表面质量更好。高压喷涂设备安装在高压水除锈装置上，除锈完毕，待钢板上干燥后立即涂漆。

（6）手工机械除锈法

对于机械除锈难以达到的部位，如狭小舱室、型钢反面角隅边缘等作业困难区域，可利用角向磨光机、电动钢丝刷、风动针束除锈器、风动敲锈锤、齿型旋转除锈器等手工除锈。但手工机械除锈法粉尘大，对人体呼吸系统能造成严重的影响。

3. 钢材预处理流水线

钢材预处理流水线，是指钢材输送、矫正、除锈、喷涂底漆、烘干等工序形成的自动作业流水线，如图 5.4 所示，通常分为钢板预处理流水线和型材预处理流水线两种，也有在同一流水线上既处理钢板又处理型材的情况。

图 5.4 钢板预处理流水线

钢材预处理流水线具有生产效率高、劳动条件好、全自动控制、除锈质量理想、表面粗糙度均匀、底漆附着牢固、处理后存放时间长等优点，被越来越多的船厂采用，但各船厂工序并不都是完全一样，个别工序有所差异。

钢板预处理流水线的工艺流程如下。

（1）用电磁吊或自动装卸运输车将外板吊放到输送辊道上。

（2）辊道以 3~4 m/min 的速度将外板送入多辊矫平机，对板钢板进行矫平处理。

（3）矫平后的钢板由输送辊送入加热炉，使钢板温度达到 40~60 ℃，目的是去除外板表面的水分，并使氧化皮、锈斑疏松，便于除去，同时可增加漆膜的附着性，且快干。

（4）外板进入抛丸除锈机，抛丸装置自动地向钢板两面抛射丸粒（丸粒可回收再使用），并用热风除去钢板表面的灰尘。

（5）外板除锈并清洁后，进入半封闭式喷涂室喷涂保养底漆。喷涂是通过装置在滚道上、下两面的自动高压无气喷涂机，由电子自动控制装置操纵喷嘴向钢板表面喷涂底漆。喷嘴沿导轨迅速做横向往复运动，其速度可在 0~80 m/min 做无级调速。

（6）外板离开喷涂室后，进入干燥室进行烘干。漆膜烘干方法有红外线、远红外线和电加热等。为利于喷漆溶液的挥发，加快干燥过程，应有通风装置。

（7）外板烘干后从干燥室出来，进入高速辊道，以 20~30 m/min 的速度送出预处理流水线。经质量检验合格后送入加工车间进行号料、加工。

钢材预处理过程中，除锈室及喷涂室中充满了铁质粉尘和喷雾，应对集尘、换气、防爆等方面予以特别注意，必须采取相应的环境保护措施和防火、防爆措施。

二、船体构件的边缘加工

1.船体构件边缘切割

（1）机械切割法

机械切割是指被切割的金属受到剪刀给予的超过材料极限强度的机械力挤压而发生剪切变形并断裂分离的工艺过程。

在船体加工车间里，剪切直线边缘构件的加工机床主要有斜刃龙门剪床和压力剪切机（或联合剪冲机）两种。曲线边缘构件的机械剪切主要是圆盘剪切机。

钢板切割

（2）化学切割法

化学切割法，现在主要采用的是氧炔气割，它的实质是金属在氧气中燃烧。

进行直线边缘气割时，常用手工气割炬、半自动气割机和门式自动气割机。进行曲线边缘气割时，常用手工气割炬、光电跟踪自动气割机和数控自动气割机。

①手工气割炬

割嘴的运动轨迹由操作者手工控制，操作者控制割嘴沿号料划出的切割线运动，切割精度主要取决于操作者的技术。

②半自动气割机

气割机由电动机驱动，沿着直线轨迹做匀速直线运动而实现对构件直线边缘的切割。割炬可处于垂直位置，也可以倾斜一定的角度以便切割出 V 形或 X 形坡口。

③门式自动气割机

在两根固定导轨上设置一座坚固的"门"形支架，在支架上设置一套或数套切割装置。切割时，由电动机驱动门形支架以一定的速度沿导轨做直线运动，切割装置随门形支架的运动而切出一条或数条精度很高的直线割缝。

一般每套切割装置上都装有三个割嘴，除切割平直边缘外，还可一次割出 V 形、X 形、K 形、Y 形焊接坡口。因此，应用高精度门式自动切割机切割直边构件，不仅加工精度高、切割速度快，而且还能将边缘切割和开坡口一次完成，以代替原来刨边机的全部工作内容，省去原来剪切半自动气割中拼板构件的二次加工，缩短了船体构件的加工周期，节省了大量的劳动工时。

由于高精度门式切割机结构简单，使用方便，价格便宜，而且切割速度快、精度高，又便于同前后工序组成流水生产线，因此，它是船体加工车间切割中、厚直边构件比较理想的设备。

④光电跟踪自动气割机

光电跟踪自动气割机由光电跟踪机构与气割执行机构两部分组成。它是根据设计底图（或仿形图）并利用光电跟踪系统工作的，能够按一定比例切割出仿形图上所绘制的船体构件。

光电跟踪自动气割机可根据仿形图切割不同厚度、任意形状的船体构件，切割质量较好，不用号料即可割出构件形状，用多割嘴割炬组可以同时开出焊接坡口，并且仿形图可以复制。但图形绘制技术要求较高，图纸的变形、老化和损坏都会影响构件的切割精度。此外，因其不能划出船体构件上的各种安装线、检验线和有关符号，还需进行二次号料等工作。

船厂目前普遍使用的1:1光电跟踪自动气割机,其跟踪机构可直接跟踪构件底图上的线条,其跟踪机构和执行机构可同时安放于切割平台上,只要将底图铺放在图板上即可进行跟踪切割,故操作非常方便,而且切割机的机架上装有数套割炬,可同时切割出多个同样构件。这种光电跟踪自动切割机主要用于切割肘板等小型构件,作为数控切割机的补充。

⑤数控自动气割机

数控自动气割机由控制部分和执行部分组成,它是把被切割构件的图形经过通用电子计算机运算和编码,得到数控自动切割机的切割程序,然后拷入软盘,作为控制信息输入到控制装置中,以控制切割装置进行切割。

数控自动切割机执行部分的机架上安装有一套或数套切割装置。其机架多为悬臂式结构、门式结构或桥式结构。数控自动气割机的割炬在控制装置的控制下,除了能做平面移动外,还有自动升降和旋转等功能,因而能切割不同厚度和任意形状的构件。若切割装置为多割嘴割炬组,则可切割焊接坡口。若配置有划线装置,则还能在钢板上划安装线、加工线和各种符号。

数控自动气割机与其他自动气割机相比有以下优点:根据船体计算机辅助制造系统(CAM)提供的资料直接进行切割,可实现放样、切割过程自动化;切割精度高,其误差可控制在±0.5 mm以下,使用磁盘可长期保存准确数据;切割效率较光电自动跟踪气割机高15%以上;可省去号料工序,不需要绘制仿形图,若采用带有自动号料切割装置的数控切割机,还可以取消手工二次号料,并可消除各工序间的积累误差。

(3)物理切割法

近年来,造船业采用了多种高效的物理切割法,如等离子切割等方法,不但提高了切割速度,还扩大了切割范围。

处于完全电离状态的气体便是所谓的"等离子体",这种已完全电离的气体不再由原子、分子构成,而是由带电的离子组成,但其整体却保持着电中性。利用一定的装置,可以得到高速、高温的等离子流,流速为300~1 500 m/s,温度为15 000~33 000 ℃。这种高速、高温的等离子流从喷嘴孔喷射到被切割构件表面后,遇到冷却物质便立即复合成原子或分子,并放出能量,使割缝处温度迅速升高而熔化,同时,高速飞出的粒子具有相当大的动能,产生较强的机械冲力,将被熔化的金属冲走而达到切割的目的。

数控等离子切割机有热变形较小、切割速度快、切割质量好、切割材料种类多、切割成本低等优点。但如果直接在空气中进行,对操作人员的安全和环境十分有害,现在发展成了水下等离子切割。

2.船体构件边缘焊接坡口加工

焊接坡口的加工方法通常有机械刨边(或铣边)法与火焰切割法两种。

(1)机械刨边(或铣边)法

刨边机和铣边机都是加工船体板材构件直线边缘的专用设备。经过加工的平直船体板材构件,都可以在刨边机上刨出坡口,如I形、V形、U形、X形等,只要更换不同的刨刀,旋转刀架至不同的角度,便可开出不同的坡口。也可以在铣边机上铣出I形坡口,供要求板材边缘平直而整洁的自动焊使用。

无论刨边机还是铣边机,整个机床大致分为底座、弓形梁和传动机构三部分。底座牢固地安装在地基上,它的上部是一个很长的工作台,为了便于放置被加工板材,在工作台的一边每隔 3~4 m 设托架一个。在整个弓形梁长度内装有许多向下压的千斤顶,工作时将被加工板材压紧。传动部分则由电动机及其传动机构推动刀架完成切削运动、走刀运动、吃刀动作等。因为刨边机与铣边机的切削方式不同,所以它们的刀架及传动机构也不同。

（2）火焰切割法（气割法）

火焰切割法一般都是在进行构件边缘切割时,同时切割出焊接坡口。采用火焰切割,将两个或三个割炬组合成一个割炬组,利用割炬组来加工所要求的坡口形状。图 5.5 为利用火焰切割法加工各种焊接坡口的情况。

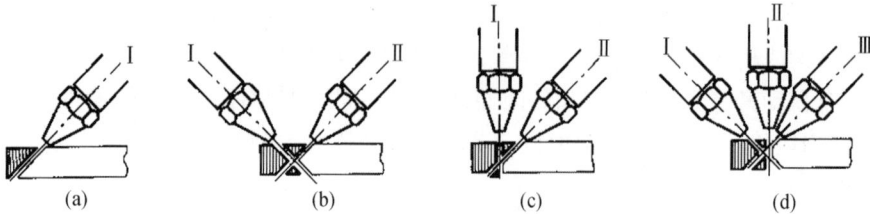

图 5.5　利用火焰切割法加工各种焊接坡口的情况

三、船体构件的成型加工

船体非平直构件较多,在边缘加工以后,还需要进行弯曲成型,这种弯曲成型的工艺过程,称为成型加工。成型加工一般分为型材成型加工和板材成型加工两种。

槽钢三轮弯管机操作

1.船体型材构件成型加工

在船体结构中,常用的型材有角钢和球扁钢,型材构件主要有肋骨、横梁、纵骨等,其中以肋骨弯曲工作量最大。型材成型加工的方法有很多,以肋骨为例,下面介绍几种典型的型材成型方法。

（1）肋骨成型方法

如图 5.6 和图 5.7 所示,典型的肋骨弯曲成型的方法如下。

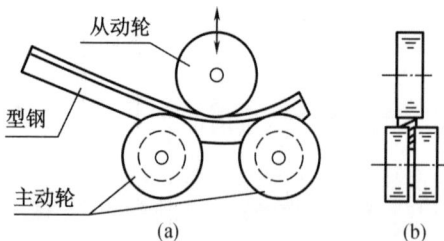

图 5.6　三轮滚弯机滚弯肋骨示意图

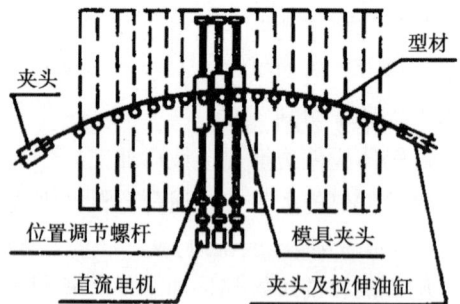

图 5.7　多模头一次成型数控肋骨冷弯机

①型材矫直机冷弯。

②三轮滚弯机滚弯。

③多模头一次成型数控肋骨拉弯机冷弯。

④三支点肋骨冷弯机冷弯。

⑤纯弯曲原理肋骨冷弯机冷弯。

⑥手工热弯。

⑦中频加热肋骨弯曲淬火机热弯。

(2)肋骨成型方法的分类

①按是否预热分类

冷弯加工:常温下直接施加外力,如①~⑤。

热弯加工:将型材加热使其塑性增加,再施加外力,如⑥、⑦。

②按型钢进给方式分类

连续进给:适合加工圆弧形肋骨,对任意曲线形状肋骨则操作复杂,如②、⑦。

逐段进给:进给一段弯曲一段,优点是设备简单,易实现自动控制,如①、④、⑤,为国内最常见的方法。

一次成型:整根肋骨一次成型,优点是自动化程度高;缺点是设备庞大、投资多,不易预计回弹量。如③。

③按型钢受力状况分类

拉弯原理:比较少见,如数控肋骨拉弯机,适合加工低腹板型钢。

集中力弯曲原理:有三个支点,又称三支点弯曲,多数肋骨冷弯机应用这种原理(图5.8(a))。

纯弯曲原理:梁的断面上只受弯矩而不受剪力作用产生的平面弯曲(图5.8(b))。

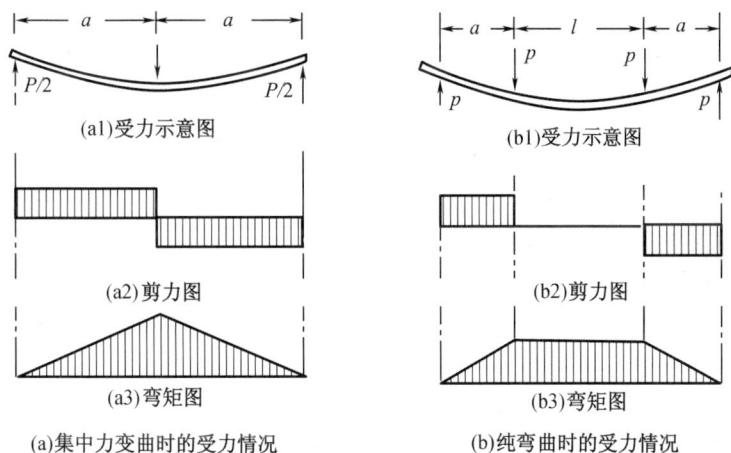

图 5.8 集中力弯曲和纯弯曲时的受力情况

2. 船体板材构件成型加工

船体板材构件成型加工主要的加工方法有机械冷弯法和水火弯板法。其中机械冷弯法包括辊弯、压弯、折弯等。在水火弯板法中,单向曲度板采用机械冷弯法加工;复杂曲度板先用机械冷弯法加工一个方向(曲度较大的方向)的曲度,然后用水火弯板法加工出其他方向的曲度。若批量较大,则可在压力机上安装专用压模压制成型。

板材成型加工

（1）钢板构件的冷弯成型

简单曲度板（具有圆柱形或圆锥形的单向曲度板）的冷弯成型,可用三辊或四辊弯板机加工成型。

①普通三辊弯板机

普通三辊弯板机的组成如下。

一个上辊——从动辊,安装在可上、下调节的轴承内。

两个下辊——主动辊,安装在固定轴承内,由电动机通过减速器带动。

普通三辊弯板机的分类如下。

开式——上轴辊的一端机架可以拆卸,能弯制封闭式圆柱形构件。

闭式——两端机架不能拆卸,不能弯封闭式圆柱形板。

普通三辊弯板机的缺点:在弯制圆柱形或圆锥形板件时,板的边缘有一段无法进行辊压。

解决办法:加垫块先辊弯好板边部分或先用液压机压好板边部分。此工艺措施比较费时。

三辊弯板机工作示意图如图5.9所示。

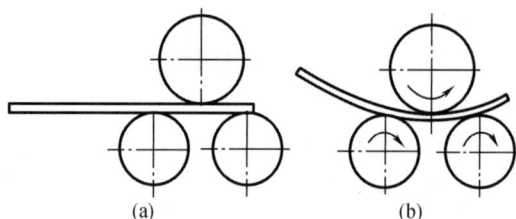

图 5.9　三辊弯板机工作示意图

②几种新型的辊式弯板机

a.三根轴辊均可上、下升降调节的三辊弯板机。

b.轴辊可作横向调节的三辊弯板机。

c.四辊弯板机。

d.能进行矫平的四辊弯板机。

（2）水火弯板

水火弯板:沿预定的加热线用氧-乙炔焰炬对板材进行局部线状加热,并用水进行跟踪冷却（或让其自然冷却）,使钢材产生局部塑性变形,从而将板弯成所要求的曲面形状的一种弯板工艺方法,也称线状加热法。

水火弯板的基本原理如下（图5.10）。

①线状加热使板材产生横向收缩变形和角变形。

②产生横向收缩变形的原因在于受热金属的膨胀受到周围金属的限制,因而产生压缩塑性变形,冷却时即产生收缩变形。

③角变形是由于最终横向收缩变形沿构件厚度方向不相等引起的。

④水跟踪冷却可以加大这种变形,增加成型效果。

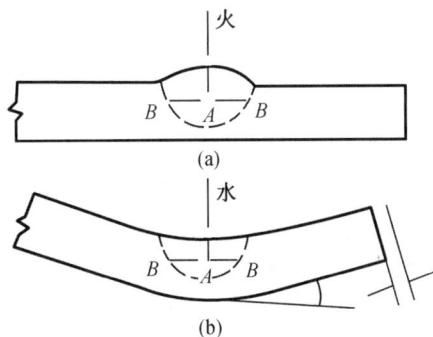

A—热区;B—冷区。

图 5.10　水火弯板的基本原理示意图

各种工艺因素对成型效果的影响如下。

①加热线对成型效果的影响

a.加热线的位置、疏密和长短对板材成型效果影响极大。

b.加热线的位置正确与否直接关系到板材能否正确成型。

c.加热线的位置取决于构件所要求的形状;对相同的板在不同的位置进行线状加热,成型形状会完全不同;根据构件所要求的形状正确确定加热线的位置是水火弯板的关键。

例如,帆形板和鞍形板的弯制。

第一步:冷弯横向曲度(其曲率比纵向的大)。

第二步:确定加热线的位置。

帆形板:加热线在横向弯曲的一面位于板的两侧(图 5.11(a))。

鞍形板:加热线在横向弯曲的背面位于板的中间(图 5.11(b))。

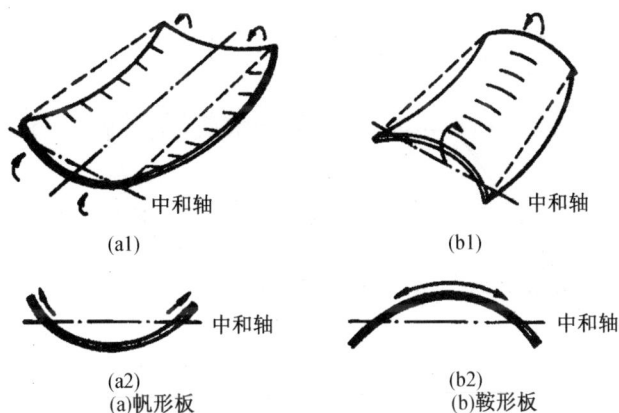

图 5.11　帆形板和鞍形板的加热线分布

第三步:水火弯制。

加热线的长短、疏密影响构件的成型效果。

加热线愈密、愈长,则产生的变形愈大,成型效果愈好;加热线长度不能跨越加热线所在剖面中和轴,否则会使成型效果恶化。

②冷却方式对成型效果的影响

冷却方式有自然冷却、正面跟踪水冷却、背面跟踪水冷却。

a. 自然冷却:让构件在空气中自然冷却,简称空冷。

其优点:操作简单。

其缺点:成形速度慢,在产生角变形的同时会产生加工所不需要的纵向挠度。

b. 正面跟踪水冷却:在加热面用冷水喷射正在冷却的金属,加快它们的收缩,从而强化正在加热金属的压缩作用,使其产生较大的附加塑性变形,如图5.12所示。

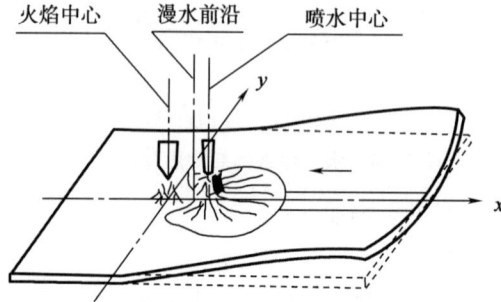

图 5.12 正面跟踪水冷却

其优点:收缩较快,其横向收缩变形比自然冷却大,成型加工所不需要的加热线纵向收缩变形远比自然冷却小。

其缺点:角变形效果不如空冷。由于加热面被水强制冷却,温度急剧降低,甚至使正面温度低于背面温度,出现负温差,正在冷却过程中的金属受附加拉伸作用而抵消部分收缩变形。

c. 背面跟踪水冷却:在构件的正面用烘炬加热,背面用冷水跟踪热源进行强制冷却,如图5.13所示。

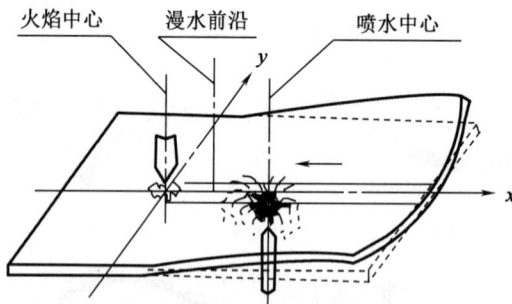

图 5.13 背面跟踪水冷却

其优点:增大了板材正反面的温度差,使其角变形大,成型效率高。

其缺点:需要在板下操作,比较麻烦。

三种冷却方式成型效果的比较如下。

角变形以背面跟踪水冷却最大,自然冷却次之,正面跟踪水冷却最小;横向收缩变形以背面跟踪水冷却最大,正面跟踪水冷却次之,自然冷却最小;背面跟踪水冷却的成型效率最高,正面跟踪水冷却最常用。正面跟踪水冷却的角变形虽小于自然冷却,但其横向收缩变形却大于自然冷却。常见的复杂曲度板在水火弯板时主要是依靠横向收缩变形来得到构件的纵向曲度,故其总的成型效果比自然冷却好,而且它还具有操作方便等特点。

③各种加热参数对成型效果的影响

加热参数包括加热速度、烘嘴口径、加热深度和水火距(即浇水点至火焰点的距离)等。表5.2为各种加热参数对成型效果的影响。

表5.2　各种加热参数对成型效果的影响

加热参数	对水火弯板成形效果的影响	
	横向收缩	角变形
加热速度 (决定加热量)	速度越慢,收缩量越大;在同一加热速度下,薄板收缩大于厚板	在一定速度范围内,速度越快,角变形越大。但速度过快时,板面加热不足,角变形反而减小。故对应于每一板厚有一最佳加热速度,在该速度时角变形达到峰值。通常随着单位线热能的增加,薄板较厚板更快达到峰值
烘嘴口径 (决定火焰功率)	烘嘴口径越大,单位线热能越强,横向收缩量越大	烘嘴口径越大,角变形越大
加热温度	随温度增高而增大。当温度超过900 ℃时,收缩量增大不显著	随温度增高而增大。薄板达到一定温度(约750 ℃)后,角变形的增大不显著
加热深度	收缩量随深度增加而略有增加	在1/2板厚内,角变形随深度增加而增大;超过1/2板厚后,角变形随深度继续增加而逐渐减小
水火距 (决定冷却速度)	收缩量随水火距的增大而增大。达到某一峰值后,继续增大水火距,则收缩量减小	角变形随水火距增加而减小

④水流量和重复加热对成型效果的影响

水流量与热量散失有关,以60~100 mL/s为宜。

重复加热在三次以内,对成型是有益的,当超过三次,对成型毫无作用。

重复加热对材料性能的影响:三次以内对改善材料性能有好处,可对一次加热的性能恶化有恢复作用。

水火弯板的主要工艺要求如下。

①在钢板上预先定出加热线的位置。各加热线的起点应错开,不可在同一直线上。

②选择合理的加热参数。

③左右对称的零件,其加热线的位置、数量和长短应对称,操作也应对称进行。

④尽量避免在同一部位重复加热;重复加热次数不得超过三次。

⑤对低合金钢进行水火弯板时,应严格控制其加热温度和水冷温度,否则会降低材料机械性能。

⑥新钢种的水火弯板,需经过试验鉴定后方可进行,因为有些钢材经加热水冷后,金相组织和机械性能会发生变化。

水火弯板工艺的优缺点如下。

①优点

水火弯板工艺与地炉大火弯板工艺相比具有的优点:改善了劳动条件,减轻了劳动强度;一般可提高劳动生产率2~3倍;成型质量好,板面光滑平整,板厚减薄极微,对于船用钢材,加热区金属的金相组织和机械性能基本上不发生变化;设备简单,机动性和适应性强;可用于各种厚度和曲率的船体构件的弯曲成型,可加工各种船用低碳钢和16Mn、15MnTi等造船常用低合金钢。

②缺点

水火弯板工艺的缺点:影响成型的因素较多,成型规律难以掌握,对工人的技术水平要求较高;实现机械化、自动化相当困难;生产效率较低。

任务 5.1 底部分段装配(正造)

【任务实施】

底部分段装配(正造)实训任务单和任务评价单见表5.3、表5.4。

表5.3 底部分段装配(正造)实训任务单

任务名称	底部分段装配(正造)	所需时间	4学时
实训场地	船舶工程系理实一体化教室、虚拟仿真实验室	分组情况	6人/组
任务描述	任务导入: 下图为150 000 t油船纵骨架式双层底结构图。 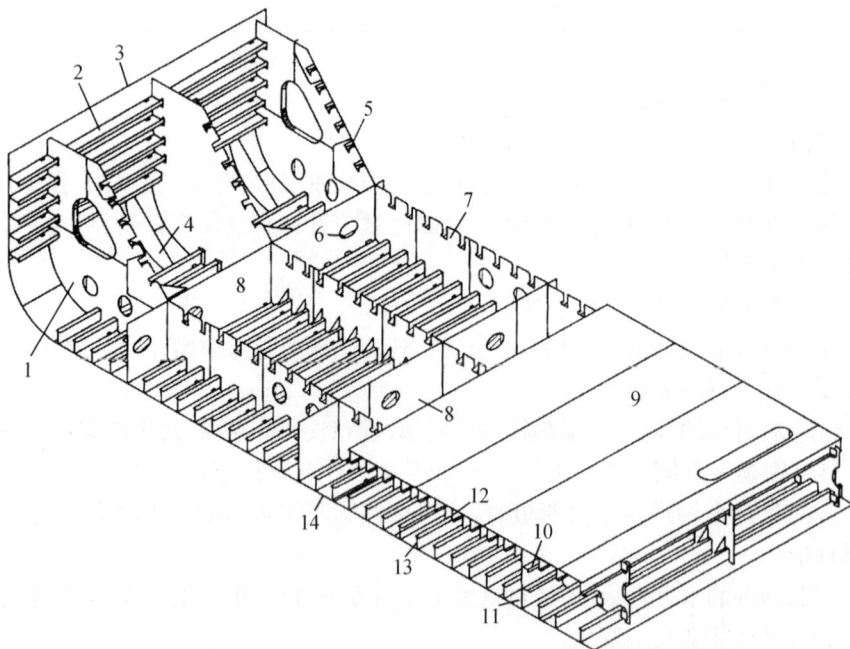 1—开孔横隔板;2—舷侧纵骨;3—舷侧外板;4—舭肘板;5—斜板纵骨; 6—人孔;7—实肋板;8—旁底桁;9—内底板;10—水平加强筋;11—中底桁; 12—内底板;13—船底纵骨;14—船底外板		

表 5.3(续 1)

材料:

(1)纸板(A0,厚 1 mm),15 张。

(2)乳白胶,4 瓶。

(3)双面胶,10 卷。

(4)罐装手喷漆,12 罐。

工具:

(1)钢尺 1 m,2 把。

(2)三角板 150 cm,1 套。

(3)角尺 300 cm×150 cm,2 把。

(4)直尺 100 cm,1 把。

(5)裁纸刀,5 把(大)。

(6)裁纸刀,2 把(小)。

(7)钩刀,2 把。

(8)剪刀,4 把。

1.分段结构模型比例与零部件尺寸的确定

(1)根据实际可操作性及教学需要所限,总体尺寸选择比例为 1∶100。

(2)为计算方便与操作统一,部位和零件的尺寸仍然选择与总体尺寸比例一致。

(3)在生产图纸上,钢板厚度因其使用部位不同而不同,纸板(1 mm 厚度)一律改为五层、四层、三层、二层共四种规格。

(4)零部件的形状尺寸一律按生产图纸中的尺寸并尽可能简化为整数处理,同时编制零部件表(见下表)。

159 000 载重吨油船上舷侧分段(3309PS)结构模型零部件表

序号	分段号	名称	原尺寸 (长×宽) /mm	简化长度 尺寸/mm	原材料 厚度 /mm	简化后尺寸 (倍纸板厚) /mm	数量 /块
1	MD1-1SA	主甲板板	11 900×6 456	1 190×650	17	4	1
2	MD1-L1-1PA	甲板纵骨腹板	11 937×320	1 190×400	14	2	7
	MD1-L1-2PA	甲板纵骨面板	11 937×160	1 190×160	17	3	7
3	SH1-1SA	外板板	11 900×6 547	1 190×650	17	4	1
4	SH1-L1-2PS	外板纵骨面板	11 937×160	1 190×160	20	3	3
	SH1-L1-1PS	外板纵骨腹板	11 937×320	1 190×400	18	2	3
5	SH1-L2-2PS	外板纵骨面板	11 937×160	1 190×160	20	3	3
	SH1-L2-1PS	外板纵骨腹板	11 937×320	1 190×400	16	2	3
6	SH1-L3-2PS	外板纵骨面板	11 937×160	1 190×160	16	3	3
	SH1-L3-1PS	外板纵骨腹板	11 937×320	1 190×400	13	2	3
7	IS1-1LA	内纵舱壁板	11 900×6 430	1 190×400	15	4	1
8	IS1-L1-1PL	内纵舱壁纵骨腹板	11 900×320	1 190×400	14	2	1
……	……	……	……	……	……	……	……

表 5.3(续 2)

2. 装配过程

(1)审图并分解图纸,按照人人动手又动脑原则,制作零件要按照零件特点分类,分工协作。

(2)工艺划线,按照零部件表中尺寸在纸板上画线,要进行自检和互检,包括垂直度、角度等。

(3)下料。

①要在平台(或工作台)上进行操作。

②在直线下料中,要两人协作,将铁尺压平,用裁纸刀倾斜 75°角缓慢、均匀用力切割。

③将下好料的零件编号,以防在下一道工序中出现错误。

④将下好料的零件平放在工作台上,以防变形影响板材零件的平整度。

(4)零部件装配。以 T 型材的结构制作程序为例。

①在相应的纸板(腹板)上沿纵向划出刀口(不可切断)。

②将划出的刀口朝外的两块腹板用尺压住,并向里弯曲成 90°的弯板,如下图所示。

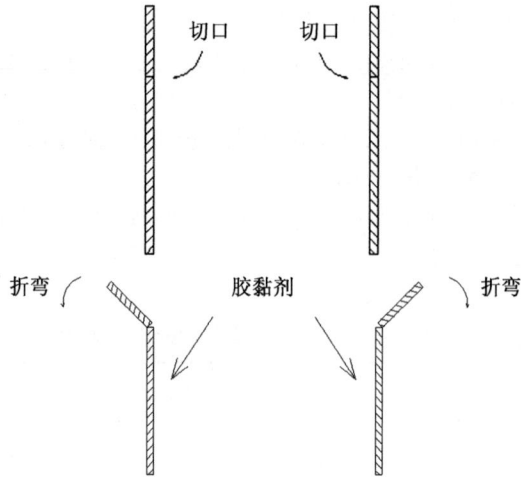

③将弯成弯板的腹板两面用乳白胶涂好后,黏牢成丁字形;再将丁字形的上面涂一层乳白胶。

④将另外两个裁好的面板相应地涂胶,然后逐一和丁字形板黏牢,如下图。

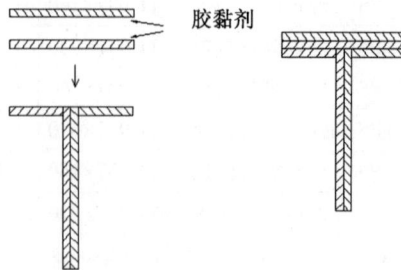

(5)总装,保证总体尺寸。

(6)喷漆,用深灰色喷漆喷两遍,不许流淌

表 5.3(续 3)

任务要求	技能要求： (1)通过指导学生动手进行模型制作的过程,使学生进一步了解、熟悉并掌握在造船生产中船舶建造工艺路线和工艺流程,以及必需的相关专业知识和应该注意的事项,为学生毕业后从事船舶建造工作提供了一次难得的学习机会。 (2)培养学生动手操作和动脑思考的能力,在实际制作过程中运用所学知识的同时,加强了同学们相互间的协作精神。 (3)针对不同材料要运用不同的技术,并编制相应的可行工艺程序。 (4)充分了解选用材料的物理特性,选择相应的合适的配套工具及配合的工艺手段。 (5)节省材料,缩短制造所需时间,并保证制作模型的质量与精度。 (6)熟读生产图纸和相关资料是保证船舶建造编制工艺的先决条件,在结构模型制作中也是同等重要。 (7)阅读图纸和技术文件,进行深入广泛的研究讨论、制定方案、编制工艺,确保生产图纸的技术要求,并采取相应的措施,从而保证了模型的制作质量。 职业素质要求： (1)具有严谨认真的工作态度。 (2)具有主动参与、积极进取、探究科学的学习态度和思想意识。 (3)具有分析问题、解决问题的能力。 (4)具有团队协作能力

表 5.4 底部分段装配(正造)任务评价单

课前准备	课前讨论	标准:参与回答问题。 评分(满分 5 分)	
	微课学习	标准:观看微课时长和发帖次数。 评分(满分 5 分)	
课中实践	知识要点学习	标准:(1)课堂表现。 (2)知识点掌握程度。 评分(满分 5 分)	
	教师作品评价	校内教师	标准:(1)工艺流程合理,可执行性强,装配过程能按照分段建造工艺流程进行。 (2)根据学生答辩情况真实、客观地进行打分,并给出充分理由。 评分(满分 15 分)
		企业专家	标准:(1)准备工作充分,装配中细节点评。 (2)根据学生答辩情况真实、客观地进行打分,并给出充分理由。 评分(满分 15 分)

表 5.4(续)

自我评价	标准:真实、客观、理由充分。					
						评分(满分 10 分)
组内互评		学号	姓名	评分(满分 20 分)	学号	姓名	评分(满分 20 分)
	注意:最高分与最低分相差最少 3 分,同分人最多 3 人,某一学生分数不得超平均分 ±3 分					
组间互评	标准:真实、客观、理由充分。					
						评分(满分 10 分)

课后复习	在线作业和测试	标准:学堂在线与网络教学平台的在线作业和测试。
		评分(满分 10 分)
	在线拓展	标准:根据完成情况适当加分。
		评分(满分 5 分)

总分(除组内互评分)	任务完成人签字:	日期: 年 月 日
	指导教师签字:	日期: 年 月 日

【知识要点】

　　船底可分为单层底和双层底,按骨架形式又可分为横骨架式和纵骨架式。双层底分段在中大型船舶中占底部分段的 60% 以上,它的结构要比平面分段和曲面分段复杂,因此正确选择装配焊接的方法十分重要。大型船舶底部一般分为平底线区的"方箱"底部及其两侧舭部的底边水舱。

底部分段装配(正造)

一、底部双层底分段装配(正造)

选取底部分段如图 5.14 所示。

底部双层底分段装配(正造)步骤如下。

1. 型线胎架制造

正造底部分段一般采用框架式专用胎架,制造方法如下。

(1)根据胎架设计图表,在平台上划出胎架型线图,如图 5.15(b)所示。

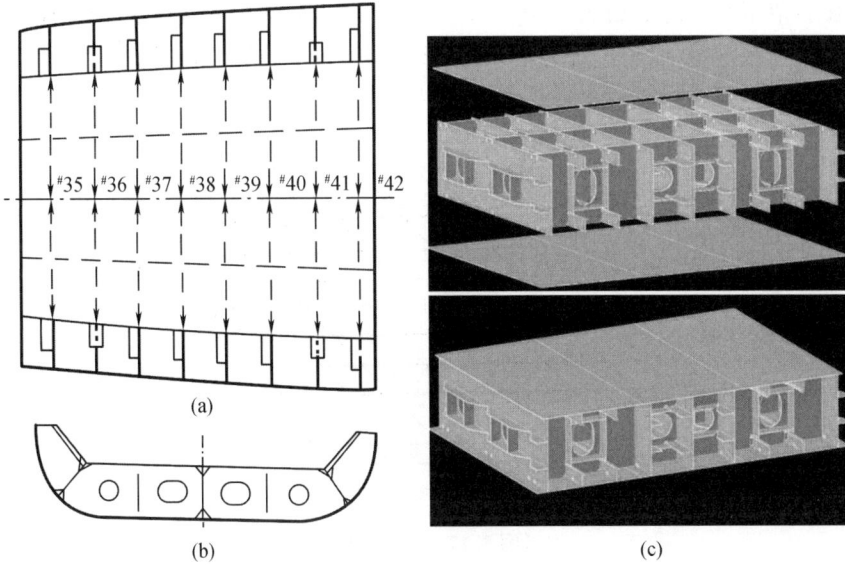

(a)

(b)

(c)

图5.14 底部分段

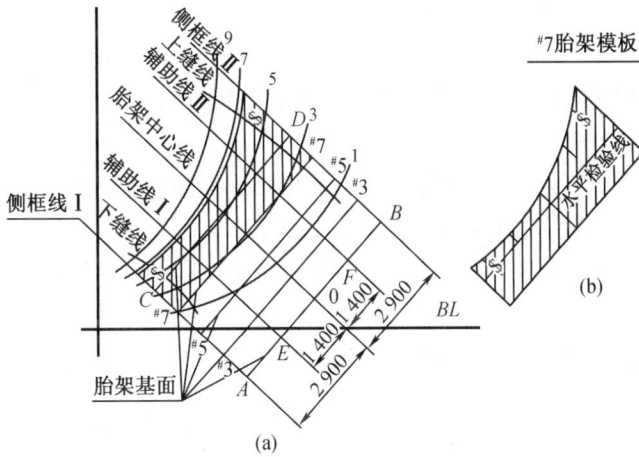

图5.15 胎架模板(单位:mm)

(2)制作各档模板桁架并划线,如图5.16所示。

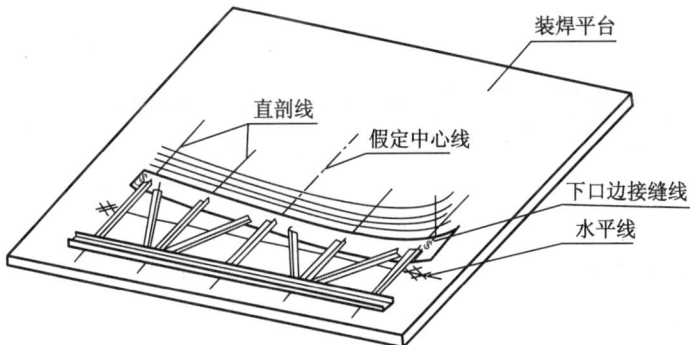

图5.16 模板桁架的拼装与划线

（3）在胎架布置场地上划线，如图 5.17 所示。划出胎架中心线、角尺线、桁架立柱位置线（直剖线），根据肋距，以角尺线为中间肋位线，划出各档肋骨位置线。

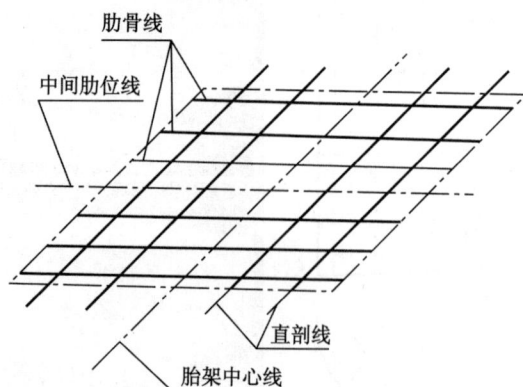

图 5.17　胎架划线

（4）竖立各档模板桁架。注意，使模板处于铅垂位置且使各档模板桁架上的水平线处在同一水平面内。

（5）安装纵向牵条。

（6）用白漆标明胎架名称及代号、中心线、肋骨检验线、各肋位号、水平线符号等。

2.外板的铺设定位

当分段外板中部有横接缝时，应按胎架上的横接缝线定位。铺板顺序应先定中心线处的 K 外板，然后将各行板对准仿路线后向左右扩展。

（1）先吊装 K 行板。使 K 行板中心线对准胎架上的中心线，放对 K 行板的纵向位置，如图 5.18 所示。

（2）依次吊装 K 行板左右两侧的板，如图 5.19 所示。

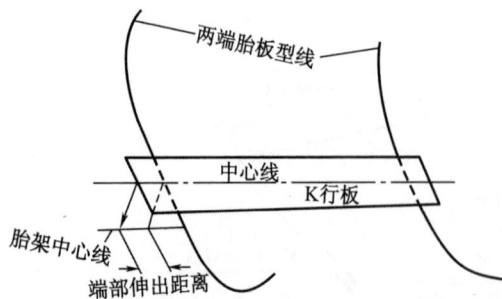

图 5.18　K 行板定位

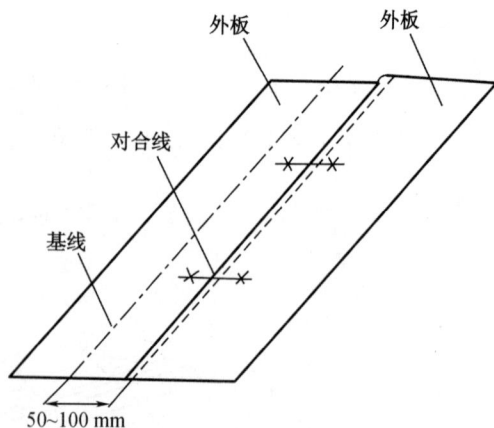

图 5.19　两侧板铺设

①定位方法

纵缝——对准"傍路"。

端缝——对准端缝位置线。

②余量切割方法

余量留法:已定位的为基准边,后定位的为余量边。

余量切割法:套割;划出余量线再切割。

(3)将外板与胎架紧贴固定,如图5.20所示。

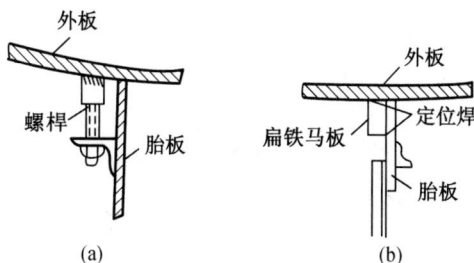

图5.20　外板与胎架的固定

(4)施定位焊。

(5)外板拼装注意事项如下。

①接缝在定位焊和焊接前必须除锈。

②定位焊必须符合以下工艺要求。

板厚≤10 mm,焊缝长度为20~30 mm,间距为150~200 mm。

板厚≥10 mm,焊缝长度为30~40 mm,间距为200~300 mm。

(6)应焊在坡口反面。

①先纵缝定位焊,后横缝定位焊。

②所用焊条必须与正式焊的一致。

③对接的板边必须平整。

④外板与胎架必须紧贴且不能用定位焊固定。

⑤平直外板可待全部拼装稳妥后,再用马板固定;曲形底板必须安装与固定交替施工,否则全部曲形底板装配完毕再用马板拉紧,会导致曲形不尽相符。

3.铺板焊接

弯曲的外板对接缝在修割以后,一般需经过碳刨扣槽后进行手工焊接,平直的外板接缝应采用自动焊。

4.构架划线

根据划线工作图采用激光经纬仪先划出中心线、构架线和肋骨检验线,然后逐一划出每档肋骨线和纵桁线。

纵、横构架安装位置线的具体划法如下。

(1)根据胎架中心线划分段中心线。

(2)根据胎架基面上的肋位线划分段的肋位线。肋位线划法如下。

①拉线架吊线锤法。

②基线对线法。

③对角线法。

④激光经纬仪法。

（3）划纵向构件位置线。

纵向构架线划法，如图 5.21 所示，其有如下两种方法。

①激光经纬仪法，如图 5.22 所示。

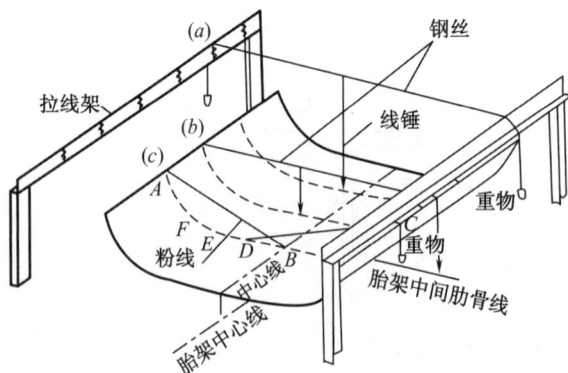

图 5.21　纵、横构架划线法

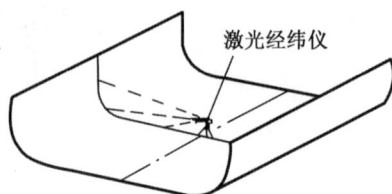

图 5.22　激光经纬仪法

②根据草图尺寸或展开样棒在肋位线上找点，连接对应点。

5. 构架安装

构架安装时，首先安装中龙筋和中部肋板，向左、右、前、后安装间断纵桁和肋板，顺次安装内底边板和比肘板。采用分离装配法时，先集中安装间断纵桁，再将肋板分别插入。采用此种方法安装工作效率高，但装配间隙和质量不易控制。

根据分段结构特点确定装配顺序，如下。

安装中底桁→安装#38 肋板→安装#38 前后的旁底桁→安装#37 和#39 肋板→安装#39 前和#37 后的旁底桁→安装#36 和#40 肋板→安装#40 前和#36 后的旁底桁→安装#35 和#41 肋板→安装#41 前旁底桁→安装#42 肋板→安装内底边板和舭肘板，具体如图 5.23 所示。

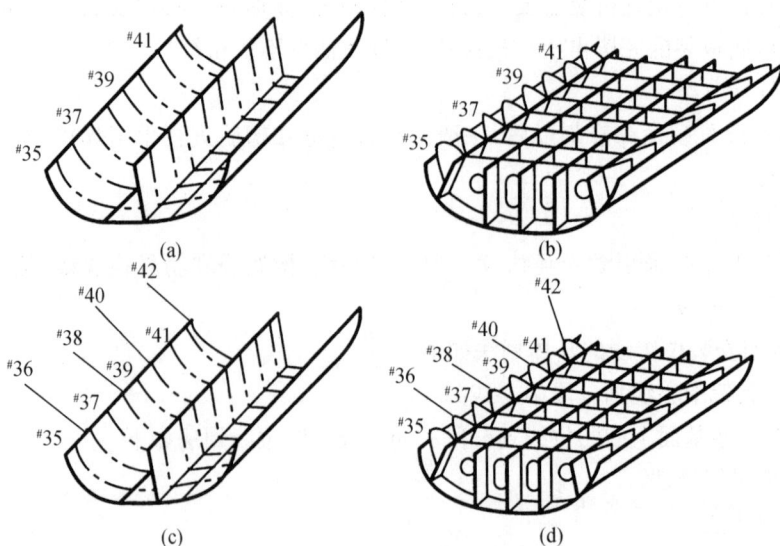

图 5.23　装配顺序

6. 构架焊接

构架焊接时,先焊垂直角焊缝,后焊平角焊缝,在分段边缘 300 mm 处留着不焊,待船台对接后再焊。以减少分段边缘的变形和提高船台对接缝的安装质量。

(1)焊接前加压排。

(2)焊接顺序,如图 5.24 所示。

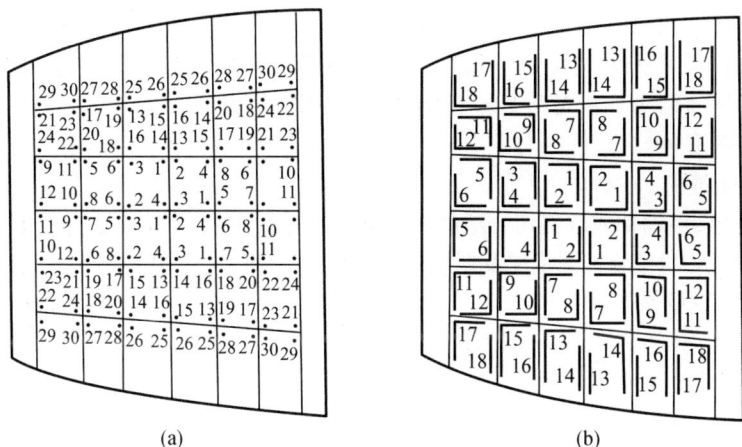

(a)　　　　　　　　　　　(b)

图 5.24　焊接顺序

外板与纵向构件角焊缝→肋板与纵向构件立角焊缝→肋板与外底板平角焊缝。

7. 安装内底板

安装内底板前应注意将构架上口边缘产生的波浪式变形校正好,并将边缘修割平齐。构架内的杂物应该清除,马脚批平补焊后磨光。

(1)在平台上拼装内底板,然后焊接;在焊好的内底板上装配纵骨,纵骨定位焊后,采用自动焊机焊接纵骨与内底板的角焊缝,再划边界线并准确切割。

(2)将内底板平面分段吊装到船底构架上,并用定位焊将它与船底构架、船底外板焊牢定位。

(3)内底边板和外板间的角焊缝待与舷侧分段合拢时焊接。

8. 勘划基线

将船台安装用的中心线、水平线和肋骨检验线在合理的位置划出。在装焊吊环后将分段翻身搁平,进行内底板构架的平角焊和外板封底焊。

9. 结构性验收

进行结构性验收,包括零件安装的完整性;焊接质量,包括焊缝无损探伤,外形缺陷的修正和火工校正变形;分段边缘工艺状态的正确,即余量坡口的设置,以及分段完工型值的测量和记录。

完工测量项目及质量要求如下。

分段长度±0.05%;分段宽度±0.05%;双层底高度±2~3 mm;构架垂直度<±2 mm;中心线偏差≤1.5 mm;基线纵向挠角<0.05%;分段四角水平±4 mm。

10. 分段二次除锈和涂装

最后是分段的二次除锈和涂装。

二、底边舱分段制造

底边舱是船体底部与船体舷部舭区过渡的分段,由舭外板、平台板、斜底板、刀形肋板框架和纵骨组成。

1. 分段制造要领

(1)建造方式:以斜底板的基面侧造,竖立刀形肋板框架,架设纵骨和小肋板贴盖外板,翻身侧滚焊接。

(2)胎架形式:框架式空心平台托架。

(3)制造顺序:平台托架装焊→斜底板拼焊→肋板框架及桁材部装件装焊→架设肋板框架及纵骨装焊→贴盖外板及舭骨→预舾装→结构性验收。

2. 分段制造安装

(1)铺板及划线。

铺板及划线按单斜切或双斜切方法的型值划线。铺板由内场 FCB 法拼板提供。铺板定位有两种情况,单斜切时按施工图定位及划线,双斜切时按"分段电算胎架图"进行定位及划线。

(2)构架安装步骤如下。

第一步:纵桁材部装件吊装。控制内容如下。

①135°倾斜角。

②首、尾端同面度。

③舱内、外肋板对线重合度。

第二步:肋板框架部装件吊装。控制内容如下。

①单斜切时的垂直度,双斜切时的倾角度。

②肋板框架间的平行度。

③肋板框架与纵桁肋板的对准度。

④肋板框架间等距加强连接。

第三步:假舱壁框架吊装,要求同肋板框架规定。

第四步:架设纵骨。纵骨吊装控制内容如下。

①纵骨腹筋缘口与肋板框架纵骨切口处的肋板缘口平齐。

②纵骨首、尾端与斜底板及其纵骨端口同在一横截面内。

③分段两端无假舱壁时,纵骨至斜底板的高度应符合图纸提供的型值。

④分段两端纵骨之间应用扁钢牵拉,以保证与相邻分段的纵骨对接吻合。

第五步:舭部小肋板吊装。

第六步:板架提交焊接。

第七步:贴盖外板吊装,顺序为舭部转圆外板→企口外板→中间外板,如图 5.25 所示。控制内容如下。

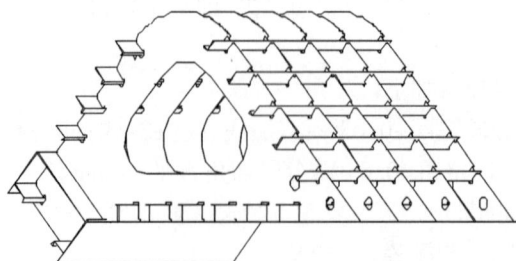

图 5.25　吊装顺序

①舭部转圆外板上、下傍路线,对准肋板框架通焊孔的中心线。

②舭部转圆外板的首、尾端缝与纵骨端口平齐,并在同一横截面内。

③企口外板的伸出边长度应符合施工图的要求,首、尾端与纵骨平整。

④中间外板控制内容与②、③相同,且所有外板首、尾端均在同一横截面内。

第八步:外板傍路焊道进行单面衬垫焊。

(3)外板定位加强焊,吊环安装。

(4)纵、横构架焊接。

(5)预舾装。

(6)分段翻身后进行外板主焊缝和内部构架的焊接工作。

(7)分段第二次翻身进行外板封底焊和结构性验收,提交分段完工型值。

(8)分段第二次除锈后涂装,经第三次翻身后上船台。

任务 5.2 底部分段装配(反造)

【任务实施】

底部分段装配(反造)实训任务单和任务评价单见表 5.5、表 5.6。

表 5.5 底部分段装配(反造)实训任务单

任务名称	底部分段装配(反造)	所需时间	4 学时
实训场地	船舶工程系理实一体化教室、虚拟仿真实验室	分组情况	6 人/组
任务描述	任务导入: 下图为某一底部分段。 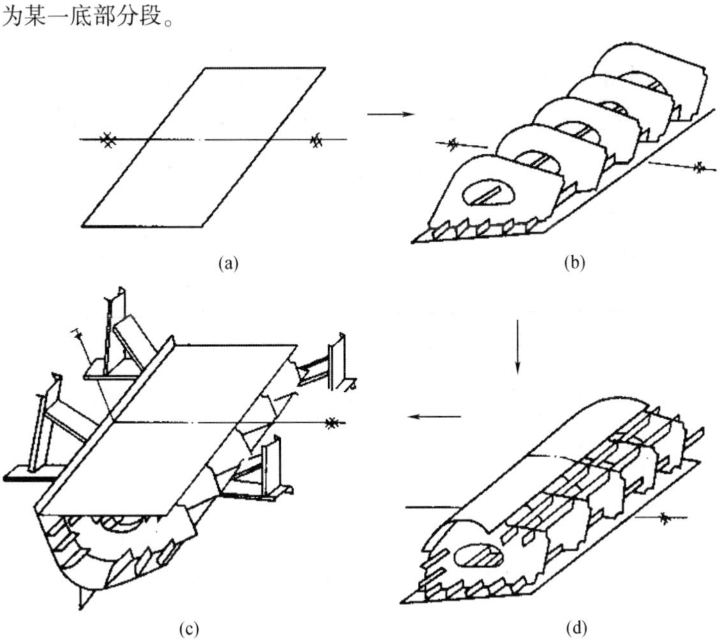 (a)　(b)　(c)　(d)		

表 5.5(续 1)

材料:

(1)纸板(A0,厚 1 mm),15 张。

(2)乳白胶,4 瓶。

(3)双面胶,10 卷。

(4)罐装手喷漆,12 罐。

工具:

(1)钢尺 1 m,2 把。

(2)三角板 150 cm,1 套。

(3)角尺 300 cm×150 cm,2 把。

(4)直尺 100 cm,1 把。

(5)裁纸刀,5 把(大)。

(6)裁纸刀,2 把(小)。

(7)钩刀,2 把。

(8)剪刀,4 把。

1.分段结构模型比例与零部件尺寸的确定

(1)根据实际可操作性及教学需要所限,总体尺寸选择比例为 1:100。

(2)为计算方便与操作统一,部位与零件的尺寸仍然选择与总体尺寸比例一致。

(3)在生产图纸上,钢板厚度因其使用部位不同而不同,纸板(1 mm 厚度)一律改为五层、四层、三层、二层共四种规格。

(4)零部件的形状尺寸一律按生产图纸中的尺寸,并尽可能简化为整数处理,同时编制零部件表(见下表)。

159 000 载重吨油船上舷侧分段(3309PS)结构模型零部件表

序号	分段号	名称	原尺寸 (长×宽) /mm	简化长度 尺寸/mm	原材料 厚度 /mm	简化后尺寸 (倍纸板厚) /mm	数量 /块
1	MD1-1SA	主甲板板	11 900×6 456	1 190×650	17	4	1
2	MD1-L1-1PA	甲板纵骨腹板	11 937×320	1 190×400	14	2	7
	MD1-L1-2PA	甲板纵骨面板	11 937×160	1 190×160	17	3	7
3	SH1-1SA	外板板	11 900×6 547	1 190×650	17	4	1
4	SH1-L1-2PS	外板纵骨面板	11 937×160	1 190×160	20	3	3
	SH1-L1-1PS	外板纵骨腹板	11 937×320	1 190×400	18	2	3
5	SH1-L2-2PS	外板纵骨面板	11 937×160	1 190×160	20	3	1
	SH1-L2-1PS	外板纵骨腹板	11 937×320	1 190×400	16	2	1
6	SH1-L3-2PS	外板纵骨面板	11 937×160	1 190×160	16	3	3
	SH1-L3-1PS	外板纵骨腹板	11 937×320	1 190×400	13	2	3
7	IS1-1LA	内纵舱壁板	11 900×6 430	1 190×400	15	4	1
8	IS1-L1-1PL	内纵舱壁纵骨腹板	11 900×320	1 190×400	14	2	1
……	……	……	……	……	……	……	……

表 5.5(续 2)

2.装配过程

(1)审图并分解图纸,按照人人动手又动脑原则,制作零件要按照零件特点分类,分工协作。

(2)工艺划线,按照零部件表中尺寸在纸板上画线,要进行自检和互检,包括垂直度、角度等。

(3)下料。

①要在平台(或工作台)上进行操作。

②在直线下料中,要两人协作,将铁尺压平,用裁纸刀倾斜 75°角缓慢均匀用力切割。

③将下好料的零件编号,以防在下一道工序中出现错误。

④将下好料的零件平放在工作台上,以防变形,影响板材零件的平整度。

(4)零部件装配。以 T 型材的结构制作程序为例。

①在相应的纸板(腹板)上沿纵向划出刀口(不可切断)。

②将划出的刀口朝外的两块腹板用尺压住,并向里弯曲成 90°的弯板,如下图。

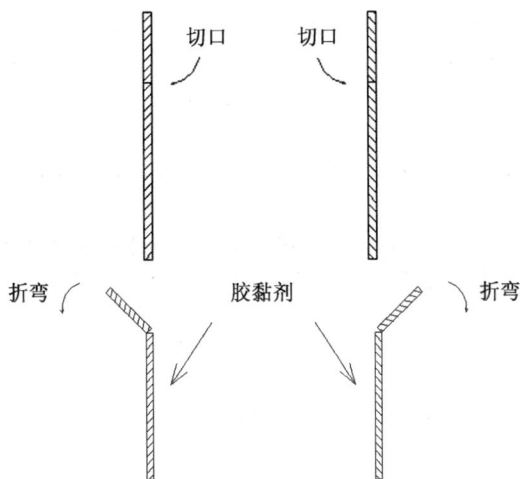

③将两块弯成弯板的腹板两面用乳白胶涂好后,黏牢成丁字形;再将丁字形的上面涂一层乳白胶。

④将另外两个裁好的面板相应地涂胶,然后逐一和丁字形板黏牢,如下图。

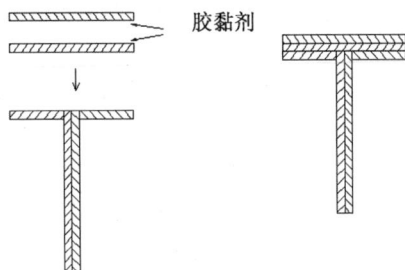

(5)总装,保证总体尺寸。

(6)喷漆,用深灰色喷漆喷两遍,不许流淌

表 5.5(续 3)

任务要求	技能要求： 　(1)通过指导学生动手进行模型制作的过程,使学生进一步了解、熟悉并掌握在造船生产中船舶建造工艺路线和工艺流程,以及必需的相关专业知识和应该注意的事项,为学生毕业后从事船舶建造工作提供了一次难得的学习机会。 　(2)培养学生动手操作和动脑思考的能力,在实际制作过程中运用所学知识的同时,加强了同学们相互间的协作精神。 　(3)针对不同材料要运用不同的技术,并编制相应的可行工艺程序。 　(4)充分了解选用材料的物理特性,选择相应的合适的配套工具及配合的工艺手段。 　(5)节省材料,缩短制造所需时间,并保证制作模型的质量与精度。 　(6)熟读生产图纸和相关资料是保证船舶建造编制工艺的先决条件,在结构模型制作中也是同等重要。 　(7)阅读图纸和技术文件,进行深入广泛的研究讨论、制定方案、编制工艺,确保生产图纸的技术要求,并采取相应的措施,从而保证了模型的制作质量。 职业素质要求： (1)具有严谨认真的工作态度。 (2)具有主动参与、积极进取、探究科学的学习态度和思想意识。 (3)具有分析问题、解决问题的能力。 (4)具有团队协作能力

表 5.6　底部分段装配(反造)任务评价单

课前准备	课前讨论		标准:参与回答问题。 　　　　　　　　　　　　　　　　　　　　　　　　　　评分(满分 5 分)
	微课学习		标准:观看微课时长和发帖次数。 　　　　　　　　　　　　　　　　　　　　　　　　　　评分(满分 5 分)
课中实践	知识要点学习		标准:(1)课堂表现。 　　　(2)知识点掌握程度。 　　　　　　　　　　　　　　　　　　　　　　　　　　评分(满分 5 分)
	教师作品评价	校内教师	标准:(1)工艺流程合理,可执行性强,装配过程能按照分段建造工艺流程进行。 　　　(2)根据学生答辩情况真实、客观地进行打分,并给出充分理由。 　　　　　　　　　　　　　　　　　　　　　　　　　　评分(满分 15 分)
		企业专家	标准:(1)准备工作充分,装配中细节点评。 　　　(2)根据学生答辩情况真实、客观地进行打分,并给出充分理由。 　　　　　　　　　　　　　　　　　　　　　　　　　　评分(满分 15 分)

表 5.6(续)

自我评价	标准:真实、客观、理由充分。 评分(满分 10 分)					
组内互评		学号	姓名	评分(满分 20 分)	学号	姓名	评分(满分 20 分)

		学号	姓名	评分(满分 20 分)	学号	姓名	评分(满分 20 分)
组内互评							
	注意:最高分与最低分相差最少 3 分,同分人最多 3 人,某一学生分数不得超平均分 ±3 分						

组间互评	标准:真实、客观、理由充分。 评分(满分 10 分)	
课后复习	在线作业和测试	标准:学堂在线与网络教学平台的在线作业和测试。 评分(满分 10 分)
	在线拓展	标准:根据完成情况适当加分。 评分(满分 5 分)
总分(除组内互评分)		任务完成人签字: 日期: 年 月 日 指导教师签字: 日期: 年 月 日

【知识要点】

一、反造法

目前,大中型船舶一般都采用反造法,可以省去制造胎架的工作量,以平直形双层底分段为例,施工程序如图 5.26 所示。

平直形双层底分段装配(反造)步骤如下。

1. 平台准备

根据分段的尺度,选择型钢式通用空心平台或通用支柱式平台,检查和修正其平整度,使其水平误差控制在±5 mm 以内。

以内底板为装配基面,选择在支柱式平台上建造。

(1)在水泥平台上确定平台的位置,如图 5.27 所示。

(2)划出平台中心线和角尺线,如图 5.28 所示。

底部分段装配(反造)

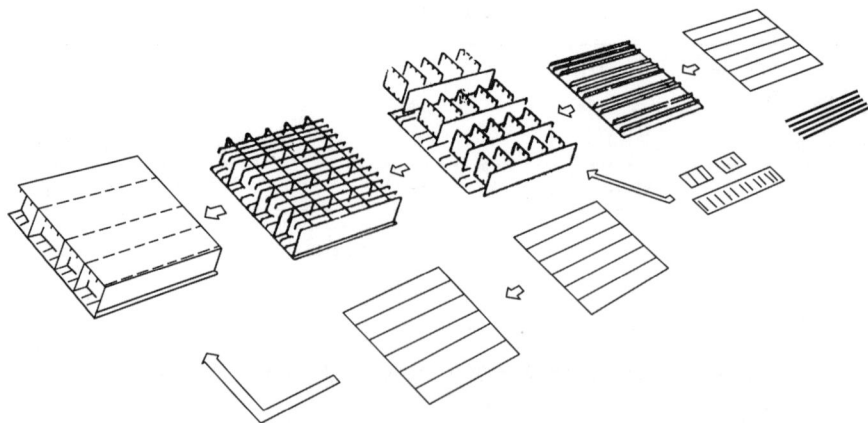

图 5.26　反造法

图 5.27　平台

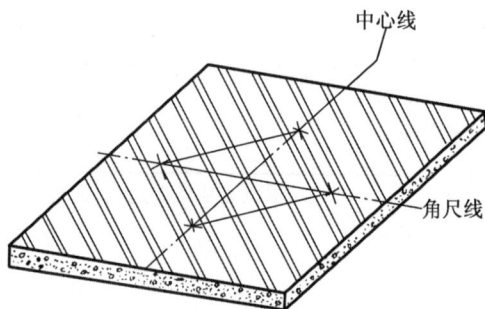

图 5.28　划胎架中心线及角尺线

（3）划平行于角尺线的肋骨位置线,以中心线为准划分段的纵向骨架位置线,如图 5.29 所示。

（4）竖立支柱角钢,如图 5.30 所示。

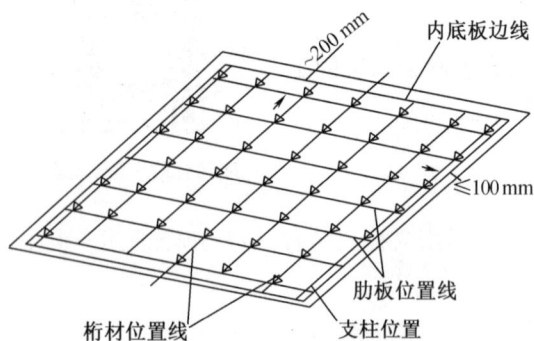

图 5.29　纵骨架式支柱的布置

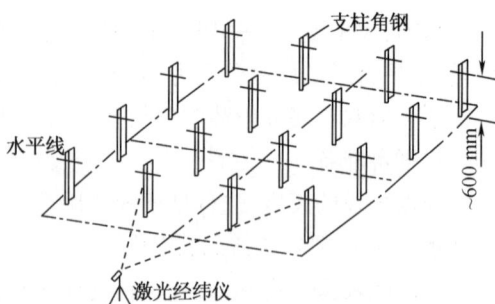

图 5.30　支柱角钢的安装

①可用 L75 mm×100 mm 不等边角钢。

②支柱应垂直于平台。

③在支柱上划水平线,考虑内底板厚度差,划出厚度线。

④将角钢切割正确。

2.铺板及划线

将内场经过拼板工位拼接的内底板吊上平台,检查拼板的平整度,局部不平的部位用重物压平,下侧用马板局部固定。在内底板上先划出由中心线和肋骨检验线组成的角尺线,再划出纵桁和肋板等构架线,并标清板厚和型材安装方向的符号,将构架线处的焊缝增强量批平。平直的分段在内底平板上可以自由做出基线,故一般在水泥基础平台上不再划出分段中心线等基线。

(1)内底板定位

①内底板在吊上平台前预先拼好,如图5.31所示。

②将内底板吊上平台:将内底板中心线与平台中心线对准;确定内底板端部位置。

③将内底板与平台固定,如图5.32所示。

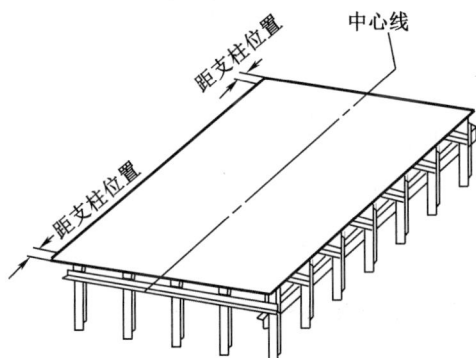

图5.31　铺内底板

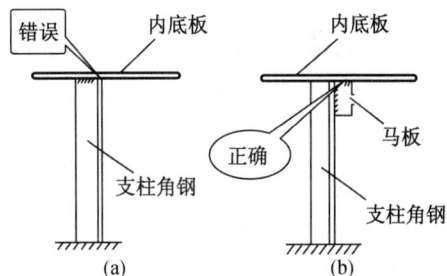

图5.32　铺板与平台的固定形式

(2)划纵、横骨架线,如图5.33所示。

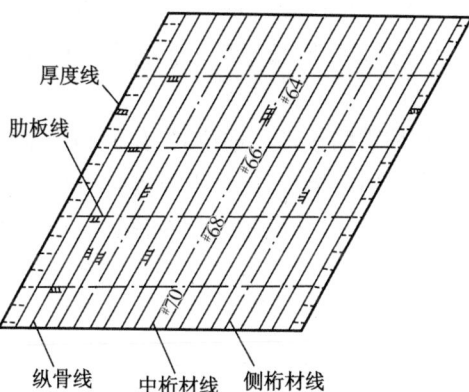

图5.33　划纵、横骨架线

①划中心线和中间肋骨线。

②划肋板、纵骨、中桁材、旁桁材、内底边板、肘板等构件安装位置线。

③标注肋位号和构件理论线厚度方向。

3.安装纵材

将内底纵骨吊装于防倾倒马板中间,临时固定。纵长方向定位时应按照肋位和端部的

❖ 安装定位基线放对,特别是实行精度管理的分段更应该控制其误差在±2 mm 以内,若纵骨长度超过 12 m 时,中间有横接缝,则应在平俯状态下控制好直线度,进行双面焊接后再安装。内底纵骨施工要领,如图 5.34 所示。

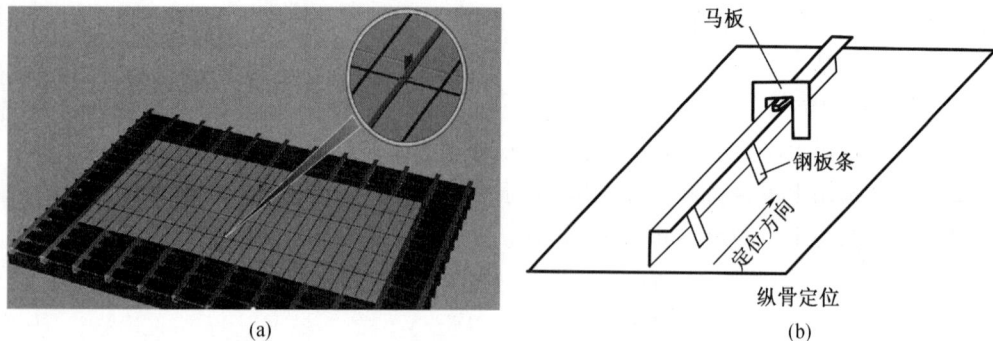

图 5.34　纵骨定位

(1)将纵骨吊上分段,按零件号放对内底板上的纵骨位置线。

(2)用马板和铁楔安装定位,应顺从一个方向或从中间向两端进行。

(3)用角尺或水平尺检查垂直度(特别检查肋板处)。

(4)施定位焊,应在纵骨腹部施加。

(5)全部纵骨安装完毕后,对纵骨与内底板的接缝施加半自动焊。

4.安装纵桁和肋板

安装纵桁和肋板,是从中龙筋开始向分段四周扩展吊装。在大中型船舶的双层底分段制造时,肋板和间断纵桁板由于采用数控切割,零件精度高,安装间隙小,因此都采用从中心区顺次向四周安装的程序。当构件板厚小于 4 mm 时,零件只能采用样板和手工下料,显然误差大,加上铺板的平整度差,安装间隙较难控制。为了提高安装效率,往往采用插入法安装。先安装间断构件,如纵桁,修正肋板厚度的间隙为±2 ~ ±4 mm 公差时,再将连续构件,如肋板等零件插入后定位。

通过肋板开口的内底纵骨依靠肋板进行定位时,允许和理论线偏差 2 mm,加上角焊缝间隙,极限值可达 3 mm。如果采用纵桁法时,纵骨焊接后会产生角度变形,同样肋板上开口也会有误差,使肋板吊装时会由于缺口和纵骨的相对位置的偏移,不能匹配,从而降低了组装效率。

(1)旁底桁的装配,如图 5.35 所示。

①将旁底桁吊上分段,对准其位置线后进行定位。

②全部旁桁材零件装完,在装肋板之前,应划旁桁材余量线并修割正确。

(2)肋板的安装。

①吊上肋板,按相应的肋位线插入旁桁材之间。

②将肋板放对内底板边线,以确保外板型线。

③当肋板上的纵骨切口与已经装好的纵骨间距不符时,应修改肋板上的纵骨切口,如图 5.36 所示。

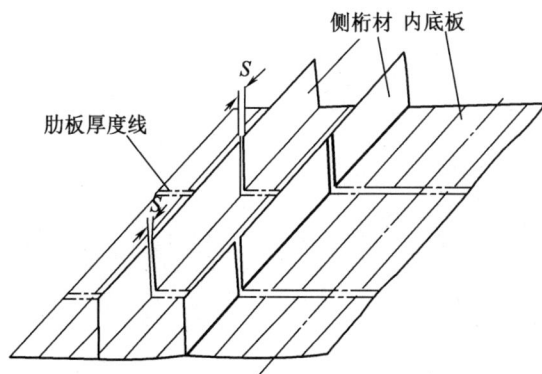

图 5.35　旁底桁装配

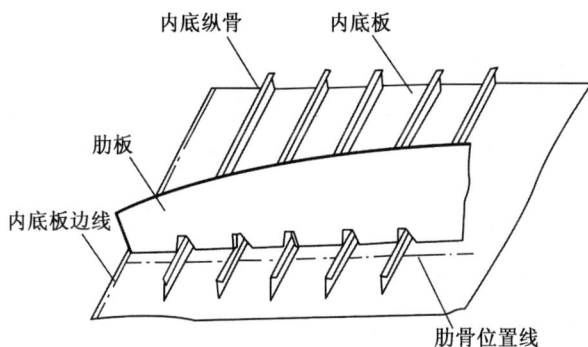

图 5.36　肋板切口修改

④进行肋板定位。

⑤进行肋板与旁底桁定位。

⑥肋板与旁底桁的表面应平齐,桁材高出部分应修割。

⑦肋板在靠近中底桁的一端必须按中底桁位置线用角尺划出余量线并割去多余部分,如图 5.37 示。

⑧将肋板放垂直,用支撑角钢固定,如图 5.38 所示,最终安装结果如图 5.39 所示。

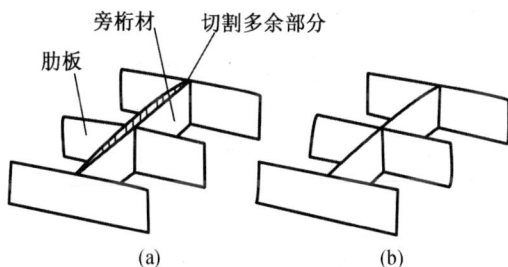

图 5.37　肋板余量修改

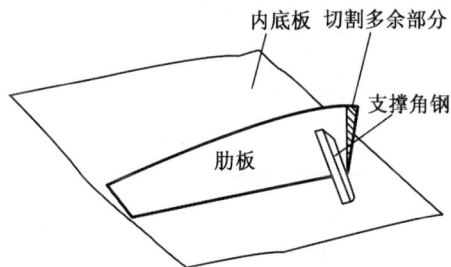

图 5.38　支撑角钢固定

(3)中桁材的装配,如图 5.40 所示。

①将中桁材放对位置线。

②用马板或二头螺丝将其与内底板拉紧定位,再与肋板定牢。

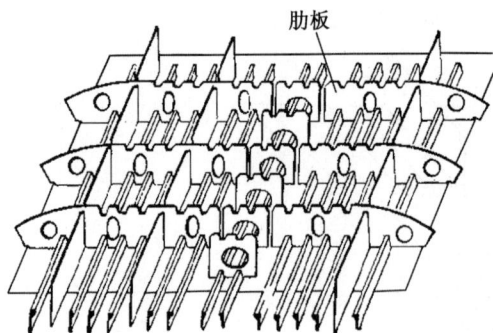

图 5.39 肋板安装

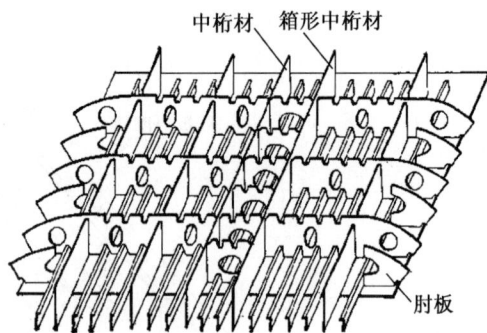

图 5.40 中桁材装配

③在吊装中桁材的同时进行肘板的安装。

④最后插入箱形中桁材。

5.安装外底纵骨和内底边板

肋板和纵桁定位后吊装外底纵骨,并完成内部构架的安装工作,然后在内底板四周边缘的下侧,于肋板纵桁等强结构件部位处,用型材与水泥平台上的刚性点进行固定,以控制构架焊接时的变形。

(1)安装外底纵骨,如图 5.41 所示。

①在肋板上写出每列纵骨的零件号。

②用粉线检查外底纵骨切口是否在同一直线上,并修割正确。

③吊上纵骨,放对前后位置,即纵骨伸出肋板的距离。

④使每档肋板垂直于内底板,然后依次将纵骨与肋板定牢。

⑤纵骨的上口应与肋板平齐。

(2)安装内底边板,如图 5.42 所示。

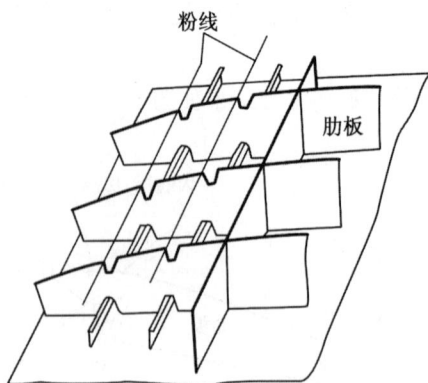

图 5.41 安装外底纵骨

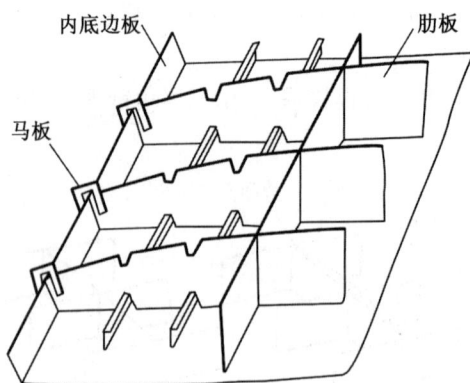

图 5.42 内底边板安装

①放对内底边板前后位置,按内底边板位置线与内底板定位。

②将内底边板吊上分段,在肋板处焊 2~3 只马板将其临时固定。

③内底边板与肋板定位,要保证肋板垂直于内底板且两档肋板间的间距正确。

④内底边板装配完毕后拆除马板。

6. 构架焊接

在分段刚性固定后进行焊接,尽可能采用上引下焊条和重力焊等高效率焊接法。一般分段由 8~12 个焊工分四组于分段的 1/4 区域的中心部位进行焊接,如图 5.43 所示。

图 5.43 架构焊接

7. 预舾装

预舾装即船装管系和铁舾件预舾装。在分段外板未盖以前,应进行管系、人孔、直梯、放水塞和踏步等舾装件的预安装工作,外板用重荷压平后定位。然后吊装经过整体拼装成型的外底板,用重荷压平后定位,用激光经纬仪划出中心线、肋骨检验线、水平线和分段两端正足线,放出补偿值后切割。

(1)外板的装配程序

曲度平坦的外板,可将中间三列板预先拼好,再吊上分段安装;外板曲度大的,应一列一列地吊装。

(2)外板施工要领

①吊装 K 列板。

a. K 列板两边接缝均为正确边(不留余量)。

b. 将 K 列板中心线放对分段中心线。

c. 拉对 K 列板前后位置,与肋板进行定位,应先从中间向两端定或从一端顺向定。

d. 与肋板贴合紧密处先用定位焊焊牢。

e. 与肋板间有空隙的地方用拉撑拉紧。

②吊装其余列板。

a. 在 K 列板两边,由中间向两边逐一安装其余列板。

b. 在肋板上焊靠板。

c. 列板余量放在靠中间的一边,吊上分段时迭在前一列板上。

d. 在前一列板上距接缝 50~100 mm(根据余量多少定)处划一根基线。

e. 将列板位置放对,然后根据基线划出余量线。

f. 划出对合线。

g. 将列板吊下分段割正钪斜,再吊上分段按对合线定位。

h. 施定位焊:先定板与骨架,再定板与板之间的接缝。

i. 最后吊装转圆板,转圆板上须先焊好靠板,靠板角度与肋板斜度相同,在两端及中间设三块靠板,靠板位置应设在两档肋板之间。

③ 焊接外板对接缝。

8. 翻身焊接

将分段一次翻身,完成外底板构架的平角焊和内底板上面的封底焊,进行分段完工测量和分段结构性验收,如图 5.44 所示。

图 5.44　翻身焊接

9. 分段二次除锈和涂装

最后进行分段二次除锈和涂装。

二、框架制造法

上述内容是常见的双层底分段定点施工时的装焊程序,此装配方法会使构架存在大量的主角焊缝,占分段角焊缝焊接量的 40% 左右,而装配电焊工作又在同一个工位上进行连续作业,因此分段制造周期长。克服上述缺点的途径是采用框架法制造,如图 5.45 所示。

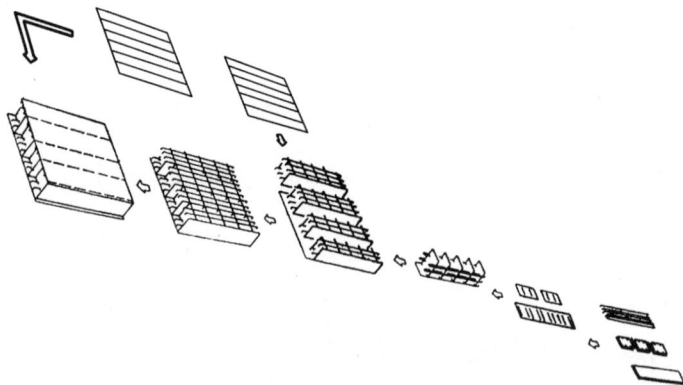

图 5.45　双层底分段框架制造法

双层底分段框架法制造的基本程序如下。

构架部件制造→框架制造→分段内底板铺板→构架划线→框架吊装定位→分段构架焊接→管子和铁舾件预舾装→盖外底板→翻身后构架焊接→完工测量和结构性验收→二次除锈和涂装。

由于采用框架法施工,分段的装配和焊接可以进行平行作业,同时提高了俯向平角焊的百分比,从 25% 提高到 75% 左右,使分段制造周期显著缩短,如图 5.46 所示。

| 定点法周期 | 铺板划线 | 构架安装 | 构架焊接 | 预舾装 | 盖底板 | 焊接 | 完工验收 |

(a)

| 框架法周期 | 铺板划线 | 构架安装 | 构架焊接 | 预舾装 | 盖底板 | 焊接 | 完工验收 |

(b)

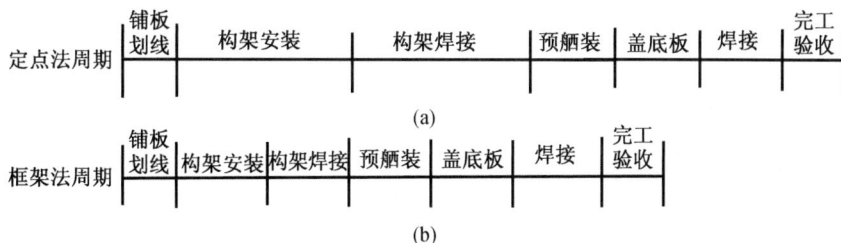

图 5.46　分段制造周期对比

任务 5.3　舷侧分段装配

【任务实施】

舷侧分段装配实训任务单和任务评价单见表 5.7、表 5.8。

表 5.7　舷侧分段装配实训任务单

任务名称	舷侧分段装配	所需时间	4 学时
实训场地	船舶工程系理实一体化教室、虚拟仿真实验室	分组情况	6 人/组
任务描述	任务导入： 下图为某一船舶舷侧分段。 		

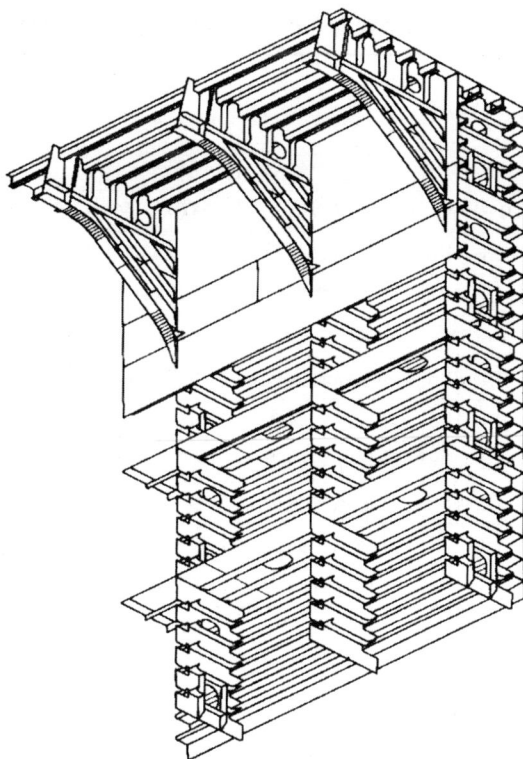

274

表 5.7(续 1)

材料:

(1)纸板(A0,厚 1 mm),15 张。

(2)乳白胶,4 瓶。

(3)双面胶,10 卷。

(4)罐装手喷漆,12 罐。

工具:

(1)钢尺 1 m,2 把。

(2)三角板 150 cm,1 套。

(3)角尺 300 cm×150 cm,2 把。

(4)直尺 100 cm,1 把。

(5)裁纸刀,5 把(大)。

(6)裁纸刀,2 把(小)。

(7)钩刀,2 把。

(8)剪刀,4 把。

1.分段结构模型比例与零部件尺寸的确定

(1)根据实际可操作性及教学需要所限,总体尺寸选择比例为 1:100。

(2)为计算方便与操作统一,部位和零件的尺寸仍然选择与总体尺寸比例一致。

(3)在生产图纸上,钢板厚度因其使用部位不同而不同,纸板(1 mm 厚度)一律改为五层、四层、三层、二层共四种规格。

(4)零部件的形状尺寸一律按生产图纸中的尺寸,并尽可能简化为整数处理,同时编制零部件表(见下表)。

159 000 载重吨油船上舷侧分段(3309PS)结构模型零部件表

序号	分段号	名称	原尺寸(长×宽)/mm	简化长度尺寸/mm	原材料厚度/mm	简化后尺寸(倍纸板厚)/mm	数量/块
1	MD1-1SA	主甲板板	11 900×6 456	1 190×650	17	4	1
2	MD1-L1-1PA	甲板纵骨腹板	11 937×320	1 190×400	14	2	7
	MD1-L1-2PA	甲板纵骨面板	11 937×160	1 190×160	17	3	7
3	SH1-1SA	外板板	11 900×6 547	1 190×650	17	4	1
4	SH1-L1-2PS	外板纵骨面板	11 937×160	1 190×160	20	3	3
	SH1-L1-1PS	外板纵骨腹板	11 937×320	1 190×400	18	2	3
5	SH1-L2-2PS	外板纵骨面板	11 937×160	1 190×160	20	3	1
	SH1-L2-1PS	外板纵骨腹板	11 937×320	1 190×400	16	2	1
6	SH1-L3-2PS	外板纵骨面板	11 937×160	1 190×160	16	3	3
	SH1-L3-1PS	外板纵骨腹板	11 937×320	1 190×400	13	2	3
7	IS1-1LA	内纵舱壁板	11 900×6 430	1 190×400	15	4	1
8	IS1-L1-1PL	内纵舱壁纵骨腹板	11 900×320	1 190×400	14	2	1
……	……	……	……	……	……	……	……

表 5.7(续 2)

2. 装配过程

(1)审图并分解图纸,按照人人动手又动脑原则,制作零件要按照零件特点分类,分工协作。

(2)工艺划线,按照零部件表中尺寸在纸板上画线,要进行自检和互检,包括垂直度、角度等。

(3)下料。

①要在平台(或工作台)上进行操作。

②在直线下料中,要两人协作,将铁尺压平,用裁纸刀倾斜 75°角缓慢均匀用力切割。

③将下好料的零件编号,以防在下一道工序中出现错误。

④将下好料的零件平放在工作台上,以防变形,影响板材零件的平整度。

(4)零部件装配。以 T 型材的结构制作程序为例。

①在相应的纸板(腹板)上沿纵向划出刀口(不可切断)。

②将划出的刀口朝外的两块腹板用尺压住,并向里弯曲成 90° 的弯板,如下图。

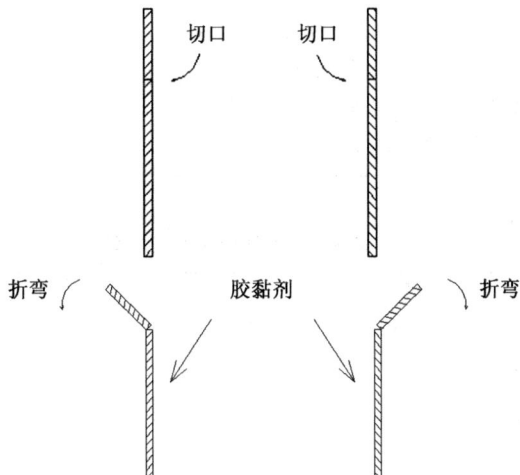

③将两块弯成弯板的腹板两面用乳白胶涂好后,黏牢成丁字形;再将丁字形的上面涂一层乳白胶。

④将另外两个裁好的面板相应地涂胶,然后逐一和丁字形板黏牢,如下图。

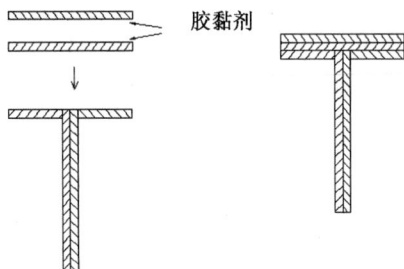

(5)总装,保证总体尺寸。

(6)喷漆,用深灰色喷漆喷两遍,不许流淌

表 5.7(续 3)

任务要求	技能要求: (1)通过指导学生动手进行模型制作的过程,使学生进一步了解、熟悉并掌握在造船生产中船舶建造工艺路线和工艺流程,以及必需的相关专业知识和应该注意的事项,为学生毕业后从事船舶建造工作提供了一次难得的学习机会。 (2)培养学生动手操作和动脑思考的能力,在实际制作过程中运用所学知识的同时,加强了同学们相互间的协作精神。 (3)针对不同材料要运用不同的技术,并编制相应的可行工艺程序。 (4)充分了解选用材料的物理特性,选择相应的合适的配套工具及配合的工艺手段。 (5)节省材料,缩短制造所需时间,并保证制作模型的质量与精度。 (6)熟读生产图纸和相关资料是保证船舶建造编制工艺的先决条件,在结构模型制作中也是同等重要。 (7)阅读图纸和技术文件,进行深入广泛的研究讨论、制定方案、编制工艺,确保生产图纸的技术要求,并采取相应的措施,从而保证了模型的制作质量。 职业素质要求: (1)具有严谨认真的工作态度。 (2)具有主动参与、积极进取、探究科学的学习态度和思想意识。 (3)具有分析问题、解决问题的能力。 (4)具有团队协作能力

表 5.8　舷侧分段装配任务评价单

课前准备	课前讨论	标准:参与回答问题。 评分(满分 5 分)
	微课学习	标准:观看微课时长和发帖次数。 评分(满分 5 分)
课中实践	知识要点学习	标准:(1)课堂表现。 (2)知识点掌握程度。 评分(满分 5 分)
	教师作品评价	校内教师　标准:(1)工艺流程合理,可执行性强,装配过程能按照分段建造工艺流程进行。 (2)根据学生答辩情况真实、客观地进行打分,并给出充分理由。 评分(满分 15 分)
		企业专家　标准:(1)准备工作充分,装配中细节点评。 (2)根据学生答辩情况真实、客观地进行打分,并给出充分理由。 评分(满分 15 分)

表 5.8(续)

		学号	姓名	评分(满分 20 分)	学号	姓名	评分(满分 20 分)
	自我评价	标准:真实、客观、理由充分。 评分(满分 10 分)					
	组内互评						
		注意:最高分与最低分相差最少 3 分,同分人最多 3 人,某一学生分数不得超平均分 ±3 分					
	组间互评	标准:真实、客观、理由充分。 评分(满分 10 分)					
课后复习	在线作业和测试	标准:学堂在线与网络教学平台的在线作业和测试。 评分(满分 10 分)					
	在线拓展	标准:根据完成情况适当加分。 评分(满分 5 分)					
总分(除组内互评分)		任务完成人签字: 指导教师签字:			日期: 年 月 日 日期: 年 月 日		

【知识要点】

一、单层舷侧分段装配

横骨架式主要结构包括外板、肋骨、舷侧纵桁;纵骨架式主要结构包括外板、舷侧纵骨、强肋骨。

单层、横向构架式舷部采用无余量加工和无余量装配工艺,外板拼板后四周正足。横向构架仅放精度控制余量,部件合拢焊接后正足,制造场地可在坐标或支柱胎架上制造,若"上线"制造,则"平面分段装焊流水线"的生产要素则不能充分发挥。

单层舷侧装配

1. 分段制造要领

(1)建造方式:以外板为基面正造,无须翻身移位焊接。

(2)胎架形式:钢板实心平台、桁架式空心平台、流水线平台及坐标式支柱胎架均可。

(3)制造顺序:肋板部件装焊→外板拼板→构架划线及装焊→吊环装焊及加强→完工测量及结构性验收并提交。

2. 分段制造步骤

第一步:肋板部件拼装,拼装前复查母材及子材的材质,零件尺寸规格,特别是板厚和边缘打磨光洁度,面板上划出腹板安装位置线,设置安装搁架。

第二步:铺设腹板,进行对接缝装配定位,并提交双面焊接。

第三步:腹板与面板角缝装配定位并进行面板对接焊。

第四步:角焊双面焊接。

第五步:根据对合线火工矫正部件。

第六步:外板拼板、焊接(FCB 法),划制构件安装位置线及外形尺寸复测。

第七步:标出分段的肋检线、水平检测线,肋位线上标出安装的零件号及其板厚的朝向标志,以及肋板上、下两端伸出外板傍路的长度数据。在肋板位置线两侧装置肋板部件 V 形防倒工艺板。

第八步:逐次吊装肋板组合件。根据上、下两端伸出的数值进行拉拢定位焊(图 5.47)。

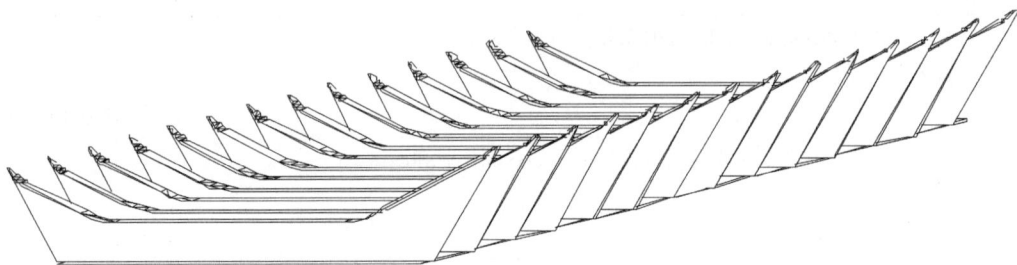

图 5.47　肋板吊装

第九步:肋板组合件上、下端"牛腿"部分进行牵拉加强。

第十步:提交角缝焊接,并安装总组吊环及焊接。

第十一步:完工测量,完整性验收并提交。

二、双斜切舷侧分段装配

制造双斜切舷侧分段的胎架,可以是倾斜胎板式或是通用支柱式胎架。采用支柱式胎架制造时,首先应检查在平台上的胎架中心线和肋骨角尺线,按电算型值表进行中心线处外板的定位。其四角按水平坐标 X、Y 值定位后适当固定,如图 5.48、表 5.9 所示,左右顺次安装其余外板。若外板零件上采用数控切割机划线时,各列外板必须按肋骨线和基线对准,通常还需要检查板列两端坐标位置的正确性后再拼装。

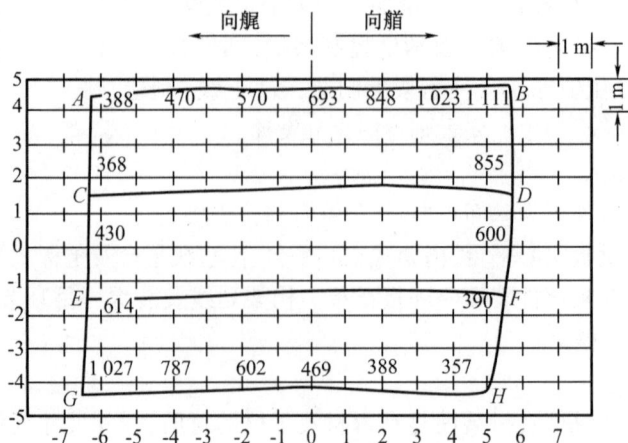

图 5.48　支柱式胎架铺板定位图

表 5.9　铺板四角端点坐标值

坐标点	向艉			向艏		
	长/mm	宽/mm	高/mm	长/mm	宽/mm	高/mm
A、B	-6 057	+4 269	+406	+5 020	+4 174	+1 149
C、D	-6 087	+1 459	+389	+5 020	+1 407	+795
E、F	-6 133	-1 377	+566	+5 018	-1 363	+461
G、H	-6 216	-4 265	+1 157	+4 993	-4 167	+389

由于支柱式胎架只起支承的作用,为了减少外板的焊接变形,应尽可能采用 CO_2 单面衬垫焊工艺,其焊接程序如图 5.49 所示。

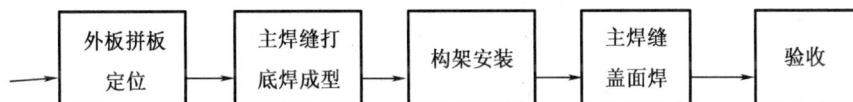

图 5.49　主焊缝单面焊程序

双斜切构架的划线方法由于肋骨面的倾斜而变得复杂,常用的有对角线法、双线法和线锤法。这三种方法划线精度较差,目前较实用的是冲势型值划线法,其操作程序如图 5.50 所示。

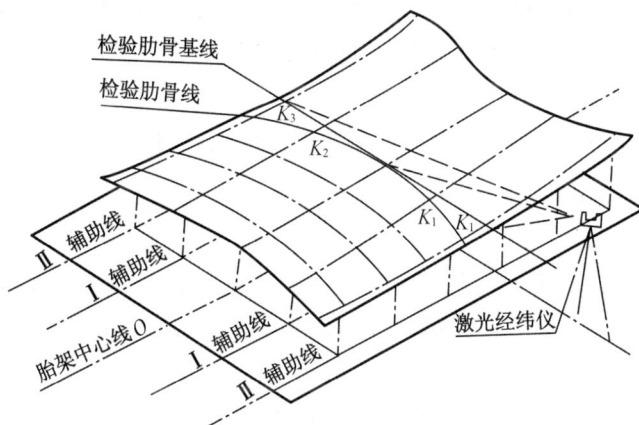

图 5.50　冲势定位划线图

先确定分段检验肋骨的中心点 O,在平台上做出检验肋骨中心点的角尺线,铺板后将此角尺线搬划到外板上。为了求取基准检验肋骨线,先平行胎架中心线作等间距辅助线 Ⅰ、Ⅱ 与角尺线相交。上述各线可以采用激光经纬仪,也可以用常规划线方法求出。在交点上分别量取冲势值 K,联结各点,求得外板上实际的检验肋骨线。依此向分段艏、艉两端在 Ⅰ、Ⅱ 辅助线,上、下缘接缝线和中心线上按肋骨伸长数求出各道肋骨线与分段横接缝线。再以中心线为基准,在各肋骨线上按展开型值向上、下求出各水平桁材和分段上、下正足边缘线,标注符号后切割铺板边缘的余量和坡口。

在构架安装工作中,最复杂的工作是构架角度定位,因为构架零件和外板之间都有不同的夹角。常用的方法是在每根肋骨上制造上、中、下三块夹角样板作为定位的依据,但是施工管理繁杂,因此有些船厂采用纵向倾角定位法,使得工作简便,效率高。虽然双斜切舷侧分段的构架零件和外板的夹角数值是变量,但是所有肋骨面和第二胎架基面的夹角是一定值α。因此可以采用角度水准仪在α角度的数值确定后,用测量水平度方法进行构架定位,如图 5.51 所示。结束后应适当加强并安装吊环。不采用外板单面焊工艺的分段应进行翻身封底焊,以及结构性验收和焊缝无损探伤,最后进行二次除锈和涂装。

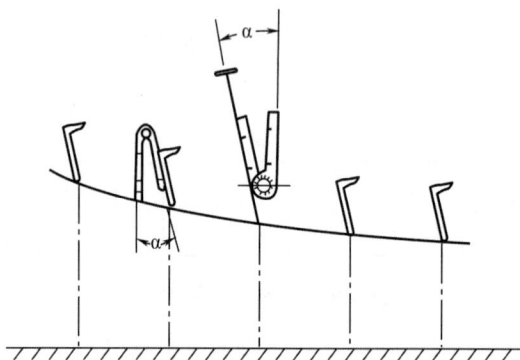

图 5.51　角度水准仪定位图

三、双层舷侧分段装配

双层舷侧多数为纵向构架式,主要结构包括外板、肋骨、平台、横向强框架、内壳纵壁板等,具体装配顺序如图 5.52 所示。

1. 分段制造要领

(1)建造方式:以内纵壁为基面反造,再贴盖外板,翻身封底装焊小甲板。

双层舷侧分段装配

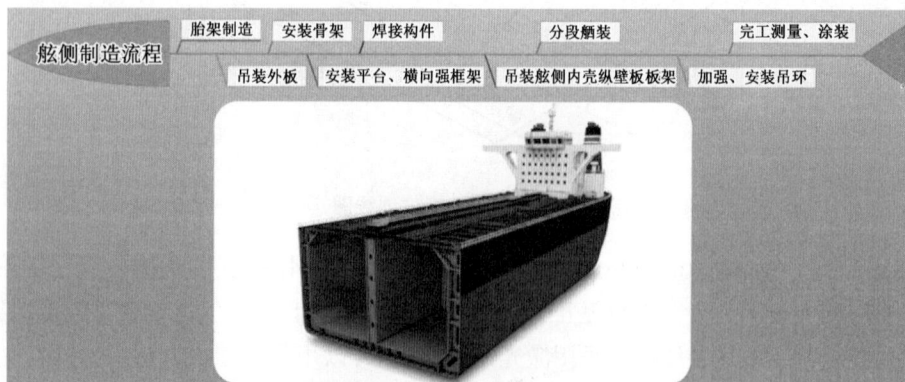

图 5.52　双层舷侧分段装配顺序

(2)胎架形式:"平面分段装焊流水线"、拼板滚道平台、装焊为抬车升降平台。

（3）制造工艺如下。

①舷侧分段平直区域的舷部采用零部件无余量加工，分段制造四周无余量装配。

②外板、纵壁板及小甲板采用 FCB 法拼板。纵壁及其构架在工位上依次完成装焊，然后进行贴盖外板拼板，而小甲板在倾斜简易胎架上反造成型，在"流水线"区以外与双层舷侧体合拢成分段（图 5.53）。

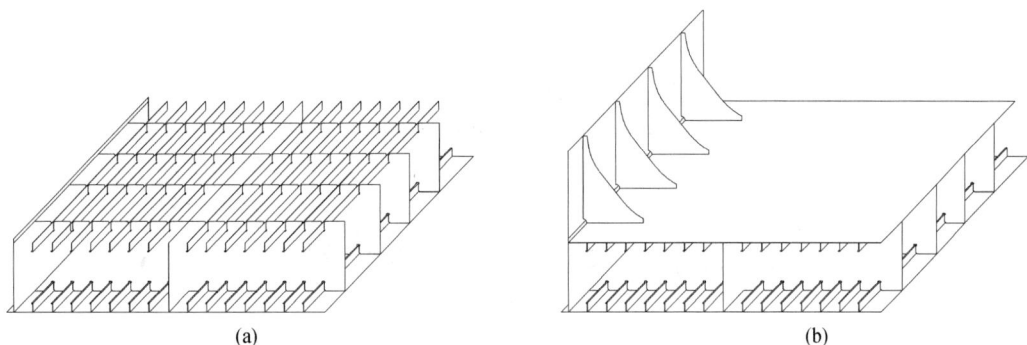

图 5.53　FCB 法拼板

a. 纵壁 FCB 法拼焊后进行划制构架安装位置线、肋检线、检验水线。

b. 安装纵骨。纵骨两端与纵壁板平齐在同一平面内。纵骨垂直于纵壁板两端处并做垂直加强。

c. 纵骨焊接。

d. 安装水平平台、肋板框架、外板及甲板纵骨，而水平平台及纵骨前、后端应与纵壁端平齐且同面，肋板上端应与甲板边线平齐且同面，肋板之间等距且垂直于纵壁板。

e. 焊接构架。

f. 进行预舾装及贴盖外板和吊环装焊、翻身缘口保护。

g. 移出流水线工位，翻身并构架封底焊，且以外板为基面安装小甲板。小甲板安装控制要素如下。

（a）小甲板与纵壁的夹角（即甲板拱度）。

（b）小甲板首、尾两端与外板、纵壁板及其纵骨平齐，且在同一平面内。

（c）小甲板、强梁大肘板与纵壁板肋板的对准度（错位）不得大于 1/4 大肘板的厚度。

（d）按规范定位焊。

③焊接。先焊接小甲板与边甲板对接缝，后焊甲板强梁与纵壁角焊缝。

④完工测量，结构性交验。

2. 液化天然气运输（LNG）船的双层舷侧

LNG 船的双层舷侧分段采用以纵壁为基面反造，倒扣到正态外板片段上合拢，两片段均在平面分段装焊流水线上完成（图 5.54）。

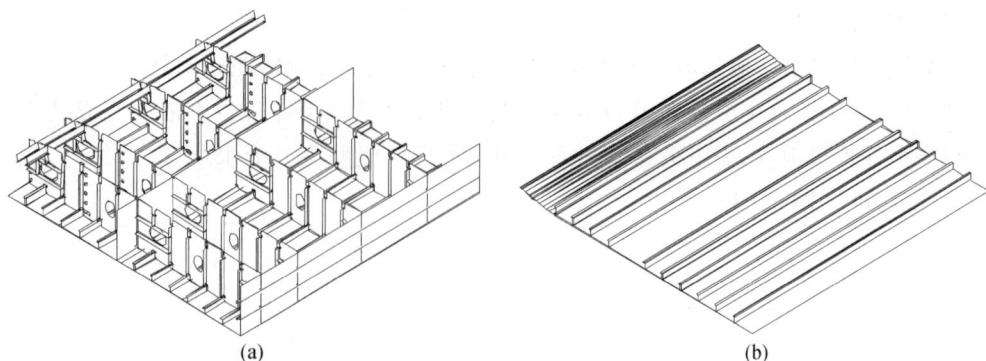

图 5.54　LNG 船的双层舷侧装配

任务 5.4　舱壁分段装配

【任务实施】

舱壁分段装配实训任务单和任务评价单见表 5.10、表 5.11。

表 5.10　舱壁分段装配实训任务单

任务名称	舱壁分段装配	所需时间	4 学时
实训场地	船舶工程系理实一体化教室、虚拟仿真实验室	分组情况	6 人/组
任务描述	任务导入： 下图为加装框架的槽形舱壁。 1—平面框架;2—槽形舱壁;3—甲板纵骨;4—船底纵骨;5—纵舱壁;6—舷侧纵骨		

表 5.10(续 1)

材料:

(1)纸板(A0,厚 1 mm),15 张。

(2)乳白胶,4 瓶。

(3)双面胶,10 卷。

(4)罐装手喷漆,12 罐。

工具:

(1)钢尺 1 m,2 把。

(2)三角板 150 cm,1 套。

(3)角尺 300 cm×150 cm,2 把。

(4)直尺 100 cm,1 把。

(5)裁纸刀,5 把(大)。

(6)裁纸刀,2 把(小)。

(7)钩刀,2 把。

(8)剪刀,4 把。

1.分段结构模型比例与零部件尺寸的确定

(1)根据实际可操作性及教学需要所限,总体尺寸选择比例为 1:100。

(2)为计算方便与操作统一,部位和零件的尺寸仍然选择与总体尺寸比例一致。

(3)在生产图纸上,钢板厚度因其使用部位不同而不同,纸板(1 mm 厚度)一律改为五层、四层、三层、二层共四种规格。

(4)零部件的形状尺寸一律按生产图纸中的尺寸,并尽可能简化为整数处理,同时编制零部件表(见下表)。

159 000 载重吨油船上舷侧分段(3309PS)结构模型零部件表

序号	分段号	名称	原尺寸(长×宽)/mm	简化长度尺寸/mm	原材料厚度/mm	简化后尺寸(倍纸板厚)/mm	数量/块
1	MD1-1SA	主甲板板	11 900×6 456	1 190×650	17	4	1
2	MD1-L1-1PA	甲板纵骨腹板	11 937×320	1 190×400	14	2	7
	MD1-L1-2PA	甲板纵骨面板	11 937×160	1 190×160	17	3	7
3	SH1-1SA	外板板	11 900×6 547	1 190×650	17	4	1
4	SH1-L1-2PS	外板纵骨面板	11 937×160	1 190×160	20	3	3
	SH1-L1-1PS	外板纵骨腹板	11 937×320	1 190×400	18	2	3
5	SH1-L2-2PS	外板纵骨面板	11 937×160	1 190×160	20	3	1
	SH1-L2-1PS	外板纵骨腹板	11 937×320	1 190×400	16	2	1
6	SH1-L3-2PS	外板纵骨面板	11 937×160	1 190×160	16	3	3
	SH1-L3-1PS	外板纵骨腹板	11 937×320	1 190×400	13	2	3
7	IS1-1LA	内纵舱壁板	11 900×6 430	1 190×400	15	4	1
8	IS1-L1-1PL	内纵舱壁纵骨腹板	11 900×320	1 190×400	14	2	1
……	……	……	……	……	……	……	……

表 5.10(续 2)

2.装配过程

(1)审图并分解图纸,按照人人动手又动脑原则,制作零件要按照零件特点分类,分工协作。

(2)工艺划线,按照零部件表中尺寸在纸板上画线,要进行自检和互检,包括垂直度、角度等。

(3)下料。

①要在平台(或工作台)上进行操作。

②在直线下料中,要两人协作,将铁尺压平,用裁纸刀倾斜 75°角缓慢均匀用力切割。

③将下好料的零件编号,以防在下一道工序中出现错误。

④将下好料的零件平放在工作台上,以防变形,影响板材零件的平整度。

(4)零部件装配。以 T 型材的结构制作程序为例。

①在相应的纸板(腹板)上沿纵向划出刀口(不可切断)。

②将划出的刀口朝外的两块腹板用尺压住,并向里弯曲成 90°的弯板,如下图。

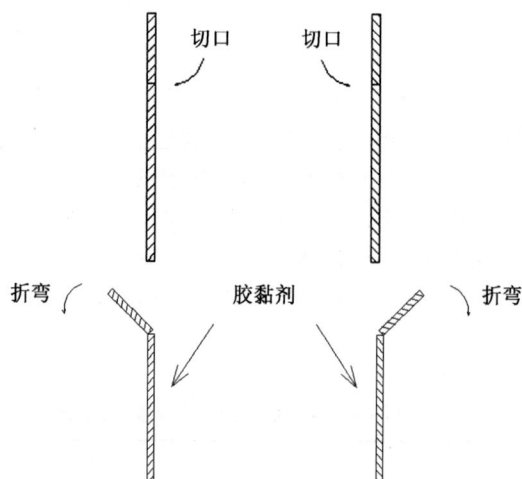

③将两块弯成弯板的腹板两面用乳白胶涂好后,黏牢成丁字形;再将丁字形的上面涂一层乳白胶。

④将另外两个裁好的面板相应地涂胶,然后逐一和丁字形板黏牢,如下图。

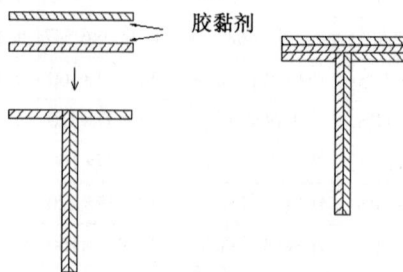

(5)总装,保证总体尺寸。

(6)喷漆,用深灰色喷漆喷两遍,不许流淌

表 5.10（续 3）

任务要求	技能要求： （1）通过指导学生动手进行模型制作的过程，使学生进一步了解、熟悉并掌握在造船生产中船舶建造工艺路线和工艺流程，以及必需的相关专业知识和应该注意的事项，为学生毕业后从事船舶建造工作提供了一次难得的学习机会。 （2）培养学生动手操作和动脑思考的能力，在实际制作过程中运用所学知识的同时，加强了同学们相互间的协作精神。 （3）针对不同材料要运用不同的技术，并编制相应的可行工艺程序。 （4）充分了解选用材料的物理特性，选择相应的合适的配套工具及配合的工艺手段。 （5）节省材料，缩短制造所需时间，并保证制作模型的质量与精度。 （6）熟读生产图纸和相关资料是保证船舶建造编制工艺的先决条件，在结构模型制作中也是同等重要。 （7）阅读图纸和技术文件，进行深入广泛的研究讨论、制定方案、编制工艺，确保生产图纸的技术要求，并采取相应的措施，从而保证了模型的制作质量。 职业素质要求： （1）具有严谨认真的工作态度。 （2）具有主动参与、积极进取、探究科学的学习态度和思想意识。 （3）具有分析问题、解决问题的能力。 （4）养成回收工具的良好习惯

表 5.11 舱壁分段装配任务评价单

课前准备	课前讨论	标准：参与回答问题。 评分（满分 5 分）
	微课学习	标准：观看微课时长和发帖次数。 评分（满分 5 分）
课中实践	知识要点学习	标准：（1）课堂表现。 　　　（2）知识点掌握程度。 评分（满分 5 分）
	教师作品评价 校内教师	标准：（1）工艺流程合理，可执行性强，装配过程能按照分段建造工艺流程进行。 　　　（2）根据学生答辩情况真实、客观地进行打分，并给出充分理由。 评分（满分 15 分）
	企业专家	标准：（1）准备工作充分，装配中细节点评。 　　　（2）根据学生答辩情况真实、客观地进行打分，并给出充分理由。 评分（满分 15 分）

表 5.11(续)

	自我评价	标准:真实、客观、理由充分。 评分(满分 10 分)					
	组内互评		学号	姓名	评分(满分 20 分)	学号	姓名	评分(满分 20 分)
		注意:最高分与最低分相差最少 3 分,同分人最多 3 人,某一学生分数不得超平均分 ±3 分						
	组间互评	标准:真实、客观、理由充分。 评分(满分 10 分)					
课后复习	在线作业和测试	标准:学堂在线与网络教学平台的在线作业和测试。 评分(满分 10 分)					
	在线拓展	标准:根据完成情况适当加分。 评分(满分 5 分)					
总分(除组内互评分)		任务完成人签字: 指导教师签字:			日期:　年　月　日 日期:　年　月　日		

【知识要点】

舱壁按形状可分为平面舱壁和槽形舱壁。

一、平面舱壁装配

平面舱壁主要结构有舱壁板、扶强材、舱壁桁材,主要装配步骤:铺板→划线→切割余量→安装舱壁构架→加强材及吊环安装→完工测量、涂装。

平面舱壁装配

1.舱壁板的拼装和焊接

铺板—拼装—焊接,具体如图 5.55 所示。

 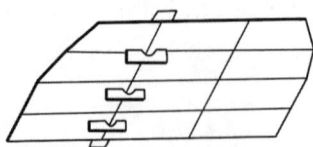 

(a)　　　　　　　　(b)　　　　　　　　(c)

图 5.55　舱壁板的拼装和焊接

2. 划线

（1）划舱壁中心线和角尺线。

（2）划扶强材和桁材安装位置线。

（3）划舱壁外形轮廓线。

（4）标划安装符号、余量和焊接符号，具体如图5.56所示。

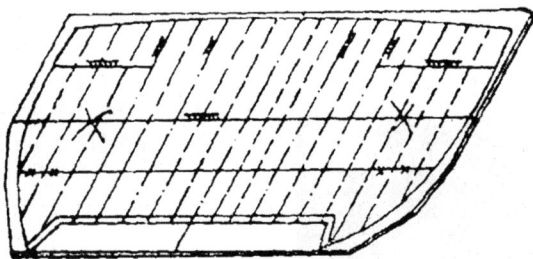

图5.56 符号标划

3. 切割余量

划线完成后，进行切割余量步骤。

4. 安装舱壁构架

（1）安装主要方向的扶强材。

（2）焊接扶强材与板的接缝线。

（3）安装桁材。

（4）焊接。

（5）加强材及吊环安装

舱壁构架安装完后，安装加强材及吊环。

（6）完工测量、涂装

上述内容都完成后，进行测量、涂装。

二、槽形舱壁装配

槽形舱壁在油船和散装货船上使用得比较普遍，主要是结构强度高、材料省、工艺性好和不损失装货容积。在结构形式上，槽形的布置方法，横舱壁取垂直走向，纵舱壁取水平走向。由于槽形舱壁分段单体强度不高，为了减少变形，分段制造时应尽可能不翻身。角接式槽形舱壁安装程序如图5.57所示。

槽形舱壁装配

首先在平台上划出舱壁分段的中心线、水平基线和外形线，并做好槽形底板宽度 A 和间距 B 的标记。吊装底板用马板做必要的固定，在底板上划出槽形板安装线，吊装槽形板，修正顶端平面，安装槽形板顶端面板。焊接角焊缝时应在槽内对称施焊。为了使分段完工后不翻身，在槽形板部装时，应先将槽内的直梯、管子、护罩和泻壳板等构件进行预安装。槽形板的制造在中小型船舶中可以用单一板材压出。大型船舶由于舱壁长度大于定尺板长度或压机的长度，槽形板必须分成图5.57中的零件1~4，经内场加工后在槽形板部装胎架上合拢。先将零件1、2定位，再将零件3、4同时安装；先定横缝再定纵缝，以调整由于板材轧弯时产生的折角误差。分段完成后，用激光经纬仪划出外型线，切割20 mm分段边缘余量，保留30 mm船台余量，并记录完工型值。为了减少大型散货船的槽形舱壁在船台安装过程中费力的密性工作，可以在槽形舱壁平卧状态时进行焊缝的冲

水试验。完成后提交结构性验收和焊缝无损探伤,认可后吊上船台安装。

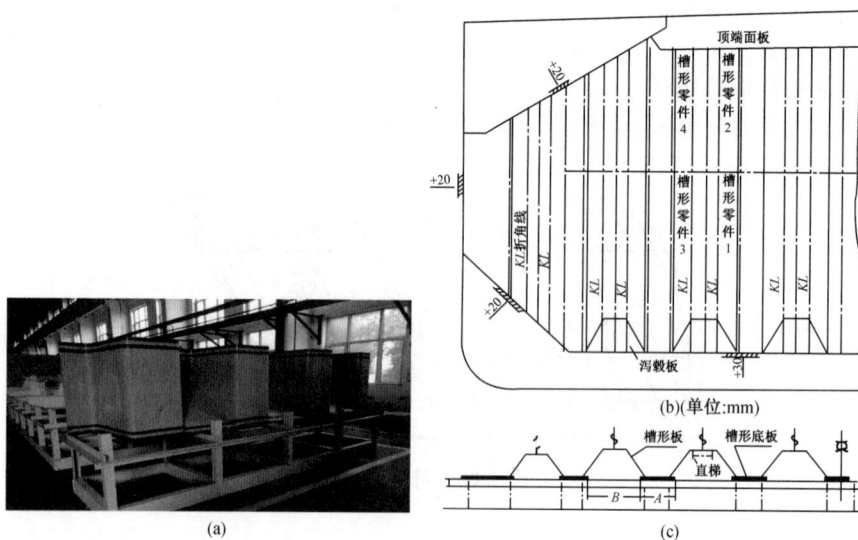

图 5.57 角接式槽形舱壁安装程序

任务 5.5 甲板分段装配

【任务实施】

甲板分段装配实训任务单和任务评价单见表 5.12、表 5.13。

表 5.12 甲板分段装配实训任务单

任务名称	甲板分段装配	所需时间	4 学时
实训场地	船舶工程系理实一体化教室、虚拟仿真实验室	分组情况	6 人/组
任务描述	任务导入: 下图为甲板分段图。 		

表 5.12（续1）

材料：

（1）纸板（A0,厚 1 mm）,15 张。

（2）乳白胶,4 瓶。

（3）双面胶,10 卷。

（4）罐装手喷漆,12 罐。

工具：

（1）钢尺 1 m,2 把。

（2）三角板 150 cm,1 套。

（3）角尺 300 cm×150 cm,2 把。

（4）直尺 100 cm,1 把。

（5）裁纸刀,5 把（大）。

（6）裁纸刀,2 把（小）。

（7）钩刀,2 把。

（8）剪刀,4 把。

1.分段结构模型比例与零部件尺寸的确定

（1）根据实际可操作性及教学需要所限,总体尺寸选择比例为 1:100。

（2）为计算方便与操作统一,部位和零件的尺寸仍然选择与总体尺寸比例一致。

（3）在生产图纸上,钢板厚度因其使用部位不同而不同,纸板（1 mm 厚度）一律改为五层、四层、三层、二层共四种规格。

（4）零部件的形状尺寸一律按生产图纸中的尺寸,并尽可能简化为整数处理,同时编制零部件表（见下表）。

159 000 载重吨油船上舷侧分段（3309PS）结构模型零部件表

序号	分段号	名称	原尺寸（长×宽）/mm	简化长度尺寸/mm	原材料厚度/mm	简化后尺寸（倍纸板厚）/mm	数量/块
1	MD1-1SA	主甲板板	11 900×6 456	1 190×650	17	4	1
2	MD1-L1-1PA	甲板纵骨腹板	11 937×320	1 190×400	14	2	7
	MD1-L1-2PA	甲板纵骨面板	11 937×160	1 190×160	17	3	7
3	SH1-1SA	外板板	11 900×6 547	1 190×650	17	4	1
4	SH1-L1-2PS	外板纵骨面板	11 937×160	1 190×160	20	3	3
	SH1-L1-1PS	外板纵骨腹板	11 937×320	1 190×400	18	2	3
5	SH1-L2-2PS	外板纵骨面板	11 937×160	1 190×160	20	3	1
	SH1-L2-1PS	外板纵骨腹板	11 937×320	1 190×400	16	2	1
6	SH1-L3-2PS	外板纵骨面板	11 937×160	1 190×160	16	3	3
	SH1-L3-1PS	外板纵骨腹板	11 937×320	1 190×400	13	2	3
7	IS1-1LA	内纵舱壁板	11 900×6 430	1 190×400	15	4	1
8	IS1-L1-1PL	内纵舱壁纵骨腹板	11 900×320	1 190×400	14	2	1
……	……	……	……	……	……	……	……

表 5. 12(续 2)

2. 装配过程

(1)审图并分解图纸,按照人人动手又动脑原则,制作零件要按照零件特点分类,分工协作。

(2)工艺划线,按照零部件表中尺寸在纸板上画线,要进行自检和互检,包括垂直度、角度等。

(3)下料。

①要在平台(或工作台)上进行操作。

②在直线下料中,要两人协作,将铁尺压平,用裁纸刀倾斜 75°角缓慢均匀用力切割。

③将下好料的零件编号,以防在下一道工序中出现错误。

④将下好料的零件平放在工作台上,以防变形,影响板材零件的平整度。

(4)零部件装配。以 T 型材的结构制作程序为例。

①在相应的纸板(腹板)上沿纵向划出刀口(不可切断)。

②将划出的刀口朝外的两块腹板用尺压住,并向里弯曲成 90° 的弯板,如下图。

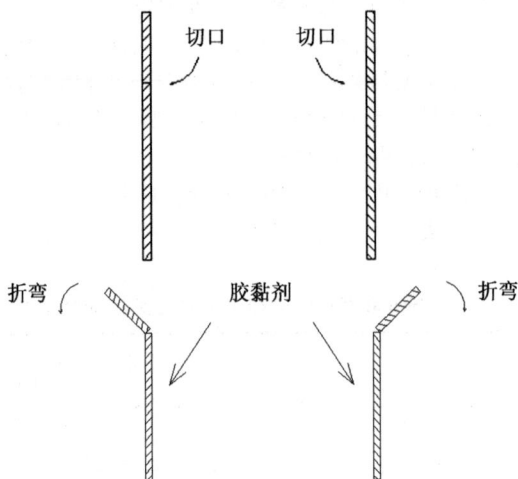

③将两块弯成弯板的腹板两面用乳白胶涂好后,黏牢成丁字形;再将丁字形的上面涂一层乳白胶。

④将另外两个裁好的面板相应地涂胶,然后逐一和丁字形板黏牢,如下图。

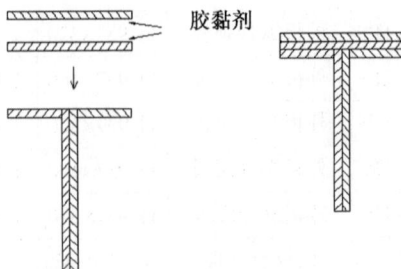

(5)总装,保证总体尺寸。

(6)喷漆,用深灰色喷漆喷两遍,不许流淌

表 5.12(续 3)

任务要求	技能要求:
	(1)通过指导学生动手进行模型制作的过程,使学生进一步了解、熟悉并掌握在造船生产中船舶建造工艺路线和工艺流程,以及必需的相关专业知识和应该注意的事项,为学生毕业后从事船舶建造工作提供了一次难得的学习机会。
	(2)培养学生动手操作和动脑思考的能力,在实际制作过程中运用所学知识的同时,加强了同学们相互间的协作精神。
	(3)针对不同材料要运用不同的技术,并编制相应的可行工艺程序。
	(4)充分了解选用材料的物理特性,选择相应的合适的配套工具及配合的工艺手段。
	(5)节省材料,缩短制造所需时间,并保证制作模型的质量与精度。
	(6)熟读生产图纸和相关资料是保证船舶建造编制工艺的先决条件,在结构模型制作中也是同等重要。
	(7)阅读图纸和技术文件,进行深入广泛的研究讨论、制定方案、编制工艺,确保生产图纸的技术要求,并采取相应的措施,从而保证了模型的制作质量。
	职业素质要求:
	(1)具有严谨认真的工作态度。
	(2)具有主动参与、积极进取、探究科学的学习态度和思想意识。
	(3)具有分析问题、解决问题的能力。
	(4)具有团队协作能力

表 5.13　甲板分段装配任务评价单

课前准备	课前讨论	标准:参与回答问题。	
			评分(满分 5 分)
	微课学习	标准:观看微课时长和发帖次数。	
			评分(满分 5 分)
课中实践	知识要点学习	标准:(1)课堂表现。 (2)知识点掌握程度。	
			评分(满分 5 分)
	教师作品评价	校内教师	标准:(1)工艺流程合理,可执行性强,装配过程能按照分段建造工艺流程进行。 (2)根据学生答辩情况真实、客观地进行打分,并给出充分理由。
			评分(满分 15 分)
		企业专家	标准:(1)准备工作充分,装配中细节点评。 (2)根据学生答辩情况真实、客观地进行打分,并给出充分理由。
			评分(满分 15 分)

表 5.13(续)

自我评价	标准:真实、客观、理由充分。 评分(满分 10 分)						
组内互评		学号	姓名	评分(满分 20 分)	学号	姓名	评分(满分 20 分)
	注意:最高分与最低分相差最少 3 分,同分人最多 3 人,某一学生分数不得超平均分 ±3 分						
组间互评	标准:真实、客观、理由充分。 评分(满分 10 分)						
课后复习	在线作业和测试	标准:学堂在线与网络教学平台的在线作业和测试。 评分(满分 10 分)					
	在线拓展	标准:根据完成情况适当加分。 评分(满分 5 分)					
总分(除组内互评分)		任务完成人签字: 指导教师签字:		日期: 年 月 日 日期: 年 月 日			

【知识要点】

　　大型运输船舶货油舱区的甲板有四种类型:散装货轮为单独间断甲板;成品或原油轮嵌入或连续甲板;舱口集装箱船为通道甲板;液冷运输船为"凸"形双层连续甲板。除 LNG 船的甲板采用以内甲板为基面反造,倒扣插入在正态建造的外甲板中,双层甲板分段较为特殊外,其他为带隔舱墩座的单层甲板。

甲板分段装配

一、甲板分段装配工艺过程

甲板分段一般采用反造法制造。

(1)胎架设计与制造。一般采用正切基面,支柱式胎架。

胎架设计:胎架图表。

胎架制造:划线+竖立支柱→确定胎架工作曲面。

(2)甲板板的拼装、定位与焊接。拼板的三种方法如下。

①在平台上整体拼装并焊接。

②在平台上局部拼装几块,吊上胎架拼焊成整体。

③全部在胎架上一块一块地拼焊。

(3)划纵、横构件安装位置线,如图 5.58 所示。

(4)安装纵、横骨架。

①安装横梁和甲板纵骨,如图 5.59 所示。

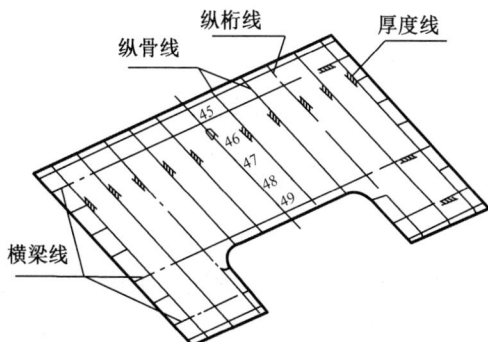

图 5.58 划纵、横构架安装位置线

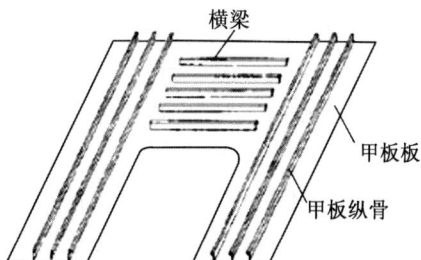

图 5.59 安装横梁和甲板纵骨

②安装舱口端横梁与半强横梁,如图 5.60 所示。

③安装舱口纵桁与甲板纵桁,如图 5.61 所示。

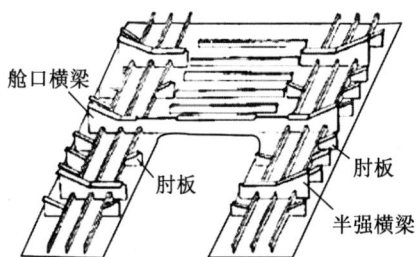

图 5.60 安装舱口端横梁与半强横梁

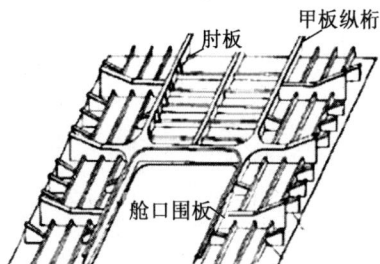

图 5.61 安装舱口纵桁与甲板纵桁

(5)骨架间焊接、骨架与板列间焊。

(6)分段舾装。

(7)划船台安装定位线。

(8)装焊吊环、临时加强,如图 5.62 所示。

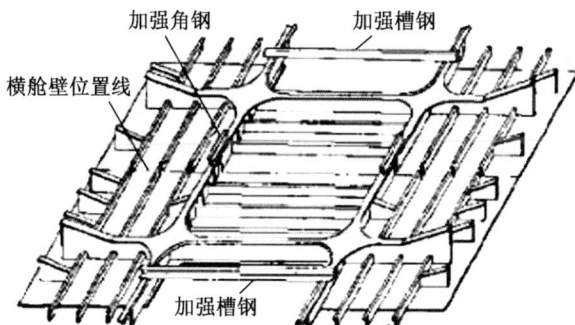

图 5.62 临时加强

(9)拆除马板、翻身。

(10)清根、封底焊。

(11)矫正变形。

(12)测量验收。

二、以货轮甲板分段装配工艺为例

货轮甲板分段装配工艺如下。

(1)建造方式:以甲板为基面反造,散铺甲板板,部装构件组合而成。

(2)胎架形式:桁架式反"八"字形框架。

(3)制造特点:分段铺板四周均有余量,分段下胎架时,艏、艉端无余量,而左、右舷带船台余量提交。

(4)制造顺序:甲板铺板及焊接→构架划线及切割→构架安装及焊接→结构性验收完工测量→预舾装→翻身甲板封底焊及预舾装→火工矫正→无损伤探伤。

(5)制造与控制如下。

①甲板焊接后矫正,不平度按相关标准实施。

②构架划线应标出构架板厚的朝向。

③构架吊装定位应保证其垂直度和缩进甲板接缝线的数值(扣除余量),如图5.63所示。

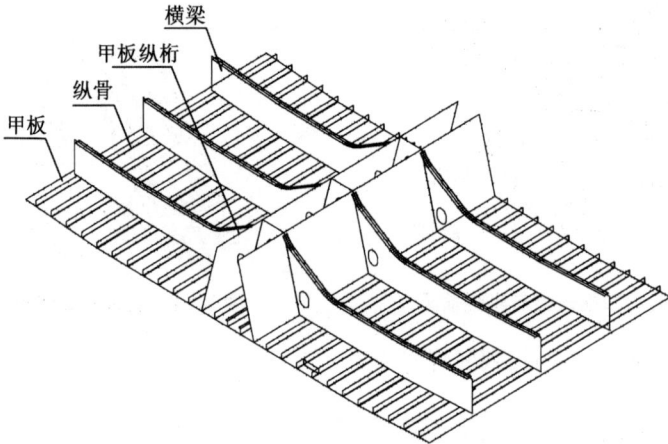

图5.63　构架吊装

④程序:安装甲板纵骨→横向墩座→墩座付板→强横梁→舱口横梁=侧横向联结材。

⑤安装纵、横构架"保距"加强材。

⑥吊环及永久性脚手眼板装焊。

⑦翻身搁置,搁置墩应使甲板处于正态状态。墩点受力均匀。

⑧甲板板碳刨封底焊,碳刨深度规定为板厚≤16 mm时,深度为0;板厚>16 mm时,深度为2/3板厚。

⑨火工矫正。矫正对象"瘦马"形变形,纵边波浪变形。

⑩完工测量及结构性验收和提交。

三、甲板分段装配技术要求

(1)当船宽B≤10 m时,甲板半宽偏差为装配4 mm、焊接±4 mm。

(2)当船宽B≥10 m时,甲板半宽偏差为装配6 mm、焊接±4 mm。

(3)甲板梁拱(无突变):焊接±按梁拱高度的±1/15。

任务 5.6　艏立体分段装配

【任务实施】

艏立体分段装配实训任务单和任务评价单见表 5.14、表 5.15。

表 5.14　艏立体分段装配实训任务单

任务名称	艏立体分段装配	所需时间	4 学时
实训场地	船舶工程系理实一体化教室、虚拟仿真实验室	分组情况	6 人/组
任务描述	任务导入： 下图为艏端结构。 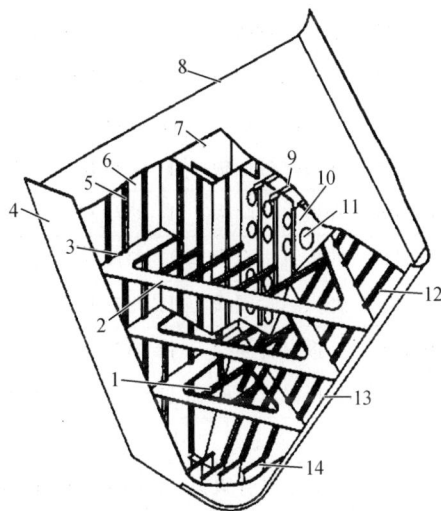 1—强胸横梁；2—舷侧纵桁；3—水平桁；4—外板；5—扶强材；6—艏尖舱壁；7—锚链舱；8—甲板； 9—横梁；10—制荡舱壁；11—减轻孔；12—肋骨；13—艏柱；14—升高肋板。 材料： (1)纸板(A0,厚 1 mm),15 张。 (2)乳白胶,4 瓶。 (3)双面胶,10 卷。 (4)罐装手喷漆,12 罐。 工具： (1)钢尺 1 m,2 把。 (2)三角板 150 cm,1 套。 (3)角尺 300 cm×150 cm,2 把。 (4)直尺 100 cm,1 把。 (5)裁纸刀,5 把(大)。 (6)裁纸刀,2 把(小)。 (7)钩刀,2 把。 (8)剪刀,4 把		

表 5.14(续 1)

1. 分段结构模型比例与零部件尺寸的确定

(1)根据实际可操作性及教学需要所限,总体尺寸选择比例为 1:100。

(2)为计算方便与操作统一,部位和零件的尺寸仍然选择与总体尺寸比例一致。

(3)在生产图纸上,钢板厚度因其使用部位不同而不同,纸板(1 mm 厚度)一律改为五层、四层、三层、二层共四种规格。

(4)零部件的形状尺寸一律按生产图纸中的尺寸,并尽可能简化为整数处理,同时编制零部件表(见下表)。

159 000 载重吨油船上舷侧分段(3309PS)结构模型零部件表

序号	分段号	名称	原尺寸(长×宽)/mm	简化长度尺寸/mm	原材料厚度/mm	简化后尺寸(倍纸板厚)/mm	数量/块
1	MD1-1SA	主甲板板	11 900×6 456	1 190×650	17	4	1
2	MD1-L1-1PA	甲板纵骨腹板	11 937×320	1 190×400	14	2	7
	MD1-L1-2PA	甲板纵骨面板	11 937×160	1 190×160	17	3	7
3	SH1-1SA	外板板	11 900×6 547	1 190×650	17	4	1
4	SH1-L1-2PS	外板纵骨面板	11 937×160	1 190×160	20	3	3
	SH1-L1-1PS	外板纵骨腹板	11 937×320	1 190×400	18	2	3
5	SH1-L2-2PS	外板纵骨面板	11 937×160	1 190×160	20	3	1
	SH1-L2-1PS	外板纵骨腹板	11 937×320	1 190×400	16	2	1
6	SH1-L3-2PS	外板纵骨面板	11 937×160	1 190×160	16	3	3
	SH1-L3-1PS	外板纵骨腹板	11 937×320	1 190×400	13	2	3
7	IS1-1LA	内纵舱壁板	11 900×6 430	1 190×400	15	4	1
8	IS1-L1-1PL	内纵舱壁纵骨腹板	11 900×320	1 190×400	14	2	1
……	……	……	……	……	……	……	……

2. 装配过程

(1)审图并分解图纸,按照人人动手又动脑原则,制作零件要按照零件特点分类,分工协作。

(2)工艺划线,按照零部件表中尺寸在纸板上画线,要进行自检和互检,包括垂直度、角度等。

(3)下料。

①要在平台(或工作台)上进行操作。

②在直线下料中,要两人协作,将铁尺压平,用裁纸刀倾斜 75°角缓慢均匀用力切割。

③将下好料的零件编号,以防在下一道工序中出现错误。

④将下好料的零件平放在工作台上,以防变形,影响板材零件的平整度。

(4)零部件装配。以 T 型材的结构制作程序为例。

①在相应的纸板(腹板)上沿纵向划出刀口(不可切断)。

②将划出的刀口朝外的两块腹板用尺压住,向里弯曲成 90°的弯板,如下图

表 5.14(续 2)

切口　　切口

折弯　　　胶黏剂　　　折弯

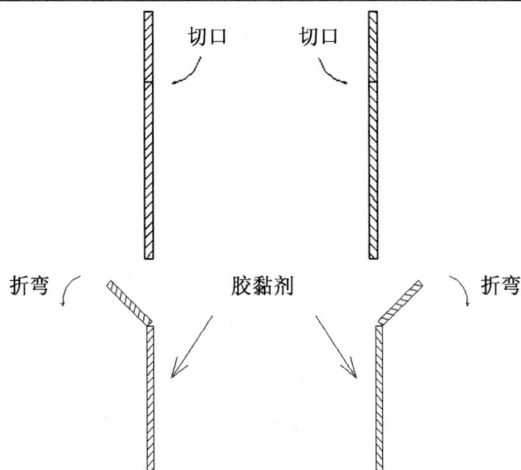

③将两块弯成弯板的腹板两面用乳白胶涂好后,黏牢成丁字形;再将丁字形的上面涂一层乳白胶。

④将另外两个裁好的面板相应地涂胶,然后逐一和丁字形板黏牢,如下图。

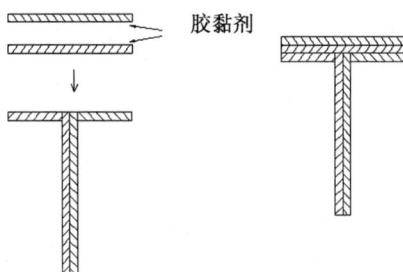

胶黏剂

(5)总装,保证总体尺寸。

(6)喷漆,用深灰色喷漆喷两遍,不许流淌

任务要求	技能要求: (1)通过指导学生动手进行模型制作的过程,使学生进一步了解、熟悉并掌握在造船生产中船舶建造工艺路线和工艺流程,以及必需的相关专业知识和应该注意的事项,为学生毕业后从事船舶建造工作提供了一次难得的学习机会。 (2)培养学生动手操作和动脑思考的能力,在实际制作过程中运用所学知识的同时,加强了同学们相互间的协作精神。 (3)针对不同材料要运用不同的技术,并编制相应的可行工艺程序。 (4)充分了解选用材料的物理特性,选择相应的合适的配套工具及配合的工艺手段。 (5)节省材料,缩短制造所需时间,并保证制作模型的质量与精度。 (6)熟读生产图纸和相关资料是保证船舶建造编制工艺的先决条件,在结构模型制作中也是同等重要。 (7)阅读图纸和技术文件,进行深入广泛的研究讨论、制定方案、编制工艺,确保生产图纸的技术要求,并采取相应的措施,从而保证了模型的制作质量。 职业素质要求: (1)具有严谨认真的工作态度。 (2)具有主动参与、积极进取、探究科学的学习态度和思想意识。 (3)具有分析问题、解决问题的能力。 (4)具有团队协作能力

表 5.15　艉立体分段装配任务评价单

课前准备	课前讨论	标准:参与回答问题。 评分(满分 5 分)
	微课学习	标准:观看微课时长和发帖次数。 评分(满分 5 分)
课中实践	知识要点学习	标准:(1)课堂表现。 　　　(2)知识点掌握程度。 评分(满分 5 分)
	教师作品评价	校内教师　标准:(1)工艺流程合理,可执行性强,装配过程能按照分段建造工艺流程进行。 　　　(2)根据学生答辩情况真实、客观地进行打分,并给出充分理由。 评分(满分 15 分)
		企业专家　标准:(1)准备工作充分,装配中细节点评。 　　　(2)根据学生答辩情况真实、客观地进行打分,并给出充分理由。 评分(满分 15 分)
	自我评价	标准:真实、客观、理由充分。 评分(满分 10 分)
	组内互评	学号　姓名　评分(满分20分)　学号　姓名　评分(满分20分) 注意:最高分与最低分相差最少 3 分,同分人最多 3 人,某一学生分数不得超平均分±3 分
	组间互评	标准:真实、客观、理由充分。 评分(满分 10 分)
课后复习	在线作业和测试	标准:学堂在线与网络教学平台的在线作业和测试。 评分(满分 10 分)
	在线拓展	标准:根据完成情况适当加分。 评分(满分 5 分)
总分(除组内互评分)		任务完成人签字:　　　　　　　　　　日期:　年　月　日 指导教师签字:　　　　　　　　　　　日期:　年　月　日

【知识要点】

船首(尾)立体分段的型线变化比较大,底部又较瘦削,一般都将零部件采用以甲板为基面的倒装法制造。由于艏、艉型线变化大,构件数量多,其底部结构往往采用托底小分段方法施工,先在正造胎架上制造后,再吊上主立体分段安装,以减少分段安装时的高空立体作业,其中舷侧肋骨可以和横梁组成肋骨框安装,或者采用单件肋骨用夹角样板定位,也可用挂线锤测量半宽型值定位。

艏立体分段装配

船舶首段根据球鼻艏,可分为无球鼻艏艏段分段,如图 5.64 所示;球鼻艏艏段分段,如图 5.65 所示。

图 5.64　无球鼻艏艏段

图 5.65　球鼻艏艏段

一、无球鼻艏艏段的装配

为了扩大工作面,缩短制造周期,保证装配质量,根据结构形式,可将艏段分为上、下两段分别制造,然后再将两段合拢成艏段,具体如图 5.66 所示。

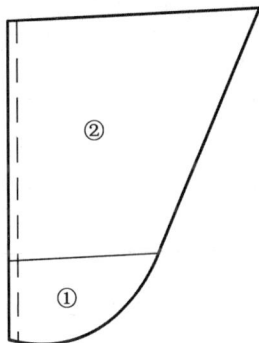

图 5.66　无球鼻艏艏段划分

1.底部托底分段(艏①段)装配

(1)制造胎架(图 5.67)

制造胎架,应划出中心线、肋骨检验线、纵横构架线和外形轮廓线。艏、艉端小圆弧应该用样板划线或采用小间距坐型值法划出外型线。制造后需要检验胎架中心线、外板接缝线、水平线是否符合工艺要求。

（2）吊装艉柱板

在胎架模板上找相应位置进行定位，使艉柱板与模板贴紧。检验艉柱中心线是否与胎架平面中心线对准，将艉柱板用马板固定在胎架上。

（3）安装外板（图5.68）

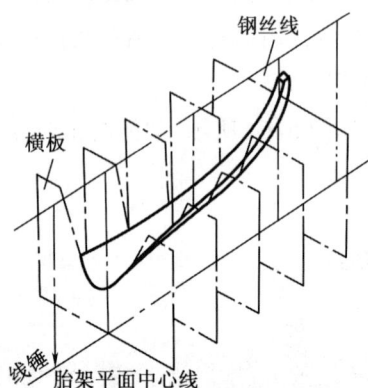

图5.67　制造胎架　　　　　　　　　图5.68　安装外板

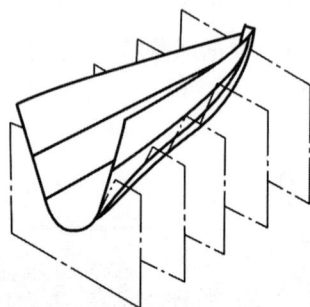

外板紧贴胎架，用马板将外板与胎架固定，进行焊接。安装外板应注意肋骨间距和仿路位置线的正确。留出一块外板（工艺板或满挡板），待立体段内部构架焊接结束后再安装。外板纵缝一般都开出坡口，边缘不留余量，但是在最后一列板的两边应留放 20 mm 余量，便于封板时修割。

（4）划构架线

外板焊接完毕，经过校正后，即可划构架线。

（5）安装纵、横构架（图5.69）

安装纵、横构架过程中，必须注意构件位置的正确性，注意肋板上口的水平、龙骨的垂直度以及构架之间角接缝的间隙，使它们符合工艺要求。纵、横构架焊接完毕，对整个分段进行焊接和安装吊环。划出分段中心线、定位水线、外板上口余量线。拆除马板，将分段吊离胎架，翻身搁置在事先准备好的墩木上。对外板接缝进行清根、焊接，并按工艺要求切割外板上口余量并开焊接坡口。

其中，舷侧肋骨可以和横梁组成肋骨框安装，或者采用单件肋骨用夹角样板定位，也可用挂线锤测量半宽型值定位。

2．艉②段装配

装配艉②段时，一般都将零部件采用以甲板为基面的倒装法制造，装配步骤如下。

（1）甲板定位

甲板定位时，先吊中间甲板，使其中心线对准胎架中心线；再吊左、右甲板，将甲板拉对位置后与胎架固定，对接缝进行定位焊。由于边甲板厚度比中间甲板厚，因此在拼板时，边甲板必须满足图纸上规定的最大宽度。安装不同厚、薄板时，安装构架的板面应接平。甲板与胎架固定后即可进行焊接。

（2）划甲板构架线(图 5.70)

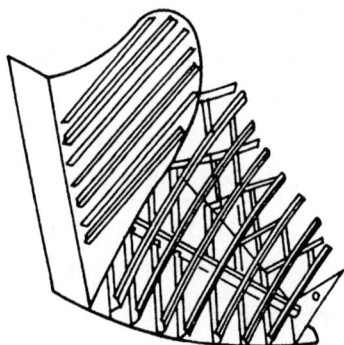

图 5.69 安装纵、横构架

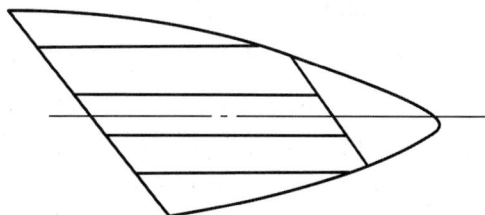

图 5.70 划构架线

根据胎架中心线,划甲板中心线。用激光经纬仪或直尺划出肋骨检验线;根据划线图和纵向肋距伸长样棒划出纵、横构架安装位置线及甲板的外形余量线,并切割余量。

（3）安装构架

构架安装一般有两种方法:一种是将各零件事先拼装成肋骨框,再吊上甲板进行安装(即肋骨框安装法);另一种是将零件直接吊上甲板散装(即构架散装法)。

肋骨框架分普通肋骨框架和强肋骨框架。普通肋骨框架是由肋板、普通肋骨、普通横梁、梁肘板、舷肘板组成的环形框架;而强肋骨框架是由肋板、强肋骨、强横梁、肘板组成的环形框架。两者装焊都采用侧装法。

（4）安装舷侧顶板

安装舷侧顶板及企口板是为了增强艏②段的刚性。吊装企口板必须保证企口尺寸足够的余量。吊装前在舷侧顶板上划出甲板、肋骨及舱壁的安装位置线。将舷侧顶板吊上胎架,使舷侧顶板上的肋骨线对准甲板上相应的横舱壁及肋骨,舷侧顶板上的甲板线对准甲板。从中间向前、后进行甲板与舷侧顶板的定位焊,使肋骨与舷侧顶板拉紧,也进行定位焊,焊接舷侧顶板和甲板的接缝。为防止舷侧顶板上口的焊接变形,甲板上表面与舷侧顶板的接缝暂不焊接,如图 5.71 所示。

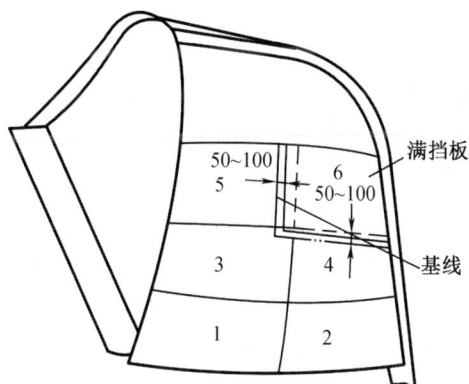

图 5.71 安装舷侧顶板(单位:mm)

3. 艏托底分段的吊装

由于艏托底分段质量大,所以在吊上艏段前,须对肋骨框架进行加强,以防变形。将托底分段吊上艏段,在艏、艉端各吊一线锤,使托底分段中心线对准甲板中心线,构架对齐甲板上各相应构架。同时根据图纸高度尺寸定出分段的高度,切割舱壁及其余的构架重合部分的余量。然后进行各构架的定位焊,并按焊接程序进行焊接工作。

4. 安装外板

一般艏段的外板都是散装的,其吊装顺序如图 5.71 中的序号。外板吊上后,根据图纸及肋骨上纵缝线的位置定位。拉紧外板,使其与肋骨贴紧后进行定位焊。但是,左或右必须留一块外板(工艺板或满挡板),待内部构架全部焊接完毕后再装,以改善焊接施工条件。为了减少分段的焊接变形,外板的焊接顺序是先焊外板端接缝,后焊纵缝,最后焊外板与内部构架的角焊缝。工艺板吊上艏部立体分段前,可在工艺板相邻的外板上划出 50 ~ 100 mm 的基线。将工艺板吊上分段,根据基线划出工艺板的余量线,进行切割、安装、定位、焊接。当艏部立体分段焊接全部结束后,须划出分段中心线、定位水平线、肋骨检验线及大接头余量线,并切割正确,进行验收。

二、球鼻艏艏段的装配

带球鼻艏的艏段型线复杂,施工难度大,一般根据结构形式和船厂起重能力大小,可将艏段分成若干分段建造,而后组装成艏立体分段。最常见的是把艏段分成四段,具体如图 5.72 所示。

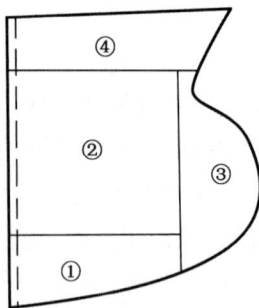

图 5.72　球鼻艏艏段划分

具体装配步骤如下。

1. 艏①段建造

如图 5.73 所示,以 I 平台为基准,进行反造,胎架与双层底分段反造胎架相同。

(1)I 平台板定位及划构架线,包括首、尾方向,肋骨线,中心线等,如图 5.73(a)所示。

(2)安装肋板及底中纵桁,如图 5.73(b)所示。

(3)安装艏柱,可按其所属分段范围预先在艏柱胎架上拼装成型,而后分别装在艏①段和艏③段上,也可以一段一段地直接装在分段上。前者可以缩短装配时间,但是在艏柱装焊过程中,如果艏柱扭曲,则在分段上装配困难;后者节省了胎架,但艏柱的整个型线不容易保持正确。一般艏柱安装采用前者较多。

(4)安装外板,先装艏柱包板,后装其他外板,如图 5.73(c)所示。

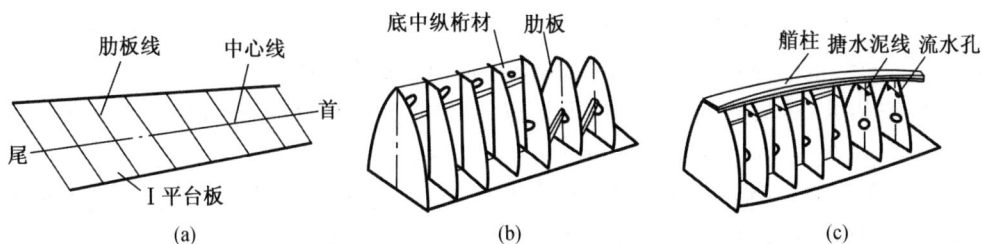

图 5.73 艏①段建造

2. 艏②段建造

以艏尖舱平台为基面进行反造为例。由于分段有多层平台,所以构件预先不做成框架,采用在艏尖舱平台上散装的方法进行构件的安装,其装配顺序如下。

(1)艏尖舱平台定位,如图 5.74(a)所示。

(2)安装纵、横构架,一般先装横梁和横舱壁,后装纵向构件及纵舱壁,如图 5.74(b)所示。

(3)安装各类平台,如图 5.74(c)所示。

(4)安装肋骨,如图 5.74(d)所示。

(5)安装外板,如图 5.74(e)所示。

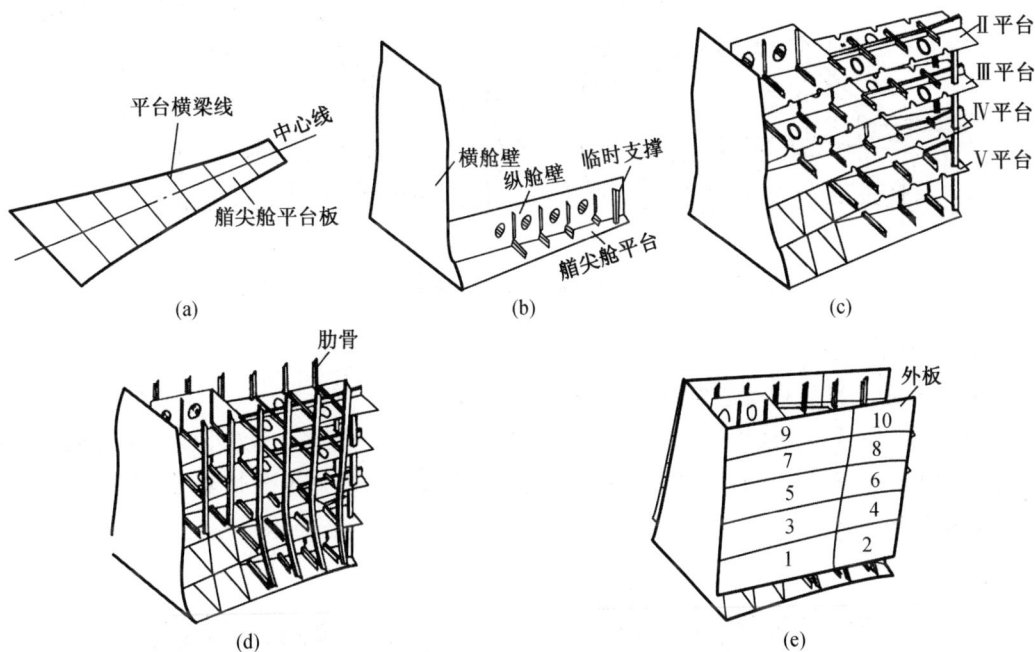

图 5.74 艏②段建造

3. 艏③段建造

以肋板为基准进行卧造为例。其装配顺序如下。

肋板定位及划纵、横构架线→安装纵、横构架(各层平台与挡水板交叉安装,由下向上进行)→安装艏柱→焊接→安装艏柱包板→焊接→安装外板→焊接→划线(肋骨检验线、分段中心线和定位水线)→装焊吊环→吊离胎架、翻身→焊接、进行分段检验。

（1）肋板定位，如图5.75(a)所示，将Ⅰ肋板吊上胎架，拉对前后位置，使肋板中心线对准胎架中心线，定位固定，随后按图纸划出纵、横构件安装位置线。

（2）安装纵、横构件要根据分段的特点，一般交叉进行，尽量避免嵌入及插入的情况。一般不连续的先装，连续的后装，如图5.75(b)所示。

（3）安装艉柱，艉柱的方向同艉①段，艉柱定位好后进行焊接，焊接时应左右对称进行，并随时检查艉柱是否变形，及时用松紧螺丝调整，如图5.75(c)所示。

（4）安装外板，如图5.75(d)所示。

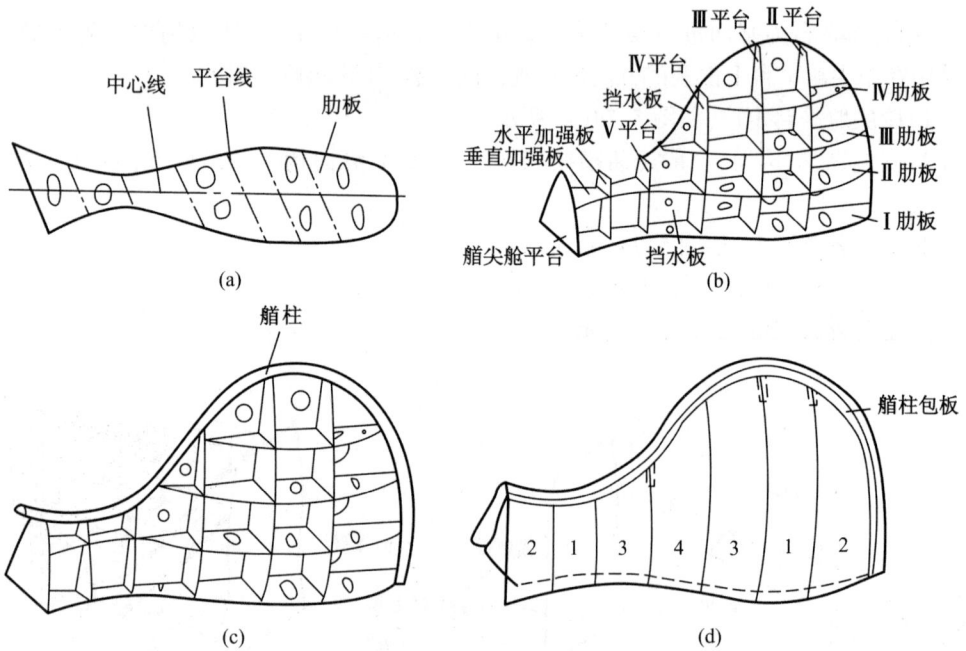

图 5.75　艉③段建造

4. 艉④段建造

以甲板为基准进行反造为例。其装配顺序如下。

甲板定位→划纵、横构架线→安装纵、横构架→焊接→安装外板(外板定位结束后，再吊装艉柱板)→焊接→装焊吊环→划肋骨检验线、分段中心线→吊离胎架、翻身进行分段检验，如图5.76所示。

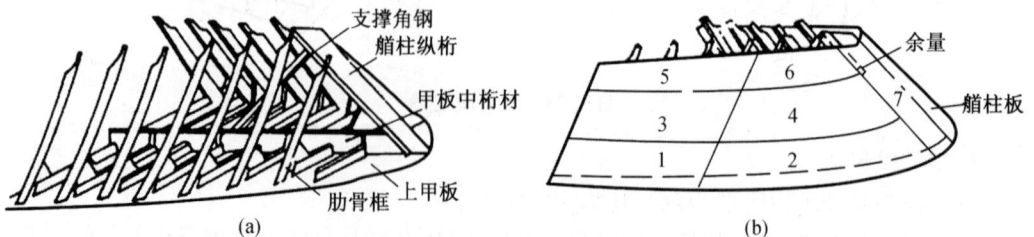

图 5.76　构架及外板安装

三、质量要求及完工测量

1. 质量要求(表 5.16)

表 5.16　质量合格表

项目	艉柱中心线	分段长度	分段宽度	肋位线距离	构架垂直度
公差	±2 mm	±4 mm	±4 mm	±3 mm	±3 mm

2. 完工测量

(1)测量甲板或平台中心处高度。

(2)测量甲板或平台尾端及肋骨检验线外宽度。

(3)测量甲板或平台四周水平度。

(4)分段在吊离胎架前,测量艉立体分段艉柱中心线的偏差。

(5)测量甲板中心线尾端高度。

任务 5.7　艉立体分段装配

【任务实施】

艉立体分段装配实训任务单、任务评价单见表 5.17、表 5.18。

表 5.17　艉立体分段装配实训任务单

任务名称	艉立体分段装配		所需时间	4 学时
实训场地	船舶工程系理实一体化教室、虚拟仿真实验室		分组情况	6 人/组
任务描述	任务导入: 下图为艉立体分段。 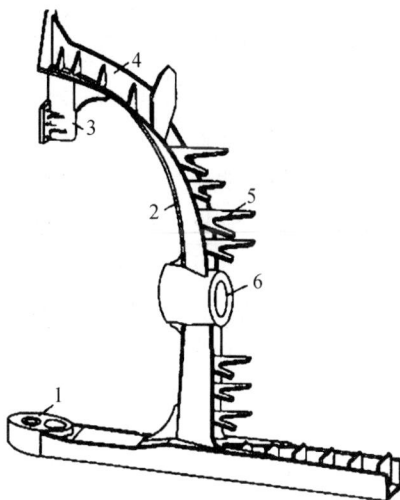 1—下支撑;2—圆钢;3—舵轴架;4—加强筋;5—肘板;6—轴毂			

表 5.17(续 1)

材料:

(1)纸板(A0,厚 1 mm),15 张。

(2)乳白胶,4 瓶。

(3)双面胶,10 卷。

(4)罐装手喷漆,12 罐。

工具:

(1)钢尺 1 m,2 把。

(2)三角板 150 cm,1 套。

(3)角尺 300 cm×150 cm,2 把。

(4)直尺 100 cm,1 把。

(5)裁纸刀,5 把(大)。

(6)裁纸刀,2 把(小)。

(7)钩刀,2 把。

(8)剪刀,4 把。

1. 分段结构模型比例与零部件尺寸的确定

(1)根据实际可操作性及教学需要所限,总体尺寸选择比例为 1:100。

(2)为计算方便与操作统一,部位和零件的尺寸仍然选择与总体尺寸比例一致。

(3)在生产图纸上,钢板厚度因其使用部位不同而不同,纸板(1 mm 厚度)一律改为五层、四层、三层、二层共四种规格。

(4)零部件的形状尺寸一律按生产图纸中的尺寸,并尽可能简化为整数处理,同时编制零部件表(见下表)。

159 000 载重吨油船上舷侧分段(3309PS)结构模型零部件表

序号	分段号	名称	原尺寸(长×宽)/mm	简化长度尺寸/mm	原材料厚度/mm	简化后尺寸(倍纸板厚)/mm	数量/块
1	MD1-1SA	主甲板板	11 900×6 456	1 190×650	17	4	1
2	MD1-L1-1PA	甲板纵骨腹板	11 937×320	1 190×400	14	2	7
	MD1-L1-2PA	甲板纵骨面板	11 937×160	1 190×160	17	3	7
3	SH1-1SA	外板板	11 900×6 547	1 190×650	17	4	1
4	SH1-L1-2PS	外板纵骨面板	11 937×160	1 190×160	20	3	3
	SH1-L1-1PS	外板纵骨腹板	11 937×320	1 190×400	18	2	3
5	SH1-L2-2PS	外板纵骨面板	11 937×160	1 190×160	20	3	1
	SH1-L2-1PS	外板纵骨腹板	11 937×320	1 190×400	16	2	1
6	SH1-L3-2PS	外板纵骨面板	11 937×160	1 190×160	16	3	3
	SH1-L3-1PS	外板纵骨腹板	11 937×320	1 190×400	13	2	3
7	IS1-1LA	内纵舱壁板	11 900×6 430	1 190×400	15	4	1
8	IS1-L1-1PL	内纵舱壁纵骨腹板	11 900×320	1 190×400	14	2	1
……	……	……	……	……	……	……	……

2. 装配过程

(1)审图并分解图纸,按照人人动手又动脑原则,制作零件要按零件特点分类,分工协作

表 5.17(续2)

	(2)工艺划线,按照零部件表中尺寸在纸板上画线,要进行自检和互检,包括垂直度、角度等。 (3)下料。 ①要在平台(或工作台)上进行操作。 ②在直线下料中,要两人协作,将铁尺压平,用裁纸刀倾斜75°角缓慢均匀用力切割。 ③将下好料的零件编号,以防在下一道工序中出现错误。 ④将下好料的零件平放在工作台上,以防变形,影响板材零件的平整度。 (4)零部件装配。以T型材的结构制作程序为例。 ①在相应的纸板(腹板)上沿纵向划出刀口(不可切断)。 ②将划出的刀口朝外的两块腹板用尺压住,并向里弯曲成90°的弯板,如下图。 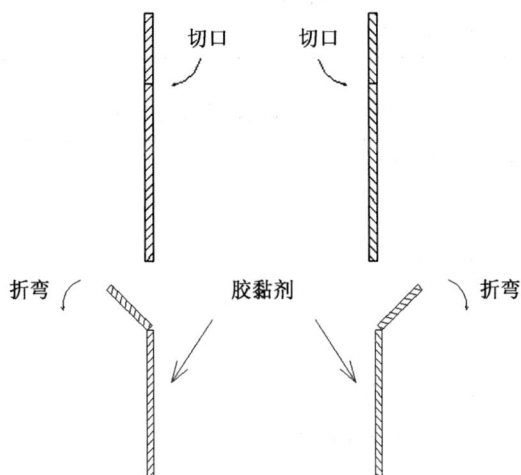 ③将两块弯成弯板的腹板两面用乳白胶涂好后,黏牢成丁字形;再将丁字形的上面涂一层乳白胶。 ④将另外两个裁好的面板相应地涂胶,然后逐一和丁字形板黏牢,如下图。 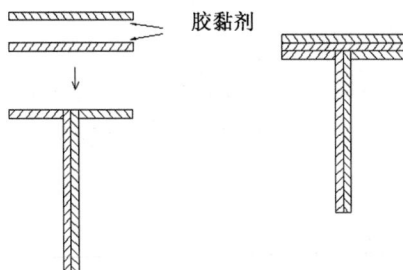 (5)总装,保证总体尺寸。 (6)喷漆,用深灰色喷漆喷两遍,不许流淌
任务要求	技能要求: (1)通过指导学生动手进行模型制作的过程,使学生进一步了解、熟悉并掌握在造船生产中船舶建造工艺路线和工艺流程,以及必需的相关专业知识和应该注意的事项,为学生毕业后从事船舶建造工作提供了一次难得的学习机会

表 5.17(续 3)

(2)培养学生动手操作和动脑思考的能力,在实际制作过程中运用所学知识的同时,加强了同学们相互间的协作精神。 (3)针对不同材料要运用不同的技术,并编制相应的可行工艺程序。 (4)充分了解选用的材料的物理特性,选择相应的合适的配套工具及配合的工艺手段。 (5)节省材料,缩短制造所需时间,并保证制作模型的质量与精度。 (6)熟读生产图纸和相关资料是保证船舶建造编制工艺的先决条件,在结构模型制作中也是同等重要。 (7)阅读图纸和技术文件,进行深入广泛的研究讨论、制定方案、编制工艺,确保生产图纸的技术要求,并采取相应的措施,从而保证了模型的制作质量。 职业素质要求: (1)具有严谨认真的工作态度。 (2)具有主动参与、积极进取、探究科学的学习态度和思想意识。 (3)具有分析问题、解决问题的能力。 (4)具有团队协作能力

表 5.18　艉立体分段装配任务评价单

<table>
<tr><td rowspan="2">课前准备</td><td>课前讨论</td><td colspan="5">标准:参与回答问题。

评分(满分 5 分)</td></tr>
<tr><td>微课学习</td><td colspan="5">标准:观看微课时长和发帖次数。

评分(满分 5 分)</td></tr>
<tr><td rowspan="6">课中实践</td><td>知识要点学习</td><td colspan="5">标准:(1)课堂表现。
　　　(2)知识点掌握程度。

评分(满分 5 分)</td></tr>
<tr><td rowspan="2">教师作品评价</td><td>校内教师</td><td colspan="4">标准:(1)工艺流程合理,可执行性强,装配过程能按照分段建造工艺流程进行。
　　　(2)根据学生答辩情况真实、客观地进行打分,并给出充分理由。

评分(满分 15 分)</td></tr>
<tr><td>企业专家</td><td colspan="4">标准:(1)准备工作充分,装配中细节点评。
　　　(2)根据学生答辩情况真实、客观地进行打分,并给出充分理由。

评分(满分 15 分)</td></tr>
<tr><td>自我评价</td><td colspan="5">标准:真实、客观、理由充分。

评分(满分 10 分)</td></tr>
<tr><td rowspan="2">组内互评</td><td>学号</td><td>姓名</td><td>评分(满分 20 分)</td><td>学号</td><td>姓名</td><td>评分(满分 20 分)</td></tr>
<tr><td colspan="6">注意:最高分与最低分相差最少 3 分,同分人最多 3 人,某一学生分数不得超平均分±3 分</td></tr>
</table>

表 5.18(续)

课后复习	组间互评	标准:真实、客观、理由充分。	评分(满分 10 分)
	在线作业和测试	标准:学堂在线与网络教学平台的在线作业和测试。	评分(满分 10 分)
	在线拓展	标准:根据完成情况适当加分。	评分(满分 5 分)
总分(除组内互评分)		任务完成人签字:　　　　　　　　　日期:　年　月　日 指导教师签字:　　　　　　　　　日期:　年　月　日	

【知识要点】

艉部立体分段结构主要由甲板、舵机舱平台、肋骨框、甲板纵桁、挡水板、艉柱等组成。根据结构和船厂的起重能力大小,艉段可以分成几段,常用的有两种分类,如图 5.77 所示。

艉立体分段装配

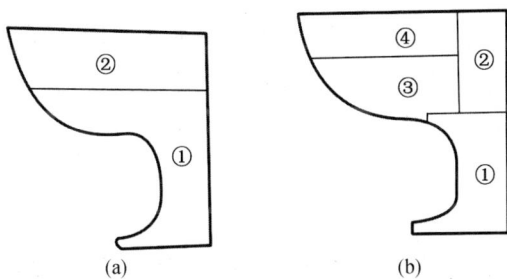

图 5.77　艉段分类

一、艉柱装配

20 世纪七八十年代,万吨级以上船舶的尾柱结构已由铸钢艉柱转而采用大型钢板艉柱。钢板焊接结构的艉柱和铸钢艉柱相比具有节约钢材、工时消耗低、工艺简单和制造周期短等综合经济效果,目前已广泛应用。由于强度上的要求,艉柱的板材厚度均比较大,一般为 25~50 mm,故焊接量很大。由于船体尾部型线的变化,艉柱板一般均为双向曲度板,施工时需要采用样箱进行热加工,因此加工成型精度低,而厚板的焊接量又大,分段完工时容易产生扭曲变形,影响艉柱舵、轴系精度。选择合理的制造工艺是提高钢板艉柱完工精度的关键。钢板艉柱的成型工艺方法有两种:整体组装和小分段组装成型法。

1. 整体组装成型法

按艉柱的型线制作侧造胎架,将艉柱的下舵承支臂、轴壳和一侧外板同时在胎架上组装,再整体安装构架,焊接后再贴装另一侧外板以及上舵扭和加强材,然后下胎架翻身构架焊接,再第二次翻身进行外板封底焊。下胎架前应先进行舵轴线预测量。此法虽然可以通过提高零件的切割精度来减少焊接变形,但是由于焊接时的不对称性和不均匀性,往往在完工时舵轴系的中心线偏差过大。中小型船舶的钢板艉柱应用此法的较多。

2. 小分段组装成型法

以 36 000 t 散货船的大型钢板艉柱为例。该艉柱的钢板厚度大都是 40 mm。结构上部是上舵扭,由钢板和铸钢件组合成空腔结构,艉轴出口处有钢板筒体和铸钢件组合的轴毂,二者之间由汇交型的平板结构连接,如图 5.78(a)所示。下端是钢板焊接成组合式下舵承支臂,它与轴毂之间由锻钢件和外板连接,如图 5.78(b)所示。在向艏部位有水平隔板、肋板、横隔壁和小甲板等结构与上述艉柱结构一起组合成完整的大型钢板艉柱分段。

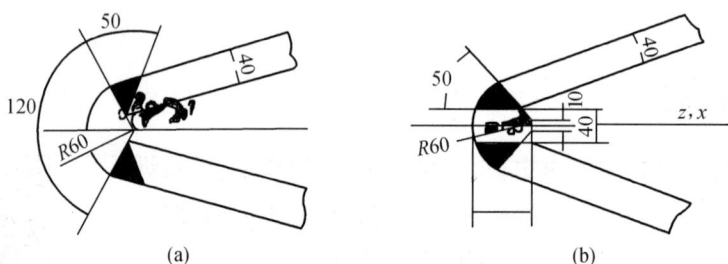

图 5.78　钢板艉柱结构节点图(单位:mm)

根据艉柱结构特点将艉柱分段分为 8 个小分段,如图 5.79 所示,目的旨在提高部件的成型精度,消除和减少整个艉柱制造系统的总误差值,使每一个小分段在每一道工序中,对施工偏差进行补偿,以达到理想的艉柱总装精度。

艉柱小分段的装配焊接如下。

(1)上舵扭段

将铸钢件按正常位置固定于平台上,然后顺次安装厚钢板零件,经多次翻身焊接后安装空腔封板,并进行气密试验,封板以前空腔内应涂防锈漆。

(2)组合轴毂段

应先做部件胎架,将中间结构 $t=25$ mm 的筒体拼装焊接后,经三辊弯板机矫圆,筒体端部坡口应上车床光出,并与铸钢后轴毂和前轴毂配合装焊成小分段。

(3)下舵承支臂段

应制作部件胎架,小分段在反造胎架上组装成型,平角焊结束后,封底板以前吊下胎架,经多次翻身,进行构架平角焊,清除焊渣杂物,涂防锈漆,封底板,经自动焊后做气密试验。

(4)艉柱小分段

上部水平艉柱段、上部弧形艉柱段、上部艉柱段在总装胎架上进行部件组装,定位后将小分段吊下胎架,在平台大翻身平焊以求减少焊接变形。

(5)甲板小分段

以横隔壁为基面,将水平隔板和肋板进行部件组装,除企口一行外板因船体半宽太大,宜在分段上散装,其余外板应在甲板小分段上装妥。

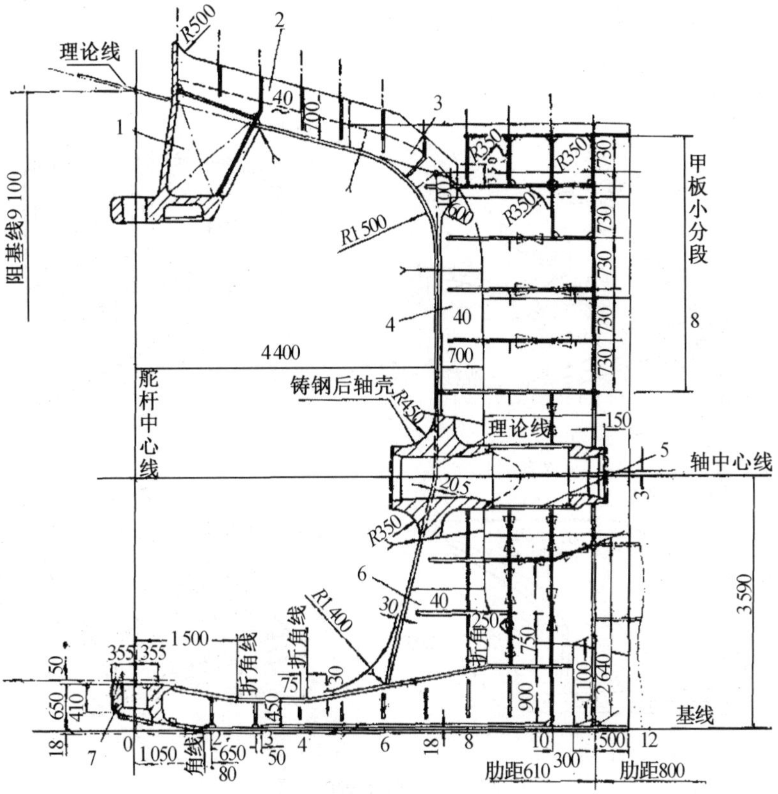

1—上舵扭段;2—上部水平舵柱段;3—上部弧形舵柱段;4—上部舵柱段;
5—组合轴毂段;6—下部舵柱段;7—下舵承支臂段;8—甲板小分段。

图 5.79　舵柱分段图(单位:mm)

(6)上部舵柱小分段

在总装胎架上以中心线平面隔板为基准,安装外板和构架,平角焊后吊下胎架翻身搁平,再焊接另一侧构架和外板。

(7)舵柱分段的总组装

各小分段制造完成后在总装胎架上合拢。先铺设下部舵柱段,在与轴毂对接处的余量应切除,坡口开妥。吊装轴毂定位,顺次安装上、下部舵柱段和上部弧形舵柱段,将下舵承支臂段和上舵扭段一起安装并与轴毂中心线匹配,相对位置用垂直加强材支撑固定。

小分段的安装过程是以间断式装配法进行的。在前续两个分段的外板主焊缝和封底焊结束以后才能进行后续分段的装焊,以求有效地减少总体变形。最后嵌装和焊接上部水平舵柱段,借以减少上舵扭中心线的安装偏差。舵柱主体装焊完成以后吊离胎架,直立后用钢索在左、右两侧固定,吊装甲板小分段。由于甲板小分段的平台半宽较大,若在总装胎架上合拢会使胎架中心基面过高,增加材料和工时的消耗。在小分段制造和总组装焊接时,应采用对称焊或左、右交错焊法,尽可能减少舵柱完工时的总变形量。在结构性验收时同时提交舵、轴系中心线的完工型值。

二、艉分段装配

以艉段分成两段的建造为例,说明其装配过程。

1. 艉①段的装配(图 5.80)

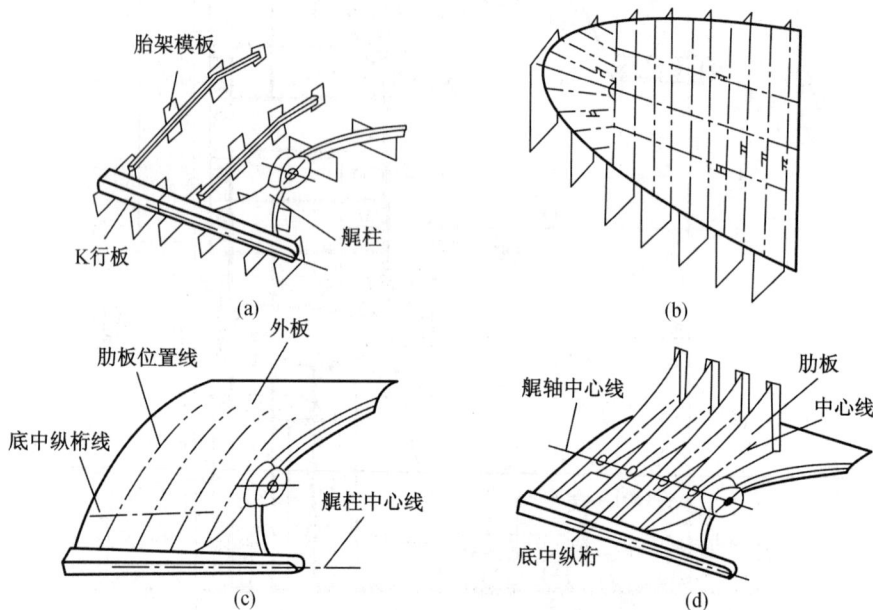

图 5.80　艉①段的装配

艉①段的装配采用侧造法,装配步骤如下。

在胎架上艉柱定位和安装 K 行板→安装侧外板→焊接→划构架线→吊装构架→焊接→装另外一侧外板→焊接→测量、划线、装焊吊环→分段吊离胎架、翻身、外板接缝焊接。

2. 艉②段的装配(图 5.81)

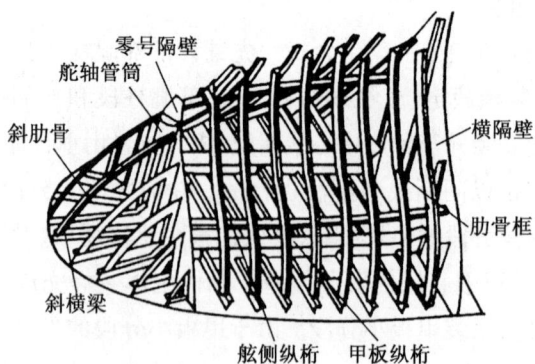

图 5.81　艉②段的装配

艉②段以甲板为基准,反造法建造。肋骨与横梁预先在平台上拼成肋骨框,胎架的形式与甲板胎架相同,装配步骤如下。

安装甲板板→划构架线→安装靠艉端横舱壁→安装竖肋骨框架→吊装其余构件→焊接→安装舷侧顶板→焊接。

3. 艉段合拢

(1)安装艉①段

在吊装艉①段前,应预先检查艉②段肋骨框的垂直度及肋距,进行必要的加强,并在零号隔壁处装上托架,以便支承艉①段;同时在胎架中心线两端竖立拉线架,其高度应超出艉柱基线 300~400 mm。然后将艉①段翻身吊上艉②段,使艉①段上的肋板与艉②段上对应的肋骨对准,并对准艏端横舱壁,这样,艉段的前后位置基本定出。同时校对舵杆中心线位置。在两端拉线架上接钢丝,吊线锤对准艉②段中心线。吊线锤校正、调整艉①段,使线锤对准艉②段中心线;使艉柱中心线、艉轴中心线及甲板中心线在同一垂直平面内,用水平软管校正艉柱基线及艉轴中心线高度。校正时,一般以艉轴中心线为准。划出两分段相交处余量并割除,进行定位焊。先将艉柱与横舱壁定位,再将肋板与肋骨定位。经检验合格后进行焊接。

(2)安装外板

安装外板,从下向上装。由于艉部立体分段地方狭窄,施工困难,故需留一块外板暂不装配,以改善内部通风条件。待内部焊接工作全部结束后,再安装这块外板(工艺板或满挡板),安装方法与艏段相同。当分段完工后,经测量划出肋骨检验线、定位水平线和分段中心线,并装焊吊环。测量、验收,吊离胎架、翻身,进行甲板接缝的清根、焊接工作(如果搁置困难,这一工作也可在船台上进行)。

按分段质量要求进行完工测量。

三、质量要求及完工测量

1. 质量要求(表 5.19)

表 5.19　质量合格表

项目	分段长度	分段宽度	艉柱中心线偏差	艉轴中心线偏差
公差	±4 mm	±4 mm	±2 mm	±2 mm
项目	舵与艉轴中心线偏差	艉轴后与后尖舱	上、下舵承间距	上、下舵承中心线
公差	±3 mm	±5 mm	±5 mm	±5 mm

2. 完工测量

(1)测量分段甲板中心线上分段的长度。

(2)测量艏部横隔壁处甲板半宽尺寸。

(3)测量甲板艉端中心线距基线的高度。

(4)测量甲板边线距基线的高度。

(5)测量轴系中心线距基线的高度。

(6)测量舵杆中心线前后、左右的偏差。

❖ 项目拓展

船厂加工精度管理

精度管理是精益思想的重要特征。造船精度管理就是用数理统计的方法,通过对造船生产过程中的加工误差和焊接热变形的精度控制,用补偿量代替余量的办法,减少造船加工、装配和焊接当中的无效劳动。船厂一般都在制造部下设精度管理班,负责组织和推进全厂的造船精度管理。精度造船使造船的内容更加丰富,极大地减少了造船生产过程中的浪费。

一、精度管理的优势

1. 减少无效劳动

不实行造船精度管理,分段在装配过程中会产生大量的间隙或错位,需要花费大量时间去修补。同时,对留有余量的结构部分还需要进行切割。这些工作大大延缓了工程精度,使生产周期得不到保证。通过造船精度管理,可以提高分段的制作精度,大大减少不必要的作业时间,提高作业效率。

2. 降低作业难度

造船精度较差的船体装配,一般都需要水平较高的有经验的高级技工来进行安装调整和定位。实施精度造船后,各种部材、结构件和分段的尺寸精度提高了,船体装配成为简单的要素作业,大大降低了工人的熟练化程度,从而减少了作业时间,缩短了生产周期。

3. 有利于高效焊接

造船精度提高了,有利于高效焊接设备的使用。由于船体的焊缝精度得到了控制与提高,使得高效焊接设备的使用成为可能。同时,高效焊接设备的使用使生产效率得到了明显提高,焊接精度和质量也得到了进一步的稳定与提高。反之,造船精度得不到控制,高效焊接设备就很难使用,即使使用了,也不会得到好的效果。

4. 提高产品质量

实施造船精度管理后,船体的装配精度得到了明显改善,各种间隙、余量和错位大大减少,船体结构内的应力分布趋于均匀,船体强度得到了强有力的保证。

二、船厂精度管理项目实例

1. 切割管理

(1)切割机日常管理

切割试板、对角线管理、每日试板、对角线合格后开始切割,否则停机检修,达标后再切割作业。

(2)平台、轨道的维护

平台、轨道每 6 个月检查一次;平台水平管理标准±5 mm;轨道水平管理标准±1 mm,轨道直线度管理标准±1 mm。

(3)设备管理

设备管理,首要的是对人员的管理,其次是设备运转参数管理、设备保养管理、设备维修管理、设备备件管理。

2.T 排管理

(1)T 排日常管理项目

T 排日常管理项目,主要包括直线度检查、垂直度检查、断差检查、主尺度检查,如图 5.82 所示。

图 5.82　T 排日常管理项目

(2)T 排端差判定及基线设置方法

①T 排端差判定。首先确认长度尺寸,然后确认面腹板端差。在保证长度的基础上将长出端差修割,保证端差修割后在±2 mm 标准内,如图 5.83 所示。

图 5.83　T 排端差判定

②基线设置方法。100 M.K 基线包含了 3 mm 的坡口间隙,所以基准端应制作 97 mm。对长出的端差进行修割,如图 5.84 所示。

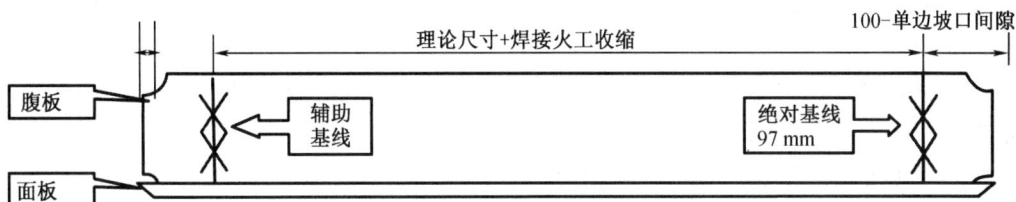

图 5.84　基线设置方法

（3）T排收缩量统计

除了对T排进行断差、直线度、垂直度等项目的日常管理外,还对T排的焊接及火工收缩量进行数据的收集和分析,旨在优化板条的下料尺寸,减少二次切割,如图5.85、表5.20所示。

图5.85　T排收缩量统计

表5.20　完工(火工、冷矫)收缩值汇总

船号	分段号	件号	下料规格/mm	下料误差平均值	统计根数	平均火工次数	火工收缩平均值	冷收缩平均值
H1298	268/278	SS1A	12×250×16 994	−1.5	9	8	−9	—
H1298	268/278	SS1A	12×250×16 994	−1	8	6	−8	—
H1298	544/554	LB1B	12×325×18 771	−1	7	5.5	−7	—
H1298	544/554	LB1A	12×325×15 643	−1	8	4	−4	—
H1298	544/554	SS1A	12×380×15 645	0	7	4	−3.5	—
H1200	527/537	DK1A	12×440×19 983	−1	6	4	−4	—
H1200	728/738	LB1A	12×550×19 985	0	9	3	−3	—
H1298	545/555	LB1A	12×325×13 824	−2	6	3	−2	—
H1200	669/679	DK1A	12×440×19 977	−1	16	—	—	−1
H1200	669/679	LB1A	12×525×19 977	−1	9	—	—	0

3.小组立管理

（1）小组立日常管理及检查标准

①小组立日常管理包括主尺度检查、断差检查、构件间距、垂直度、拼板直线度、背烧平整度检查。

②小组立检查标准:主尺寸±3 mm;断差±2 mm;构件间距±2 mm;垂直度±2 mm;拼板直线度±3 mm/10 m;背烧平整度±2 mm。

（2）重点小组立典型问题及对策(图5.86)

①问题:纵桁加厚板处直线度不良,导致双层底中凹。对策:小组立应在加厚板处火工矫正直线度。

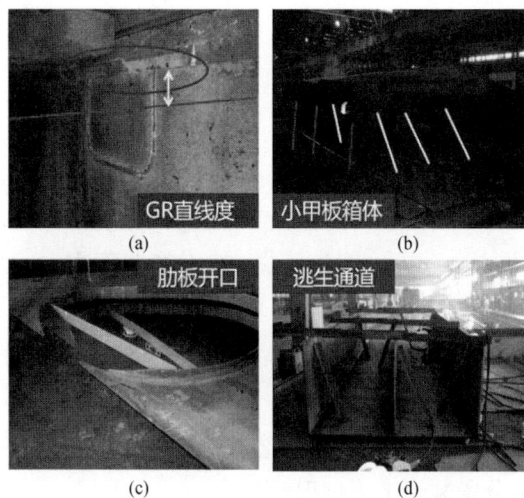

图 5.86　重点小组立典型问题及对策

②问题:小甲板箱体扭曲,导致后道装配开刀修正。对策:小组立装配时对断差、对角线进行确认,焊接前加支撑固定,保证对角线。

③问题:散货船三角舱肋板开后偏小,导致后道需开刀修正。对策:焊接面板前,确认好开口尺寸,在开口处加支撑固定。

④问题:散货船双通道对角线焊接扭曲,后道修正难度较大。对策:小组立装配时对对角线确认,并在焊前加支撑固定。

(3)样板、样箱管理与余量优化

对新制样箱全部进行全站仪三维检查,数据分析比照,合格的样箱方可投入使用,还要定期进行复检;对新制的样板进行检查,合格的样板进行登记使用,每半年复查一次。

曲板余量优化:由于冷加工曲板的加工余量放置过大,普遍四边都在 50~100 mm 余量,导致在分段阶段浪费大量的人力、物力。所以在冷、热加工后,以样板、样箱为参考,对主板四边设置余量线,只保留一边余量,其余全部切割,能够为后阶段组立的施工节省大量的人工,如图 5.87 所示。

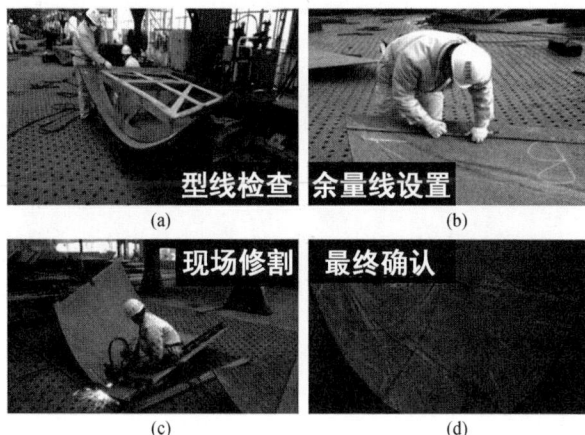

图 5.87　曲板余量优化

❖ 项目测试

一、名词解释

1. 平面分段　　　　　　　　2. 曲面分段

3. 半立体分段　　　　　　　4. 立体分段

5. 环形总段　　　　　　　　6. 分离装配法

7. 满挡板

二、简答题

1. 简述分段装焊工艺的基本内容。

2. 分段建造方法有哪几种？分别用于什么部位的分段？

3. 底部、舷侧和甲板分段装焊工艺过程？

4. 分段装配时胎架用什么固定？

5. 底部分段划线方法有哪几种？

6. 简述舷侧分段构件装焊的顺序。

7. 简述顶边舱半立体分段的装焊工艺。

8. 分段焊接变形的预防措施有哪些？

9. 平面分段机械化生产线由哪两部分组成？

10. 艉托底小分段的预制装配顺序是什么？

11. 简述满挡板的安装方式。

12. 分段装配时分段端部构件与板焊接留多长不焊？

13. 什么情况下采用总段装配？中部总段的装焊过程是什么？

14. 总段装配时，横舱壁分段如何定位？

15. 简述纵骨架式分段的翻身方式和加强方式。

16. 分段吊运翻身的方式是什么？

17. 吊环形式有哪几种？

18. 怎样确定吊环数量和布置位置？

项目六　船舶分段装配应用实例

❖ 项目目标

项目六介绍船舶分段装配具体建造工艺和施工方案,包括船舶建造方针编制要求、船体建造要领设计要求、船体焊接顺序基本原则等,是船舶分段装配施工中的重要工艺要求。通过本项目的学习,学生能够掌握船体装配的建造要领。此外,本项目以210 000 t散货船为例,来讲述船舶分段装配,使学生们将所有项目的内容整体串联起来,形成完整的船舶分段装配知识体系,实现学生达到船舶装配工艺岗位要求的技能水平。

一、知识目标

1. 理解船体火工矫正通用工艺。

2. 掌握船舶建造仿真编制要求。

3. 掌握船体建造要领设计要求。

4. 理解船体焊接顺序基本守则。

5. 理解210 000 t散货船船体装配建造要领。

二、能力目标

1. 能够板材船体火工矫正。

2. 能够实施船舶建造仿真编制。

3. 能够认知船体建造要领设计要求。

4. 具备船体焊接正确顺序操作能力。

5. 能够编制船体装配建造要领。

三、素养目标

1. 培养学生合作交流的意识和能力。

2. 培养学生在学习过程中严谨的态度。

3. 培养学生独立自主学习新知识、新技术和新思维的能力。

4. 培养学生团队协作的能力。

❖ 学习任务

任务 6.1　船舶建造方针编制要求

任务 6.2　船体建造要领设计要求

任务 6.3　船体焊接顺序基本原则

任务 6.4　210 000 t散货船船体装配建造要领

❖ 德育学堂

徐芑南——一生情系深蓝梦

徐芑南,1936 年 3 月 4 日出生于浙江宁波,深潜器技术专家,"蛟龙"号总设计师,中国工程院院士,中国船舶重工集团有限公司第 702 研究所研究员。2002 年担任"蛟龙"号总设计师;2005 年担任中国船舶科学研究中心副总工程师、研究员;2013 年被评为十佳全国优秀科技工作者;2013 年当选为中国工程院院士。徐芑南长期从事潜艇、潜水器结构强度与稳定性应用研究和水下机器人工程研制开发。

"蛟龙"号初次下水,在海面打出漂亮的蝴蝶水花;"蛟龙"号用机械臂灵活地把一面钛合金五星红旗插到了海底;1 000 m、5 000 m,直到 7 062 m,"蛟龙"号成为世界下潜深度最大的作业型载人潜水器……当人们为"蛟龙"号的每一次进步欢呼雀跃时,有位老人默默流下了喜悦的泪水。他就是徐芑南,中国工程院院士、"蛟龙"号总设计师。作为我国深潜技术的开拓者,他用一辈子的辛勤耕耘、执着奉献,实现了中华民族"下五洋捉鳖"的深蓝梦。徐芑南说过,他对大海是有感情的,他的一生都与大海紧密相连。

2002 年,徐芑南担任"蛟龙"号总设计师,这是一个特别沉重的担子。"以前我们没有经验做这么大潜深的载人潜水器,所以要一步一个脚印地提高自己。""蛟龙"号立项之前,我国研制过的最深潜水器只有 600 m。从 600 m 到 7 000 m,是非常大的技术跨越。深度每增加 100 m,海水的压力就会增加 10 个大气压,难度可想而知。并且,作为一项大的系统工程,"蛟龙"号涉及耐压结构和密封技术设计、高比强度合金材料的加工成型技术、航行性能优化、水下定位、水下通信、自动控制等多个领域的最前沿技术,需要联合国内上百家科研机构集智攻关。徐芑南充分运用自己丰富的经验,着眼全局,统筹谋划,严格遵循"计算分析、专家咨询、样机试验、实物考核"的研制程序,确保"下得去,能作业;上得来,保安全"的总体设计理念充分落实。为了统筹好"蛟龙"号本体 12 个分系统工作,他将每一个分系统的"任务输入、成果输出、约束和支撑条件",按照技术进度和经费,制成表格,按表工作,大大提高了效率和质量。徐芑南说:"即使每个分系统都做得很好,放在一起却未必会拼成一个性能优良的潜水器。所有系统之间一定要相互配合,相辅相成才行。"在"蛟龙"号的研发过程中,所有合作者对徐芑南这位总设计师,都是众口一词地赞扬。"互相补台,互不拆台"是徐芑南坚持的一个原则。

人才短缺也成为制约"蛟龙"号研制的瓶颈。徐芑南格外注重对青年人的培养。"总师重要的是做好顶层设计,但更重要的是在实战中带出一支年轻的队伍。"徐芑南毫无保留地将自己的经验传授给年轻人,还想方设法邀请国内外专家给年轻的设计师队伍讲课。"团队中每个人的岗位都很重要。想要确保潜水器在 7 000 m 深的海底滴水不渗,每一颗小小的螺丝帽都要拧好,否则后果不堪设想。因此团队精神非常关键。"徐芑南说。

2009 年,"蛟龙"号第一次海试,尽管已经年逾七旬,徐芑南还是坚持要求上船坐镇指挥。他拖着装满药品、氧气机、血压计等医疗器械的拉杆箱,和科研团队坚守在一起。他在水面的指挥调度清晰沉稳,成为试验成功的重要保障。在两个多月的海试中,试验现场到处都有他的身影,检查设备、交流技术问题、推敲下潜步骤等,不放过任何可能出现的隐患。每次潜水器下水,他从不安稳地坐在指挥室里,而是一连几小时值守在水面控制室里,不放过水声通信传回来的每一句语音。后续的 5 000 m 级和 7 000 m 级海试,由于试验海区较远,徐芑南不能亲临现场,但他一直坚守在海试陆基保障中心,第一时间了解海试情况,并给出相应的技术指导。由于时差因素,海试常常在半夜或凌晨进行,但徐芑南从未缺席过。徐芑南这种一丝不苟的工作作风和全身心投入的工作热情深深感染了所有人。在他的带领下,"蛟龙"号团队十年磨一剑,实现了我国大深度载人潜水器的"从无到有",从浅蓝走向深蓝,缔造了我国载人深潜的辉煌篇章。现在,徐芑南依然活跃在深潜科研最前线,向着更新的目标进发。

❖ 项目导入

船舶制造生产 MES 系统

MES 系统全称 manufacturing execution systems,即制造执行系统。MES 系统是在公司的整个资源按其经营目标进行管理时,为公司提供实现执行目标的执行手段,通过实时数据库连接基本信息系统的理论数据和工厂的实际数据,并提供业务计划系统与制造控制系统之间的通信功能。

由于船舶制造生产过程既有大量零部件的加工制造,又有繁杂的逐级装配,因此要准确控制船舶车间的制造实时信息。而 MES 系统在船舶制造过程中能很好地利用时间、空间,提高企业效益和竞争力,使船舶制造过程更大程度地实现流水化、集中化和高效化。

MES 系统实现了造船工时的自动统计,有效降低管理成本,提高工时统计的准确度;实现了实时动态掌握生产加工进度,及时发现和纠正瓶颈环节或者问题工序;自动统计工人工时,为量化考核提供依据。实现数据的自动化采集后,大大降低了非生产性工时支出,更实时准确地掌握了生产进度,为实现企业智能制造及生产经营决策提供了重要保障,为未来智能工厂的数字孪生计划准备了数据支持。

❖ 相关知识

船体火工矫正通用工艺

船体结构在建造过程中,由于种种原因,必然会产生变形,所以矫正是不可缺少的一个工种。目前常用的矫正方法有两种:机械矫正和火工矫正。火工矫正有设备简单、就地矫正、机动灵活等特点。下面着重叙述船体结构焊后产生的变形及其采用火工矫正消除变形的方法。

一、应用范围

船体火工矫正通用工艺规定了船体火工矫正的原理及基本方法、矫正加热方法、矫正冷却方法、小组立及中组立部件变形的矫正、大组立分段变形的矫正、总组及搭载变形的矫正及火工矫正注意事项。本工艺适用于船体结构在火焰切割和焊接过程中产生变形的火工矫正。

二、原理及基本方法

1. 原理

火工矫正是利用金属局部加热,出于加热区域受到周围冷金属的限制而无法自由膨胀产生塑性变形,在冷却过程中又引起收缩变形,从而消去原有的变形。

2. 基本要求

(1)加热温度的选择(表6.1)。

表 6.1　高强度钢火工矫正温度

项目			标准范围	允许极限	备注
表面最高加热温度	TMCP 高强度钢 Ceq>0.38%	加热后立即水冷时	650 ℃以下	650 ℃	Ceq 碳当量, 其计算公式如下: Ceq=C+Mn/6+ (Cr+Mo+V)/5+ (Nj+Cu)/15
		加热后空气冷却时	900 ℃以下	900 ℃	
		加热后,空气冷却后再水冷时	900 ℃以下 空冷下降 至 500 ℃以下水冷	900 ℃ (空冷) 500 ℃ (水冷)	
	TMCP 高强度钢 Ceq>0.38% AH~DH	加热后立即 水冷或空冷时	1 000 ℃ 以下	1 000 ℃	
	TMCP 高强度钢 Ceq>0.38% EH	加热后立即 水冷或空冷时	900 ℃以下	900 ℃	
	TMCP 低温用钢	加热后空气 冷却后再水冷时	900 ℃以下 空冷下降 至 550 ℃ 以下水冷	900 ℃ (空冷) 550 ℃ (水冷)	

(2)加热温度的确定,可使用温度计检测和肉眼判断相结合的方法(表6.2)。

表 6.2　钢材加热温度与火色对照

火色	温度/℃	火色	温度/℃
亮白	1 300	橘黄微红	850
白微黄	1 200	淡樱红	800
淡黄	1 100	樱红	750
黄色	1 000	暗樱红	700
淡橘黄	950	暗赤	650
橘黄	900	赤褐	600

注:看火色要求在光线暗处。

（3）焊接成的 T 形、工形肋板、围壁板和各种基座等的矫正工作应在其安装前进行。

（4）矫正工作必须在一个分段或总段内零部件的装配和焊接工作结束后进行，以避免因为焊接变形而再次矫正。钢板焊接的接头仅作定位焊或尚未施行封底焊处，不允许进行矫正。

（5）拼板的对接边缘应预先进行矫正，以利于装配。

（6）在焊缝热影响区域内（距离焊缝 50 mm 范围内），原则上不允许进行加热矫正。

（7）凡参加火工矫正的人员必须经过专业培训，并考试合格，经有关部门认可合格后才能持证上岗。

3. 基本方法

（1）圆点加热矫正法

圆点加热矫正，一般用在板型结构变形区域，如上层建筑的围壁。用氧-乙炔焰炬在被矫正的部位做圆环状游动，均匀地加热使加热区域成圆点形（图 6.1），加热温度为 780~800 ℃。当火圈呈现樱红色，立即用木槌或铁锤敲火圈周围，随着火圈颜色的逐渐暗淡，锤击也渐轻渐缓。

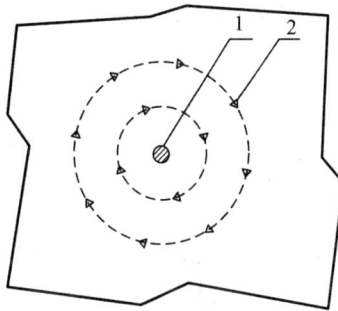

1—圆点加热；2—锤击位置和方向。

图 6.1　圆点加热矫正

锤击中心也渐由火圈外围移至火圈区域，直到火圈成黑色，温度为 200~450 ℃，即停止锤击。待冷却为 10~15 ℃时（用手触摸无烫感），用铁锤复行锤击 6 mm 以上的板和骨架。

圆点（火圈）的大小，应与被矫正板的厚度相适应。火圈的密度不仅与被矫正板厚度有关，而且与被矫正板的弯曲的挠度有关。根据火圈的排列分为圆周式圆点火圈（图 6.2）与梅花式圆点火圈（图 6.3）。

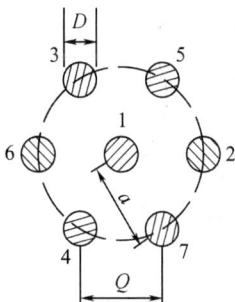

图 6.2　圆周式圆点火圈

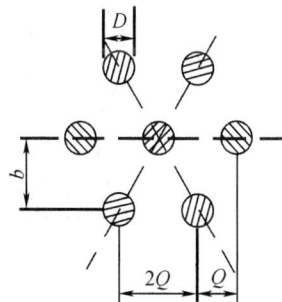

图 6.3　梅花式圆点火圈

火圈在垂直轴排列间距 $a = 200 \sim 400$ mm,火圈在水平轴排列间距 $b = 100 \sim 200$ mm。

$$D = 8t + 10$$

式中　D——火圈直径,mm;

　　　t——被矫正板的厚度,mm。

(2)带状加热矫正法

带状加热矫正法,一般使用在板架凸弯区域,其加热区呈带状。带状加热区的宽度与钢板厚度有关,板厚与加热宽度参考数据,见表6.3。

表6.3　板厚与加热宽度参考数据

钢板厚度/mm	2	3	4	5	6
加热带宽度/mm	10~15	15~20	15~20	20~25	25~30

带状加热矫正法有如下四种。

①线状加热法:其加热区呈线状。由于常使用于骨架板的反面"瘦脊"部位,所以也称背烧法。图6.4是矫正板的波浪变形和"瘦马"变形。

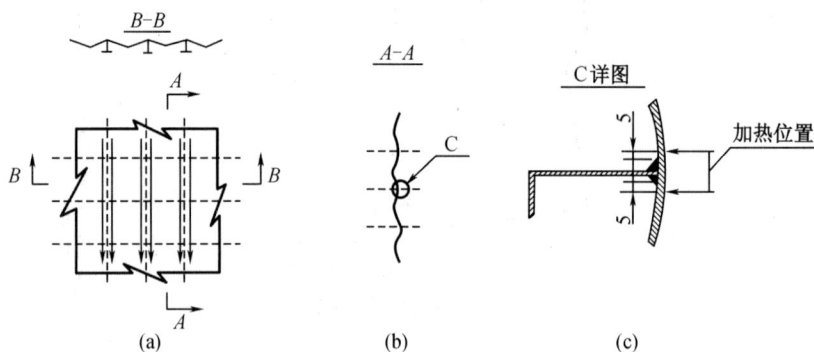

图6.4　线状加热(单位:mm)

②十字状加热法:其加热线呈十字状,又称为松叶(图6.5),一般用于对接焊缝变形的矫正。加热线与焊缝斜交成 $35° \sim 45°$,长度为 $100 \sim 150$ mm,矫正 12 mm 以下的板使用此法最多。

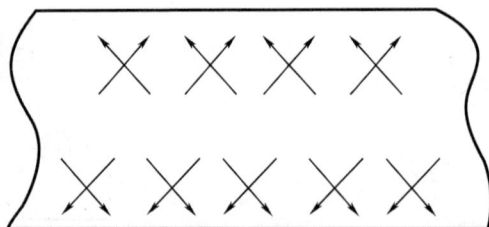

图6.5　十字状加热

③格子状加热法:其加热线呈格子状,又称纲目烧法(图6.6)。此法常用于大变形的场合,能得到比较均匀的外表,但必须注意切勿矫正过头。

④放射状加热法:其加热线呈放射状(图6.7)。此方法常用于凸变形。从变形凸部中央向各个方向进行短线加热,加热线长度为100~150 mm。

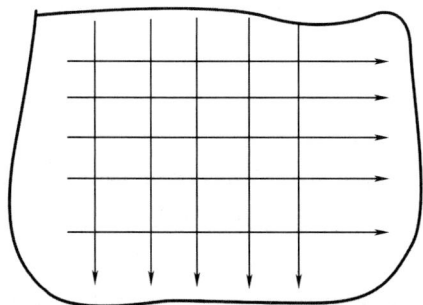

図6.6　格子状加热

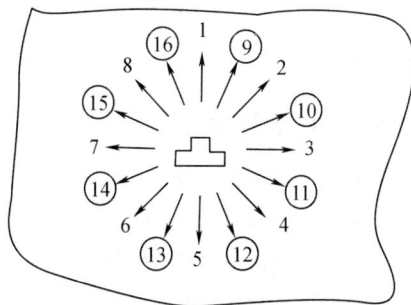

图6.7　放射状加热

(3)三角形加热矫正法

三角形加热矫正法,又称楔形加热法,其加热区呈三角形,如图6.8所示。图中 f 指变形值。一般用于矫正焊接组件,如 T 形、I 形、L 形截面以及骨架分段的自由边缘的变形。对构架的矫正通常是平板矫正,加热位置总是在构件弯曲凸起的一面,加热范围在构件中和轴的上方。

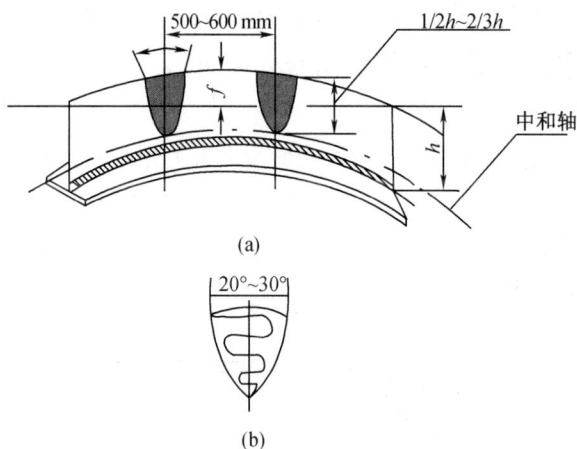

(a)

(b)

图6.8　三角形加热矫正

三、矫正的加热方法

用氧-乙炔焰矩加热钢板时,其火焰特性、焰心距离、孔径的大小、加热的速度等,对变形矫正的效果有密切关系。

火焰特性一般用中性焰加热,钢材加热温度与火色对照,见表6.2。

焰心距离是指从火焰的白亮点到钢板表面的距离。加热效率最高的地方,也就是温度最高处离白亮点(焰心)末端3~10 mm,所以焰心与钢板的距离大小直接影响到加热的温度和速度,焰心距钢板表面长度与钢板厚度的参考数据,见表6.4。

表 6.4 焰心距钢板表面长度与钢板厚度的参考数据

钢板厚度/mm	2~5	6~8	9~14	15~22	23~26	>26
焰心距钢板表面长度/mm	-2~0	0	0~3	3~4	4~5	6~10

注:负值表示钢板表面深入焰心的距离。

四、矫正的冷却方法

变形矫正的冷却分为空气冷却和水冷却两种。目前船厂常用水冷却,因为这种冷却能够加速冷却速度,提高矫正效率。水冷却又可分为正面浇水与背面浇水(一般适用于薄板的矫正)两种。采取水冷却时应满足以下要求。

(1)必须明确被矫正构件的材料是否允许直接用水冷却方法。对一般船用低碳钢及高强度低合金钢,如16Mn、901、902 等,都可采用水冷却,但对 Ceq>0.38%的高强度钢,则有特殊规定(表6.2)。

(2)必须了解周围环境情况。

(3)浇水时由于水沫飞溅,容易堵塞火焰嘴,因此,应细心控制水的流量及浇水点与火焰点距离(即水火距)。

(4)选择水火距的大小还要与加热温度相配合。若加热温度提高,则水火距要相应增大,反之则要减少。水火距对低碳钢一般为 50~60 mm。

(5)必须严格按照工艺规程进行水冷却,特别是高强度合金钢。

五、小组立及中组立部件变形的矫正

1.T 形构件变形的矫正

(1)构件焊后往往发生纵向、横向弯曲变形及面板的角变形。火工矫正后,要检验预先划出的检验线(图6.9),根据检验线的直线度公差来检查矫正的质量。当构件长度 $l \leqslant$ 5 m 时,检验线直线度公差为 3 mm;当构件长度 5 m<$l \leqslant$10 m 时,检验线直线度公差为 5 mm。复板的平直度要和顺。

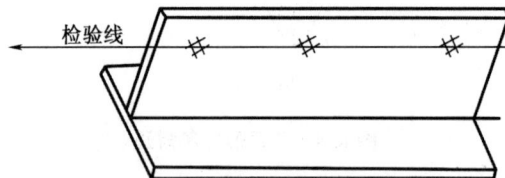

图 6.9 检验线

(2)构件横向弯曲变形的矫正

一般先在腹板上进行线状加热(图6.10),图中 f 指变形值。当在面板弯曲外凸的一边用三角形加热法时,应在面板宽度 1/2 处开始,加热线宽度为 20~30 mm,三角形顶角为30°,三角形底边总是朝向弯曲凸出的一边,间距为 500~600 mm。矫正顺序如下。

①必须充分加热全部板厚,以免诱发其他变形。

②矫正的程序应从弯曲的端部开始。

③当弯曲变形较大时,可沿矫正方向施加外力。

④冷却水应稍后一些进行。

⑤若构件腹板较厚,则在腹板上进行带状加热,位置与面板上的三角形加热位置对应。如果腹板较薄,则腹板上不需加热。

(3)构件纵向弯曲变形的矫正

①腹板向外凸弯曲变形的矫正(图 6.11)。其矫正方法应从腹板 $2/3h$ 处开始,由里向外用三角形加热法。矫正顺序从弯曲变形少的地方开始,冷却水稍后进行。如果具有焊接肘板的 T 形构件,则三角形加热的位置应分布在肘板装焊的位置。

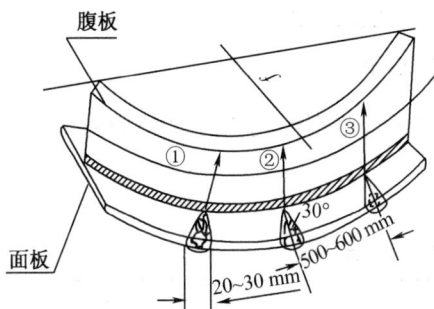

图 6.10　线状加热

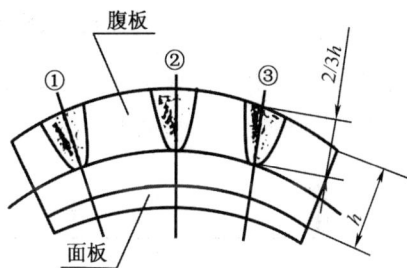

图 6.11　腹板向外凸弯曲变形

②腹板向内凹弯曲变形的矫正(图 6.12)。其矫正方法应从腹板 $h/2$ 处开始,由外向里用三角形加热法,冷却水稍后进行。接着用带状加热面板,带状间应相互平行,带状宽度为 $30\sim40$ mm,间距为 $500\sim600$ mm。加热线的宽度与面板厚度有关,加热线的间距与弯曲挠度、构件断面模数及矫正效果有关。构件矫正从弯曲的端部开始,纵向弯曲变形较大时,可施加外力。

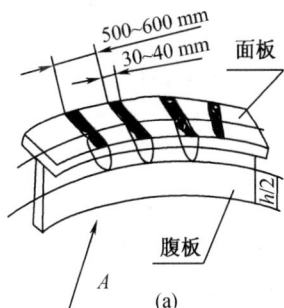

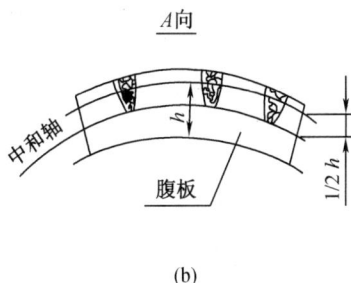

图 6.12　腹板向内凹弯曲变形

(4)构件双向弯曲变形的矫正

构件纵、横双向的弯曲变形,一般是非对称截面的构件,如 L 形、I 形等,其矫正是采用(3)中①、②两种矫正方法分别进行。T 形构件也会产生双向弯曲变形。在一般情况下,首先应矫正横向弯曲变形,然后矫正纵向弯曲变形。

(5)构件面板角变形的矫正

①双拢尺形角变形的矫正方法,一般同"瘦马"变形矫正方法相同,即用背烧带状加热法矫正。对于中等厚度的板,其加热位置应离焊缝 5 mm。对于薄板,其加热位置在脊梁中

（图 6.13）。

(a)中等厚板加热位置   (b)薄板加热位置

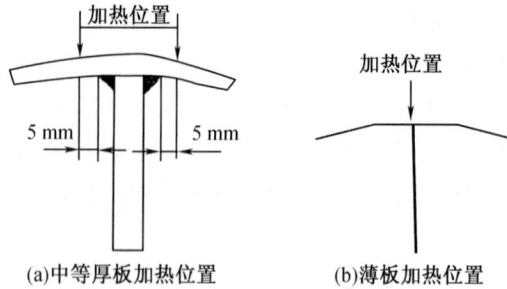

图 6.13　双拔尺形角变形的矫正

②为提高对中等厚度板的变形矫正效果,经加热后可用专用工夹具施加外力进行矫正。常用工具和使用范围见表6.5。

表 6.5　常用工具和使用范围

名称	简图	使用范围	注意事项
蟹钳形夹具	铁楔　夹具　面板	用于矫正 T 型材、弓形材面板的角变形	1. 夹具应有足够的强度。2. 矫正加热前,应预先将铁楔打紧
板杆	加热区　板杆	用于矫正中、小型材边缘的局部变形(在无法使用锤击时)	应注意局部平顺
弓形夹具		用于矫正各种开孔(门、窗、人孔、减轻孔等)边缘的局部变形	矫正后,有时尚需用锤击平
弓形板杆	弓形板杆　千斤顶	用于矫正舷侧顶列板上缘、底部分段上缘等处的角变形	当板边刚性较大时,可用千斤顶来顶板

表 6.5(续)

名称	简图	使用范围	注意事项
卡钳形马板	卡钳形马板　铁楔	用于矫正舷侧分段、舱壁分段等端部的板边波浪变形	加热应先在铁楔的外侧进行
担马板	千斤顶　担马板	用于矫正分段或总段接缝不很严重的凹陷(皱折)以及在一个板格内的局部撞凹	矫正后的变形,应反向凸出 2~3 mm
门形马板	门形马板　铁楔　担马板	用于矫正板内的局部凹陷	1.门形马板应安装在变形最大处。 2.担马板应跨过相邻的两个骨骼架。 3.不宜在门形马板的根部加热
鱼尾形夹具	顶撑　夹紧装置　压杆	用于矫正外板的局部凹陷	—
螺丝压排	拉紧螺栓　压排　垫铁	用于矫正大接缝处严重的凹陷	用螺丝压排,拉出凹陷的变形时,将使焊缝质量降低,因此只有在不得已时才使用本法
双角压排		用于矫正围壁扶强材的局部挠曲变形	—

2.肋板变形的矫正

肋板上的加强筋焊后产生凸筋变形,称为"瘦瘠"变形(图 6.14)。其矫正顺序如下。

(1)将肋板翻身,使其构架面向下。

(2)在肋板的面上用粉笔、直尺划出加热线位置。

(3)按加热位置线进行火工加热,俗称"被烧"。

(4)加热方法通常采用带状加热,当变形严重时采用双条加热。当肋板厚度较薄,变形量小时可用单条加热,并直接加热加强筋背部中心。

(5)加热温度一般为 650~700 ℃。

(6)加热顺序如图 6.14 所示。

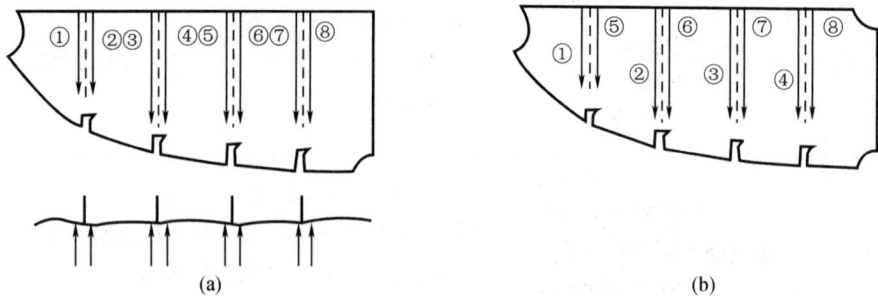

图 6.14　凸筋变形的矫正

(7)加热后可用水冷却,加快矫正速度,但浇水需待加热后等一段时间再进行。

3. 单向构架平面部件变形的矫正

平面部件(如上层建筑舱室围壁、机舱舱室围壁等)主要由列板和单向构架组成。

(1)板架是中板(或厚板)结构,则其变形呈"瘦瘠"形(图 6.15)。

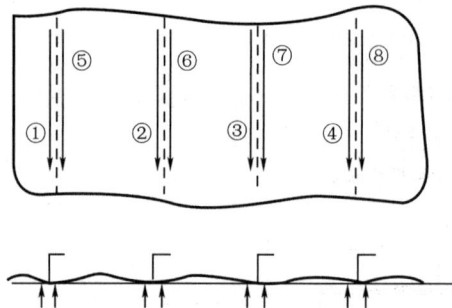

图 6.15　"瘦瘠"变形的矫正

(2)矫正顺序与肋板变形的矫正相同。

4. 围壁上的门、窗等开口处变形的矫正

(1)方形门、窗开口处变形的矫正方法(图 6.16)

①门、窗开口处的两侧扶强材有弯曲变形,则应先矫正扶强材。

②在扶强材的反面稍加热,并用水冷却。

③对方形门、窗边缘变形,在四只角隅处用三角形加热法进行矫正。

(2)圆窗口处变形的矫正方法(图 6.17)

①对窗口附近的扶强材变形采取反面线状加热。

②对圆窗口边缘变形,先按圆孔进行 6~8 等分,然后进行三角形加热。

③加热时按箭头方向由外向里,加热程序如图 6.17 所示。

④为提高矫正效果,必要时可用锤击或冷却。

5. 机座弯曲变形的矫正

(1)对向上弯曲变形的矫正(图 6.18(a)),在机座面板上进行条状加热,其宽度为 30~40 mm。

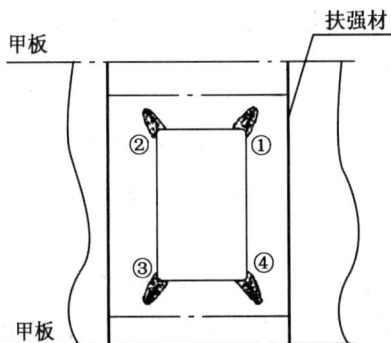

图 6.16　方形门、窗开口处变形的矫正

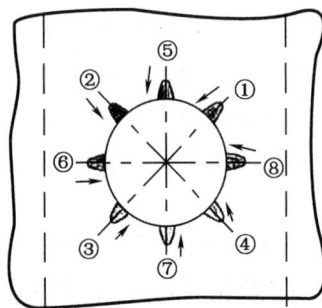

图 6.17　圆窗口处变形的矫正

（2）对向下弯曲变形的矫正(图 6.18(b))，在机座纵梢下口进行三角形加热，高度约 $2/3h$。

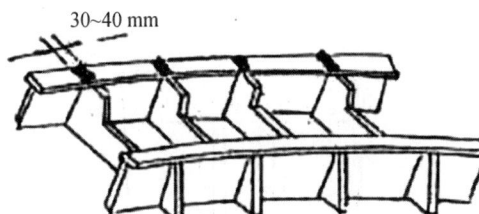

(a)向上弯曲变形的矫正　　　　　　　　(b)向下弯曲变形的矫正

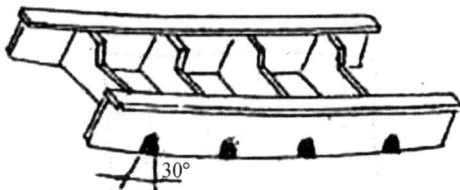

图 6.18　基座弯曲变形的矫正

（3）加热位置应与机座肋板位置相对应，加热温度为 700~800 ℃，加热后用水冷却。

（4）机座变形量较大或机座刚性较强，则应借助外力提高矫正效果。

六、大组立分段变形的矫正

1.纵桁交叉构架平面分段变形的矫正

（1）板格成波浪形变形的矫正，如图 6.19 所示。其矫正顺序如下。

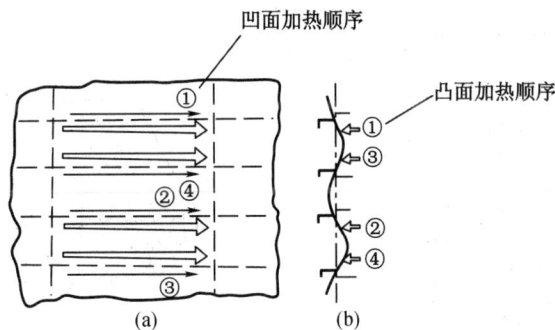

图 6.19　板格成波浪形变形的矫正

①在构架反面进行带状加热。

②加热位置在构架板波浪形凹陷一侧，离焊根 5 mm 左右，或在构架波浪形面上一侧，距构架线 100~150 mm。

③加热时,对 2~3 mm 的板厚加热到 600~700 ℃,加热带宽度为 10~20 mm;对于 4~6 mm 的板厚,可加热到 800~900 ℃,加热带宽度为 15~30 mm。

④矫正顺序应间隔一个板格进行,如①、②、③等。

⑤若经过带状加热后仍有残余变形,则在构架板波浪形凸上一侧加热矫正。

⑥加热后即用木槌或铁锤敲击加热带范围,然后再锤击加热,锤击处与火嘴应相距 300 mm 以上。

(2)板格内形成的凹凸波浪形变形的矫正,如图 6.20 所示。其矫正顺序如下。

①先用背烧法,即在构架反面进行线状加热,加热位置应该在波浪凹处一侧,离角焊焊根 5 mm 左右。

②然后用凸部加热法,即在凹凸波浪形的凸出部位进行加热。凸部加热法如下。

a.垂直向加热(图 6.21)。以凸部与凹部的交界为加热线起点,与矩形板格的长边成直角,如果不能矫正,则继续向中间加热(图 6.21 中的⑥),加热线的数量根据变形的状态决定。

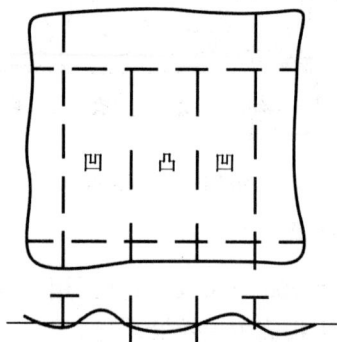

图 6.20　板格内形成的凹凸波浪形变形的矫正

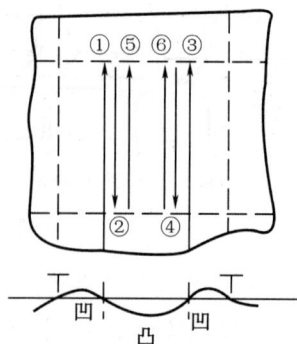

图 6.21　垂直向加热

b.格子状加热(图 6.22)。以凸部与凹部的交界为加热线起点,逐渐按网格状加热。

(3)平面分段的边缘为波浪形变形的矫正,如图 6.23 所示。其矫正顺序如下。

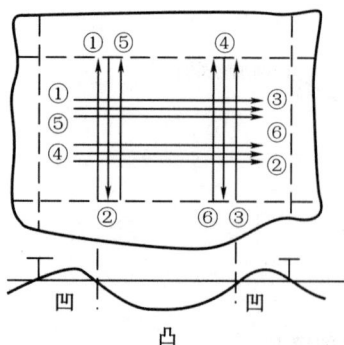

图 6.22　格子状加热

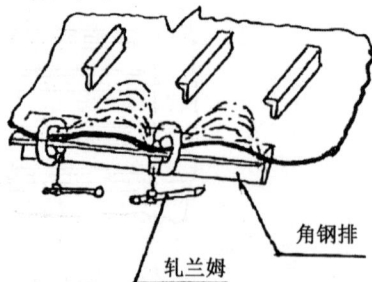

图 6.23　平面分段的边缘为波浪形变形的矫正

①边缘矫正,应在板格内变形矫正后最后进行。

②矫正前须将分段用角钢排加固。

③用角钢排、轧兰姆等矫正夹具,在板变形边缘处夹紧。

④先在构架反面凹变形处进行线状加热(图6.24中的①、②)。

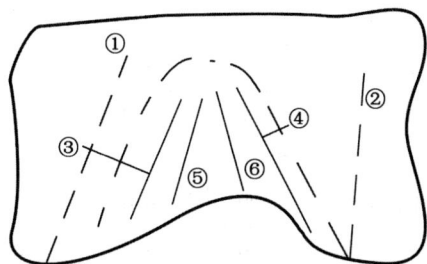

图6.24　构架反面凹变形处的线状加热

⑤然后在凸部的中间向边缘进行线状加热,加热起点应从变形刚发生的地方开始(图 6.24中的③~⑥),这种变形一般借助外力进行矫正(图6.23)。用角钢排和轧兰姆夹紧后 进行加热,同时用锤槌击凸出部分。

2. 分段壳板边折角变形的矫正

内底分段的内底板与转圆外板焊接后,或甲板、斜内底与外板焊接后,在它们的企口处 都要产生角变形(图6.25)。其矫正顺序如下。

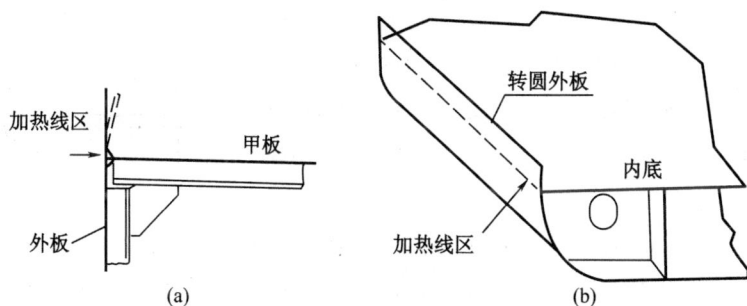

图6.25　分段壳板边折角变形的矫正

(1)在甲板企口、斜内底企口或内底企口外面进行带状加热,加热温度为650~700 ℃, 加热带宽度在30 mm左右。

(2)一般不需要水冷却。

(3)如果变形较大时,则应施加外力进行矫正。

3. 上层建筑大组立变形的矫正

(1)分段焊接结束后进行火工矫正。

(2)火工大组立矫正范围是围板高度距甲板2 m以内,甲板部位的矫正应消除甲板面 的凸起现象,甲板拼缝应矫平直,围壁扶强材应矫直,甲板横梁构架、纵桁应矫平直。

(3)矫正时,若需锤击则必须用方榔头,板上不得留下锤击痕迹。

(4)分段矫正公差,见表6.6。

表 6.6　火工矫正技术公差

局部平面度公差/mm

项目		标准范围	允许极限	备注
外板	平行舯体(船侧板、船体板)	≤4.0	≤6.0	
	前后弯曲部分	≤5.0	≤7.0	
双层底	内底板(集装箱船另行规定)	≤4.0	≤6.0	
	舱壁	≤6.0	≤8.0	
上甲板	平行舯体(含纵、横结构)	≤4.0	≤6.0	
	前后部分	≤6.0	≤8.0	
	非暴露部分	≤7.0	≤9.0	
第二甲板	暴露部分	≤6.0	≤8.0	
	非暴露部分	≤7.0	≤9.0	
上层建筑	暴露部分	≤4.0	≤6.0	
	非暴露部分	≤7.0	≤9.0	
围壁	暴露部分	≤4.0	≤6.0	
	非暴露部分	≤7.0	≤9.0	

每一肋距 b 为平面度

整体平面度公差/mm

项目		标准范围	允许极限	备注
外板	平行舯体	$\pm 2L/1\,000$	$\pm 3L/1\,000$	
	前后部分	$\pm 3L/1\,000$	$\pm 4L/1\,000$	
甲板、平台内底板		$\pm 3L/1\,000$	$\pm 4L/1\,000$	
舱壁		$\pm 4L/1\,000$	$\pm 5L/1\,000$	
上层建筑	甲板	$\pm 3L/1\,000$	$\pm 4L/1\,000$	
	外板	$\pm 2L/1\,000$	$\pm 3L/1\,000$	
其他		$\pm 5L/1\,000$	$\pm 6L/1\,000$	

检测方法:最小的检测距离 $L=3$ mm,但对舱壁、外壁的检测距离约 5 m

内部支撑材的直线度公差/mm

项目		标准范围	允许极限	备注
强横梁、肋板、强肋骨级甲板纵桁等主要构件		5.0	8.0	
纵骨、肋骨、横梁及扶强材等次要构件,L 为长度	$L\geqslant 1\,000$	$3+2L/1\,000$ 且 <10	$6+2L/1\,000$ 且 <13	
	$L<1\,000$	5.0	8.0	

表 6.6(续)

内部支撑材的直线度公差/mm			
项目	标准范围	允许极限	备注
甲板间 H 形支柱	4.0	6.0	6.0
撑材	6.0	8.0	

七、总组及搭载变形的矫正

1. 船台上矫正时应遵循的要求

(1)船体结构凹凸变形超过公差要求应进行矫正,矫正后型线和顺,公差须符合要求(表 6.6 中局部平面度公差、整体平面度公差)。

(2)为配合后岛拉轴线、照光,应先矫正机舱向艉之分段。

(3)矫正时应根据结构布置情况和变形情况,采用相应的火工矫正方法。若变形过大时,可施加外力予以矫正。

(4)甲板上房间、设备处先矫正。

(5)外板等转圆处尽可能避免火工矫正,变形处可采用开刀等方法取代变形,如采用火工矫正则会影响型线(即弧变成弦)。

2. 上层建筑大合拢变形的矫正

(1)变形的矫正顺序:一般先矫正上、下层甲板,再矫正上、下层间围壁,并且由下向上依次矫正。

(2)火工矫正原则上利用条状加热法,进行水冷却时,与加热点保持 100 mm 间距。

(3)分段定位前,将甲板矫平,消除凹凸现象,一般在隔壁前后 20 mm 不加热。然后,矫正纵桁舱壁,由下向上将围壁半矫平、扶强材矫直。

(4)上层建筑矫正时可利用平榔头锤击,提高矫正效果,但榔头锤击时应注意温度和锤击要求。

(5)甲板和围壁变形过大时,可施加外力矫正。

(6)上层建筑板均较薄,火工矫正时,应注意温度和火嘴移动速度,避免烧枯等现象。

八、火工矫正注意事项

(1)构件矫正时,应对称进行,避免引起总的变形。

(2)矫正几个毗邻并列的变形时,应间隔一个进行。

(3)矫正两个相邻的刚性不同的结构时应先矫正刚性较大的结构。

(4)矫正板架结构时,应先矫正骨材的变形,后矫正板壁的变形。

(5)矫正厚板时,因所需热量大,火焰宜采用中性焰。在加热时,要将氧-乙炔焰炬不断游动,以避免表面熔化、烧枯(氧化、脱碳)。矫正薄板时,可采用氧化焰,并做快速移动。

(6)对不锈钢、合金钢不宜采用氧化焰。

(7)在焊缝上不可直接加热和进行敲击,在焊缝热影响区(距焊缝 30~50 mm),也应尽量避免敲击。若必须敲击时,应在焊缝位置垫以带槽平锤。

（8）矫正时，用锤敲击的速度，应随温度的减低而减缓，敲击位置也逐渐由加热区的外缘移至中心。对钢材而言，兰脆性温度为 200~450 ℃，在此温度范围内（属于"脆性区"）禁止敲击，若敲击会产生裂纹。

（9）尽量避免在同一点再次加热，当矫正变形需要重复或多次加热时，下次加热应在上次加热完全冷却后进行。低碳钢的重复加热次数一般不宜超过 5 次，低合金钢的重复加热次数不宜超过 3 次。

（10）经矫正的结构，应力求表面光滑平顺，敲击处（特别是暴露的上层建筑围壁）不得留有凹凸不平或残留的局部变形以及明显的锤印。

任务 6.1　船舶建造方针编制要求

【知识要点】

一、应用范围

以下内容规定了船舶建造方针的编制依据、编制流程和编制内容。

以下内容适用于民用船舶建造方针的编制，军用船舶及其他海洋结构物可参照使用。

二、规范性引用文件

下列文件对于本任务内容的学习是必不可少的。凡是注日期的引用文件，仅所注日期的版本适用本任务内容。凡是不注日期的引用文件，其最新版本（包括所有的修改单）适用于本任务内容。

（1）ISO 14001《环境管理体系 要求及使用指南》。

（2）OHSAS 18001《职业健康安全管理体系 要求》。

三、相关概念界定

1. 建造方针（guiding principles of ship construction）

建造方针，是指以现有造船技术装备为基础，根据产品特性和生产模式的需要，按生产能力、流程和生产组织形式预先统筹规划产品建造全过程，统筹设计、物资、生产、质量、安全和成本等工作内容的一项综合性管理文件，指导生产技术准备、详细设计、生产设计和生产管理等。

2. 线表计划（master schedule）

线表计划，是指船舶产品经过建造法验证企业负荷后所确定的、以一直线段表示该船建造主要日程（节点）的总计划，仅反映加工开始、分段制造、上船台、下水和交船等节点。

3. 托盘管理（pallet management）

托盘管理，是指以托盘为单位进行生产设计、组织生产、物资配套以及工程进度安排的生产管理方法。

4. 工法（technical measures）

工法，是指以工程为对象、工艺为核心，运用系统工程的原理，把先进技术和科学管理结合起来，经过工程实践形成的综合配套的施工方法。

5. 职业健康、安全、环境(Health-Safety-Environment)

职业健康、安全、环境,是指建立、实施、保持和不断改进 ISO 14001 及 OHSAS 18001 标准下的职业健康安全环境管理体系,为客户提供满意的船舶产品,致力于满足客户需求。

四、编制依据

船舶建造方针的编制依据包括如下内容。

(1)船舶建造合同。

(2)船舶技术规格书、总布置图、机舱布置图、船舶中横剖面图、基本结构图、型线图等。

(3)线表计划,船位安排。

(4)生产要素和主要技术参数,如下。

①企业加工、制造能力,起重能力,场地资源要素等。

②主要技术参数。

③主要物量。

五、编制流程

(1)由生产管理部门收集、研究相关技术资料后确定总体建造方案,组织编制船舶建造方针讨论稿,并组织生产部门、设计部门、生产配套部门讨论后会签形成正稿文本,经生产管理部门负责人审核后,报送分管领导批准后下发执行。

(2)生产管理部门应在产品合同签订后完成船舶建造方针的编制工作。对于同一系列批量建造产品,仅首制船编制,后续船如与首制船设计和建造差异较大可编制补充建造方针。

(3)船舶建造方针编制流程示例见表6.7。

六、编制内容

1. 封面

封面的格式可按照各企业质量程序文件的规定执行。

2. 目录

目录应列出正文部分章节条目的编号、标题和所在页码。

3. 正文编写

(1)前言

前言应简述产品概况、船型特殊性说明,以及其他需要在前言中说明的内容。

(2)合同概要

合同概要包括如下内容。

①船东。

②船型。

③建造数量和工程编号。

④所入船级社、船级符号和规范。

⑤挂旗。

⑥罚款条件(或合同价格调整条件)。

⑦合同签订期、生效期、交船期。

⑧质量保证。

表 6.7　船舶建造方针编制流程示例

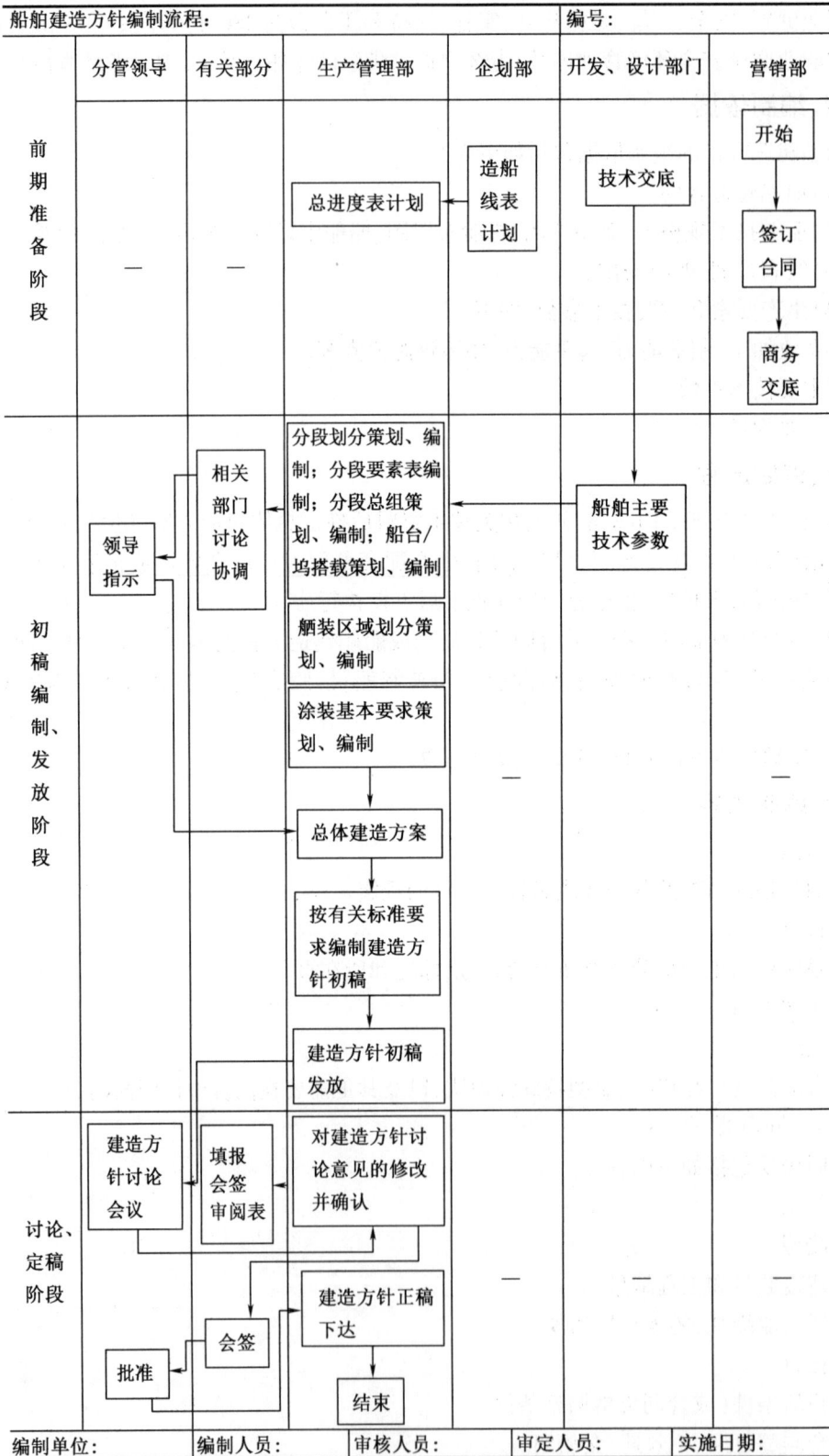

船舶建造方针编制流程:					编号:	
	分管领导	有关部分	生产管理部	企划部	开发、设计部门	营销部
前期准备阶段	—	—	总进度表计划	造船线表计划	技术交底	开始 → 签订合同 → 商务交底
初稿编制、发放阶段	领导指示	相关部门讨论协调	分段划分策划、编制;分段要素表编制;分段总组策划、编制;船台/坞搭载策划、编制 ◁ 舾装区域划分策划、编制 涂装基本要求策划、编制 ↓ 总体建造方案 ↓ 按有关标准要求编制建造方针初稿 ↓ 建造方针初稿发放	—	船舶主要技术参数	—
讨论、定稿阶段	建造方针讨论会议 批准	填报会签审阅表 会签	对建造方针讨论意见的修改并确认 ↓ 建造方针正稿下达 ↓ 结束	—	—	
编制单位:		编制人员:	审核人员:	审定人员:	实施日期:	

（3）主要技术参数和主要物量

①船型参数包括对船型、总长、垂线间长、型宽、型深、设计吃水、结构吃水、载重量、航速、主机、发电机和螺旋桨等的描述。

②船体结构参数包括对梁拱高度、上层建筑层高、双层底高度和肋距等的描述。

③主要物量包括分段总数、总段总数,预估全船结构材料质量、管子数量、电缆长度、除锈面积等。

（4）基本方针

①产品建造节点

根据产品线表计划,提出整个建造过程中设计进程、物资供应的主要节点日程。

②船体建造

船舶建造方针中船体建造的主要内容如下。

a.分段划分与制造方式:根据加工、分段制造和涂装设备的技术参数、采用板材规格、胎架形式、分段制造方式、预舾装、焊接施工、精度控制、分段预密性以及平面分段流水线的应用范围等工艺要求,表述分段划分和制造方式。

b.总组划分与总组方式:根据总组场地大小、起重设备配置情况和结构、舾装特点,从进一步提高预舾装率和总组效率、缩短船台(船坞)周期出发,表述总段划分和总组方式。如果在条件容许的情况下,宜采取初级总组。

c.分段或总段搭载程序:表述船台(船坞)搭载方案(如塔式、岛式、双岛式等)、船台(船坞)搭载网络图、搭载阶段工程作业状态和施工技术要求等。

d.分段加工单元顺序:根据分段结构形式、分段加工和制造周期、分段总组形式和总组周期以及搭载顺序与搭载节奏,在充分考虑材料综合利用的基础上,编制分段加工单元顺序表。

③船舶舾装

船舶建造方针中船舶舾装的主要内容如下。

a.船装区域的划分:根据船体分段和分段总组形式的特点,对机舱、货舱、上层建筑分别以有利于预舾装为前提进行区域划分。

b.对舾装件生产设计的要求:舾装生产设计与船体结构同步进行,加强船、机、电各专业之间的有效协调;以分段、总段为基础,加强舾装单元、模块的生产设计,以达到中间产品的要求;压载舱舾装件应达到压载舱保护涂层性能标准(PSPC)相关要求。

c.插装托盘的范围和管理:按照作业类型、区域、工艺阶段对舾装件进行托盘编制,包括各专业内的托盘对象;对涉及压载舱区域的舾装件应编入相应的分段托盘管理表。

d.预舾装目标:设定管子、铁舾装件、设备、风管等的预装率,明确各工种的预舾装率统计方法;各区域分段、总段舾装施工原则为表述舰部、道部、机舱、货舱、上层建筑区域分段和总段的舾装方法(正、反态预装),以及舾装的完成状态。

④船舶涂装

船舶建造方针中船舶涂装的主要内容如下。

a.涂装的标准、技术要求。

b.焊缝部分的涂装施工要领。

c.涂层的保护工作要求。

⑤半船起浮、下水(出坞)状态完整性

船舶建造方针中半船起浮、下水(出坞)状态完整性的主要内容如下。

a.半船起浮状态:表述结构、密性、系泊设备安装、大型设备安装、配载以及落墩定位的要求。

b.机舱部分下水(出坞)状态:表述结构、涂装、绝缘、箱柜(结构、轮机)、设备应达到的状态,以及机舱管系密性的提交率的要求。

c.主船体其他部分下水(出坞)状态:表述船体结构、甲板舾装件、货舱脚手架、系泊设备及主要设备安装等状态的要求。

d.上层建筑整体吊装前的状态:表述铁舾装件、驾驶室、卫生间、管系、电缆、电器设备的完成状态,以及上层建筑涂装的要求。

e.下水前或出坞前涂装状态:表述压载水舱、道舵舱油漆、机舱油水舱、机舱箱柜、主船体外壳等打磨、油漆、封舱的要求。

⑥新工法及攻关项目

船舶建造方针中新工法及攻关项目主要涉及以下方面。

a.船体方面。

b.船装方面。

c.涂装方面。

⑦数字化造船

结合企业数字化造船现状及发展目标,采取的具体措施。

⑧提效、降本主要措施

提高生产效率和质量、降低建造成本和缩短制造周期的主要措施如下。

a.设计阶段主要措施。

b.分段制造阶段主要措施。

c.总组和搭载阶段主要措施。

d.码头调试阶段主要措施。

⑨建造质量要点

建造质量要点应表述产品建造过程中应当控制的相关文件和要求,明确质量追踪的具体工作的措施。

⑩场地定置管理

船舶建造方针中场地定置管理的主要内容如下。

a.分段制造场地。

b.总组场地。

c.舾装单元模块制造场地。

⑪健康安全环境(HSE)管理

船舶建造方针中 HSE 管理主要内容如下。

a.区域安全管理,主要表述生产过程中各区域内的重点危险源、监控点安全所采取的措施。

b.环境因素分析,主要表述所采用的新工法、新材料对环境的影响分析,同时据此采取的对策及措施。

⑫生产组织网络图

船舶建造方针中可配有生产组织网络图。

（5）部门方针

船舶建造方针中各部门方针的内容如下。

①造船设计部门：重点表述设计部门各科室对详细设计、生产设计的要求，尤其是特殊的设计内容和出图内容。

②物资配套部门：重点表述该部门对企业重要物资与设备纳期说明和调试服务时间约定，以及库存物资的清理和改进等工作。

③集配部门：重点表述集配部门的职责，组织落实托盘管理表的配套工作，以及仓库管理、配套计划的跟踪与协调。

④生产管理部门：重点表述建立完善的工程计划管理体系，实行有效的计划监督和控制，以及现场管理要求等职责。

⑤施工部门：重点表述施工部门从生产准备、开工建造至交船等各个阶段中应当采取的管理措施和施工方法等。

⑥质量保证部门：重点表述对企业精度管理、质量监控的措施和管理体系。

⑦安全环保部门：重点表述部门对建造过程中的安全、消防、环保和管理理念更新等内容。

⑧基建和技措管理部门：重点表述部门对企业技术改造项目、科技项目以及基础设施建设保障等内容。

4.附图、表

船舶建造方针应配有以下附图和表。

（1）分段划分图。

（2）分段/总段要素表。

（3）分段加工单元顺序表。

（4）船装区域划分图。

（5）搭载网络图。

（6）生产组织网络图。

任务 6.2　船体建造要领设计要求

【知识要点】

船体建造要领设计要求明确了船体建造要领设计的流程、依据、准则、内容与方法。编制设计要领要求的目的在于规范船体建造要领设计的步骤，明确船体建造要领设计的内容与方法，指出船体建造要领设计的要求及应遵循的事项。船体建造要领设计要求适用于大型油船、散货船等民用船舶船体建造要领设计，其他船舶可参照使用。

一、相关概念阐述

1. 分段

为了制造方便,将整个船体结构分解成若干个平面或立体的块,而这些块又能组成一个完整的船体,这些块称为分段。

2. 子分段

子分段是指由平面片体、曲形组立与多个小组立建造成型,需要转、翻身至本分段建造胎位的大型中组立。

3. 无余量下料

无余量下料指该分段的所有零件在下料时全部为净料,只在某些部位加放一定的补偿量,在部件制作、分段制作、船台搭载时全部为无余量的制作过程。

4. 无余量制作

无余量制作指该分段的某些零件在下料时有余量,在部件制作或平台拼板后,将余量净掉(留一定补偿量),在分段制作、船台搭载时全部为无余量的制作过程。

5. 预修整

预修整指该分段的某些零件在下料时在合拢缝处留有余量,在部件制作、平台拼板、分段制作时余量保留,在分段焊接后,将分段合拢缝处的余量净掉(按要求加放补偿量),船台搭载时为无余量的制作过程。

二、设计流程

(1)船体建造要领设计作业流程如图6.26所示。

(2)根据船舶概率建造方针书、技术规格书、总布置图、机舱布置图、各区域结构图及分段划分图,生成全船分段统计一览表。

(3)穿越孔等问题反馈至详细设计,如有必要,也可提出对分段缝进行微调。

(4)根据全船各区域余量布置图,生成分段精度控制一览表。

(5)生成全船流水线板架一览表与全船流水线分段一览表。

(6)完善船体建造要领其他内容,形成船体建造要领初版图。

(7)组织评审,通过后发放至各相关单位。

三、设计依据

1. 产品概率建造方针

(1)关于分段建造场地,合拢场地的确定。

(2)关于船体建造精度控制的指标要求。

(3)关于建造新工艺、新技术、新工装应用的要求。

(4)关于设计指标、要求及改进建议。

(5)关于分段单元模块化建造的要求。

(6)与船体建造要领设计相关的其他要求。

2. 主要参考图纸

(1)总布置图、机舱布置图、系泊布置图及全船各部分结构图。

(2)分段划分图。

(3)全船各区域余量布置图。

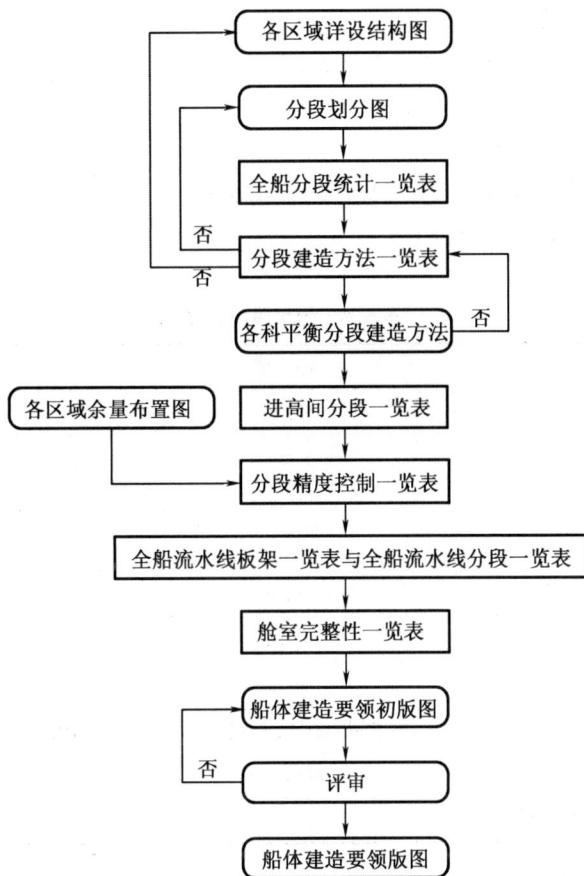

图 6.26　船体建造要领设计作业流程

3. 内业分厂生产能力

(1)钢材预处理能力

一条钢板预处理线,可处理最大板宽 3.8 m,最大板长 12 m。

(2)零件切割和加工能力

切割钢板最大宽度 3.8 m,切割钢板最大长度 12 m,加工钢板最大长度不超过 11 m。

(3)小组立制作能力

矩形构件:长度小于 12 m,宽度小于 3.5 m。

异型构件:高度小于 5.5 m,质量小于等于 20 t。

(4)平台制作能力

长度(结构方向)小于 12 m、宽度(或高度)小于 14 m 的平直板架。

(5)流水线制作能力

长度(结构方向)小于 12 m、宽度(或高度)小于 15 m 的平直板架。

4. 分段制造部生产能力

(1)钢材预处理能力

两条钢板预处理线,可处理最大板宽 4.5 m,最大板长 22.5 m。

(2)零件切割和加工能力

切割钢板最大宽度 4.5 m,切割钢板最大长度 22.5 m,加工钢板最大长度不超过 16 m。

（3）小组立制作能力

矩形构件：长度小于 12 m，宽度小于 3.5 m。

异型构件：高度小于 7 m，质量小于等于 20 t。

（4）平台制作能力

平台可制作长度和宽度均小于 18 m 的平直板架。

（5）流水线制作能力（表 6.8）

表 6.8　流水线制作要求

单张板材尺寸	最小值	最大值
板材长度	12 m	22.5 m
板材宽度	1.8 m	4.5 m
板材厚度	15 mm	35 mm
片体尺寸	最小	最大
长度	12 m	22.5 m
宽度	6.5 m	22.5 m
纵骨的尺寸	最小	最大
T 型材	250 mm（腹板高度）	650/150 mm（腹板高/面板宽）
纵骨间距	600 mm	950 mm
纵骨的最大质量（T 型材）	—	2.5 t

四、设计准则

（1）满足概率建造方针书、技术规格书要求。

（2）满足现有船舶建造场地资源设施的限制要求，包括起重能力、运输条件和涂装间尺度限制等。

（3）满足从分段建造、总组及搭载、分段精度控制、流水线施工、分段吊运及安全等方面指导生产的要求。

（4）分段建造方法确定原则如下。

①装配基面合理选择：满足分段施工过程中结构强度要求，满足作业面安全性要求，易于精度控制，满足分段转运的要求。

②满足分段片体进流水线（即 FCB 法焊接）最大化，分段建造进流水线最大化。

③满足合理采用子分段建造形式的要求，扩大分段作业面。

④广泛应用肋板拉入法。

⑤满足组立舾装安装要求。

⑥满足运输、放置的安全性、可行性。

⑦满足分段预舾装、分段涂装的可行性、方便性。

⑧子分段划分及建造方法确定原则如下。

a.满足利用船体结构作为施工平台，减少脚手架搭设工作量。

b.满足船体结构特点、强度的要求，保证船体结构完整性。

五、设计内容

船体建造要领设计包含船体概述、分段划分主要物量统计、建造中的工艺难点、各分段建造方法、运输方法、总组与搭载说明、分段精度控制、进高间分段统计、流水线板架及分段统计、分段和总段舱室完整性统计、分段吊运与安全设施要求等方面内容,其中分段建造方法为设计内容重点。

六、设计方法

1. 船体概述

依据技术规格书中第一部分(总体部分)的内容,对船舶主尺度、甲板梁拱与脊弧、甲板高度、肋距、双层底高度等方面对设计船型进行说明。

2. 分段划分主要物量统计

(1)对分段划分图进行说明,阐述本型船分段划分基本原则。

(2)对分段划分图中分段物量进行统计,形成全船分段统计一览表(表6.9)。

表6.9　全船分段统计一览表

区域	名称	分段号	数量	备注
艏立体区	舷侧分段			
	艏部分段			
	底部分段			
货舱区	中底分段			
	……			
	横舱壁分段			
机舱区	机舱底部分段			
	……			
	机舱舷侧分段			
……	……			
总计				

3. 船体建造中的工艺难点

(1)对特殊分段(含主机底座分段、挂舵壁分段、球艉铸件分段、集控室及分油机室模块分段等)的工艺控制点进行说明。

(2)对全船各分段建造过程中的工艺控制难点进行说明,重点体现在各尺度控制、焊接变形控制、分段制作及搭载精度控制等方面。

4. 分段建造方法

(1)说明分段建造方法选择的基本原则。采用以船体为基础、以舾装为中心、以涂装为重点的"壳舾涂"一体化的建造方法。尽可能采用通用胎架,以降低成本、提高经济效益,最大限度地使用平面分段流水线。

（2）说明分段制作场地布置、特殊分段制作过程、分段制作完成后的检验喷涂等方面的要求。

（3）参照全船分段统计一览表，对各分段建造方法和细节进行设计，生成分段建造方法一览表。表格中对分段装配形式、反变形量、胎架形式、建造场地、装运基面等方面进行规定，并设计装配简图。分段建造方法一览表标准示例见表 6.10。

表 6.10　分段建造方法一览表标准示例

区域	分段名称	分段编号	建造方法	简图
货舱区	上舷侧分段	621/31 623/33	1. 装配形式：甲板为基面反造。斜板采用拉入法制作子分段，外板采用拉入法制作子分段，按简图顺序组立。 2. 反变形量：无。 3. 胎架形式：无。 4. 建造场地：综合跨。 5. 转运基面：甲板面	

① 货舱区分段建造方式设计

a. 受分段吊车能力限制，内业分厂与分段制造部制作分段方式不同。

b. 应适当增加子分段建造。

c. 槽形舱壁分段建造最终成型应盘梯向上。

d. 最大限度地实现流水线制作分段。

e. 最大限度地实现肋板拉入法。

f. 中底分段和双壳舷侧分段实现整体子分段拉入。

② 机舱立体分段建造方法设计

a. 各平台分段一般以平台为胎反造。

b. 舷侧部分一般单独制作子分段，应避免出现单片板子分段情况。

c. 单元模块分段最终正置状态成型。

d. 主机底座分段应主机座面板着胎架，并考虑分段反变形量。

③ 艉立体分段的建造方法设计

a. 挂舵壁分段反造。

b. 球艉铸件分段,以艉尖舱首壁为胎卧造,艉轴管安装中心线适当增加反变形量。

④艏立体分段的建造方式设计

a. 各平台分段一般以平台为胎反造。

b. 托底分段一般以外板为胎正造。

c. 球艏分段根据型线情况,选择以平台为胎反造或以肋板为胎卧造。

⑤上层建筑分段的建造方法设计

a. 各平台分段以平台为胎反造。受分段转运等限制,适当增加子分段。

b. 烟筒分段卧造。

5. 总组、船台搭载

(1)说明本船总组、搭载场地及合拢基准段号。

(2)说明总组与合拢时焊接等过程控制的技术要求。

(3)说明特殊分段搭载的搭载要求。

6. 进高间分段统计

涂间、砂间有 12 m、14 m 两种,14 m 间称为高间。各分段确定分段转运基面后,当转运放置状态结构高度大于 9.5 m 时,分段需进 14 m 高间打砂、喷涂。将整船需进高间作业的分段按表6.11进行统计。

表 6.11 进高间分段一览表

名称	分段号	数量	备注
舷侧分段			
艏部分段			
底部分段			
数量合计			

7. 分段精度控制

(1)依据全船各区域余量布置图,将全船各分段按照表6.12的规定分类(余量下料分段、无余量制作分段、预修整分段均属于受精度控制分段),生成分段精度控制一览表。

表 6.12 分段精度控制一览表

序号	分段名称	分段代号	分段受控性质	数量/个	备注
1	中底分段	201~209	无余量下料	17	—
2	边底分段	221/31,22/32	无余量制作	6	—
3		223/33~229/39	预修整分段	28	—
4	下舷侧分段				
5					

表 6.12(续)

序号	分段名称	分段代号	分段受控性质	数量/个	备注
6	……	……	……	……	
7					
8	机舱立体分段				
合计					

注:分段总数量(　　)个。

(2)分段精度控制数据统计。对分段无余量安装率与分段无余量制作率进行统计,生成分段精度控制数据统计一览表,见表 6.13。

表 6.13　分段精度控制数据统计一览表

项目	分项	数量/个	总数量/个	整船分段总数量/个	分段无余量安装率/%	分段无余量制作率/%	指标要求/%
无余量搭载分段	无余量下料分段						
	无余量制作分段						
	预修整分段						
无余量分段制作分段	无余量下料分段						
	无余量制作分段						

(3)精度控制要求,包括对工具、设备、施工过程、检验过程进行要求。

①各制造部门所用的盘尺、卷尺必须经计量处检验,凡未经计量处检验合格的盘尺、卷尺一律禁用。

②下料、加工前,应对设备状态进行检测,以保证加工精度。

③下料时应保证零件尺寸、坡口、补偿量,流水孔和扇形孔正确。

④钢结构工位,应对来料进行检查,拼板装配应严格执行自检、互检、专检制度,并保存测量记录。

⑤分段制作应严格执行装配、焊接工艺,严格控制分段的焊接变形,确保分段的主尺度。

⑥分段焊前、焊后主尺度,应先由精度控制组人员进行测量,合格后,检验员才能报验。施工中,严格控制主尺度的尺寸精度。

⑦分段专检时,应完成测量表格内容以外的其他检验工作。

8.流水线板架、分段统计

按照分段建造方法,对整船流水线施工板架与分段进行统计,生成流水线板架统计表与流水线分段统计表,见表 6.14 和表 6.15。

表 6.14　流水线板架统计表

分段代号	部位名称
201~209,211~218	全部外板、内底板
……	……

表 6.15　流水线分段统计表

分段名称	分段代号	数量/个
中底分段	201~209,211~218	17
……	……	……
合计	—	……

9. 分段和总段舱室完整性统计

根据全船密性试验图,由密性试验图设计人员按照表 6.16 进行统计。

表 6.16　分段和总段舱室完整性统计表

舱室完整性类型	完整舱室名称	涉及分段、总段代号		分段数量/个	完整舱室数量合计
分段完整	油渣舱	105		1	
	……	……		……	
总段完整	淡水舱	18B	181,182	2	
	……	……	……	……	

七、设计检验

(1)设计者将"船体建造要领"设计完成后,上交本专业人员校对、审核。同时,设计者应接受本专业科室组织的内部评审,并将内部评审意见修改完成。

(2)设计者填写"船体建造要领评审申请报告",向评审组申请评审"船体建造要领"。

任务 6.3　船体焊接顺序基本原则

【知识要点】

本标准综合了大型散货船、超级大型油轮、集装箱船的共同特点,有针对性地制定了焊接顺序基本原则,使基层有关工艺人员、技术人员在实际生产中掌握焊接顺序的基本内容和常规要求,对船舶焊接质量起到保证作用。

一、范围

本标准规定了焊工在船体结构的拼接板、平面分段、立体分段、分段总组、船体合拢焊缝和钢管焊接中应遵守的焊接顺序的基本原则。

本标准适用于大型钢制海洋石油浮式储油船、海运集装箱船、超大型成品油轮的建造。

二、总则

（1）船体结构零部件或分段在装配中应保持尺寸正确，装配间隙均匀，对不符合施工图样和有关工艺要求的零部件、分段，不能进行焊接工作。

（2）在船体结构中，对具有中心线且左右对称的结构件或分段，应该从中心往前、后、左、右对称地进行焊接，并且以双数焊工同时进行施焊。

（3）船体结构既有对接焊缝，又有角焊缝的，则先焊对接焊缝，后焊角焊缝。所有焊缝采取由中间往左、右的方向，由中间往艏、艉方向的顺序焊接。

（4）对于箱形结构的分段，如舱口盖等，其内部结构型材相交的角焊缝，应先焊立角焊缝，后焊平角焊缝，并采用多名双数焊工，由中心向四周同时进行分段退焊的方法施工。

（5）手工焊在平焊位置时，一半较长的焊缝，应采用单向分段退焊法、分中分段退焊法（图6.27）和跳焊法（图6.29(c)）。在自动焊时，均采用直通焊，但有些构件焊缝过长时，原则上采用分段直通焊。

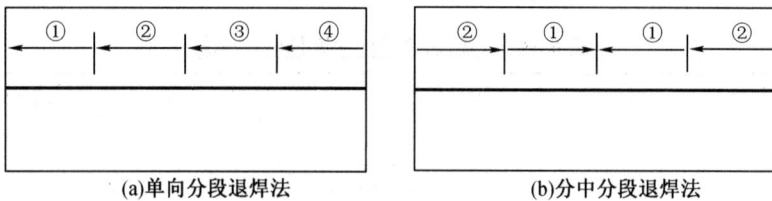

(a)单向分段退焊法　　(b)分中分段退焊法

图6.27　分段退焊法

（6）船台合拢建造中，在舷侧外板、内壳纵壁的纵向缝采用 CO_2 单面焊。横向立缝采用SG-2法气电垂直自动焊时，应先焊接纵向缝，后焊接 SG-2 法横向立缝。

（7）分段总组时，应先焊接外板、外底板、甲板、纵舱壁、横舱壁、内壳纵舱壁的对接缝，后焊型材的对接缝。

（8）船台合拢中，甲板分段在采用 CO_2 单面焊、CO_2 单面焊加埋弧自动焊时，应先焊纵向合拢缝，再焊横向合拢缝。

（9）在厚板多层焊时，每层焊道的焊接方向要求一致，各层的焊接方向可以相反，但接头处要错开100 mm。在多层、多道的焊接中，应采用各层交叠的分段退焊法进行焊接，具体焊接顺序如图6.28所示。

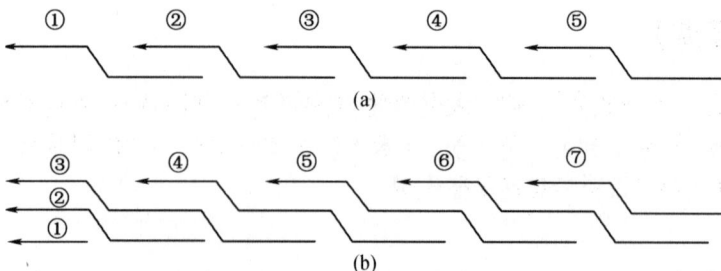

(a)

(b)

图6.28　多层、多道焊的焊接顺序

（10）在船体建造中对于较长的立对接焊缝、立角接焊缝（含焊透的立角焊缝），在采用手工电弧焊、CO_2 气体保护焊时，可根据现场施工情况适当采用分段退焊法和跳焊法，并按图 6.29 的顺序进行焊接。

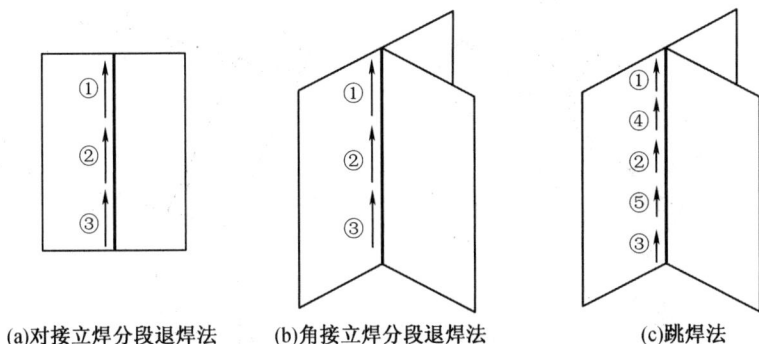

(a)对接立焊分段退焊法　　(b)角接立焊分段退焊法　　　　(c)跳焊法

图 6.29　立焊缝的焊接顺序

（11）遵守船体建造原则工艺的分段原则，对于特殊部位和特殊结构的分段可按有关专用工艺所要求的焊接顺序进行焊接。

三、拼接板的焊接顺序

（1）采用埋弧自动焊、CO_2 气体保护焊或手工电弧焊方法拼接板缝时，根据板缝情况可按图 6.30 进行。

（2）在拼板焊接中，对需要合拢的板，应将小合拢板的正、背面焊缝焊完后，再焊接大合拢焊缝，如图 6.30 所示。

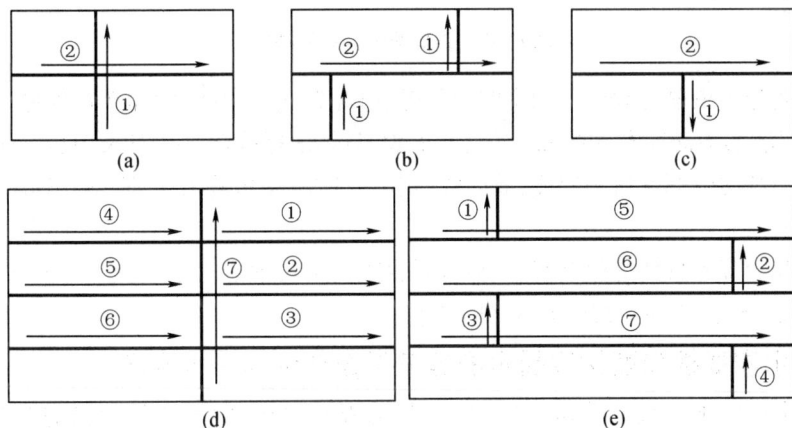

图 6.30　拼接板焊接顺序

四、船体建造中典型部位的焊接顺序

（1）角钢、球扁钢对接缝与板材的角焊缝焊接顺序如图 6.31(a)所示。

（2）主船体内部结构的对接缝与角焊缝交叉的焊接顺序，原则上先焊对接缝，后焊角焊缝，留焊区长度 $L \geqslant 150$ mm，可根据现场施工情况调整，如图 6.31(b)、图 6.31(e)、图 6.31(f)、图 6.31(g)所示。

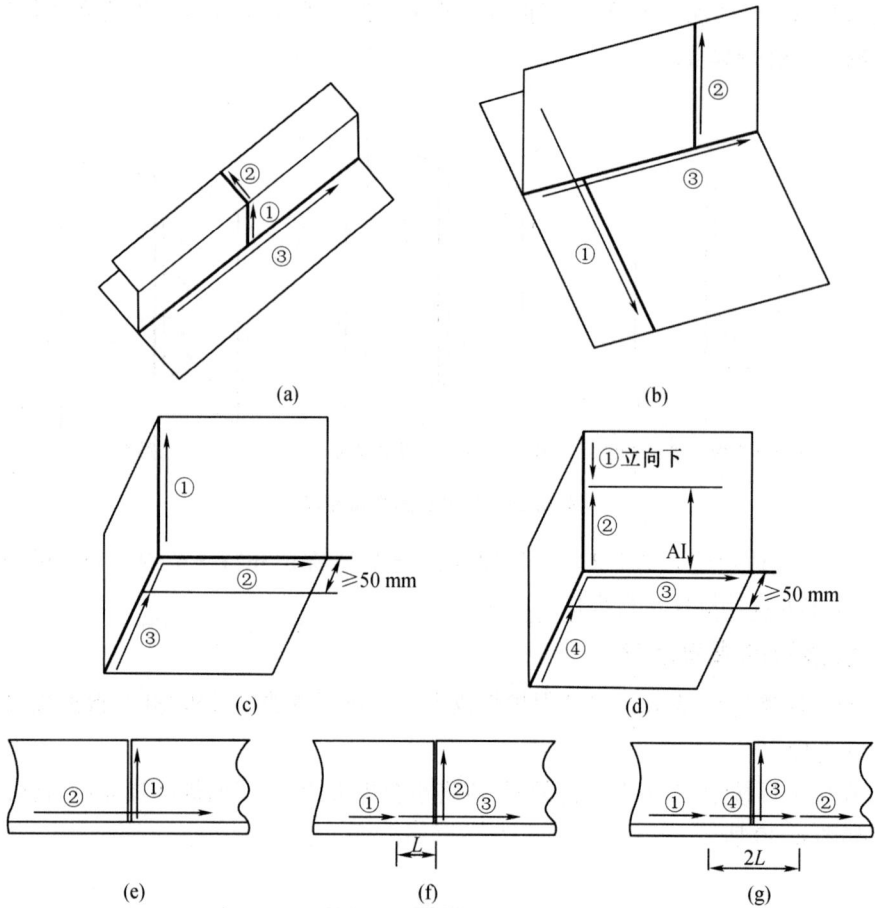

图 6.31　典型部位的焊接顺序

（3）平面分段板材与舱壁板相交的角焊缝，应先焊立角焊缝，后焊平角焊缝。对于下行焊的立角焊缝，其下面应有 300 mm 的立向上焊，具体的焊接顺序如图 6.31(d) 所示。

（4）对于结构内部连续角焊缝，其引弧、熄弧点应离拐角处大于 50 mm，如图 6.31(c)、图 6.31(d) 所示。

（5）横舱壁等平行体分段具有中心对称的特点，可按图 6.32(a) 的顺序进行焊接，纵舱壁、平台分段的焊接顺序可按图 6.32(b) 进行。

五、非水密插板和型材穿越水密舱壁贯通部位的焊接顺序

（1）球扁钢穿越肋板和非水密舱壁时，其插板与肋板、舱壁角焊缝的焊接顺序，如图 6.33(a)、图 6.33(b) 所示。

（2）球扁钢穿越水密舱壁时，球扁钢与堵板及舱壁角焊缝的焊接顺序，如图 6.33(c)、图 6.33(d) 所示。

（3）T 型材穿越水密舱壁时，T 型材与堵板及舱壁角焊缝的焊接顺序，如图 6.33(e)、图 6.33(f) 所示。

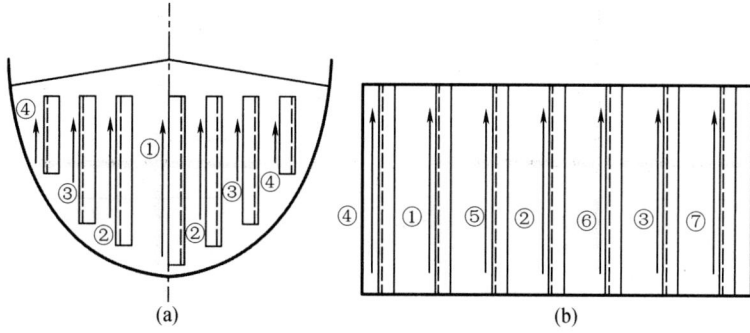

图6.32　平行体、平面分段的焊接顺序

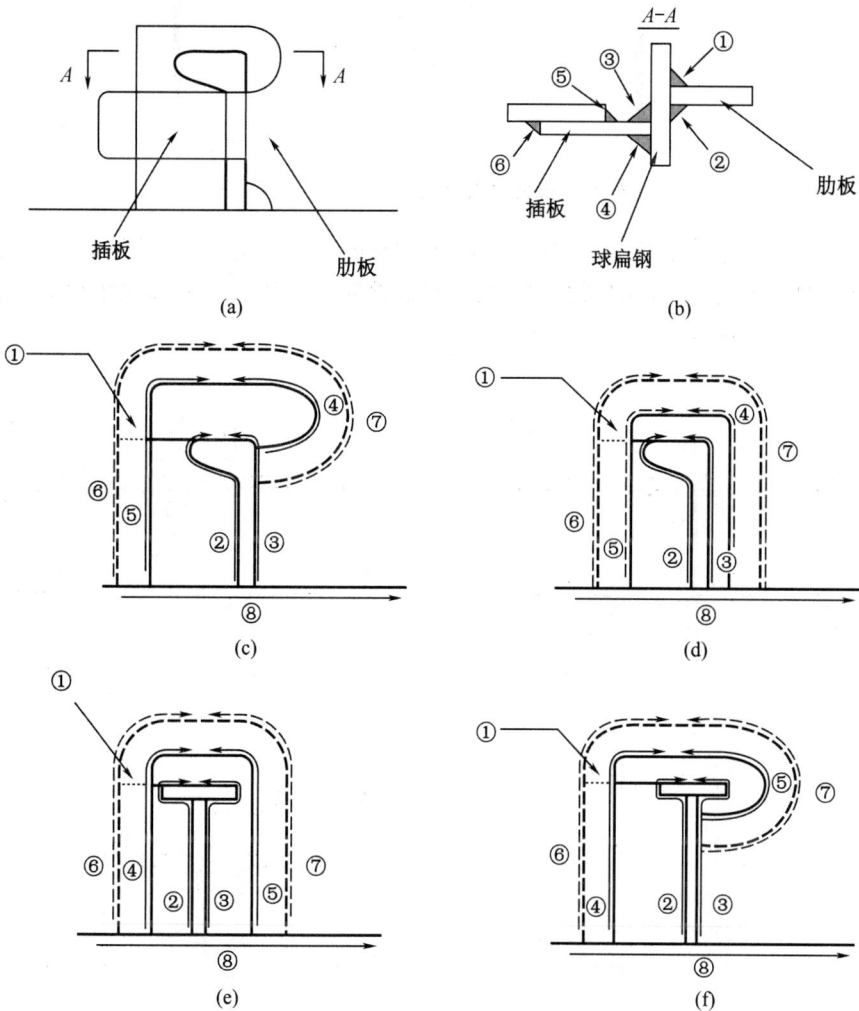

图6.33　非水密插板和型材穿越水密舱壁贯通部位的焊接顺序

六、分段总组、船台合拢板材对接缝与型材对接缝相连接的焊接顺序

(1)板材对接接头交叉焊缝的焊接顺序,如图6.34所示。前一道焊缝焊完后,交叉坡口内的焊缝金属应清理干净,并修整好坡口,再焊下一道焊缝。

(2)如果需要有留焊区,留焊区长度L应大于300 mm,如图6.34(b)、图6.34(d)所示。

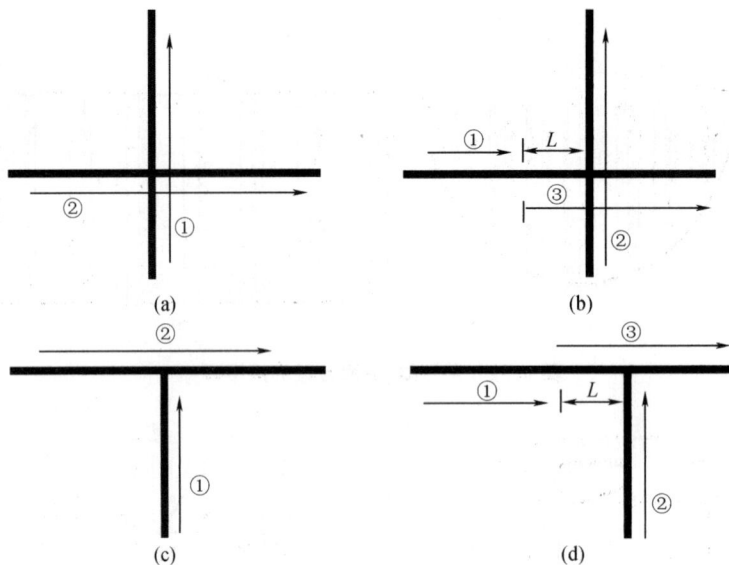

图 6.34　板材对接接头交叉焊缝的焊接顺序

（3）在预合拢、船台合拢中，外底板上的 T 型材的纵骨、纵桁，如果腹板开过焊孔，先焊接外底板的对接缝，再焊接面板的对接缝，最后焊接腹板对接缝和留焊区角焊缝，留焊区长度不小于 150 mm，如图 6.35（a）所示。

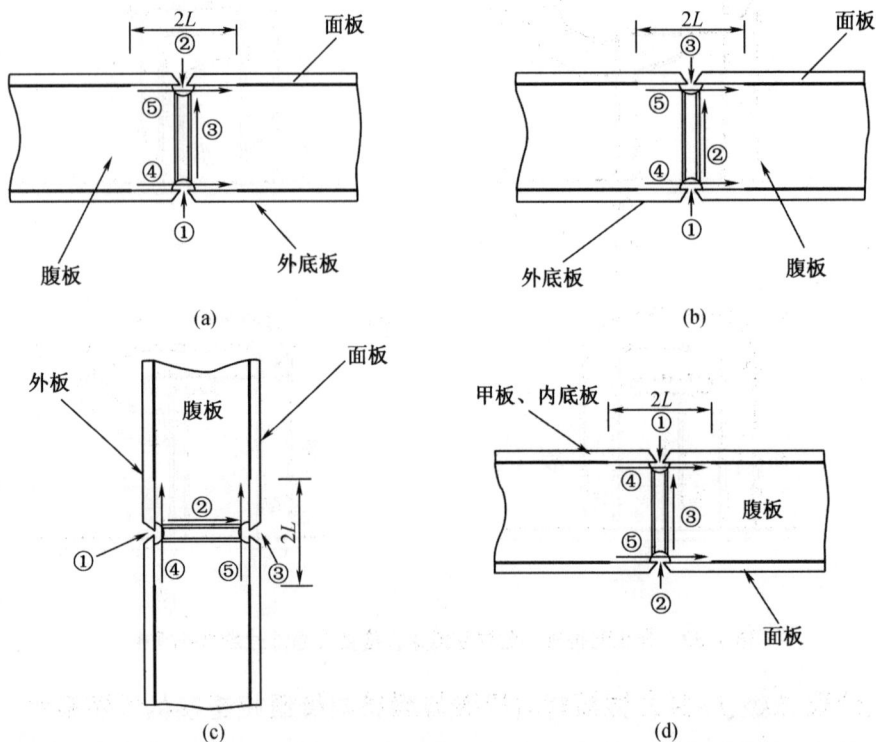

图 6.35　板材对接缝与型材对接缝相连接的焊接顺序

(4)外底板上的 T 型材的纵骨、纵桁,如果面板下的腹板不开过焊孔,并且采用 CO_2 单面焊,应先焊接外底板的对接缝,再焊接腹板对接缝,最后焊接面板的对接缝和留焊区的角焊缝,如图 6.35(b)所示。

(5)舷侧外板上 T 型材的纵骨水平桁,纵舱壁上的水平桁、垂直桁,如果采用 CO_2 单面焊时(面板下的腹板可不开过焊孔),应先焊接外板(纵舱壁)的对接缝,再焊接 T 型材腹板的对接缝,最后焊接面板的对接缝和留焊区的角焊缝,如图 6.35(c)所示。

(6)分段总组(在正造时)船台合拢中,甲板、平台、内底板下 T 型材的纵骨、纵桁横梁对接缝,如果采用 CO_2 单面焊时,T 型材的腹板可不开过焊孔,应先焊接甲板、平台、内底板的对接缝,再焊接 T 型材面板的对接缝,最后焊接 T 型材腹板的对接缝和留焊区的角焊缝,如图 6.35(d)所示。

七、底部分段合拢焊接顺序

(1)大型船舶有边底、中底的底部分段在合拢时,应先焊接边底分段与中底分段外底板的纵向合拢缝,并且采用分段退焊法,如图 6.36 所示。

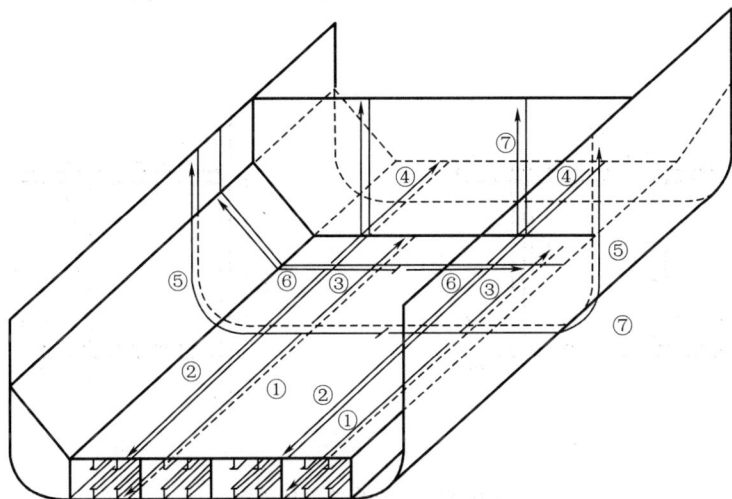

图 6.36 底部分段合拢焊接顺序

(2)焊接内底板(仅限于双层底分段)的纵向合拢缝,并且采用分段退焊法进行焊接,如图 6.36 所示。

(3)焊接外底板的横向合拢缝,并且采用分段退焊法,如图 6.36 所示。

(4)焊接内底板的横向对接缝(仅限于双层底分段),并且采用分段退焊法,再焊接横舱壁的对接缝,如图 6.36 所示。

(5)焊接外底板、内底板上(仅限于双层底分段)的纵桁、纵骨的对接缝。

(6)焊接内底板与外底板之间的内隔壁板与纵桁的立角焊缝,再焊接纵桁、纵骨对接缝处留焊区的角焊缝。

八、舷侧分段合拢焊接顺序

(1)舷侧分段合拢时,应先焊接舷侧外板、内纵舱壁板(仅限双舷侧分段)的纵向合拢缝,并且采用分段退焊法,然后再焊接外板、内壳纵舱壁板(仅限双舷侧分段)的横向合拢缝,并且采用 SG-2 法焊缝。

(2)焊接横舱壁的合拢缝。

(3)焊接外板、内壳纵舱壁上的水平桁、纵骨的对接缝。

(4)焊接横舱壁、水平桁、纵骨对接缝处的预留焊区的角。

九、甲板分段合拢焊接顺序

(1)焊接边甲板与中甲板的纵向合拢缝,并且采用分段退焊法,再焊接甲板下横舱壁、横梁的对接缝。

(2)焊接甲板的横向合拢缝,并且采用分段退焊法,再焊接边甲板、中甲板下纵桁、纵骨的对接缝。

(3)焊接甲板下横梁、内壳纵舱壁、纵桁、纵骨对接缝处留焊区的角焊缝。

十、嵌补板、工艺孔的焊接顺序

(1)嵌补板的丁字缝、十字缝前一道焊缝焊完后,交叉坡口内的焊缝金属应该清理干净,并且修整好坡口,再焊下一道焊缝。

(2)嵌补板的焊接顺序可参照图 6.37(a)、图 6.37(b)进行,留焊区长度为 150~300 mm。

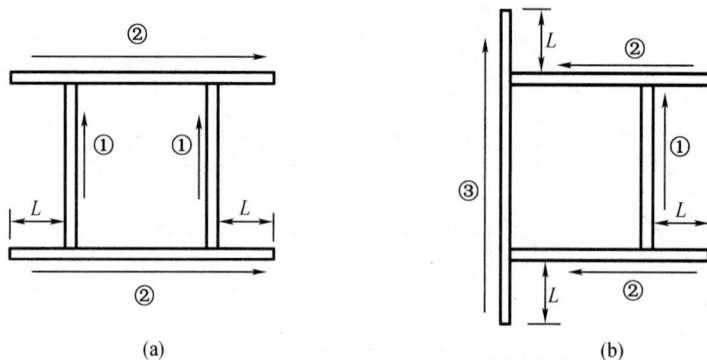

图 6.37　嵌补板的焊接顺序

(3)工艺孔的留焊区长度 L 为 150~300 mm,在拐角处不可中断焊接。当工艺孔较小时,应由两名焊工在对称位置上同时进行焊接。

(4)图 6.38 中的(a)(b)(c)是利用对接缝开成的工艺孔,其焊接顺序可参照其中的序号进行。

(5)其他工艺孔的焊接顺序可参照图 6.38 中的(d)(e)(f)(g)进行。

十一、钢管对接接头的焊接

(1)图 6.39 为钢管固定在水平位置时的焊接顺序。

(2)管径小于 300 mm 时,参见图 6.39(a)的焊接顺序。

(3)管径大于等于 300 mm 时,参见图 6.39(b)的焊接顺序。

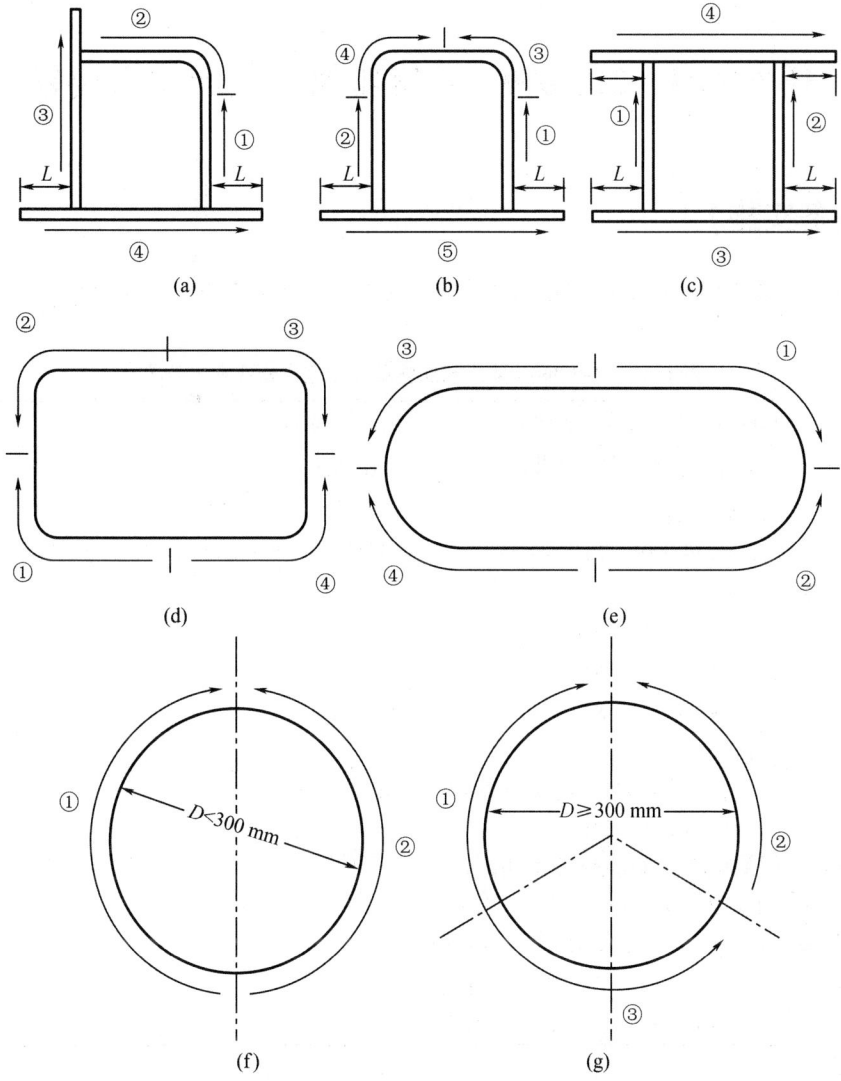

图 6.38 工艺孔的焊接顺序

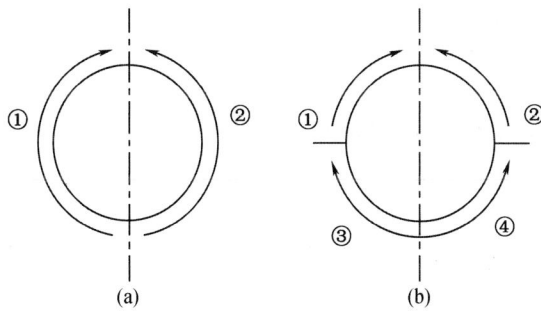

图 6.39 钢管固定在水平位置时的焊接顺序

任务 6.4 210 000 t 散货船船体装配建造要领

【任务实施】

210 000 t 散货船船体装配建造要领实训任务单和任务评价单见表 6.17、表 6.18。

表 6.17 210 000 t 散货船船体装配建造要领实训任务单

任务名称	7 999 t 加油船船体装配建造要领	所需时间	2 学时
实训场地	船舶工程系理实一体化教室	分组情况	4 人/组
任务描述	任务导入： 根据 210 000 t 散货船船体装配建造要领编写 7 999 t 加油船船体建造要领。 要求： (1)满足分段建造工艺要求。 (2)满足船厂建造能力。 (3)满足环保要求		
任务要求	技能要求： (1)能够根据划分的船舶分段编写正确的建造方法。 (2)能够明确环保要求。 (3)能够明确精度控制方法。 职业素质要求： (1)具有团队意识和相互协作精神。 (2)具有良好的学习态度和责任心。 (4)具有分析问题、解决问题的能力		

表 6.18 210 000 t 散货船船体装配建造要领任务评价单

课前准备	课前讨论	标准:参与回答问题。 <div align="right">评分(满分 5 分)</div>
	微课学习	标准:观看微课时长和发帖次数。 <div align="right">评分(满分 5 分)</div>
课中实践	知识要点学习	标准:(1)课堂表现。 　　　(2)知识点掌握程度。 <div align="right">评分(满分 5 分)</div>

表 6.18（续）

教师作品评价	校内教师	标准:(1)准备工作充分,按要求编写 7 999 t 加油船船体建造要领。 (2)根据学生答辩情况真实、客观地进行打分,并给出充分理由。 评分(满分 15 分)
	企业专家	标准:(1)准备工作充分,按要求编写 7 999 t 加油船船体建造要领。 (2)根据学生答辩情况真实、客观地进行打分,并给出充分理由。 评分(满分 15 分)
自我评价		标准:真实、客观、理由充分。 评分(满分 10 分)
组内互评		学号 / 姓名 / 评分(满分 20 分) / 学号 / 姓名 / 评分(满分 20 分)
		注意:最高分与最低分相差最少 3 分,同分人最多 3 人,某一学生分数不得超平均分 ±3 分
组间互评		标准:真实、客观、理由充分。 评分(满分 10 分)
课后复习	在线作业和测试	标准:学堂在线与网络教学平台的在线作业和测试。 评分(满分 10 分)
	在线拓展	标准:根据完成情况适当加分。 评分(满分 5 分)
总分(除组内互评分)		任务完成人签字:　　　　　　　日期:　年　月　日 指导教师签字:　　　　　　　日期:　年　月　日

【知识要点】

一、210 000 t 散货船船体概述

1. 本船情况

本船为单机、单桨、单壳体(货舱),柴油机驱动,无限航区远洋型散货船。本船有倾斜艏柱、球鼻艏、带有开式球艉的船尾和单层连续甲板,带艏楼。

2. 船舶主尺度

总长:约 300.00 m。

垂线间长:294.00 m。

型宽:49.00 m。

型深:25.30 m。

设计吃水:16.10 m。

结构吃水:18.60 m。

设计吃水时的载重量:约 210 000 t。

结构吃水时的载重量:约 215 000 t。

3. 甲板梁拱、脊弧

上甲板:1 100 mm。

驾驶甲板:200 mm。

其他甲板:无。

上甲板、艏楼甲板脊弧:无。

罗经甲板脊弧:100 mm。

舭部半径:1 700 mm。

4. 甲板高度(中心线处)

上甲板到 A 甲板:3.30 m。

A 甲板到 B 甲板:2.90 m。

B 甲板到 C 甲板:2.90 m。

C 甲板到 D 甲板:2.90 m。

D 甲板到 E 甲板:2.90 m。

E 甲板到驾驶甲板:2.90 m。

驾驶甲板到罗经甲板:2.80 m。

上甲板到艏楼甲板:约 3.20 m。

5. 肋距

艉封板~FR50:800 mm。

FR50~FR314:910 mm。

FR314~艏封板:800 mm。

6. 双层底高度

机舱区域:2 816 mm。

货舱区域:2 780 mm。

二、分段划分

分段划分在考虑船厂现有的制作场地、起重和涂装间能力,根据船体结构的特点充分发挥现有场地设施的前提下,突出以舾装为中心、涂装为重点的"壳舾涂"一体化的原则,特别是针对 PSPC 的要求,对本船的分段划分做了特殊处理。本船分段长度为 8~11 m。

全船共划分 242 个分段,见表 6.19。

表 6.19 全船分段一览表

区域	名称	分段编号	数量/个	备注
艏立体分段	舷侧分段	802、803、822/32～823/33	6	
	艏尖分段	824/34	2	
	底部分段	801,821/31	3	
货舱区	中底分段	721/31～729/39,741/51～749/59,761/71～766/76	48	
	边底分段	221/31～229/39,241/51～249/59,261/71～266/76	48	
	舷侧分段	621/31～629/39,641/51～649/59,661/71～666/76	48	
	中甲板分段	501～509	9	
	横舱壁分段	421/31～428/38	16	
机舱区	机舱底部分段	101～103,124/34	5	
	机舱舷侧分段	121/31～123/33,141/51～143/53,161/71～163/73	18	
	机舱甲板/前壁分段	104,106,107,108,109	5	
	分油机室分段	105	1	
艉立体区	艉柱分段	110	1	
	挂舵臂分段	11	1	
	舷侧分段	181/91～183/93	6	
	甲板分段	112	1	
上层建造	艉楼分段	901～907,911～913,921/931	12	
	烟囱分段	914	1	
舷墙	艉楼舷墙分段	804	1	
其他	桅屋分段	915	1	
	舱口围分段	511～519	9	
总计	—	—	242	

三、本船船体建造中的工艺难点

（1）102 分段的主机座水平。

（2）110 分段尾轴中心线与基线的平行度,FR15 横舱壁的平面度。

（3）分油机模块 106 分段尺寸、变形控制及吊装运输。

（4）分段尺寸精度及焊接变形的控制是本船的关键,在总组及搭载阶段不允许大量切修。

（5）货舱舱口尺寸控制。

（6）上层建筑的变形控制。

（7）分段密性试验采用抽真空或充气的方法。

（8）分段基线、检查线的绘制。

（9）使用全站仪对分段及搭载的精度进行严格控制。

四、分段建造方法

(1)原则上采用以船体为基础、以舾装为中心、以涂装为重点的"壳舾涂"一体化的建造方法。尽可能采用通用胎架,以降低成本,提高经济效益,最大限度地使用平面分段流水线。

(2)分段建造场地布置要考虑分段质量、尺寸及总组、上船台的先后次序;在分段吊装图中指定分段制作场地的分段,必须按图纸要求布置分段。

(3)由于上层建筑的板薄,分段建造时需严格控制焊接变形,焊后所有板的对接缝、十字相交板缝或结构出现变形,应由分段制作单位将其矫平;对整个分段做适当加强,以防吊装、运输产生新的变形。

(4)分段装配完工须经"三检"合格后,才能进行焊接。

(5)分段完工并经报验合格后,方可涂装。

(6)所有分段上船台前,规定的舾装、涂装工作必须全部结束,并经报验合格,方可总组或船台合拢。

(7)具体建造方法和细节见表6.20。

表 6.20　本船分段建造方法一览表

区域	分段名称	分段编号	建造方法	简图
艉立体	艉柱分段	110	1. 装配形式:FR15 横舱壁为基面卧造。 2. 反变形量:tg α=1/500,艉轴管安装时中心线向下倾斜 15 mm(右图)。 3. 胎架形式:混合胎架。 4. 建造场地:分段制作区。 5. 转运基面:胎面	
	挂舵臂分段	111	1. 装配形式:平台为基面反造。 2. 反变形量:无。 3. 胎架形式:混合胎架。 4. 建造场地:分段制作区。 5. 转运基面:分段艏面	

表 6.20(续 1)

区域	分段名称	分段编号	建造方法	简图
舷侧分段		181/191 182/192	1.装配形式:平台为基面反造,外板散装。 2.反变形量:无。 3.胎架形式:支柱胎架。 4.建造场地:分段制作区。 5.转运基面:胎面	子分段
		183/193	1.装配形式:甲板为基面反造,外板单独组立。 2.反变形量:无。 3.胎架形式:支柱胎架,外板单切胎架。 4.建造场地:分段制作区。 5.转运基面:胎面	外板组立
	甲板分段	112	1.装配形式:甲板为基面反造。 2.反变形量:无。 3.胎架形式:支柱胎架。 4.建造场地:分段制作区。 5.转运基面:胎面	
机舱立体	底部分段	103	1.装配形式:外底板为基面正造。底部以内底板为基面安装纵横框架、外底板,之后翻身,舷侧外板单独组立。 2.反变形量:无。 3.胎架形式:混合胎架,舷侧外板双切胎架。 4.建造场地:分段制作区。 5.转运基面:胎面	舷侧外板组立

表 6.20(续2)

区域	分段名称	分段编号	建造方法	简图
		102	1. 装配形式:外底板为基面正造。底部以内底板为基面安装框架、外底板并翻身,舷侧外板单独组立。 2. 反变形量:$\alpha=1/1\,000$。 3. 胎架形式:混合胎架,舷侧外板双切胎架。 4. 建造场地:分段制作区。 5. 转运基面:胎面	
		101	1. 装配形式:外底板为基面正造。先以内底板为基面安装框架、外底板并翻身,再安装 FR47 横舱壁。 2. 反变形量:$\alpha=1/1\,000$。 3. 胎架形式:支柱胎架。 4. 建造场地:分段制作区。 5. 转运基面:胎面	
		124/134	1. 装配形式:平台为基面反造,外板单独组立。 2. 反变形量:无。 3. 胎架形式:支柱胎架,外板双切胎架。 4. 建造场地:分段制作区。 5. 转运基面:胎面	
	舷侧分段	161/171	1. 装配形式:平台为基面反造,外板单独组立。 2. 反变形量:无。 3. 胎架形式:支柱胎架,外板双切胎架。 4. 建造场地:分段制作区。 5. 转运基面:胎面	

表 6.20(续 3)

区域	分段名称	分段编号	建造方法	简图
		121/131 141/151	1.装配形式:甲板为基面反造,舷侧外板单独组立。 2.反变形量:无。 3.胎架形式:支柱胎架,外板双切胎架。 4.建造场地:分段制作区。 5.转运基面:胎面	
		122/132 142/152 162/172	1.装配形式:甲板或平台为基面反造,舷侧外板单独组立,有小平台部分为单独组立。 2.反变形量:无。 3.胎架形式:支柱胎架,外板横向单切胎架。 4.建造场地:分段制作区。 5.转运基面:胎面	
		123/133 143/153 163/173	1.装配形式:甲板为基面反造,舷侧外板单独组立。 2.反变形量:无。 3.胎架形式:支柱胎架,外板正切胎架。 4.建造场地:分段制作区。 5.转运基面:胎面	
分油机室分段		105	1.装配形式:平台为基面正造。平台及其以下结构反造制作子分段。 2.反变形量:无。 3.胎架形式:支柱胎架。 4.建造场地:分段制作区。 5.转运基面:胎面	

表 6.20(续 4)

区域	分段名称	分段编号	建造方法	简图
货舱区	甲板分段	107	1. 装配形式:甲板为基面反造。 2. 反变形量:无。 3. 胎架形式:支柱胎架。 4. 建造场地:分段制作区。 5. 转运基面:胎面	
		104 106 108 109	1. 装配形式:甲板或平台为基面反造。 2. 反变形量:无。 3. 胎架形式:支柱胎架。 4. 建造场地:分段制作区。 5. 转运基面:胎面	
	中底分段	724~729 741~749 761~763	1. 装配形式:外底板为基面正造。先以内底板为基面安装肋板、纵桁形成大型中组立,翻身后装到外板板架。壁墩单独制作组立。 2. 反变形量:无。 3. 胎架形式:无。 4. 建造场地:分段制作区。 5. 转运基面:胎面	
		734~739 751~759 771~773	1. 装配形式:外底板为基面正造。先以内底板为基面安装肋板、纵桁形成大型中组立,翻身后装到外板板架。壁墩单独制作组立。 2. 反变形量:无。 3. 胎架形式:无。 4. 建造场地:分段制作区。 5. 转运基面:胎面	
		721~722 765~766	1. 装配形式:外底板为基面正造。 2. 反变形量:无。 3. 胎架形式:支柱胎架。 4. 建造场地:分段制作区。 5. 转运基面:胎面	

表 6.20(续 5)

区域	分段名称	分段编号	建造方法	简图
		731~732 775~776	1. 装配形式:外底板为基面正造。 2. 反变形量:无。 3. 胎架形式:支柱胎架。 4. 建造场地:分段制作区。 5. 转运基面:胎面	
		723/733 764/774	1. 装配形式:外底板为基面正造。采用框架插入式,壁墩单独制作组立。右舷分为主体分段和子分段。 2. 反变形量:无。 3. 胎架形式:无。 4. 建造场地:分段制作区。 5. 转运基面:胎面	
	边底分段	221/31 222/32 265/75 266/76	1. 装配形式:外板为基面侧造。 2. 反变形量:无。 3. 胎架形式:支柱胎架,外板双切胎架。 4. 建造场地:分段制作区。 5. 转运基面:胎面	
		228/238 ~ 229/239 241/251 ~ 247/257	1. 装配形式:外板为基面侧造。横舱壁与壁墩做成组立,斜板采用拉入法做成组立,外底板采用拉入法做成组立,按右图的顺序组成分段。 2. 反变形量:无。 3. 胎架形式:支柱胎架。 4. 建造场地:分段制作区。 5. 转运基面:胎面	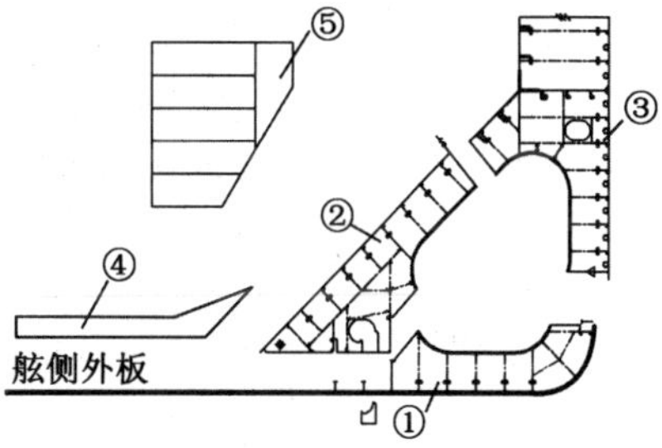

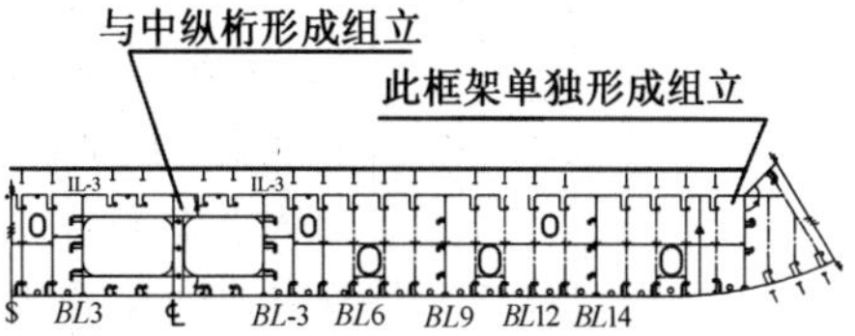

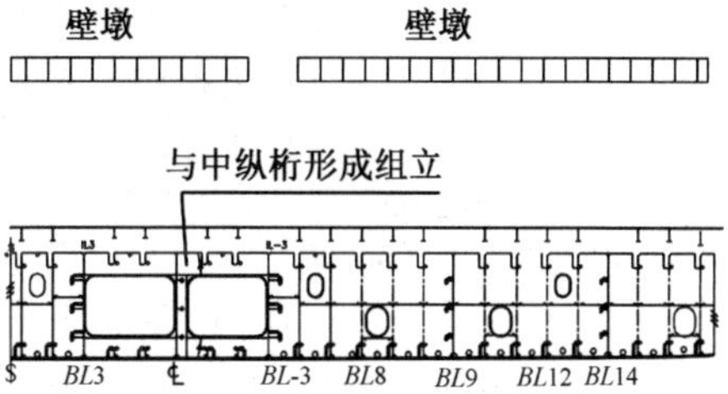

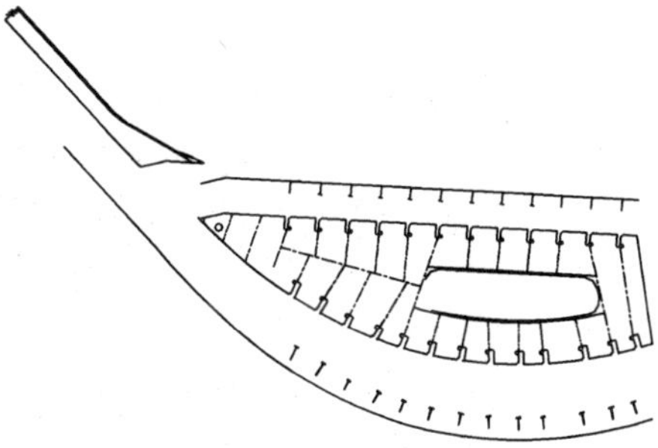

表 6.20(续 6)

区域	分段名称	分段编号	建造方法	简图
		223/233 ~ 227/237 248/258 ~ 249/259 261/71 ~ 264/74	1. 装配形式:舷侧外板为基面侧造。底部以外底板为基面正造,舷部以舷侧外板为基面侧造,横舱壁与壁墩做成组立。 2. 反变形量:无。 3. 胎架形式:支柱胎架。 4. 建造场地:分段制作区。 5. 转运基面:胎面	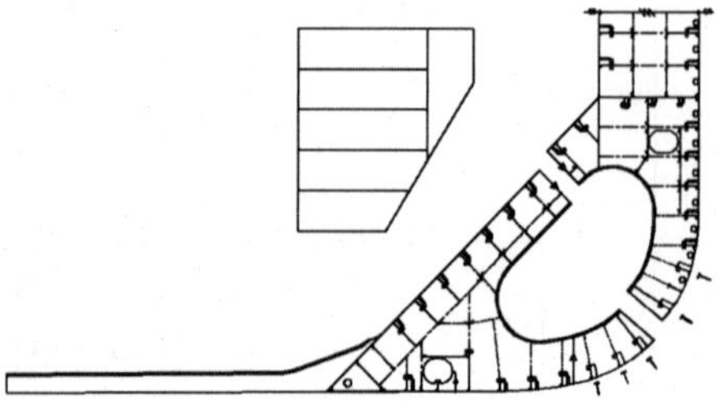
	舷侧分段	623/633 ~ 629/639 641/651 ~ 649/659 661/671 ~ 663/673	1. 装配形式:甲板为基面反造。其中斜板拉入式形成组立,翻身后安装到甲板板架。子分段以外板为基面侧造(将肋板分别拉入至斜板、外板),子分段翻身后安装到甲板板架形成分段。右图为安装顺序。顶墩与横舱壁均单独制作组立。 2. 反变形量:无。 3. 胎架形式:支柱胎架。 4. 建造场地:分段制作区。 5. 转运基面:甲板面	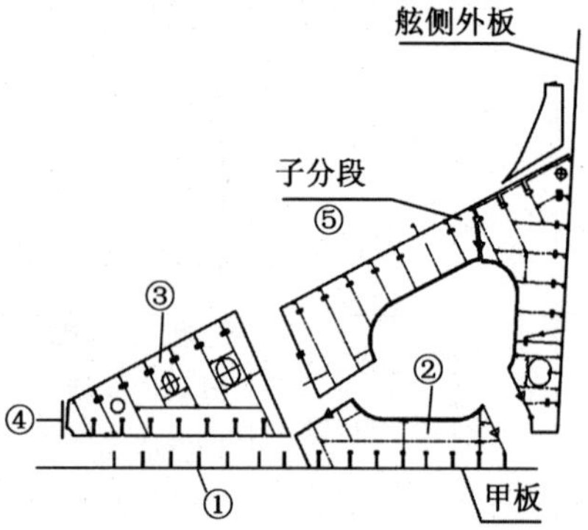
		664/674 ~ 666/676	1. 装配形式:甲板为基面反造。其中斜板拉入式形成组立,翻身后安装到甲板板架。子分段以外板为基面侧造(肋板拉入至斜板、肋板安装到外板),子分段翻身后安装到甲板板架形成分段。右图为安装顺序。顶墩与横舱壁均单独制作组立。 2. 反变形量:无。 3. 胎架形式:支柱胎架。 4. 建造场地:分段制作区。 5. 转运基面:甲板面	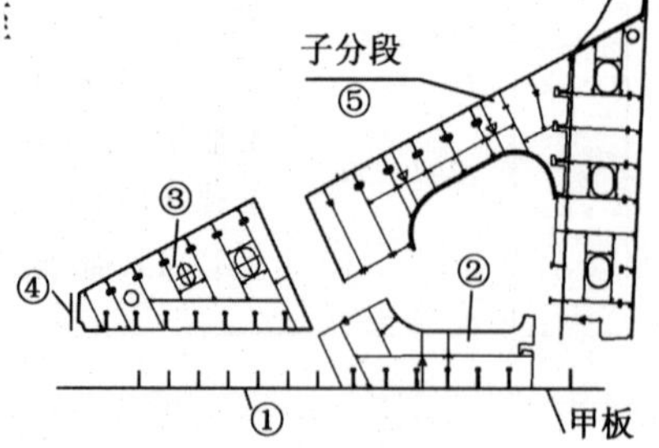

表 6.20(续 7)

区域	分段名称	分段编号	建造方法	简图
		621/631 ~ 622/632	1. 装配形式:甲板为基面反造。其中斜板拉入式形成组立,翻身后安装到甲板板架。子分段以外板为基面侧造(将肋板分别拉入至斜板、外板),子分段翻身后安装到甲板板架形成分段。右图为安装顺序。顶墩与横舱壁均单独制作组立。 2. 反变形量:无。 3. 胎架形式:支柱胎架。 4. 建造场地:分段制作区。 5. 转运基面:甲板面	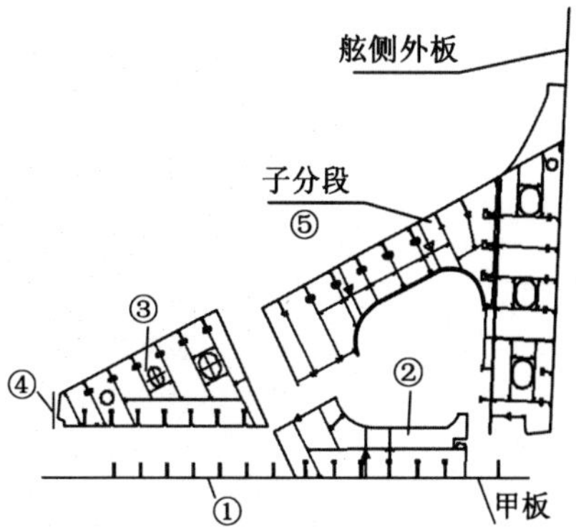
	横舱壁分段	421/31 ~ 428/38	1. 装配形式:以盘梯侧为基面卧造下壁墩形成子分段。 2. 反变形量:无。 3. 胎架形式:支柱胎架。 4. 建造场地:分段制作区。 5. 转运基面:胎面	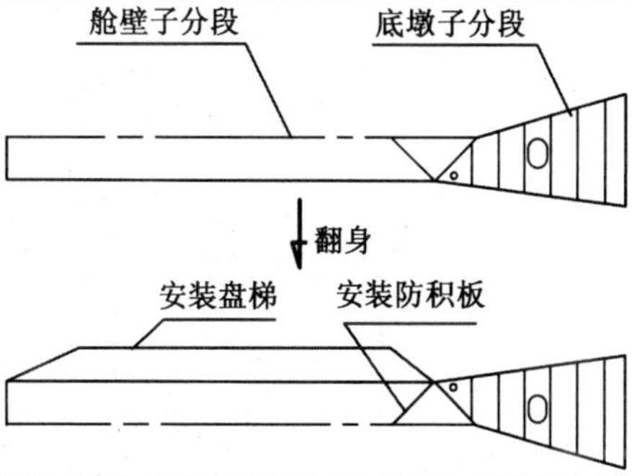
	中甲板分段	501 ~ 509	1. 装配形式:甲板为基面反造。壁墩形成独立子分段。 2. 反变形量:无。 3. 胎架形式:支柱胎架。 4. 建造场地:分段制作区。 5. 转运基面:胎面	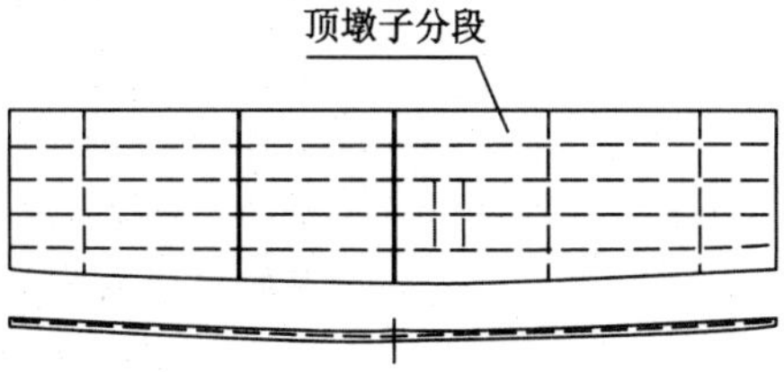
上层建筑	舱楼分段	901~907 911~913	1. 装配形式:甲板为基面反造。 2. 反变形量:无。 3. 胎架形式:支柱胎架。 4. 建造场地:分段制作区。 5. 转运基面:胎面	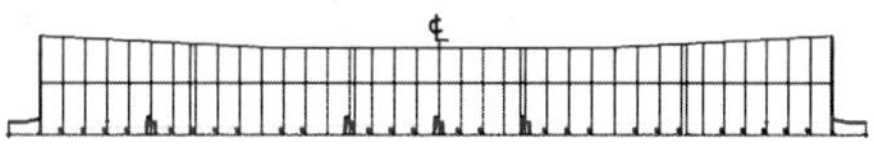
	烟囱分段	914	1. 装配形式:烟囱前壁为基面卧造。 2. 反变形量:无。 3. 胎架形式:支柱胎架。 4. 建造场地:分段制作区。 5. 转运基面:胎面	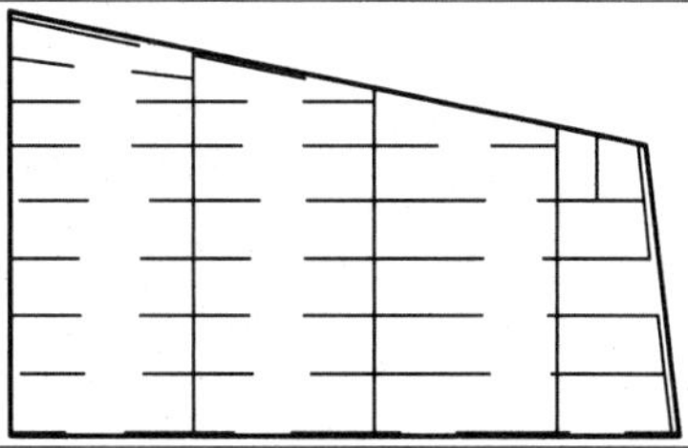

表 6.20(续 8)

区域	分段名称	分段编号	建造方法	简图
艉立体	艉楼分段	921/931	1. 装配形式:FR47 前壁为基面卧造。 2. 反变形量:无。 3. 胎架形式:支柱胎架。 4. 建造场地:分段制作区。 5. 转运基面:胎面	FR47
	底部分段	821/31	1. 装配形式:外底板为基面正造。子分段 1 以舷外板为基面双切侧造。 2. 反变形量:无。 3. 胎架形式:混合胎架。 4. 建造场地:分段制作区。 5. 转运基面:胎面	FR322　子分段1　CL
		801	1. 装配形式:以平台为基面反造,外板散装。 2. 反变形量:无。 3. 胎架形式:混合胎架。 4. 建造场地:分段制作区。 5. 转运基面:胎面	FR325
	舷侧分段	802 803	1. 装配形式:平台为基面反造。子分段 1 以舷外板为基面双切侧造。子分段 2 以艉柱外板为基面侧造。 2. 反变形量:无。 3. 胎架形式:支柱胎架。 4. 建造场地:分段制作区。 5. 转运基面:胎面	子分段1　2 000 mm　FR325 FR328　CL　子分段1　子分段2
		822/32 823/33	1. 装配形式:甲板为基面反造,外板单独立。 2. 反变形量:无。 3. 胎架形式:支柱胎架,外板双切胎架。 4. 建造场地:分段制作区。 5. 转运基面:胎面	外板组立　FR*

表 6.20(续 9)

区域	分段名称	分段编号	建造方法	简图
	艏尖分段	824/34	1. 装配形式:艏楼甲板为基面反造,外板散装。 2. 反变形量:无。 3. 胎架形式:支柱胎架。 4. 建造场地:分段制作区。 5. 转运基面:胎面	LPO

五、总组、船台合拢

(1)本船在 10 万吨级斜船台建造,先在总组区域对分段进行总组、预舾装,然后在船台内合拢。

(2)本船总组、船台合拢原则上不留反变形。

(3)在船台合拢过程中,必须定期进行船体变形测量。

(4)船台合拢缝的焊接要及时进行,不可只吊装不焊接,防止出现质量、安全事故。

(5)各舱需提前进舱的设备,应在所属分段吊装后,其他合拢前吊入所在位置。

(6)分段合拢缝焊接见焊接具体原则工艺。

六、统计数据

(1)全船共划分 242 个分段(含舷墙、桅屋、舱口围分段)。

(2)分段平均质量约 110 t,最大分段质量约 290 t。

(3)全船受精度控制的分段(无余量上船台分段)221 个,约占分段总数的 95%,其中无余量制作分段 183 个,约占分段总数的 79%(分段总数按不含舱口围计算)。

七、精度控制要求

(1)各制造部门所用的盘尺、卷尺必须经计量处检验,凡未经计量处检验合格的盘尺、卷尺一律禁用。

(2)下料、加工中心应对设备状态进行检测,以保证加工精度。

(3)下料时应保证零件尺寸、坡口、补偿量,流水孔和扇形孔正确。

(4)钢结构工位应对来料进行检查,拼板装配应严格执行自检、互检、专检制度,并保存测量记录。

(5)分段制作应严格执行装配、焊接工艺,严格控制分段的焊接变形,确保分段的主尺度。

(6)分段焊前、焊后的主尺度应先由精度控制组人员进行主尺度测量,合格后,检验员才能报验。施工中,严格控制主尺度的尺寸精度。

(7)分段专检时,应完成测量表格内容以外的其他检验工作。

八、分段吊运

(1)分段翻身和吊运的吊环焊后需经检验合格,方可作业。

(2)分段翻身和合拢前由施工单位进行事先安全确认,清除杂物,避免作业时高处坠落物伤人。

九、安全设施

(1)建造过程中的各种安全设施安装要及时,做到"有边必有栏,有板必有网"。

(2)施工现场要保证通风、照明和防火要求。

❖ 项目拓展

焊接装备与分段制造生产线

一、高效自动化焊接工艺装备

1. 双丝埋弧焊接系统

(1)门式双丝埋弧焊接系统(图6.40)

图6.40　门式双丝埋弧焊接系统

①是一种高效双丝双面埋弧焊接系统,采用移动式半龙门架结构。

②双边变频驱动。

③轨道微调机构实时焊缝对中。

④通用型双丝埋弧焊接系统对于厚度≤20 mm钢板的焊接,不需要开坡口。

⑤Hivas型双丝埋弧焊接系统对于厚度≤25 mm钢板的焊接,不需要开坡口。

两种门式双丝埋弧焊接系统的构成形式见表6.21。

表 6.21 两种门式双丝埋弧焊接系统的构成形式

类型	Hivas 型双丝埋弧焊接系统	通用双丝埋弧焊接系统
特点	是采用高电压、大电流和高焊接速度成套化的双丝埋弧焊接系统。对于钢板厚度≤25 mm 的拼板焊接,不需要开坡口,而且正、反面各焊一次就可完成整个焊接,反面焊接前也无须清根	是高效、成套化的双丝埋弧焊接系统。焊接速度比 Hivas 型系统低。对于钢板厚度≤20 mm 的拼板焊接,无须开坡口
焊接材料	依赖进口专用焊接材料。必须采用中远川崎船舶工程有限公司专用、特种焊丝、焊剂等焊接材料,才能满足钢板厚度≤25 mm 的拼板对接焊时不需要开坡口的焊接要求	可以采用国产焊接材料。对于钢板厚度>20 mm 的拼板焊接,需要开坡口
价格	成套 Hivas 型系统的价格较为昂贵	成套系统的价格为 Hivas 型系统的 30%左右

(2)小车式双丝埋弧焊接系统(图 6.41)

图 6.41 小车式双丝埋弧焊接系统

小车式双丝埋弧焊接系统,设备包括焊接电源、自动焊接小车、行走轨道、焊接电缆及相关辅助装置等。其采用先进的波形控制技术,可以选择恒流或恒压模式,通过调节频率和振幅,可较好地控制熔敷率和熔深,相比传统的焊接电源可提高焊接速度、焊缝质量和焊接效率。其焊接电源具有参数的存储功能,存储优化的工艺信息,方便工人操作。其焊接规范参数等信息进行在线监测,并以波形形式实时输出、存储,方便查询,同时可设置报警功能。

2.机械自动化焊接装备

(1)垂直气电自动焊机

垂直气电自动焊机是一种自动化程度高的专用焊接设备,适用于造船、海洋平台等行业的中、厚板材垂直位置焊缝的焊接。特别适合大型船舶,如油轮、LNG 船、集装箱船等船体大合拢焊缝的自动化焊接。垂直气电自动焊机分为单丝普通型、单丝数字型、单丝深摆动型、双丝数字型等多种形式,以满足不同板厚的焊接需求。单丝普通型和单丝数字型适用于板厚 9~32 mm

机械自动化焊接装备

的焊接;单丝深摆动型适用于板厚 9~50 mm 的焊接;双丝数字型适用于板厚 30~70 mm 的焊接。

无论采用何种形式的垂直气电自动焊机,均为一次焊接双面成型。

(2)单丝单面 MAG 焊机

单丝单面 MAG 焊机是自动焊双面成型,采用轻便型焊接小车具有良好的搬动性,通过橡胶四轮驱动加永磁体可以增力行走稳定,具备可调焊缝中心补偿功能,焊速与焊枪摆动参数可无级调整控制,适合船体舱室内平对接自动焊,磁性轨道斜向仿形可以实现焊缝跟踪。

(3)单丝自动角焊机

单丝自动角焊机用于船体建造中的平角焊缝的自动化焊接,使平角焊缝手工半自动 CO_2 焊接的方法转变为全自动化焊接,无导轨仿形,焊缝自动跟踪,操作方便,维护简易。与单丝单面 MAG 焊机相同,也是通过橡胶四轮驱动加永磁体增力行走稳定,一人可操作多台,降低劳动强度和成本,提高焊接质量。

(4)双丝自动角焊机

双丝自动角焊机用于船体建造中的槽形隔舱等 90°~120°倾斜角焊缝的自动化焊接,特别适合 8~12 mm 大焊脚尺寸的焊接。两把焊枪角度分别可调,以满足倾斜角焊缝的焊接工艺要求。双丝自动角焊机大幅度提高了焊接效率。

(5)垂直自动立角焊机

垂直自动立角焊机用于船体垂直位置角焊缝的自动化焊接,可焊接不开坡口 T 型接头和开坡口的深熔、全熔透 T 型接头,配置刚性或柔性轨道。柔性轨道适用于半径大于 2 m 的曲面。车体小型轻巧,其良好的搬移性适合船台、船坞焊接作业。

二、船体分段制造生产线

在现代造船中,船体装配和焊接的工作量约占全船总工时的 12%~18%,占船体建造总工时的 50%~70%,是船舶建造中重要的工序之一。因此,实现装配焊接工作的机械化和自动化,形成生产流水线作业,对缩短造船周期、降低造船成本、改善产品质量、减轻劳动强度,有着极为重要的意义,是船厂进行技术改造的重要内

平面分段焊接流水线

容。船体分段制造生产线包括平面分段装焊流水线和曲面分段装焊流水线。而平面分段装焊流水线是实现装配焊接工作机械化和自动化的重要途径之一。

1.平面分段装焊流水线

(1)平面分段装焊流水线特点

设置平面分段装焊流水线的前提是要有数量比较多的平面分段。在大中型船厂设置平面分段装焊流水线比小型船厂有利。由于流水线经济效果甚为显著,因而各船厂尽量组建平面分段流水线,其优点如下。

①提高效率,在单位时间内能生产较多的分段。

②由于在车间室内生产,改善了工作环境,工位布置合理,实现了自动化、机械化操作,提高了单位面积产量。

③采用辊道传送,提高了运输效率,从而节省了运输费用及工时。

④由于实现了专业施工,因而提高了平面分段的精度与装配焊接质量,有利于船台总装。

⑤由于生产集中,管理方便、有效,而且消除了装配时必要的定位焊和为消除定位焊疤而随之产生的批铲、修补工作,可节约人工与材料。

⑥由于按工序、按区域组织生产,所以生产能按顺序有规律地进行,效率高、质量好,符合现代化管理方式。

因而,从设计与工艺上改进,提高平面分段的百分比,扩大平面分段范围,为船厂建立平面分段装焊流水线创造良好条件。

(2)平面分段装焊流水线组成

平面分段:平直板列+平直交叉骨架。

平面分段流水线:机械化拼焊板列+机械化装焊交叉骨架。

①板列的机械化装焊

按采用的焊接方法分为如下两种。

双面埋弧自动焊接:设板列翻身工位。

双面成型自动焊接:不设板列翻身工位。

②骨架的机械化焊接

按骨架装焊顺序分为如下两种。

主向构件先装法:主向构件的装焊和板列的移动、定位均已实现机械化,而次向构件的装焊,多数采用手工作业。

箱形框架组装法:箱形框架间的角焊缝的焊接,一般专设工位,由专用自动角焊机施焊;箱形框架与板列之间的装焊,可启动板列下面的油压千斤顶,使板列与框架贴紧,然后施焊,如图6.42所示。

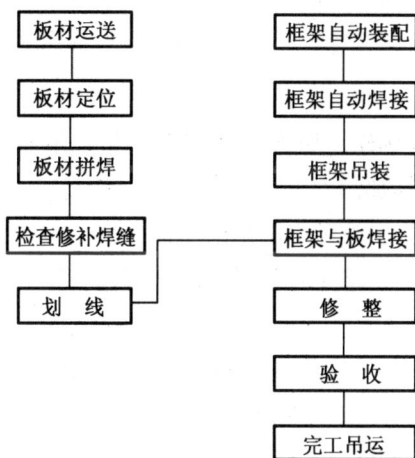

图 6.42 箱形框架组装法的平面分段装焊流水线的主要工艺流程

（3）平面分段流水线对船体设计和工艺的要求

①主向构件的布置应相互平行,呈直线和连续排列,构件布置方向应平行或垂直于板列接缝线。

②采用封闭型排水孔,以保证骨架与板列焊接的连续性。

③主向构件间距在整个分段内应相同,非对称型钢构件的翼缘应朝向同一侧。

④骨架应布置在板列的同一侧。

⑤设计时应尽量扩大平面分段的数量。

2.曲面分段装焊流水线

曲面分段装焊流水线至今处于研究试验阶段。曲面分段的形状和构件配置随分段不同而异,零部件装焊位置非常复杂,而且其装焊基面是空间曲面,所以其制造工艺的机械化要比平面分段困难得多。曲面分段装焊流水线涉及装配工艺装备(胎架)的通用化及其工作曲面的自动调节、曲形板列的装配和焊接的机械化、自动化等问题,所以现阶段曲面分段装焊流水线并没有大规模在船厂使用。

❖ 项目测试

一、填空题

1.常用的矫正方法有两种:_____和_____。

2.在船体结构中,对具有中心线且左右对称的结构件或分段,应该从中心往_____、_____、_____、_____对称地进行焊接,并且以双数焊工同时进行施焊。

3.手工焊在平焊位置时,一半较长的焊缝,应采用_____和_____。

4.主船体内部结构的对接缝与角焊缝交叉的焊接顺序,原则上先焊对接缝,后焊角焊缝,留焊区长度_____。

5.外底板上的 T 型材的纵骨、纵桁,如果面板下的腹板不开过焊孔,并且采用 CO_2 单面焊,应先焊接_____的对接缝,再焊接_____板对接缝,最后焊接_____的对接缝和_____的角焊缝。

二、判断题

1.三角形加热矫正法,又称楔形加热法,其加热区呈三角形。 （ ）

2.火焰特性一般用中性焰加热。 （ ）

3.构件矫正时,应对称进行,避免引起总的变形。 （ ）

4.低碳钢的重复加热次数一般不宜超过 3 次,低合金钢的重复加热次数不宜超过 5 次。

（ ）

5.船体结构零部件或分段在装配中应保持尺寸正确,装配间隙均匀,对不符合施工图样和有关工艺要求的零部件、分段,不能进行焊接工作。 （ ）

三、名词解释

1.建造方针   2.托盘管理

3.无余量下料   4.预修整

5. 线表计划

四、简答题

1. 火工矫正的原理是什么？

2. 简述非水密插板和型材穿越水密舱壁贯通部位的焊接顺序。

3. 简述船舶建造方针的编制依据。

4. 船舶建造方针中的主要技术参数和主要物量包括哪些？

5. 采取水冷却时应遵循哪些要求？

参 考 文 献

[1] 刁玉峰. 钣金工艺[M]. 哈尔滨：哈尔滨工程大学出版社,2011.

[2] 王云梯. 船体装配工艺[M]. 哈尔滨：哈尔滨工程大学出版社,1994.

[3] 徐兆康. 船舶建造工艺学[M]. 修订本. 北京：人民交通出版社,2000.

[4] 王鸿斌. 船舶焊接工艺[M]. 北京：人民交通出版社,2002.

[5] 彭辉. 船舶 CAD/CAM[M]. 哈尔滨：哈尔滨工程大学出版社,2020.

[6] 刘雪梅. 船舶结构与识图[M]. 北京：人民交通出版社,2017.

[7] 杨文林. 船舶建造工艺[M]. 哈尔滨：哈尔滨工程大学出版社,2014.